ВОСПИТАТЕЛЬНЫЕ МОМЕНТЫ

ЯНУШ КОРЧАК

КАК ЛЮБИТЬ РЕБЕНКА

ИЗДАТЕЛЬСТВО АСТ
МОСКВА

УДК 159.9
ББК 88.37
К70

Серия «Эксклюзивная классика»

Перевод с польского *Л. Стоцкой*

Серийное оформление *А. Фереза, Е. Ферез*

Компьютерный дизайн *А. Чаругиной*

Корчак, Януш.

К70 Как любить ребенка / Януш Корчак ; [перевод с польского Л. Стоцкой]. — Москва : Издательство АСТ, 2023. — 576 с. — (Эксклюзивная классика).

ISBN 978-5-17-118110-9

«Как любить ребенка» – руководство для ответственного родителя, своеобразное завещание, оставленное автором грядущим поколениям во имя детского счастья. Корчак уверенно заявляет: «Ребенок не бывает твоим». И с бесконечным теплом и уважением к самостоятельности маленькой личности доходчиво рассказывает о том, какие шаги могут предпринять отец и мать (в том числе и будущие), чтобы вырастить Человека с большой буквы.

В сборник также вошли светлые и правдивые «Воспитательные моменты», пронзительные молитвы «тех, кто не молится», письма и сделанные незадолго до смерти дневниковые записи Януша Корчака.

УДК 159.9
ББК 88.37

ISBN 978-5-17-118110-9

ВСТУПИТЕЛЬНЫЕ ЗАМЕЧАНИЯ

I.

Главенствующее место в медицине занимает наука о распознавании. Студент обследует множество пациентов, учится смотреть и замечать симптомы, объяснять их, связывать и на этом основании делать выводы.

Если педагогика пожелает идти путем, проторенным медициной, она должна разработать воспитательную диагностику, опирающуюся на понимание симптомов.

То, чем служат для врача лихорадка, кашель, рвота, тем улыбка, слеза, румянец должны стать для воспитателя. Не существует симптомов, которые не имеют значения. Нужно все записывать и над всем размышлять, отбрасывать случайное, увязывать родственное, искать управляющие явлениями законы. Не то, как требовать и чего требовать от ребенка, не то, как наказывать и что запрещать, но искать, чего ребенку не хватает, чего у него в избытке, чего он требует и жаждет — и что может дать.

Интернат и школа — территория исследований, воспитательная клиника.

Почему один ученик, придя в класс, обойдет все углы, с каждым поговорит, а звонок с трудом загоняет его за парту?

Почему второй немедленно занимает свое место и неохотно покидает его во время перемены? Что они за люди, что школа должна им дать и что может требовать взамен?

Почему один, вызванный к доске, идет охотно, с поднятой головой и задорной улыбкой? Энергичным движением он вытирает доску, пишет большими буквами, сильно нажимая на мел.

Почему второй нехотя и лениво поднимается, откашливается, поправляет одежду и вялым шагом, уставившись в пол, тащится к доске, по приказу учителя вытирает ее и пишет маленькими бледными буковками?

Кто первым, а кто последним выбегает на перемены? Кто часто тянет руку вверх: знает, умеет, хочет ответить? А кто — редко, кто — никогда?

Если во время урока тихо, кто первый начинает шуметь, а кто в общем шуме хранит молчание?

Кто и почему занял это или другое место на первой или последней парте, рядом с этим, а не другим приятелем? Кто возвращается домой в одиночестве, а кто — парами или стайкой?

Кто часто меняет друзей, а кто — верный друг?

Почему не слышно смеха там, где он должен быть? Почему мы слышим взрыв веселья там, где ждали умиления? Сколько раз зевал класс на первом и сколько на последнем уроке? Почему у них отсутствует интерес?

Вместо возмущения тем, что все не так, как мы имели право ожидать, является объективное, исследовательское «Почему?», без которого не наберешься опыта, не научишься творить, не шагнешь вперед, без которого нет знания.

Эта брошюра вовсе не образец того, как надо проводить подобные исследования, она — документальное свидетельство, как трудно фотографировать словами то, что у тебя перед глазами, насколько плодотворным может стать комментирование (пусть и ошибочное) того, что удалось заметить и сохранить, словно схваченное на лету: момент, индивидуальное проявление ученика или общее — коллектива.

II.

Учителя, кто получше, начинают вести дневники, но быстро бросают, потому что не знают техники ведения записей, не вынесли из института привычки протоколировать свою работу. Слишком много требуя от себя, они теряют веру в свои силы; слишком много требуя от своих заметок, они теряют веру в их ценность.

Одно меня радует, другое огорчает, беспокоит, гневит, досаждает. Что записывать, как записывать? Не научили.

Человек вырос из школярского дневничка, который прячет от папы под матрас, но этот дневничок не дорос до хроник, которыми можно обмениваться с коллегой, которые можно обсудить на собраниях и съездах. Возможно, человека учили записывать чужие лекции, чужие мысли, но не собственные.

Какие встретились тебе трудности и неожиданности, какие ошибки ты совершал, как исправлял их, горечь каких поражений изведал, какими триумфами блистал? Сознательно извлекай урок из каждой неудачи, пусть она и другим послужит в помощь.

III.

Куда ты деваешь часы своей жизни, на что тратишь запас молодой энергии? Если был страстный огонь, а с годами его не стало, разве ты ничего не осветил, не выковал? Опыт? А из каких частей он состоит? Теперь уже не для науки, не для других, а для себя?

Ты не трудишься для отчизны, общества, будущего, если не трудишься для обогащения собственной души. Только умея брать, можно отдавать, только взращивая собственный дух, можно способствовать чьему-то росту. В заметках есть семена, из которых выросли леса и поля, там есть капли, сливающиеся в родник, — вот чем вскармливаю, вспаиваю, радую, от палящего зноя укрываю.

По этим запискам подведешь ты итог жизни. Они — доказательство, что не растратил ты жизнь попусту. Жизнь всегда только кусочек дает, только частичку разрешает достичь. Я был молод — ничего не знал; седина в волосы — знания есть, а силенок уже не хватает. Из записок возведешь оборонительный щит перед своей совестью: что не столько, не так, как надо было...

I.

ГОРОДСКАЯ ШКОЛА — ПЕРВАЯ ГЛАВА

Заметка. Я ручку забыл...

Комментарий. И что делать? Должен ли учитель держать несколько запасных ручек, которые будет одалживать?

Кто часто забывает ручки? Записывать, кто и сколько раз забыл, а не это преувеличенное «вечно ты забываешь».

Может, спрашивать утром перед первым уроком: кто что забыл?

Заметка [пятиминутное наблюдение в последние четверть часа урока (арифметика)].

Болек потирает рукой подбородок, дергает себя за ухо, кивает, смотрит в окно, подпрыгивает на скамейке, меряет тетрадкой ширину парты, потом то же самое проделывает ладонью, листает страницы тетради, повисает на краю парты, замирает, согнувшись вперед, размахивает рукой, гладит парту, трясет головой, смотрит в окно (снег идет), грызет ногти, подсовывает руки под ягодицы, потом руками поправляет башмак, обмахивается тетрадкой, сует руки в карманы, потягивается, нетерпеливо ерзает по скамейке, потирает руки...

— Проше пани, можно, я пойду к доске?

Команда:

— Пишем!

Он хватает ручку, машет ею в воздухе, дует на нее и с размаху сует в чернильницу. Снова сильно ерзает по скамье.

— Проше пани, я-а-а-а... ой-ой-ой! — хлопает себя рукой по лбу, подскакивает на месте.

Команда:

— К 332 прибавить 332.

Мгновенно прибавил, оглянулся:

— А ты сделал? — и вполголоса: — Мы все быстр-р-ро делаем, как ветер-р-р... — прищелкнул языком и вздохнул...

Комментарий. Так защищается ребенок, так рассеивает нарастающую и распирающую его энергию, которая не находит выхода, так борется с самим собой, чтобы не мешать уроку, так вымаливает действие, выражает обиду, кидается на орудие труда, так, наконец, поэтичным сравнением бессознательно выражает скрытую тоску: «Как ветер-р-р!»

Наблюдай муки подвижного, легко возбудимого существа: как разумно он распоряжается своей энергией, чтобы, не вызывая неудовольствия учителя, дать ей выход в половинчатых, осьмушечных движениях... Как же он намучается, прежде чем взорвется чем-нибудь таким, что вызовет замечание: «Сиди спокойно!» Как же «счастлив» апатичный, сонный ребенок!

Заметка. «Тихо!» — сколько раз в течение урока?

Комментарий. Может быть по-разному:

а) окрик учителя — лишнее, потому что неотвратимость наказания (читай — кулак) обеспечивает тишину;

б) можно часто, без уверенности и без результата, повторять «Тихо!»;

в) можно позволять шуметь — тогда прощай, ученье;

г) можно договориться с детьми.

Что мы имеем в итоге: полная тишина, относительная тишина.

Что прерывает тишину: вопрос, просьба, замечание, непрошеный ответ, смех, разговор с соседом — когда и в какой степени ты это позволяешь? Не в зависимости ли от настроения, и отдаешь ли ты себе в этом отчет? Если да, то ты должен облегчить понимание своим ученикам.

Заметка. Неуверенные ответы на простейшие вопросы, сдержанные и настороженные ответы.

Комментарий. Редко когда учитель не добавит чего-нибудь даже к правильному ответу ученика.

— Быстрее, медленнее, громче, еще раз, хорошо, дальше...

— И обе мальчики пошли...

— Не обе, а оба!

Не всегда ученик понимает: то ли он неправильно сосчитал, то ли неправильно выразился. Создается ощущение ошибки, ощущение неверного ответа. Насколько невыносима любая работа, а уж умственная работа и подавно невозможна, когда кто-то стоит над душой, и нудит, и мешает.

Бывает и так.

Учитель:

— Так сколько у него осталось фунтов?

Ученик:

— Пять!

Учитель:

— Развернутый ответ!

Ученик (наугад):

— Шесть!

Может быть, сначала дать закончить, а уж потом поправлять? Это важный вопрос.

Заметка.

— Колдуний не существует, — говорит учитель.

Збышек (тихий мальчик) после долгих размышлений шепотом говорит сам себе:

— А вот и нет, на свете есть колдуньи!

Комментарий. Как же часто авторитет семьи сталкивается с авторитетом школы! Иногда авторитет взрослых вынужден слегка стушеваться перед авторитетом дружка чуть постарше.

Заметка. Как нарастает шумливость на перемене после первого, второго, третьего урока: количество драк, ссор, ябедничества? Как нарастает беспокойство в классе, хотя бы по количеству замечаний, которые делаются всему классу или отдельным детям?

Комментарий. Велеть ребенку просидеть четыре часа на неудобной, не по росту скамье — такая же пытка, как приказать ходить столько же часов в неудобной тесной обуви.

Заметка.

— Подождите, не пишите!

— Быстрее, тебя одного ждем!

Комментарий. «Быстрее», «Не так быстро!» — так учитель пытается привести всех детей в классе к одному уровню. Увы! И «быстрее», и «медленнее» не дают результатов, они зависают в воздухе, деморализуют детей.

Заметка.

Учитель:

— Ну, сколько?!

Ученик не знает.

Класс подсказывает:

— Сорок восемь.

Учитель:

— Так сколько же?!

Ученик молчит.

Комментарий. Прелюбопытнейшее явление. Почему учитель требует дать уже обесцененный подсказкой ответ, почему ученик логично отказывается его давать? Какие ученики неохотно пользуются подсказками?

Заметка.

Учитель:

— Какая это книжка? (Хочет услышать прилагательные.)

Ученик:

— С картинками...

Что учитель делает в таком случае?

Заметка. Все уже рисуют, но Адась только заканчивает приготовления к рисованию. Звонок. Все уже закончили работу, Адась с неохотой от нее отрывается.

Заметка.

— Покажи свои рисунки.

Стеснительная улыбка — замялся, показывает с неохотой.

Комментарий. Замечал ли кто-нибудь, каким серьезным становится ребенок, когда рисует, как он увлеченно стремится к цели и как мучительно падает духом?

— А почему тут так нарисовано?

— Потому что это красиво, потому что мне так пришло в голову.

Янинка нарисовала что-то вроде раскидистого кактуса; на каждой колючке сидит птичка.

— А что это?

— А нас (в интернате) одна девочка так нарисовала.

Заметка. Тому, кто сидит возле балкона, холодно (дует).

Комментарий. Момент, рассеивающий внимание. Если в классе холодно, то легко одетые дети [ведут себя по-разному]: один замирает, костенеет в неизменной позе, а другой защищается от холода частой переменой позы (вертится).

Заметка. У него что-то во рту мешается — он часто дергает ртом, возможно, зуб качается.

Комментарий. Фактор, рассеивающий внимание.

Заметка. Сокровищница ученического кармана — пенал.

Комментарий. Учитель уже запретил приносить в школу мячики, кукол, магниты и увеличительные стекла. Но пенал-то можно приносить! Содержимое пенала тоже рассеивает внимание. Но ученик не слушает, потому что играет пеналом — или, скорее, играет пеналом, потому что не слушает?

Отдохнув в игре, насытив потребность отвлечься от урока, ученик быстрее вернется в спокойное состояние или дольше останется невнимательным? Или наоборот: возможно, лишенный пенала, он дольше пребудет в бездумной апатии?

II.

ПОДГОТОВИТЕЛЬНЫЙ И ВСТУПИТЕЛЬНЫЙ КЛАСС ЧАСТНОГО ПАНСИОНА

Заметка. Дежурная вытирает доску. Малгося нарочно (назло) мажет доску мелом. Странно.

Комментарий. Иногда нас удивляет какой-то поступок ребенка. Если бы это вытворил «А», то все понятно, но этот... И на этом основании мы начинаем сомневаться в ранее поставленном диагнозе. В нотации ребенку непременно будет: «Ну-ну... вот ты какой, значит? А я-то думал... Ошибся я в тебе... теперь-то... » — и так далее. Нас обижает и оскорбляет, что нас провели и разочаровали.

А иногда бывает, что в данном исключительном случае «Б» кому-то подражает: он один раз сказал или сделал то, что делают «другие». Малгося видела, как вчера или неделю назад кто-то другой дразнил дежурную, кто-то, кто ей импонирует, на кого она хотела бы быть похожа.

Заметка. «Девочки, прекратите болтать». Почему в школе такие замечания действуют на «хорошо воспитанных»? Наказание в виде доброжелательного замечания, нетерпеливого жеста, удивленного взгляда, наказание пожатием плеч... Наказание — ироническое замечание вместо розги, которая хлещет по ягодицам... слова, которые бичуют самолюбие. «Фу, как некрасиво... так не поступают»... Резкое замечание. «Резкое» — значит режет, ранит. Может быть, я случайно добрался до истоков важной проблемы.

Откуда растет эта кошмарная зависимость человека от мнения, оцепенение под угрозой оказаться в неловкой ситуации — вплоть до собачьего чутья к тому, что о нас подумает официант или гостиничный швейцар?

Заметка. Не знает урока — спрашивать ли?

Комментарий. Ребенок не выучил урок — немецкие слова. Вот бы сфотографировать его поведение! Взгляд тупой, покорная поза, тень улыбки, или гнев, бунт в нахмуренных бровях, или лживые покашливания, беззвучные движения губ (он знает, но забыл, знает, вот сейчас скажет, он знает, знает — почему же сразу «Не выучил!»). А учительница все задает вопросы. Это напоминает пытку, производит неприятное впечатление.

Заметка. Наряду с детьми, которые опаздывают, надо бы обсуждать и других, столь же неудобных для школы: которые приходят слишком рано.

Заметка. Кто любит сидеть за первой [партой], а кто — за последней?

Заметка.

— Олек, отдай ластик.

Олек ластик отдает, но кладет его не на парту, а соседу на голову. Это же скучно — положить ластик на стол.

Заметка.

— Опять не знаешь? А я столько раз повторяла. Тебе должно быть стыдно...

Комментарий. Ну что тут поделать — опять не знает. Вместо выговора — вопрос: почему?

Вот если бы врач говорил пациенту: «Тебе должно быть стыдно, выпил целый флакон лекарства, а до сих пор кашляешь (пульс плохой, стула нет)».

Заметка. В класс входит Владзя — кладет книжки на парту, и началось блуждание: к доске, к картинкам на стене, к учительскому столу, снова к доске, к своей парте, на последнюю парту, подтягивается на руках в проходе между партами, садится, энергично болтает ногами.

Входит Янка — подошла к окну, неподвижно застыла, смотрит в окно. Суматоха — двигают парты, она оборачивается, гнев на челе, никакого участия в общей кутерьме; потом резким движением — на свою парту.

(*NB.* Некоторые ученики так привязаны к своему месту, словно узник к камере.)

Заметка. Стася — наблюдение в течение восьми минут.

1. Подбегает к другой парте.
2. Встает на колени на свою скамейку.
3. Снова к другой (разговор шепотом).
4. К своей парте.
5. Разговаривает с соседкой, та выходит из-за парты, Стася — на ее место.
6. К учительскому столу.
7. Возвращается, в проходе подтягивается на руках, сильно наклоняется вперед.

8. Опираясь на скамью, разговаривает с двумя другими девочками, вполголоса, тихо.

9. Смех — разговор с группкой из пяти девочек.

10. Быстро бежит к четвертой парте с новостями.

11. Возвращается на место.

12. Возвращается — заглядывает в книжку соседки.

Заметка. «Не хотите думать — вот и не слушаете» (тон бессильного, безнадежного отчаяния).

Комментарий. В этой клетке вместе с учениками заперта и учительница, она не только принуждает, но и сама жертва принуждения, терзая, она и сама терзается. Может быть, когда-то она что-то пробовала, искала подходы. Если нет — сама не знала, не умела, так обстоятельства сложились. Могла ошибиться в выборе профессии. Кто виноват?

Заметка. Владзя тянет руку (мелькает мысль: не буду записывать, это портит мои готовые выводы).

Комментарий. С неохотой записываю, что Владзя — легкомысленная, вертихвостка — хочет отвечать. Почему?

Вот именно потому, что это противоречит моему отрицательному мнению о ней как об ученице, я должен был бы этот факт приветствовать и скрупулезно записать.

Владзя — такая, какой я хочу ее видеть, — не должна тянуть руку, она должна быть счастлива, что ее оставили в покое и не вынуждают отвечать. Вот именно, преступление мое в том, что я хочу, чтобы она была такой, какой я ее представил. Я же должен исследовать ее такую, какая она есть, я должен увидеть и заметить как можно больше, со всех сторон. Но я ленив, я хочу, чтобы Владзю было легко раскусить: прилепил ярлык — и готово. Вытянутая рука — это новое явление, оно требует пересмотра, нового усилия мысли, чтобы углубить свою оценку. Но у меня не хватает терпения — я спешу. Мгновенно ее «раскусив», уже бегу к другим, потруднее. Быстро отделываюсь от пациента на бегу брошенным диагнозом, потому что меня ждет вереница других. Я самолюбив — боюсь своих ярлыков, может быть, именно потому, что они халатно обоснованы: склепанная наспех дешевка. Я не уверен и потому боюсь, что вот это новое явление надорвет мимоходом прилепленный мной грошовый ярлык. Мне неприятно признавать, что я еле-еле читаю по складам, что мне приходится долго и внимательно всматриваться в буковки явлений, чтобы промямлить нечто осмысленное. Во мне сидит надутый авторитет, который «этого сопляка» на лету раскусит, видит на три аршина вниз и даже глубже. Живет во мне развращенный бракодел, которого школа дрессировала, как увернуться от долга истинного познания человека.

Эта тянущаяся вверх ручка маленькой Владзи — протест живого существа, которое не позволяет так легко от него отделаться, не соглашается на ярлык и говорит: «Ты меня не знаешь!» А что я знаю про Владзю? Что она вертится? Учительница мимоходом бросила: «Лентяйка!» Мне это пришлось по вкусу, я и согласился. Но может, Владзя не лентяйка. Может, стоит отказаться от небрежного диагноза, признаться в ошибке — и в награду получить пару самокритичных замечаний. Легко возбудимая Владзя, возможно, способна живо заинтересоваться; может быть, она борется с предубеждением учительницы. Эта тянущаяся вверх рука может означать: а) «вот именно, что я знаю, я как раз не такая, за какую вы меня принимаете», или б) «если что-то меня всерьез заинтересует, тогда я знаю урок и хочу отвечать».

Может, на самом деле «лентяйка» сегодня утром решила исправиться и начать новую жизнь? После беседы с матерью, с подружкой? Помочь ли Владзе в ее усилиях или, запомнив это событие, только ждать, что будет дальше: завтра, через неделю?

Да, тут не замурзанная лапка приготовишки, а вопросы, на которые я не могу найти ответа.

Заметка. Беседа — мышь и т. д. (сразу — крыса, пчела и т. д.)

Комментарий. Нет книги, где обсуждалась бы техника ведения беседы с детьми (не наставления!). Может быть, мы потому не умеем с ними разговаривать, что нам это кажется легким. В моей памяти живы чудесные беседы в летнем лагере, вечерние — в интернате... кто их не знает, кто из воспитанников не помнит? Можно ли перенести их в школу?

Мышь — одолжили кота, чтобы мышей ловил; рассказ о драке кота с собакой; глядим, а у тети на подушке крыса; один раз в рыбе оказалась мышь; крысы плавают; а в купальне были рыбки; а еще есть золотые рыбки; когда на корабле плывешь, то в воде рыбок видно; а есть ядовитые цветы; папу один раз пчела укусила; а у бабушки есть ульи.

Задаю тему — сразу несколько человек хотят рассказать, одновременно. Один рассказывает мне, другой начинает рассказывать соседу — образуются группы. Кто-то начинает шуметь — сигнал расслабиться, все пропало. А до звонка осталось 10 минут — что делать? Если установить очередь (пусть записываются, чтобы взять слово) — стесняются, не привыкли к такому, и им почти нечего сказать.

Как уберечь от уничтожения такой любопытный и совершенно неисследованный язык ребячьего рассказа?

Пример — не из школы — из садика, рассказ пятилетнего Виктора.

— Где ты видел яблоки?

— Яблоки — я видел яблоки — такие маленькие — деревья большие такие — можно лежать и качаться — такой был пес — а тут одно яблоко упало — и он лежит и спит — мама идет — я хочу один пойти — а там стул — там пес — песик какой-то — укусил так — у него зубы ос-с-стрые — вот он спал, и пес его укусил — надо пёса побить, за то, что кусается — а там еще одна пани — у нее такие зубы — я забыл, как ее зовут, — а его Фокс зовут — он укусил и кр-р-ровь — он кость ел — Фокс, пошел, пошел вон! — а он так глаза вытаращил и укусил — кость бросил и укусил — я тому пёсу яблоко бросил — как с дерева яблоко сорвал и бросил далеко-далеко — такое твердое яблоко — сладкое, как не знаю что, — а он только понюхал — а потом пришел солдат — шлёп пёса — шлёп — такой хороший — хороший — хороший...

Я записал, сколько мог, без стенографии.

Сравните: «ос-с-стрые, кр-р-ровь» Виктора и «ветер-р-р» Болека.

III.

ХЕЛЕЧКА

Территория наблюдений — детский садик. Просторная комната, в углу пианино. Вдоль стен тростниковые плетеные креслица и столики на одного. В центре комнаты шесть столиков, у каждого — по четыре креслица. У дверей шкаф с игрушками и учебными пособиями Монтессори.

Герои наблюдений: Хелечка — три с половиной года, Юрек и Крыся — тоже трехлетки, Ханечка — пять лет, Нини — шесть лет.

Время наблюдения: по два-три часа в течение двух школьных дней.

Хелечка — самолюбивая, привыкла к восхищению, кокетничает, включая ум и обаяние; вместе со старшим братом это пара здоровых, живых детей, приковывающих взор и сердце.

Юрека я знаю по его семейным отношениям; если он и не законченный тиран, я все равно смотрю на него сквозь призму «предвзятых ярлыков»; у него «испорченная репутация»: он замахивался на мать кнутом, устроил скандал — петух.

Крыся — тут медицина «мутит воду». Не люблю, когда дети ее типа болеют корью и коклюшем. Хрупкие, серьезные, сосредоточенные — филигранные, в них есть что-то от мечты, задумчивости, печальных предчувствий, они пробуждают нежный страх и почтение. Я охотно прописываю им рыбий жир и целую ручки.

Ханечка — как ее описать? «У нее-то есть голова на плечах», «тертый калач», «ее на мякине не проведешь», «в бараний рог не свернешь» и «вокруг пальца не обведешь», «штучка», «тот еще жук» — она знает, что и в каких пределах разрешено. Хочется сказать, что в ней нет обаяния, но как-то язык не поворачивается, — можно предсказать, что она станет сильным и мужественным человеком.

Нини невозможно охарактеризовать. Я заметил в ней ту детскую скрытность, которая рождает недоверие. Она охотнее всего держится со своим братом-одногодком и детьми помладше.

Наблюдение я начал без программы, без плана, импульсивно — вот просто: «А что там малыши поделывают?»

Моя первая заметка — карандашом.

Хелечка (картинки)

— У него язык красный (про собаку). Почему?

Нини:

— Потому что это собачка.

— А у собачек красные языки? Иногда?

(Хелечка рассказывает про песика, который лаял, «хотя мы ему ничего не сделали».)

Крыся играет мячиком.

Нини:

— О, Крыся тоже играет (одной рукой).

То, что ребенок, разглядывая картинку, отдельно оценивает хвост, уши, язык и зубы — детали, которые не замечают взрослые, — мне было понятно. Мы не обращаем на детали внимания, потому что это картинки для детей, но в картинной галерее мы ведем себя точно так же. Если нас изумляет наблюдательность детей, то нас изумляет и то, что дети — люди, а не куклы.

Вопрос Хелечки, почему у собачек красные языки, себе я объясняю как желание поболтать все равно о чем с Нини, особой, которая стоит выше нее в общественной иерархии (Хелечка болтает запанибрата с шестилетней!), а убедило меня в этом ни к селу ни к городу сказанное Хелечкой «иногда?» Так невежда при встрече с интеллигентом, парвеню — с аристократом вставляют в речь не к месту и некстати какое-нибудь изысканное выражение, только чтобы показать: он тоже знает и может что-нибудь этакое.

Нини замечает, что Крыся «тоже» играет — словно она впервые видит, что Крыся играет.

Нини и мяч

— А я одной рукой — ты так умеешь?

Хелечка (быстро):

— Нет.

— Я даже вверх могу.

Крыся обменяла хороший мячик на плохой.

Нини:

— Хе-е-е, давай больше не будем меняться, ладно?

Крыся тискает плохой мячик, из которого вышел воздух...

Тут я зафиксировал два момента. Благородную правдивость Хелечки я отмечал уже неоднократно. Если ей случается солгать, то только из самолюбия — она может солгать, защищая свое достоинство. Ей неприятно признавать, что она чего-то не умеет, поэтому она быстро говорит, что одной рукой ловить мячик не умеет, но явно хочет сменить тему разговора.

Второй момент касается Нини. Крыся сменяла хороший мячик на плохой. Нини поскорее хватает мячик и смеется — у нее готово слететь с языка: «Глупая ты, из этого мячика выходит воздух, он испорченный, не прыгает!» И тут она соображает: лучше скрыть, какую выгодную сделку она провернула. Отсюда быстрое: «Давай больше не будем меняться!» Но это лишняя осторожность: Крыся очень довольна обменом: она экспериментирует дырявым мячиком, ей уже не хочется играть. Как Хелечка не соврала, тихо и быстро ответив, что не умеет ловить мячик одной рукой, так и Нини, собственно говоря, не обманула Крысю. Так стираются границы многих человеческих недостатков, достоинств, поступков и проступков.

На полу кубики

Нини:

— Я вам кораблик построю — о, печка, печка на корабле.

Хелечка:

— А ты умеешь такие кораблики строить?

Нини (не оборачиваясь):

— Умею.

(Крыся — Хелечка — поезд.)

Шестилетняя Нини, играя с малышами, обходится с ними свысока. Не себе, а им она строит. С этим Хелечка не хочет согласиться, не хочет признать авторитет Нини — задает бестактный вопрос и получает пренебрежительный ответ. Умеет ли Нини строить то, что умеет Хелечка? Нини даже не обернулась: ясное дело, умеет!

Нини рассказывает сказку о гадюках...
— Ну что, смешной конец?
Хелечка:
— Нет.

Дополню по памяти. Нини борется за свой авторитет: рассказывает сказку. О гадюках. Хелечка не знает, что такое гадюки, сказка ее не интересует. Нини предчувствует свое поражение, задает неосторожный вопрос, получает неприятный ответ. Тут я (правда, напрасно) задаю Нини пару вопросов о гадюках. «Гадюка — она такая, как нитка, и может съесть двести человек!» Хелечка хмуро глядит на Нини, отношения напряженные, атмосфера сгущается. Случайно встретились разные люди; после неискреннего разговора, вынужденного столкновения они разойдутся, чувствуя взаимную обиду.

Кубики — долго — замок
Хелечка:
— Вы умеете так строить? Так красиво?

[...]

Возвращаются к строительству. За короткое время Нини говорит 22 фразы, Хелечка — 14, Крыся — ни словечка.

Тут я вставил замечание, что в течение четверти часа непринужденной игры участвовали:

1. Картинки.
2. Мячик.
3. Кубики.
4. Сказка.
5. Кубики.

Ревность

Хелечка, все настойчивее:

— Красиво, а ты так умеешь?

Разрушает домик Нини.

— Я сама буду строить.

Нини:

— Я для Крыси буду строить.

(Шепчет Крысе на ухо.)

Крыся оборачивается, разрушает домик Хелечки.

(Пропуск.)

Я забыл упомянуть, что они строят, сидя на полу.

Борьба за Крысю, за эту маленькую, но спокойную, молчаливую, серьезную особу, которая вызывает удивление, когда берет [негодный] мячик. Я слежу за ходом драмы, затаив дыхание. Хелечка страдает, ее терзает обида, ее сердит Нини, она борется за Крысю, но предчувствует, что это напрасно — Крыся смотрит на то, что строит Нини. Месть: Хелечка разрушает домик Нини.

Нини и к этому пренебрежительно отнеслась: не годится ей развязывать войну со слабым противником; она только подчеркивает, что Крыся принадлежит ей.

Сколько же здесь осталось незаписанным! Дополняю по памяти: после безобразного поступка Хелечки Крыся слегка придвигается к Нини, спокойным взглядом встречает полный бунта взгляд Хелечки и поворачивается к Нини. Это длилось десятую, сотую долю секунды: Нини дает команду, Крыся быстро рукой сметает постройку Хелечки. Хелечка молчит: она чувствует себя виноватой, беззащитной перед Крысей.

Пропуск в моих заметках — это доказательство волнения, вихря чувств, которые эта сцена во мне вызвала. Потому что тут все от человека! Я не помню столь же сильных впечатлений со времен своих исследований младенцев.

Хелечка наладила отношения с Нини (как?).

Не знаю. Не помню. Я потерял ряд интересных моментов, и я бы сильно не доверял заметкам, в которых не было бы «пустых мест» и искрснних признаний, что наблюдатель не помнит, не заметил, забыл.

Приходит Ханечка — к Нини, Юрек садится на стульчик Хелечки. Хелечка долго на него смотрит (я жду) — ничего!

Ханечка берет кубик из домика Хелечки — Хелечка долго смотрит.

— Ханечка, я тебя прошу, не бери у меня кубики.

Ханечка забирает кубики. Хелечка бьет ее кубиком по голове.

Хелечка последний кубик судорожно впихивает Юреку:

— На! На! На!

Юрек (мне):

— Этой девочке нечего строить — ей нечем строить.

Я (низким резким голосом):

— Что?

— Она у нее все забрала.

Хелечка смотрит на Юрека (Юрек — на Хелечку).

— Она, эта девочка, хорошая.

Ханечка выделяет восемь кубиков, Юрек добавляет свой девятый, Ханечка в азарте добавляет еще.

— Юрек, я ей все отдала, я уже все ей отдала.

(У меня на глазах слезы.)

Я начну с моего «Что?» — этого единственного слова, которое я сказал, — резкого, чужого и по духу, и по звучанию тому, что здесь происходило. Дети понимали друг друга, а я притворялся, что не понимаю; клетки моего мозга, голосовые связки, весь я со своим прошлым, где столько всего было, — все это было воплощением грязи и фальши по сравнению с чудесной мистерией звуков, неуловимых, серебряных тонов. Здесь нет места ученым рассуждениям, есть настроение, святая беседа чувств, которых наука не имеет права касаться. Рассуждать я буду, но тем самым самого себя же и ущемляю...

Юрек присел на стульчик у столика Хелечки. Хелечка смотрит на Юрека. Невозможно представить, что она мыслит, — она только чувствует. Ей жаль тех долгих минут, когда сидела за этим столиком, вдали от детей, глядя на них со стороны. Но это уже прошло и не вернется. Она покинула свое тихое гнездышко — сколько же она претерпела, — но уже не вернется. Теперь там уселся Юрек, тот самый Юрек, который ее толкнул пару дней тому назад. Хелечка его прощает, отдает ему свою тихую гавань, уютный домик. В ней есть печаль о том, что не вернется. У нее воруют кубики: она покорно просит, потому что знает, что жизнь обижает, что защититься она не сможет, а убегать — не хочет. Здесь суть не в словах, а в тихом и печальном голоске, выражении лица, позе. Ни одна актриса не сумеет так умолять о спасении, о снисхождении, о жалости. Насколько же гениальна природа, позволяющая трехлетнему ребенку быть таким воплощением мольбы. А слова? Такие простые: «Ханечка, я тебя прошу, не бери у меня кубики».

Ханечка-жизнь жалости не знает: грабит. Хелечка бьет ее по голове последним оставшимся у нее кубиком; она боится мести — в ее троекратном «На!», когда она впихивала Юреку в руки последний кубик, было столько драматической силы! Так, погибая в бою, солдат отдает свое знамя кому угодно, лишь бы не врагу. Юрек, пассивный свидетель этой сцены, взволнованным голосом обращается ко мне. Он просит помощи для девочки, у которой отобрали «все», которую обидели, а он, держа в руках ее последний кубик, не знает, что предпринять. Обращаясь ко мне, он дает знать Хелечке, что ей он сочувствует, а Ханечку осуждает. Ханечка поняла. Получив кубиком по голове, она только слегка потерла место, где стало больно: она и не думала дать сдачи. Она провинилась — отдает кубики, отдает даже больше, чем взяла, и просит у Юрека прощения.

В записях я предпочел пропустить движения, жесты (ба, рискни-ка их описать), но я записывал слова, потому что они были чудесны своей простотой и сильны повторением. Здесь Хелечка трижды сказала «На!», отдавая Юреку кубик, два раза повторил Юрек, что Хелечка теперь не может строить, два раза Ханечка говорит, что отдала кубики. Мне представляется, что в драматических моментах и автор, и талантливый актер вызовут куда более сильный эффект повторением одного возгласа, чем длиннющей тирадой. «Мама! Мама!» — «Нет у меня дочери, больше нет дочери!» — «Я невиновна, я невиновна!» — это может подействовать очень сильно. Нужно обратить особое внимание на повторы у детей. Наверняка это очень частое явление!

Эта сцена пробудила во мне различные мысли:

1. В области чувств дети намного богаче нас, они чувствами мыслят.

2. Если я насилую себя, описывая эту сцену, то чем бы стало мое вмешательство в происходящее? «Ханечка, отбирать нехорошо, отдай. Хелечка, драться нехорошо, извинись».

3. Какая огромная школа жизни для детей — садик!

Хелечка:

— А ты умеешь так строить?

Нини:

— Мы с тобой не водимся.

Юрек хочет взять кубик, Хелечка его отталкивает, Юрек не протестует.

Хелечка:

— Я вам дам (кубики).

Нини:

— Не надо, не надо.

Ханечка:

— А я красивый замок построила.

Хелечка:

— Противный, противный.

(Пропуск).

Хелечка:

— А ты умеешь так строить?

Нет ответа.

(?) ты не нужна.

Хелечка (мне):

— Красиво я построила?

Я:

— Красиво.

Хелечка:

— А вы умеете?

Я:

— Умею.

Только сейчас, отверженная, обиженная, она заметила меня, обращается ко мне. Бедняга!

Болтливость Нини Ханечке импонирует, но слегка раздражает.

Хелечка поправляет негодный мяч.

— Видите, как надо сделать.

Хелечка (Юреку):

— Дай мне коробку.

Юрек — защитный жест*.

Я глажу его по лицу. Он не дается — отошел. Хелечка грабительским жестом забирает коробку, удирает, садится около меня.

(Пропуск).

Хелечка:

— Ты умеешь так строить?

Юрек:

— Нет — бз-з — вз-з-з — вз-з-з — вз-з-зы — биз-з-з.

Ну наконец-то — но в какой карикатурной форме — я не удивился бы, если бы она вздохнула.

Это заметки усталости. Я не прекращаю записывать, потому что это ценный материал, но я устал, до предела устал — вот и халтурю. В последний момент я вношу комментарий, потому что уже не доверяю памяти. Хелечка, которая так мечтала услышать, что они не умеют делать то, что умеет она, наконец достигла своей цели. Юрек не умеет! Юреку неприятно признаваться, что он не умеет, отсюда и это «бз-з-з — вз-з-з — вз-з-з» — это пренебрежение к проблеме, смена темы разговора. То же самое недавно сделала Хелечка.

---

* Защитным жестом я называю такое движение, когда ребенок, не желая что-либо отдавать, поднимает руку с этим предметом вверх, прячет предмет за голову, наклоняя ее в сторону вытянутой руки.

Воспитательница:

— *À sa place!**

Хелечка (Нини):

— А что такое *place*?

Хелечка обращается к Нини, не ко мне.

Молитва. Ханечка, Крыся тоже принимают участие. Хелечка подавлена, после молитвы она решительно говорит Юреку:

— Это мое место, это мое.

Юрек встает и пересаживается на свое место.

После маршировки Ханечка выживает Юрека из креслица, он снова покорно пересаживается на другое место.

Хелечка за столиком — стучит ногами по столику, стучит столиком об пол, бьет рукой по столику.

(Пропуск).

У Хелечки кубики — она вынимает один, слегка постукивает им по столу, движения сонные, голова лежит на руке. Она начинает строить ворота к замку Ханечки — у нее не получается, треугольный кубик падает с основания три, четыре раза. Хелечка убирает кубики в коробку.

Пропуски — это мое поражение. Я отвлекаюсь только на минутку, оставляю Хелечку возбужденной, одинокой. Нахожу — угнетенной и несчастной, но на столике лежит коробка с кубиками: когда она вынула ее из шкафа, как? Я ничего не знаю. Устав, я пропустил это.

Перечитал написанное. Плохо. Я все понимаю, но читатель поймет только после того, как пару раз внимательно перечитает текст. Таких читателей будет мало. Надо писать легче, доступнее.

---

* По местам! (*фр.*)

Для наблюдения во второй день выбираю другой, новый метод. Сначала все записи вместе, потом последовательность событий, образующая рассказ, наконец — комментарий.

Для студента педагогической семинарии такой план:

1. Характеристика наблюдаемого ребенка.

2. Об условиях наблюдения:

а) план территории, на которой ведется наблюдение;

б) личные сведения: что это за работа, откуда студент знает ребенка, что он о ребенке знает, слышал, заметил, запомнил, прежде чем стал наблюдать;

с) психологическое состояние: студент занялся наблюдением охотно или случайно, здоров ли он, какое у него сейчас настроение и т. д.

3. Записи *in crudo** — с дополнением «Пропуск» (пробел в наблюдениях). Вопросительный знак в скобках в том месте, где автор не смог расшифровать собственные записи. Важно: сохранять сокращения.

4. Краткий рассказ о ходе событий.

5. Комментарий к запискам.

6. Личное — собственные переживания и размышления.

Мне кажется, что подсознательно именно этот план был у меня в основе замысла. Что-то вроде театральной критики, что-то от сочинения об известной пьесе. Неясности моей работы вытекают из того, что, читая сочинение о драме Шекспира или Софокла, я знаю Гамлета, Антигону, — а тут читатель не знает ни

* Необработанные (*лат.*).

героиню — Хелечку, ни саму пьесу. Если я и оставляю в этой форме первый день наблюдений, то исключительно с целью дать пример бракованной работы, какой она не должна быть. Я не уверен, что второй день будет лучше.

(*NB.* Мешает мне и то, что я пишу не в день наблюдения, а через четыре дня; вторичные наблюдения я комментирую в субботу.)

2-й день наблюдений

Записи.

Хелечка даже не посмотрела на свой столик.

Крыся играет с Маней.

Хелечка что-то сказала Стасе — та в ответ молчит.

...Янка — прошло много времени.

...зевает.

...с Виком:

— А мне восемь лет.

— А Владеку тоже восемь лет.

Вик идет проверить, Хелечка не уверена.

Хелечка:

— Владек, а тебе сколько лет?

Владек:

— Семь с половиной.

Крыся у столика старших детей. Хелечка к ней присматривается.

Молитва — маршировка.

Хелечка громко, провокационно:

— Ой, фартук — мамуся велела фартук.

Бежит. Переворачивает скамейку.

Громко — воспитательнице:

— Перевернулась...

Мне:

— Лямочки перевернулись.

Сейчас она некрасива.

Еще минута — она прекрасна, забыла о себе, долго трудится, чтобы застегнуть сзади пуговку на фартуке.

— Проше пани, помогите...

Когда хочет:

— Я сама, сама...

Перевернула фартук вперед, пальцем расширяет петельку.

— Застегните, пожалуйста.

Я протягиваю руку — она отступает, снова попытки. (Последнее усилие — совсем как у взрослых: а вдруг в последний момент получится? Последняя надежда.)

(Пропуск).

Я застегиваю: попробуй расстегнуть, это легче, — не хочу, — и к столику с буквами, к Крысе. Она учится уважать существенные заслуги.

Хелечка и буквы — мечты о могуществе, я у столика, она обращается к пани Н.

Копается в буквах:

— Хорошо получилось?

— Нет!

(Восторги взрослых развращают детей до мозга костей!)

Мне:

— Правда же, я слово сложила?

— Нет.

— Ну, посмотрите же.

— Нет.

Перекладывает одну букву.

— Ну, посмотрите, посмотрите.

— Плохо.

Показать ей, как надо, она не позволяет.

Бросаю ей обидные слова:

— Ты слишком маленькая! (Потому что она меня сердит.)

Она уходит — показывает пани Н., что столик сломан, показывает куклу:

— Она некрасиво одета?

Перечисляет, во что одета кукла.

— А что у меня в кармане есть... А что у меня есть?

— Не знаю, откуда же мне знать... А ты знаешь, что у меня в кармане?

— А вот и знаю. (Заглядывает.)

К буквам:

— Ну, посмотрите же (к пани Н.), хорошо получилось?

— Нет.

(Это работа — она не хочет смириться.)

Пани Н. показывает, как складывать буквы, — не смотрит: она хочет волшебства, хочет царить, а не работать.

Спрашивает меня:

— А сейчас?

— Нет!

Снова идет к сломанному столику, показывает Янеку. С пани Н. — разговор.

Книжка с картинками — рассматривая ее, Хелечка мурлычет одну из песенок, которую разучивали в садике — «Полишинель».

— А вы можете кота нарисовать? А я могу.

(Дома она может то, чего не могут взрослые.)

Она разговаривает с Тадеком, что-то ему не разрешает.

Ей скучно.

— Возьми кубики, строй домики, как Ханечка.

— Как Кры-ы-ыся?
— Нет, как Ханечка.
— Не хочу. Это легко. А вы можете сшить фартук?
— Нет.
— А я могу.
— Ты его даже застегнуть не можешь.
— Могу.
— Нет.
— Могу! (Раздражение.)
— А вы можете машинку нарисовать?
— Нет.
— А я могу. А кота?
— Могу.
Я даю ей карандаш и бумагу: рисуй.
— А я могу карандаш нарисовать.
Она рисует утку (на уровне своих трех лет). Я холодно, без энтузиазма признаю, что получилось хорошо.
— А вы умеете?
— Да.
Она удивленно смотрит, рисует.
— Ну и что это?
— Не знаю.
— Ну что это, у чего бывает столько ног?
Я рисую утку.
— А дайте мне бумагу, я мисочку нарисую.
— Рисуй на этом же листочке.
— У-у-у... — но рисует.
Вместо мисочки — девочка с корзинкой.
— Ты же должна была нарисовать мисочку.
— А красивая мисочка получилась?
— Спроси Крысю.
Разговор Крыси с Хелечкой короткий.
— И что Крыся сказала?

— А это красивая корзиночка?

— Некрасивая.

Я рисую: твоя корзиночка лучше или моя?

Пальцем показывает: эта (показывает на мою).

Мне ее жаль:

1. Восхищение.

2. Неприязнь — гнев.

3. Сочувствие.

Я объединяюсь с Хелечкой против Крыси. Хелечкой восхищаются, Крысю — обожают. Крыся старается быть первой в маршировке. Хелечка хочет взять нахрапом, Крыся ждет, пока у нее само получится.

Такие Крыси:

1. Неактивные, они не расходуют энергию.

2. Тихие — они везде прокрадутся, высмотрят, кто что делает лучше остальных, только долго смотрят.

3. Побеждают без борьбы — внезапным взрывом, одной атакой.

Хочу помочь Хелечке: научу ее.

— Дай мне мелок.

Она не знает, где мелок. Крыся знает и приносит. Я рисую на доске домик. Она тоже пробует — получается плохо. Рисует окошки в моем домике. Мимо проходит Ляля.

Хелечка:

— О, посмотри, красиво?

Ляля:

— Ты красиво рисуешь.

Хелечка:

— О, окошки, смотри.

Хелечка понимает, что произошло недоразумение, ей стыдно.

Она рисует деревья. Хочет вытереть доску не тряпочкой, а кусочком бумаги. Стирает рукой и смотрит на меня с вызывающей улыбкой.

Хелечка:

— Нарисуйте что-нибудь.

Я рисую человечка — она пририсовывает ему пальцы, поправляет свой рисунок.

Требует нарисовать еще. Я рисую птицу.

Хелечка:

— Это птица или жаворонок. (Ждет восхищения тем, что она знает новое слово.)

Я на минутку подхожу к Крысе, которая клеит поделку. Тут же подходит Хелечка — тянет меня прочь (ревность).

Теряет мелок, долго ищет — находит. Мелок упал — сломался. Она удивленно смотрит, пишет кусочком мела на доске, потом нарочно швыряет мелок и смотрит (эксперимент).

Требует новый рисунок. Я рисую цветок. Она его дополняет, «улучшает».

— А это что?

— Очки.

— Зачем?

— Чтобы лучше видеть.

— А это зачем?

— Это нужно, чтобы очки держались.

— Так можно гвоздиками.

— Гвоздиками будет больно.

Я снимаю очки и показываю ей. Она мажет меня мелом.

— Ты меня испачкаешь, Хелечка.

— А это новая одежда?

— Нет, старая.

— А у меня новая есть. Зося сшила.

— А кто это — Зося?

— Человек. С головой, с руками, с лицом...

— А почему на лице усы? Папа бреется.

[...]Я не могу, мне купить не на что.

Она советует сделать [деньги] из золота или из бумаги. По ее указке вырезаю из бумаги. Остается лист бумаги с двумя отверстиями. Она прижимает бумагу к лицу, пугает меня. (Ждет, чтобы я сказал: ой, я боюсь, ой, спрячусь.) А я молчу.

— Страшно?

— Нет.

Даю ей зеркальце, чтобы она сама посмотрела, страшно ли. Спрашиваю Крысю, страшно ли ей.

— Нет.

Хелечка что-то рисует на маске, чтобы было страшно.

— А сейчас страшно?

— Нет.

Она кривит личико, строит гримасы.

— А сейчас?

— Нет.

Я:

— А кто-нибудь этого испугался?

Молчит, не отвечает. Примеряет маску на меня, пробует на Крысю.

Завтрак.

Хелечка, громко:

— А я знаю, где моя бутылка (с молоком).

(*NB*. Крыся вместо «к» выговаривает «т» — этот

дефект речи может в будущем сделать ее неразговорчивой, необщительной; гигиена воспитания должна об этом помнить, предотвращать подобное.)

(Не Хелечку я два дня наблюдал, а законы природы, человека.)

В садике только две малышки: Хелечка и Крыся. По нашему рецепту «Играйте вместе!», под принуждением, они бы так и играли, но, если их не трогать, они льнут скорее к детям постарше: это обещает им нечто большее, чем игру. Маня охотнее разговаривает, опекает малышей, и Маню притянула неразговорчивая, спокойная и серьезная Крыся. Хелечка пока только ищет. Подходит к Стасе — плохой выбор, к Янеку — этот хороший: он всего неделя, как ходит в садик, еще «не раскрутился», стесняется, он мало кого знает, это выравнивает разницу в возрасте, и дети разговаривают. Но Хелечке не хватает терпения. Она заговаривает с Виком — неловко: сообщает ему возраст своего брата, но не уверена, правильно ли она сказала (8 лет), смутилась. Всю непосредственность чувств Хелечки, каждое ее действие сковывает и тормозит страх показаться смешной. Поэтому она не принимает участия в молитве, в маршировке, в гимнастике. Она страдает, но боится — что не умеет. Когда дети маршируют в такт музыке, она, желая обратить на себя внимание, неумеренно громко говорит о фартучке и... опрокидывает скамейку: конфуз. Она удивленно говорит об этом с вымученным смешком и быстро меняет тему разговора: заявляет мне, что перевернулись лямки фартучка (наизнанку). Она приводит рукава в порядок, надевает фартук; не может застегнуть. Я хочу ей помочь — она отказывается. Ей кажется, что мешает слишком узкая петелька (фартучек застегивается сзади). Она сама обращается с просьбой о помощи, но в последний момент вдруг отступает назад и снова пытается застегнуть фартук. Обращаясь за помощью второй раз, она не выпускает из рук пуговки, пробует еще раз. Это невероятно частое явление не только у малышей, но и у детей постарше, и у взрослых. Когда студентом я работал в больнице, я был свидетелем такой сцены: коллега X. хочет вырвать пациенту зуб, но не может. Он обращается к врачу, тот подходит. Студент не отдает щипцы — еще одна попытка, и зуб ломается.

Буквы наборного алфавита лежат в ячейках коробки, как литеры в кассе типографского наборщика. Утром они лежат разбросанные, их складывают дети, которые букв еще не знают: одинаковые к одинаковым. Крыся это умеет, Хелечка хочет работу заменить надувательством. Я догадываюсь: дома она что-нибудь накалякает на бумаге и говорит, что написала; поскольку взрослые поддакивают, что она пишет, Хелечка им верит. Что же странного в том, что, если трехлетке кажется, что так легко уметь читать (бормотать что-то под нос), рисовать, писать, то шестилетка неприязненно воспринимает необходимость усилия и труда. Хелечка назойливо, гневно требует признать, что она правильно сложила буквы; она не хочет, чтобы ей показали, объяснили, научили, помогли. Она хочет все сама! В ее непрекращающихся вопросах: «А вы умеете? А ты умеешь?» легко прочитать, что дома взрослые притворяются, что якобы не умеют того, что умеет она. Сколько же раз мы это видели, в скольких вариантах! Трехлетка спрыгивает со ступеньки: «Вот как я умею!»; дядюшка-весельчак притворяется, что не умеет, боится, падает, валяет дурака; ребенок смеется, толкает дядюшку, бросает ему вызов в ехидной, дрянной игре, издевательстве и надувательстве. Трехлетка что-то накалякал на бумаге: «Это лошадка!» Дядюшка изумлен: какая красивая лошадка, он так рисовать не умеет; пробует, берет карандаш, рисует неочиненным концом, потом карандаш выпадает у него из рук, бумага летит на пол.

Ребенок нетерпеливо объясняет, как надо, иногда может и ударить. Кабы дядюшка-весельчак знал, что ребенок смеется от возбуждения, потому что ему известно: игра закончится объятиями, поцелуями и подкидыванием; во-вторых, ребенок именно по этой причине и сердится, и возбуждается. Если бы понял дядюшка, что искрящийся весельем взгляд и неуемный смех одного карапуза и наполовину удивленный, а наполовину разгневанный взгляд другого напоминают ему разнузданность в кабинете и сопротивление в будуаре, может быть, в будущем он стал бы осторожнее. Если то же самое делают няни, кто знает, не от веселых ли дядюшек переняли они эту манеру, потому что не из деревни, не из хаты они такое вынесли; потому что в хатах, насколько я видел, отношение к детям серьезное и полное достоинства. Гнев, который выразился в обидных словах, брошенных Хелечке: «Лучше брось это, ты еще маленькая», наверняка, собственно говоря, был адресован дядюшкам (и тетушкам), которые не могут посмотреть на двухлетнего красивого ребенка без полусознательной или бессознательной мысли о том, какое это в свое время будет пикантное существо. Так эта зараза идет в детскую, так калечат малышей, которые потом в садиках с болью выпрямляют искривленные души, но теряют доверие к взрослым и привязанность к дому.

«Нет!», «А вот и нет!», «А вот и знаю!», «А вот и умею!» — это тоже из репертуара веселых дядюшек. Дядюшка говорит: «А я тебя куплю у мамули!», «У тебя глаза некрасивые!» — о, их изобретательность не знает границ! Ребенок говорит: «Неправда!» — «А вот и нет! Правда, мамуля, что нет?»

«А вот и да!», «А вот и нет!» — это называется «дразниться». Некоторые дети это ненавидят, некоторым нравятся такие шутки, где гнев, неприязнь, страх дают сильные ощущения.

Хелечка обещает нарисовать мисочку, но понимает, что нет ни капли сходства; поэтому пусть будет «девочка с корзинкой» — взрослые такие дураки, они же всему поверят. Два раза она сменила тему неприятного для нее разговора. Она честно признает, что нарисованная мной корзинка лучше, но, когда Ляля приняла нарисованный мной на доске домик за творчество Хелечки, Хелечке не хватает мужества прояснить возникшее недоразумение...

Интересен эпизод с мелком. Она не ожидала, что мелок сломается, упав на пол. Если стакан упадет, им больше нельзя пользоваться, и карандаш ломается. Мелок сломался — Хелечка осторожно пробует: мелок пишет, как раньше. Она бросает мелок еще раз: что из этого получится? Она уже знает это: знает на всю жизнь. Несколько дней назад Непослушная пробовала намочить мелок в воде и писать им. У каждого из нас в прошлом есть момент, когда человек задал себе вопрос, куда девается сахар, положенный в чай; если в ответ сказали, что он «растворяется», то к непонятному явлению просто добавили непонятное слово. Человек понимает, только экспериментируя с сахаром, с солью;

я помню, как соленую воду выставлял на солнце, чтобы посмотреть, появится ли потом в баночке сухая соль; но соли я не дождался, и вопрос так и остался до конца не решенным. Ребенку нравится самому мешать ложечкой сахар в чае, но маме это не нравится, потому что стакан чаще всего опрокидывается.

Разговор про очки. Тут не только стеклышки, через которые человек лучше видит, тут еще и железяки какие-то — а это зачем? — если стеклышки не держатся, их можно прибить гвоздиками. Я отвечаю, что так нельзя, но не смеюсь при этом. Крепление стеклышек, через которые нужно смотреть, нашло разнообразные решения: монокль, бинокль, очки, лорнет; не так просто заметить уши, за которые можно зацепить дужки для очков. То, что трехлетняя Хелечка не знает, до чего додумались коллективными усилиями специалисты в течение столетий, — это не смешно. Но то, что я на сороковом году жизни благодаря вопросу Хелечки впервые над этим задумался, — это компрометация.

Издеваясь над тем, что ребенок чего-то не знает, ты убиваешь в нем желание узнать новое. Кто готов признаться, что он не читал «Фауста», не видел Рубенса, не знает, кто такой Песталоцци? Вот мы и читаем «на отвяжись», смотрим «на отвяжись», все знаем абы как; цивилизацию делают единицы, политику делают клики, а темная толпа, водимая за нос, готова умереть, лишь бы со стыдом не признаваться, что чего-то не знает, лишь бы над ней не смеялись. Кто смеется над трехлетним ребенком, потому что он хочет гвоздиками прибить стеклышки к глазам, — тот предатель, развратитель.

Хелечка не знает, как держатся на месте очки, но у нее новое платье. Вот до чего мы в конце концов договорились. Разговор о деньгах — золоте и бумагах — это обрывки реальных услышанных разговоров. Я вырезаю в листке бумаги два отверстия (деньги) по указке Хелечки. Хелечка замечает сходство листа с маской, которой добрый дядюшка любит пугать детей. Запутавшись в финансовом разговоре, она хочет выпутаться, чтобы скрыть свое невежество. Надевает на лицо «маску» и пробует пугать меня и Крысю. У нее ничего не получается. Наверное, это плохая маска — надо скривиться. Не помогает.

Мне кажется, Хелечка начинает понимать, что дом шутит, играет, притворяется, лжет; что все совсем иначе, не так, как она полагала. Она боится, но ее притягивает эта новая, осмысленная жизнь, которая и усилие, и борьба, где ценится заслуга, а не очарование, где больше равнодушных взглядов, чем улыбок, где больше ловушек, чем услужливых рук. Дом не помогает ей, а мешает.

* * *

Получилось не то, что я хотел. Я хотел дать образец ученику педагогической семинарии, как записывать наблюдения и дополнять их комментариями. А написал образец для себя, как от мелкого подмеченного момента — детского вопроса — переходить к многогранным и общим проблемам. Вот доказательство, каким препятствием для независимого мышления бывают любые рамки, планы и указатели.

IV.

Мне всегда казалось, что серьезным препятствием в рациональном воспитании отдельного ребенка является не всегда осознанная, а все-таки всегда присутствующая мысль, что «не сто́ит». Как у воспитателя многих десятков детей у меня обостренное чувство ответственности: каждое мое слово эхом отдается в сотне умов, за каждым действием следят сто пар настороженных глаз; если мне удается растрогать или убедить, побудить к действию, то моя любовь, вера, энергия множатся стократно; всегда, даже когда разочаруют меня почти все дети, все равно: один, двое, не сегодня, так завтра, убедят меня, что они поняли, почувствовали, что они со мной. Воспитывая сотню детей, я не ведаю одиночества и не боюсь полного поражения. Когда я отдаю часы, дни, месяцы собственной жизни одному ребенку — что я делаю? Ценой собственной одной жизни я строю тоже лишь одну жизнь. Каждое мое самопожертвование вскармливает лишь одного. Мне легче победить досаду, усталость, плохое самочувствие, когда меня будет слушать сотня.

Встречая воспитательницу, которая ради одного-двоих детей покидала группу, иными словами, предпочитала место в частном доме приюту или интернату, я полагал, что нет у нее любви к своей профессии, что ее привлекли выгода, условия получше и работы поменьше.

Только две недели я провел со Стефаном, одиннадцатилетним мальчиком, и убедился, что наблюдение за одним ребенком дает столь же богатый материал, равную сумму тревог и радостей, такое же удовлетворение, как и наблюдение за множеством детей. В этом одном ребенке ты замечаешь намного больше, чувствуешь его тоньше и глубже продумываешь каждый факт.

Похоже, что усталый воспитатель группы детей имеет право, быть может, обязан, применять своего рода севооборот труда: отойти на некоторое время от толпы в тишину и вновь вернуться к работе с толпой. Насколько я знаю, до сих пор так не делалось — были специалисты по индивидуальному или по групповому обучению и воспитанию.

Эти записи я вел в виде дневника — так я их и оставляю. Они могут иметь некоторую ценность как документ, несмотря на необычные условия, время и место.

NB. Я был ординатором полевого лазарета. В перерыве между военными действиями я взял к себе мальчика из приюта; он хотел учиться ремеслу, а при лазарете была столярная мастерская. Я провел с ним только две недели; я заболел и уехал, а мальчик еще какое-то время там находился; потом начались марш-броски, и денщик вернул его в приют.

* * *

Четверг, 8.1 II.1917 г.

Он уже у меня четвертый день. Я хотел вести записи с первого дня. К сожалению, с записями так всегда: больше всего материала для записей, когда нет времени. Это многих отвращает от работы. Жалко мне, что многие странные чувства и ощущения прошли бесследно. Я уже привык к присутствию мальчика.

Его зовут Стефан. Мать умерла, когда ему было 7 лет, он не помнит, как звали мать. Отец на войне, то ли в плену, то ли убит. Есть у него семнадцатилетний брат, живет в Тарнополе. Сначала Стефан жил с братом, потом у солдат, уже полгода в приюте. Приюты открывали городские управы, руководили приютами кто попало. Правительство то разрешает учить, то запрещает. Это не интернат, а помойка, куда выкидываются дети, отбросы войны, печальные отходы дизентерии, сыпного тифа и холеры, которые уносят их родителей, ба! — только матерей, потому что отцы сражаются за новый передел мира. Война — это не преступление, это триумфальный марш, пир дьяволов, уцелевших в пьяном свадебном разгуле.

Стоило мне спросить его, хочет ли он, чтобы я его взял, как я тут же пожалел об этом.

— Не сейчас, в понедельник я за тобой приеду. Спроси завтра брата, позволит ли он тебе. Посоветуйся, подумай.

Едем. Луна, снег. О чем он думает? Он с любопытством озирается вокруг: костел, вокзал, вагоны, мост. Лицо заурядное. Он вроде бы трудолюбивый, при госпитале есть столярная мастерская — отдам его в обучение Дудуку.

Экзамен. Как читать, он не забыл. Задача по арифметике.

— Сколько тебе на данный момент лет?

Чувствую, что он не понимает, что значит «на данный момент».

— На данный момент? Это когда кому-то время даешь?

Я не поправляю.

Он получил от брата 50 копеек, купил пирожки с повидлом, конфеты, у нас ел холодный зельц — шедевр Пласки, вечером у него разболелся живот. Боль в области слепой кишки. Плохо дело: я хотел, чтобы он ел из солдатского котла, пока не решится вопрос, останется он или нет. Я хотел, чтобы с самого начала у него был определенный распорядок дня.

Валентий вздыхает:

— И на кой это пану сдалось?

У Стефана врожденное чувство порядка: сделав уроки, он складывает книжки на край стола, ручку кладет около чернильницы. Повесил полотенце, один конец свесился ниже другого — он поправил.

— Ты зачем на 50 копеек накупил сластей?

— А на что мне деньги жалеть?

Это не его мнение, а какого-то его авторитета: Назарки или Климовича (Клим красиво рисует).

— Отец вернется, — говорю я ему.

— Вернется — хорошо, не вернется — тоже хорошо.

Это он тоже где-то слышал. Сколько глупостей я мог бы наговорить ему на эту тему! «Фу, как можно... про отца... и т. д.»

Его сейчас интересуют другие вопросы:

— А зачем эти ремешки у зеркальца?

— Этот ремешок для мыла, этот для расчески, а тот для зубной щетки.

— А эта папиросница, когда была новая, у нее кожа тоже была потрескавшаяся?

— Да, она сделана под крокодиловую кожу.

Примечание для воспитателей. Когда приезжаешь в детский дом в роли воспитателя, пусть дети будут в твоей комнате, когда распаковываешь багаж, пусть они помогают развязывать корзины или сундук, вынимать и расставлять мелочи. Завяжется разговор про твои часы, перочинный ножик, несессер. Этот разговор быстро и естественно сближает тебя с ребенком. Ребенок таким же образом знакомится с ровесниками. Стоило бы подумать о том, как часто взрослые завязывают знакомства через детей и благодаря беседам о детях (в саду, на даче). Мальчики знакомятся благодаря мячу, девочки сближаются через кукол. Если сказать, что нехорошо все трогать, обо всем выспрашивать, дети сконфузятся, испытают чувство досады. Можно будет им это сказать через месяц, через три месяца, когда это будет касаться не тебя, а кого-то чужого. А вы-то уже знакомы.

— Сколько стоит эта папиросница?

— Наверное, рубля два или три. Не знаю, не помню, она у меня уже давно. О, видишь: замок испорчен, не защелкивается.

— А починить нельзя?

— Наверное, можно, но это мне не мешает, и так и этак папиросы не выпадут.

Я еще не воспитываю, я только наблюдаю и стараюсь не делать никаких замечаний, чтобы его не спугнуть. А ведь за эти четыре дня мне пришлось два раза делать ему замечания.

Первый раз. Во время урока, который я давал Стефану, вошел фельдшер. Я дежурил: больных привезли.

— Весь день к пану шляются и шляются, — нетерпеливо, повысив голос, говорит Стефан.

И тон, и выражение лица свидетельствуют, что это не его слова. Так, видно, говорила в приюте панна Лоня или кухарка.

— Не говори так, — прошу я мягко, после того как фельдшер вышел.

— Я чего, я читаю, а он лезет...

Его удивляет, что в лазарете 217 больных и раненых.

— Так вы, как дежурный врач, должны всех осматривать?

— Нет, я осматриваю только новых, чтобы какого-нибудь заразного больного не поместили к обычным больным.

— Правда, пятнуха (корь) — хворь заразная. Я когда с пятнухой слег, так задыхался, что говорить вообще ни капельки не мог. Тятя тогда мне велел керосин пить, так мне стало лучше. Тятя никогда к врачу не ходил. Он сам все знал, как лечить.

— Умный человек был твой тятя, — говорю я убежденно.

— Ясное дело, что умный, — кивает Стефан.

Меня так и подмывает задать вопрос, как же он мог сказать, что, если отец не вернется, тоже будет хорошо. Нет, для такого еще слишком рано...

Второе замечание.

— Слушай, Стефан, называй пана Валентия не «Валентий», а «пап Валентий».

— Я и говорю «пан Валентий»...

Эхо приюта: выкрутиться. Тут я сам виноват: теперь в разговоре со Стефаном я всегда говорю: «пан Валентий».

Вопрос важный, особенно в интернате для сирот. Сторож, судомойка, прачка обижаются на детей, когда они их называют по имени. В разговоре с детьми надо всегда говорить: «пан Войцех, панна Рузя, пани Скорупска».

Подтверждается то, что я говорил об интернате; болезнь в семье сближает. Недаром и родители, и дети охотно вспоминают — по крайней мере, хорошо помнят — пережитые болезни. В интернате же болезнь — ненужные хлопоты, она часто отдаляет людей друг от друга.

Сколько же я возился, чтобы он смог писа́ть, лежа в постели! Пришлось вынуть из ящика все содержимое, поставить чернильницу в консервную банку, которую Валентий мне приспособил под пепельницу. Под ящик пришлось с одной стороны подложить подушку, с другой — книги. Он поблагодарил меня за это улыбкой. Подобную роскошь интернат не может себе позволить.

— Тебе удобно?

— Да, — и улыбка.

Стефан обустроился на этом столе: сбоку — книжки, в щели между досками ящика — карандаш, это чувство порядка у него врожденное. Новая ситуация, значит, он не копирует какие-то образцы, а действует сам.

Сейчас он сидит и переписывает из букваря стишок.

— Белую, белую, белую...

И заканчивает, напрягая мысль:

— Белую руба-, белую рубашеч-, рубашечку.

Вздыхает.

— Белую рубашечку... Дам ей в дорогу белую рубашечку.

И все-таки сделал тут ошибку — написал «блелую».

— Видишь, вместо «белую» ты написал «блелую».

Смущенно улыбается.

— Я еще раз перепишу.

— Лучше оставь, перепишешь после чая.

— Нет, сейчас.

И снова тишина, прерываемая лишь его сосредоточенным шепотом. Смотрит хмуро: и во второй раз он переписал с ошибками. В первый раз я пропустил, в виде поощрения, несколько ошибок, на сей раз — нет. Третьего дня вечером он плохо читал, и сам не знал почему.

— Потому что ты голодный, — сказал я тогда. Мне хотелось знать, помнит ли он это замечание.

— Как ты думаешь: почему сейчас у тебя получилось хуже?

— А потому что — один раз не получится, так потом еще хуже не получается.

И с отчаянием:

— Перепишу еще раз.

Даже покраснел, сжал кулаки. Я его поцеловал в голову — идиотский поцелуй, он чуть отодвинулся.

— Сиро-, сиротинушка убогая...

И как раз на самом опасном месте, где в прошлый раз Стефан пропустил целую строку, Валентий приносит чай.

— В дорогу... на дорогу дам ей... дам ей в дорогу.

Валентий кладет в стакан сахар. Стефан бросает на него беглый взгляд и пишет дальше.

— Нож нашелся, — сообщает Валентий.

Стефан посмотрел внимательно: нож? какой нож? — подпер голову руками, того и гляди, вырвется вопрос; но нет, искушение преодолено — Стефан опять сосредоточен.

Валентий улыбается, я записываю, быстро делаю набросок, интересный момент, Стефан ничего не замечает. И через минуту — с торжеством, полным надежды:

— Готово, проше пана, — и улыбка.

— Хорошо, только ты букву проглотил. Не хочешь ее поискать?

Он пьет чай, хмурит лоб, ищет пропущенную букву.

Жаль, что я не посмотрел на часы: сколько времени он писал?

Часы, часы! Сколько раз я себе это повторял — и всегда забываю.

Две мысли.

В течение долгих месяцев пребывания среди множества детей я ни разу не обратил внимания на улыбку — это слишком тонкое явление, слишком незначительное, ниже порога сознания. Лишь теперь я вижу, что это важное явление, достойное изучения.

Когда он спросил меня с напускной небрежностью: «А я смогу ездить на лошади?» — то тоже с подкупающей (?) улыбкой.

Я ответил уклончиво: ныне скользко, лошади плохо подкованы, может, летом.

Дети должны знать, что их улыбка нас обязывает.

Вторая мысль.

Переписывание для детей — не бессмысленное действие, напротив, оно требует даже больших усилий: не пропустить буквы, слова, целые строчки; дважды не написать одно и то же слово или строку; не сделать ошибку; вместить слова в строку, без переноса; чтобы буквы были равные по величине, на равном расстоянии. Кто знает, может быть, через переписывание ребенок полностью понимает читаемый текст? Ясное дело, что творческие умы скорее устанут от пассивного переписывания. Стефан во время переписывания походил на художника, копирующего шедевр великого мастера. Несчастный учитель, который, исправляя каракули в сорока тетрадках, не увидел, не почувствовал всех этих коллективных усилий.

Для ребенка чтение — не только трудное складывание букв в слова, а еще и вереница неизвестных слов, грамматических сюрпризов. Вот он читает:

— Ябло-яб-ло-яблоки, яб-ло-ки (пауза, во время которой он постигает значение слова), — и быстро, плавно читает то же самое слово: — Яблочки.

То же и со стишком:

— Песнь (не верит своим глазам)... песнь...(про себя, вполголоса), песнь — это чего такое... польску-ю... мне жа-во-рон-ки... — И громко заканчивает: — Песню польскую мне жаворонки пели!

Мы, акробаты беглого и плавного чтения, когда уже по двум буквам угадываем слова, а по двум словам — целое предложение, не можем осознать, с какими трудностями сражается ребенок и какие способы применяет, чтобы облегчить себе работу.

Третьего дня он четыре раза прочел в тексте «Франек» вместо «Фелек». Я не поправлял его. Когда он закончил читать, я спросил:

— Как этого мальчика звали?

— Франек.

— Ничего подобного.

— А вот и Франек.

— Спорим, что не Франек.

Читает:

— Фра-Фре-Фе-Фелек...

— Видишь, хорошо, что ты не поспорил со мной.

— Ну, хорошо...

— Наверное, у тебя есть знакомый Франек?

— Есть...

— А Фелек?

— Нету...

То же самое было на арифметике. Вместо «огурцы» он два раза прочел «груши».

— Пять груш, — сообщает он мне ответ.

— Как бы не так!

Замолкает, а спустя минуту решительно, с сердитой интонацией:

— А вот и пять.

— Пять, да не груш.
— А чего?
— Посмотри — узнаешь.
— Гру...гур.. огур... огурцов!
— Вот видишь: слушай, Стефан, ты, часом, не волшебник? Из Фелеков делаешь Франеков, из огурцов — груши?

Он так мил в своем удивлении: что тут творится? как так получилось? — что я его целую. (Абсолютно лишнее — и когда я от этого отучусь?)

Его сердят непонятные слова.

Читает:

— У торговки девять яблок. Сколько яблок у нее останется, если четверо мальчиков возьмут по два яблока каждый?

И про себя, вполголоса:

— Какой еще каждый... — И вслух: — Одно яблоко.

— Две монеты... Монеты я уже знаю, что это такое, но я забыл.

В этой, казалось бы, нелогичная фразе есть тем не менее разумная основа: если он не знает, потому что забыл, можно ведь вспомнить.

На двадцатой или какой-то там задаче он предлагает:

— Я буду читать про себя и писать для вас, сколько получится.

— Хорошо, а я буду кивать, если правильно.

Не он первый делает мне подобное предложение. Не знаю, хочет ли ребенок таким образом внести разнообразие в свою работу, или в этом желании кроется другая основа: потребность в тишине при сосредоточенной работе.

* * *

Вечером

Прочитал молитву, поцеловал мне руку (эхо родного дома, разоренного войной гнезда, одного из ста, из тысячи, из многих тысяч). Я пишу. Он лежит тихо — глаза открыты.

— Проше пана, а правда это, что если побриться, то уже волосы не растут?

Он боится открыто называть лысину, чтобы меня не обидеть.

— Неправда, ведь бороду бреют, а она растет.

— У некоторых солдат бороды вот такие, до пояса, как у евреев. Почему?

— Да уж такой обычай. А англичане так даже усы бреют.

— А правда, что у немцев много евреев?

— И у немцев есть, и русские евреи есть, и евреи-поляки.

— Вот вы говорите «евреи-поляки»? А поляки — это евреи?

— Нет, поляки — католики, но кто говорит по-польски, хочет, чтобы поляку было хорошо, и желает полякам добра, то он тоже поляк.

— Моя мама была русинка, а отец поляк. А мальчики считаются по отцу. А вы знаете, где Подгайцы? Мой тятя оттуда родом.

— Сколько лет твоему тяте?

— Сорок два, а теперь сорок пять.

— Так тебя папа даже не узнает — так ты вырос.

— Не знаю, узнал бы я тятю.

— А фотографии у тебя нет?

— Куда там! А есть солдаты, что на него похожи.

Тихо. Вечер — это необыкновенно важное время для детей. Чаще всего — воспоминания, но часто и тихие рассуждения и спокойные, шепотом, беседы. Так было и в Доме сирот, так было и в летних лагерях.

— Вы пишете книжку?

— Да.

— Это вы сами написали мой букварь?

— Нет.

— Так вы его купили?

— Да.

— Верно, полтинник отдали?

— Нет, только 25 копеек.

Опять тишина. Закуриваю папиросу.

— Правда, что серой можно отравиться?

— Можно. А что?

Не понимаю, откуда взялся вопрос.

— Потому что были спички, когда они шли на маневры...

Отголосок уже стершегося из памяти рассказа отца о том, что какие-то сорта спичек лучше, — что-то, услышанное много лет назад: когда его отец был еще холостым и служил в армии, в суп попала сера, и солдаты отравились.

Я не понял. Стефан говорит сонным голосом, что-то невразумительно бормочет — уснул.

Как горячо я в детстве желал увидеть своего ангела-хранителя! Я притворялся спящим, а потом внезапно открывал глаза. Неудивительно, что он прятался. Вот и в Саксонском саду так же: думаешь, что поблизости нет охранника, а только выбежишь за мячом на газон, он тут как тут и уже издалека грозит пальцем. Мне было неприятно — моего ангела-хранителя зовут тоже как бы охранником.

* * *

Пятый день

Дудук хвалит Стефана: трудолюбивый парень. Когда я был в мастерской, он пилил доску. Я не мог спокойно смотреть: доска ездит во все стороны, тупая пила прыгает по доске — так он может легко поранить пальцы. Но я ничего не говорю. Бессмысленно предупреждать, чтобы он был осторожнее. И без того:

— Не выходи босиком во двор. Не пей сырой воды. Тебе не холодно, живот не болит?

Вот это-то и делает наших детей эгоистами, развращает их и оглупляет.

Из мастерской он вернулся в шесть часов.

Не хочет ехать в воскресенье в Тарнополь.

— Зачем? Неделя прошла, и снова ехать? Пан Валентий тоже с нами поедет? Мы там долго будем?

Не хотел писать брату письмо.

— Я же с ним увижусь.

— А вдруг не застанешь его дома?

— Ну ладно, чего уж там, напишу...

— С чего начнешь письмо?

— Во славу Господа нашего, Иисуса Христа...

— А дальше?

— Откуда мне знать.

— Напишешь ему, что приболел?

— Нет!

Я еле удержался от иронического вопроса: «Как насчет пирожков с повидлом и зельца?»

Письмо короткое: «Я работаю в столярной мастерской, работа мне нравится, пан доктор учит меня читать и считать, можешь быть за меня спокойным».

— Как подпишешься?

— Стефан Загродник.

— А может, напишешь: «Сердечно тебя целую»?

— Не-е, не надо.

— Почему?

Шепотом:

— Мне стыдно.

Я предлагаю:

— Ты сам перепишешь начисто, или я тебе напишу на листочке, а ты уже с моего листка перепишешь?

Даю ему писчую бумагу и конверт. Два раза он пытался — не вышло. Сколько бумаги испортил. Ладно уж, завтра с моего листка перепишет.

Арифметические примеры мы с ним решали полтора часа без перерыва.

— Хватит уже?

— Нет, до конца страницы.

Кто знает, может, задачник — самый лучший сборник упражнений для чтения. Задачи, загадки, шарады, шуточные вопросы — ребенок не только должен, он сам хочет их понять. А впрочем, не знаю: может быть, раздвоение внимания нежелательно. Достаточно того, что на сегодняшнем уроке задачки вытеснили и заменили чтение.

— Сколько вы папирос курите, наверное, штук пятьдесят?

— Нет, двадцать.

— Курить вредно; один мальчик подул на бумагу, так бумага вся стала желтая. Когда в папиросе есть вата, она дым задерживает.

— А ты уже когда-нибудь курил?

— А почему бы и нет?

— В приюте?

— Не-е-е, когда с братом жил.

— А откуда брал?

— Ну, когда лежали на столе или на шкафу... А у вас от них кружится голова?

— Конечно, немножко кружится.

— А у меня сильно кружилась... я не хочу привыкать к курению.

Пауза.

— Правда, что, когда будет тепло, будем на лошадях ездить? (Для него это важно — помнит обещание.)

— Лучше, если бы мы не ездили, а оставались на месте.

— Нет, я подумал — в Тарнополь.

— Лошади боятся автомобилей.

— Ну так что, если даже лошадь немного и понесет...

— А если в сторону отскочит?

Я рассказываю, как под Ломжей лошадь чуть было не свалилась с высокой горы.

Стефан ложится в постель. Я завожу часы.

— Правда, есть часы, которые заводятся «в обе стороны»?

Я ему показываю, что и мои часы заводятся «в обе стороны».

Принимаюсь писать — приводить в порядок записи.

— Пан доктор, я вставил новое перо, а то прежнее царапало бумагу.

— Быстро же оно испортилось... ты чиркал им по столу, а от дерева кончик тупится.

Только сейчас, мимоходом, я обратил его внимание на то, что он что-то неправильно делал; я многократно убеждался, что сделанные так замечания куда действеннее.

Тишина...

— Почему вы, пан доктор, столько листков порвали?

Объясняю, что такое запись, сделанная наспех, а что — обработка записей.

— Например, я записал что-то о больном: кашель,

температура. А потом, когда у меня есть время, я переписываю все как следует.

— Моя мама кашляла, харкала кровью — был цирюльник, сказал, что тут ничего уже не поделаешь. А потом мама ходили в больницу, пока не померла.

(Вздох, потом зевок. Вздох тут подражание; так принято — вздыхать, вспоминая умерших.)

* * *

Шестой день

Наспех выпил чай и помчался в мастерскую. Мелькнул на миг за обедом — вернулся в шесть.

Я начал очень интересный эксперимент: смотрю на часы, как долго он читает конкретный рассказ, и отмечаю, сколько сделал ошибок; я поправляю его не во время чтения, а только после того, как он закончит. Он читает два раза: первый раз — 4 минуты 35 секунд и восемь ошибок, второй раз — 3 минуты 50 секунд и только шесть ошибок.

Скандал из-за лошади. Мы играем в шашки. В приюте были мальчики, которые хорошо играли, с ним они не хотели играть. «Кому охота со мной играть, коли я не умею». Однако он набрался от них манер хорошего игрока, а именно: перед тем как переставить шашку, перебирает в воздухе пальцами, чтобы, как ястреб, ринуться на шашку противника; то он причмокивает, то небрежно толкает шашку ногтем, с презрительным выражением лица и пренебрежительно надув губы. Эти манеры противно видеть даже у хорошего игрока, а уж тем более у игрока плохого, которому я иногда предлагаю ничью, чтобы подбодрить.

Играем, значит. И вдруг:

— Пожалуйста, поезжайте завтра поездом, а мы с паном Валентием поедем на лошади.

— Глупыш, ты что же, решил, что лошади для катанья? А впрочем, попроси полковника.

— А даст?

— Фигу даст.

— Ну, ваш ход.

Голос у него раздраженный. Начинает играть нечестно, решив выиграть любой ценой — отомстить.

— Э-э, куда поставили... Ну, скорее... Ишь, какой вы умный.

Я делаю вид, что не замечаю, но играю внимательно, чтобы все-таки выиграть — наказать его.

— Вот увидите, что проиграете.

— Это ты проиграешь, потому что играешь нечестно, — говорю я спокойно, но твердо.

Если свою волю подчинить воле ребенка, в отношения вкрадется презрение. Надо отстаивать свой авторитет фактами, без нотаций.

Фигур осталось немного. Я наношу ему болезненный удар: он теряет дамку.

— Не умею я играть дамками, — говорит он, смирившись.

— Ты и простыми шашками пока не научился хорошо играть, но научишься.

Когда я мыл руки, он поливал мне из кружки, подал полотенце, сказал, чтобы я пил чай, а то остынет. Не произнеся ни единого слова, я высказал свою обиду, а он очень тактично и тонко попросил прощения за то, что чувствовал ко мне.

В этой ссоре из-за лошади, кроме гнева, было и пренебрежение. Откуда оно взялось, где его источник? Может быть, в моем: что ты хочешь — считать, читать, писать? Может, это его раздражает. Дети любят некоторую обязаловку: это им облегчает борьбу с внутренним сопротивлением, экономит умственное усилие выбора. Решение — это изнурительный труд добровольных жертв при повышенной ответственности за результат. Приказ обязывает только внешне, свободный выбор — внутренне. Если ты оставляешь ребенку решающий голос, ты или глуп, потому сам не знаешь, что делать, или ленив и не хочешь ничего делать.

Откуда это пока еще легкое облачко пренебрежения? Ему я даю бублики, сам ем черный хлеб. Уже два раза он уговаривал меня взять бублик, но себе взял получше, пропеченные: никто его не учил лицемерию этих светских малюсеньких жертв, которые должны показывать готовность к существенным, большим жертвам.

Эта мелочь, этот пустяк, который я назвал скандалом из-за лошади, доказывает, что время его раскрепощения прошло, он осмелел, теперь я могу потихоньку начать его воспитывать. Собираю материал для этой беседы...

Вечером я осматриваю его грязную рубашку, и, понятное дело, — вошь.

— Что там такое? (В голосе беспокойство.)

— Вошка.

— Это потому, что в приюте простыни не меняли. Одеяла такие грязные.

— Ничего, наверное, их больше не будет. А почему не меняли простыни?

— Не знаю, видать, им стирать не хотелось.

Первый разговор о приюте.

— Санитаров не боятся, а солдата боятся. Нет, солдат тоже не бьет, потому что бить нельзя — воспитательница бы на него рассердилась. Иногда только солдат раскричится и даст ремнем, но бить не бьет.

— А тебе когда-нибудь попадало?

— А почему и нет, попадало...

Так это выглядит: не бьют, но бьют. И все-таки Стефан прав: не бьют, нельзя бить, солдат кричит, наверняка грозится, но редко, в исключительном случае, тайком ударит ремнем.

Раньше я посмеялся бы над этой, казалось бы, нелогичной речью. Я перестал смеяться примерно три года назад, когда Лейбусь сказал:

— Я очень люблю кататься на лодке.

— А ты когда-нибудь катался?

— Нет, никогда в жизни.

Самое большее, это ошибка речи, а не отсутствие логики: он уверен, что кататься на лодке приятно.

* * *

Седьмой день

У Чекова были гости — карты. Ужин запоздал. Валентий дежурил в столовой. Злой, выхожу около двенадцати часов. Возвращаюсь в избу, зажигаю лампу. Стефана нет. Какого черта? Выхожу, в дверях сталкиваюсь со Стефаном.

— Где ты был?

— На кухне. Я выходил, смотрел в окно, а вы сидите. А тут гляжу — вас нет. Я так мчался, чтобы вас догнать.

— Ты боялся?

— Да ну... чего мне бояться-то?

Нет, не боялся. Ждал, выглядывал, бежал — чтобы вместе. Два года я не видел никого из своих, полгода тому назад — письмо, короткое, жесткое, случайно прорвавшееся сквозь кордон штыков, цензоров и шпионов. И вот я опять не один.

Я испытал чувство безграничной благодарности к этому ребенку. Ничего в нем нет выдающегося, ничего, что бы привлекало, приковывало внимание. Заурядная физиономия, в фигуре ничего особенного, ум посредственный, мало воображения, полное отсутствие чувствительности — ничего из того, что украшает детей. Но в этом заурядном ребенке, как в неприглядном кустике, говорит природа, ее извечные законы, Бог. Спасибо тебе, что ты именно такой — заурядный, так себе...

«Сыночек мой», — подумал я сентиментально.

Как поблагодарить его?

— Послушай, Стефан, когда у тебя есть вопросы, или какие-нибудь горести, или тебе чего-то хочется, — скажи мне.

— Не люблю я приставать.

Я объясняю, что это вовсе не так.

— Если нельзя, то я тебе скажу, что нельзя, объясню. Например, с лошадью; на лошадях возят дрова, хлеб, больных...

— Я хочу, чтобы вы мне бубликов принесли.

— Ладно, будут тебе бублики.

Как раз сегодня кончился запас, который я хранил, если понадобится диета.

Мы поехали в Тарнополь на санях. Стефан какой-то грустный. Ни одного из тех детских восклицаний, которые заставляют нас обращать внимание на то, чего мы уже не замечаем, и вспоминать то, что мы когда-то так четко видели.

Стефан должен был идти с Валентием в костел, потом Стефан должен был идти к брату, а Валентий — за покупками. Мне надо было поискать окулиста, который будто бы был в каком-то военном госпитале. Встретимся в приюте. По дороге Стефан несколько раз меняет планы: сначала он пойдет в приют... нет, сначала к брату... нет — он хочет идти с Валентием.

В приюте его подозвала воспитательница: он стал каким-то странно тупым, бесцветным, отвечает на вопросы тихим, апатичным голосом. Только когда мы вышли, я понял, почему он не хотел ехать в Тарнополь, почему нервничал в дороге, почему так скоро сказал «Ну идем же», когда я вышел из комнаты воспитательницы.

Стефан боялся, что я его там оставлю.

Нужно купить чайник.

— Я пойду с паном Валентием, я знаю, где можно купить.

Вынимаю кошелек.

— Ох, Валеку (не пану Валентию!) дадут десять рублей, и мы себе купим пирожных...

Этот его задорный тон говорит: «Вовсе я не боялся, я знал, что вы меня тут не оставите...»

Странно, с какой неохотой он говорит о брате. Не знаю почему. Он не хочет, чтобы я встретился с братом: что это означает?

Читает — закончил.

— Сколько я сделал ошибок?

— Угадай.

— Пять.

— Нет, только четыре.

— Это на две меньше, чем в первый раз.

Прочел неправильно, но сразу исправился, сам.

— Вы эту ошибку тоже считаете?

Один и тот же стишок в первый раз он читал 20 секунд, во второй раз — 15 секунд, в третий — тоже 15.

— А быстрее его нельзя прочитать?

Старается читать быстро:

— Страхушка, ста-старушка...

И быстро переворачивает страницу, чтобы не терять время.

Стихотворение «Висла» вчера он читал три раза, сегодня — четыре раза; результат чрезвычайно любопытен.

Вчера: 20 секунд, 15 секунд, 11 секунд.

Сегодня: 11 секунд, 10 секунд, 7 секунд, 6 секунд.

Стихотворение «Сиротка» — то же самое.

Вчера: 20 секунд, 15 секунд, 15 секунд.

Сегодня: 15 секунд, 12 секунд, 10 секунд.

Достижения вчерашнего третьего чтения полностью сохранились.

Записываю в виде дроби: числитель — число секунд, знаменатель — число ошибок. Итак, 24/3: 24 секунды, три ошибки. Исходя из этого, я оцениваю время работы и ее качество и могу отказаться от выставления отметок по чтению.

Читая, Стефан споткнулся на слове «песенка» — потерял много времени и прервал чтение.

— Э-э-э, это получится долго.

Валентий заметил:

— Чисто лошадь: споткнется и не может сдвинуться с места.

Я позволил Стефану начать заново.

* * *

Восьмой день

Вчера я писал: детские высказывания, которые заставляют нас вновь увидеть то, чего мы больше не замечаем. Вот несколько примеров.

— Во, гляньте только, какая печать на чае.

(Когда он положил сахар в чай, на поверхность всплыли пузырьки воздуха.)

— Сколько кусочков сахара вы клали?

— Один.

— А вон, посмотрите, их два.

(Стакан граненый...)

Ест бублик.

— А из чего мак делают?

Я:

— Мак растет.

— А почему он черный?

Я:

— Потому что созревший.

— Правда, ведь внутри у него комнатки, и в каждой такой комнатке понемножку мака?

Я:

— Угу.

— А со всего сада наберется целая тарелка мака?

Его понятие о саде состоит из четырех-пяти представлений, мое — из сотни, из тысячи. Это так ясно, и все же только благодаря этому его вопросу я над этим задумался. Здесь кроется причина многих внешне нелогичных детских вопросов. Поэтому нам так трудно найти общий язык с детьми — они, употребляя те же слова, что и мы, вкладывают в них совсем иное содержание. Мои понятия «сад, отец, смерть» — это не его «сад, отец, смерть».

Отец-врач показывает пулю, которую он вынул у раненого во время операции.

— Тебя, папочка, такой же пулей убьют? — спрашивает восьмилетняя дочурка.

Деревня и город тоже не могут понять друг друга, как хозяин и раб, сытый и голодный, молодой и старый и, быть может, мужчина и женщина. Мы только притворяемся, что понимаем друг друга.

Стефан всю неделю равнодушно смотрел, как его ровесники съезжают на санках с разных горок и пригорков. Такое сильное искушение: ведь сам он работает у столяра. Еще до обеда он с Дудуком делал кровати для больных, а вечером явился с санками.

— Я только два раза прокачусь.

— Два, а не три? — недоверчиво спрашиваю я.

Улыбается, помчался. Его долго не было. В избе было пусто и тихо; для меня остается тайной, почему Валентий, который все еще брюзжит, что, мол, не было у бабы хлопот — купила порося, два раза порывался звать его домой: может, и ему стали необходимы мои вечерние занятия со Стефаном?

Вернулся, сел — ждет.

— Санки хорошие?

— Не объезженные еще.

Я задал безразличный вопрос, ничем не выдав, что всей душой на его стороне, что полностью прощаю ему опоздание — не ему, а этому румянцу спокойного здорового возбуждения. И он понял и хотел воспользоваться: протянул руку к шашкам, глядя на меня вопросительно.

— Нет, сынок.

Без тени протеста, наоборот, с удовольствием он берет книжку. У меня создалось впечатление, что, уступи я, ему было бы неприятно.

— Но без часов, — говорит он быстро.

— Почему?

— С часами кажется, что кто-то стоит над душой и погоняет.

Читает. Так он еще не читал. Это было вдохновение. Я удивлен — ушам своим не верю. Он не читает, а скользит по книге, как на санках, преодолевая стократным усилием воли препятствия. Весь неизрасходованный азарт спорта он переносит на учебу. Теперь я уверен, что поправлять ошибки при чтении — бессмыслица, он меня не видит и не должен видеть — он один на один со своей стремительной волей.

Беру ручку — записываю.

Ошибки, порожденные желанием победить текст, понять содержание.

Читает «оба девочки» вместо «обе девочки». Читает «хлеб водится» вместо «хлеб родится». Читает «дал знак» вместо «дал знать». Читает «Хануся» вместо «Ануся» (сравни: «Фелек» и «Франек»).

Читает:

— «Врач дал знак бабушке, чтобы она детей умыла» (вместо «увела»).

Борьба за содержание.

— В больной книжке... нет — в большой книжке, когда вымучил стихи — а-а-а! — когда выучил стихи.

Ошибки, ибо мысль мутит взор.

Текст: «Дети с бабушкой упали на колени... со слезами взывали они: “Боже, Боже, сохрани жизнь нашей любимой маме. Заступись за нас, Пресвятая Дева Мария. Сделай так, чтобы наша мама выздоровела”».

— Потом бабушка упала детей спать (вместо «бабушка уложила»).

Текст:

«В эту пору мать обычно готовила обед. За обедом собиралась вся семья. На почетных местах сидели согбенные старички: дедуля и бабуля Яся».

— Дедуля некому... (вместо «некогда»).

Чудачества правописания: ведь говорится «бес рубашки», «фстал», «сонце», «карова», «ищо», так почему же пишется «без рубашки», «встал», «солнце», «корова», «еще»?

Если ребенок этого не скажет, по голосу и выражению лица, по паузе в чтении, по его вниманию к странным буквам можно понять, что это его удивляет, а порой раздражает...

Если не тормошить ребенка при чтении постоянными исправлениями и объяснениями, можно делать интересные наблюдения:

Стефан читает: «про-прове-провесить». Я поправляю: «провести». Он повторяет: «провесить» — и читает дальше, он не слышал, что я сказал, занятый работой, погруженный в труд чтения.

Дети не любят, чтобы их прерывали, им это мешает. Стефан читает: «на карниз». Заметив, что я хочу объяснить, он, опережая меня, быстро говорит: «Я знаю, что такое карниз» — и читает дальше...

Трудности: составление слов, непонятные слова, странности правописания, незнакомые грамматические формы.

Стефан читает: «скучает по мальчику» — и говорит про себя: «скучает за мальчиком», и опять вслух: «дал ему вишен». Когда он закончил чтение, я хотел проверить, понял ли он текст, и спрашиваю:

— О чем здесь говорится?

— За мальчиком...

Отголосок промелькнувшей мысли о новой грамматической форме: он сказал бы «о мальчике», но он смутно помнил, что было что-то не так, как он привык говорить...

Как же безмерно интересно, что именно сегодня, после санок, его стало тяготить принуждение — часы. Вначале я не обратил на это внимания...

Стою у печки и размышляю о сегодняшнем уроке. Вдруг Стефан, уже в постели:

— А вы мне обещали.

— Что?

— Сказку.

Впервые Стефан сам просит рассказать ему сказку.

— Рассказать тебе какую-нибудь новую?

— Нет, про Аладдина... Только вы сядьте.

— Где?

— Тут, поближе — на стуле.

— Зачем?

— Ну ладно, рассказывайте тогда у печки.

Как будто бы ничего, а сколько в этом смысла!

Из трех сказок, про Золушку, про Кота в сапогах и про Аладдина, он выбирает самую ему близкую: там к бедному мальчику приходит волшебник и своей волшебной лампой меняет его судьбу, здесь появляется незнакомый врач (офицер) и забирает его из приюта; в сказке на блюдах из чистого золота негры приносят лакомства, здесь — Валентий дает ему бублики.

«Только вы сядьте», — просит Стефан шепотом. Это мне объясняет, почему дети сбиваются вместе, слушая сказку, — они хотят быть поближе к рассказчику: я обязан сидеть подле него. Мои вопросы «где — зачем» сердят его. Чувство смущения не позволяет ему довериться, открыться мне. Это результат нашей развращенности, когда ребенок бесстыже говорит: «Я тебя так люблю, я хочу быть рядом, мне грустно, какой ты добрый». Стефан стыдился написать в письме брату: «Целую, любящий тебя...»

За завтраком Стефан говорит:

— Вместо того чтобы самому есть бублики, вы их мне отдаете.

Отвечаю: «Угу» — и он больше ничего не добавляет.

После сказки я объясняю: пусть часы во время чтения его не подгоняют.

— Если в первый раз ты читал три минуты, а во второй — три минуты без пяти секунд, то это уже хорошо. Еще: если ты сегодня читал дольше, чем вчера, надо подумать, почему: или ты сегодня сонный, или больше устал в мастерской, а может, санки тебе помешали.

— А я сегодня плохо читал?

— А ты сам как думаешь?

— Не знаю. (Минутное колебание.) Мне кажется, хорошо.

— Да, ты сегодня читал хорошо.

Уже и правый глаз у меня болит, слезится. Пишу с трудом — нужно отдыхать. А жаль записей — несметные сокровища.

* * *

Девятый день

У Стефана чесотка. В приюте она у него уже была два раза — один раз он лечился три недели, другой — шесть. Не удивительно, что он боялся признаться, по-детски откладывая катастрофу на потом. Только теперь я понял, почему он допытывался, будет ли баня и когда. Я не придал значения этим вопросам, а это была ошибка. Эта необыкновенная забота о чистоте у ребенка войны должна была меня удивить и поразить. Я не обратил внимания, видимо, объяснил это себе желанием мальчика сходить искупаться в незнакомой ему бане (он слышал, что она для больных).

На Валентия это открытие произвело несообразно сильное впечатление — как быть с бельем, едой?

— Никогда у меня ничего такого не было, — говорит он с упреком, полагая, не знаю почему, что теперь он уж точно заразится.

Короткая лекция о чесотке, ее этиологии, степени заразности, лечении — и так в течение трех дней.

— Иди, сынок, в мастерскую, а в обеденный перерыв я тебя мазью намажу.

Да, тут нужны и ласковое слово, и поцелуй.

— Дома у меня никогда коросты не было, — говорит он шепотом.

Стефан долго катался на санках перед уходом в мастерскую. Когда я вошел в мастерскую, он посмотрел на меня с тревогой: а ну как я скажу Дудуку.

Как это все плохо, как выводит из равновесия. Именно сегодня я хотел с ним поговорить — накопился материал, а именно: он вырвал страницу из тетрадки; принес в мастерскую бомбу, не спросив у меня разрешения ее показать; смастерил санки, хотя не знал, соглашусь ли я; не говорит мне правды: не хотел, чтобы я увиделся с его братом, — значит, верно, что-то скрывает; сказал, что в приюте не бьют, и только потом признался, что получал ремня.

Я хотел, чтобы он знал, что я им доволен, но что есть кое-какие мелочи, о которых я ему вот сейчас, при случае, говорю, потому что хочу, чтобы он знал, что хотя я молчу, но все вижу. Теперь к этому добавлю чесотку, которую он тоже скрывал, но все это потом, через несколько дней, когда его кожа и мои глаза заживут.

Несказанно важно делать редкие замечания в виде доброжелательной беседы. Мы обычно боимся, что ребенок забудет; нет, он хорошо помнит, это скорее мы забываем и поэтому предпочитаем все припечатать «по горячему следу», иными словами — не вовремя, жестоко.

Вечером он читал плохо. Вчера двадцать семь строчек — шесть с половиной минут, сегодня шестнадцать строчек за семь минут.

Я попросил его рассказать, о чем он читал. На прошлой неделе он рассказывал коротко своими словами, начиная по-детски: «Значит, так...» Сегодня, не знаю почему, пересказав первый рассказ, он спросил:

— Правда, я плохо рассказал?

А второй он решил рассказать книжными словами — как в школе. И сразу впал в этот ужасный монотонный, бессмысленный, молящий тон школьного ответа, украдкой заглядывая в книжку, откуда выхватывал первые попавшиеся фразы, и плетя с пятого на десятое.

В шашки он уже играет значительно лучше. Исчезли клоунские замашки — играет внимательно и серьезно. Понимаю, что раньше он обезьянничал, подражал авторитетному для него игроку, а теперь уже — начал играть сам.

Я помогаю ему, обращаю внимание на ошибки.

— Только, пожалуйста, не подсказывайте. Когда вы подсказываете, мне уже думать не хочется.

Это исправление каждой ошибки при чтении и писании — не дает ли тот же самый результат? Труд обесценивается, и ученику уже «думать не хочется».

Стол шатается. Стефан расплескал чай — пальцем делает дорожку к краю стола — чай стекает.

— Поглядите, как я сплываю чай.

— Угу.

— Чай сплывает.

Ребенок, бесспорно, обладает чутьем, я сказал бы — совестью грамматики (и орфографии). Я много раз наблюдал, как ребенок, вслушавшись в грамматически неправильно построенную фразу, сам ее пытается изменить, но не знает, как ее исправить.

Не убивает ли в нем эту совесть систематическое обучение? И не усложняем ли мы его работу непонятным, недоступным ему объяснением?

Ум ребенка — лес, кроны которого чуть колышутся, ветви сплетаются, листья, трепеща, касаются друг друга. Бывают мгновения, когда дерево соединяется легким касанием с соседними, и через соседа передаются ему колебания сотни, тысячи деревьев — всего леса. Каждое наше «хорошо — плохо — смотри — еще раз» — это вихрь, вносящий хаос. Я шел однажды за семечком млечника; зернышко, висящее на белом пышном султане. Долго я за ним ходил: семя перепархивало со стебля на стебель, с травинки на травинку. Тут побудет подольше, там — поменьше, пока не зацепится и не прорастет. О, мысль человека! Нам неведомы законы, которым ты послушна, — мы жаждем узнать их — и не знаем, а этим пользуется злой гений человечества.

Вместо «трав» читает «тварь».

В задаче его сердит слово «дюжина».

— Дюжина — это ж двенадцать (про себя). Ясное дело, двенадцать. А в задаче сказано — одна дюжина, это как?

Читает:

— Недоверчиво (еще раз, внимательно вчитывается), недоверчиво (в третий раз, покорно), недоверчиво... — И читает дальше.

Читает:

— Беглый... беглый... Может, бедный?.. Здесь написано: «беглый»...

Размышляет над оборотом «сидишь, дитятко». Прочитав и убедившись, что прочел правильно, размышляет над тем, что прочитал.

— Проше пана, у вас в часах золотая стрелка?

— Нет, обычная.

— Потому что и золотые есть.

— А ты видел?

— Видел: у панны Лони.

В другой раз:

— Пан доктор, купите себе такую пилку — ногти точить.

— Зачем?

— А такую, какая у панны Лони была.

Видно, его печалит, что я — мужчина, офицер, его теперешний опекун — ниже панны Лони, такой убогий: ни золотой стрелки, ни пилочки.

Перед сном я его мажу мазью.

— И за три дня все пройдет? — спрашивает он недоверчиво.

— Почему ты мне ничего не говорил?

— Стыдно было (вполголоса).

— Чего? Что ты болен?

— Дома у меня никаких струпьев не было, — уклонился он от ответа: не хочет сказать, что в приюте смеются, брезгуют чесоточным.

— Пан доктор, вы измазались.

— Ну так вымоюсь.

Уже лежа в постели, спрашивает:

— Я ведь недолго катался на санках, правда?

Видя мою доброту, он мучается мыслью о совершенном грехе. Этот вопрос, заданный ни с того ни с сего, я себе объясняю так: «Он ни на что не сердится. Почему он не сердится — может, не знает? А я катался на санках. А он хочет, чтобы я учился. Долго я катался на санках? А может, и не так уж и долго?»

* * *

Десятый день

Скандал и примирение.

Валентий дежурит. Наливаю Стефану чай.

— Почему только полстакана?

— Чтобы не пролил на стол.

— Ну, тогда я себе долью.

Не отвечаю.

Он долил, поставил стакан на стол, и, когда протискивался между скамейкой и столом, стол пошатнулся — чай разлился.

Стефан смутился. Идет, несет тряпку. Я говорю спокойно, но твердо:

— Прошу тебя, Стефан, ничего не брать из вещей пана Валентия, он этого не любит.

— Я хотел вытереть.

— А откуда ты знаешь, может, это тряпка для мытья посуды?

Смутившись, он уносит тряпку. Наклоняю стол, остальное вытираю промокашкой. Стефан молчит, наконец неуверенным голосом — делает попытку:

— Почему на этом стекле (ламповом) буквы Г. С.?

— Наверное, это начальные буквы имени и фамилии фабриканта.

Стефан задает целый ряд вопросов — а означают они одно: «Вот мы разговариваем. Тот инцидент уже забыт. Кто станет о такой мелочи помнить?»

А сам ведь помнит.

Вечером:

— Я налью чаю, хорошо?

— Хорошо.

Мне наливает полный стакан, а себе немногим больше половины.

— Придержите, пожалуйста, — говорит он, пролезая за стол. — Теперь уже не разлил.

Если бы не мои глаза, я описал бы все подробнее — я пропустил ряд деталей.

Утром после чая Стефан сказал «спасибо» и подал мне полотенце. Извинился не словом, а поступком.

Ребенок наблюдает себя, анализирует свои поступки. Только мы не замечаем этот труд ребенка, ибо не умеем читать между строк нехотя бросаемых им фраз. Мы хотим, чтобы ребенок нам поверял все свои мысли и чувства. Сами мы не слишком склонны к откровенности, потому и не хотим или не умеем понять, что ребенок намного стыдливее, уязвимее нас, тоньше реагирует на грубую слежку за движениями его души.

— Я сегодня не молился, — говорит Стефан.

— Почему?

— Забыл. — Пауза. — Если я умываюсь утром, я сразу потом молюсь, а если не умываться, то молиться забываю.

Стефан не моется из-за чесотки.

Для него представляет трудность форма с «пан». Он предпочитает старинное просторечное: «Угадай, пан, погоди, пан, не говори, пан» — и тут же: «Угадайте, пан доктор»

То опять: «Пан доктор писали бы, а я тут болтаю и пану доктору мешаю».

Вопрос о санках обсужу с ним в намеченном важном разговоре. Скоро, наверное, и снег сойдет. И хорошо вышло, что я не сделал ему замечание. Вот в чем секрет его халатного отношения к занятиям:

— Я так боялся в мастерской, что мастер почувствует запах мази. Он — сюда, а я мигом на другой конец. А утром я катался на санках, чтобы выветриться.

Две привычки из приюта: Стефан смеется тихо, прикрывая рот.

— Почему ты не хочешь громко смеяться?

— Воспитательница говорит — это некрасиво.

— Может, потому, что там много детей и было бы шумно...

Вторая — каждый день он оставлял на столе кусочек бублика и чай на донышке. Видно, это неспроста.

— Скажи, Стефек, почему ты всегда оставляешь что-то?

— Нет, я съедаю.

— Слушай, сынок, если ты не хочешь сказать почему — не говори. (Право на тайну!) Но ведь ты оставляешь недоеденное.

— Э-э-э, говорят, если все съедать, то как будто с голодного края приехал и год не ел.

Увидев, что и это признание далось ему с трудом, я больше не настаивал. Сам не желая того, я его обидел. И мне было бы неприятно, если бы я похвастался знанием этикета, но вдруг оказалось бы, что мои манеры — вовсе не хороший тон.

Подражание.

— Пан доктор, я хочу писать большое «К» так, как вы пишете.

В Доме сирот много детей перенимали некоторые мои буквы.

Эти буквы, которыми пользуются взрослые, лучше, ценнее. Помню, как я долго бился, чтобы научиться писать большое «В» так, как отец писал на конверте в адресе: «Вельможному пану такому-то». Я полагал, что удивлю учительницу, а получил резкую отповедь.

— Вот станешь папашей, тогда и пиши как хочешь.

«Почему? А ей-то что? Что в этом плохого?» — я был удивлен и обижен...

Сегодня во время диктанта пришел фельдшер с бумагами. Я не заметил, что Стефан внимательно смотрит, как я пишу. А он смотрел: после ухода фельдшера он стал писать с такой скоростью, что и мечтать нельзя было, чтобы это прочесть.

Как у учителя на моей совести только три строки преступно небрежного письма, а как у воспитателя у меня очень тонкий рефлекс бунта против собственного несовершенства.

— Я хочу писать быстро, как вы, хочу на вас походить.

Ну что ж, попробуем:

— Смотри, парень, что ты тут накалякал. Блям... дям... брам... Почему эти три строки так тебе не удались?

— Не знаю (смущенная улыбка).

— Может, ты устал?

— Я не устал...

Не хочет лгать, а правды сказать не может.

Мы проверяем его успехи в технике чтения. Так как мы читаем теперь книгу с более мелким шрифтом, пришлось считать буквы.

— Там было тридцать семь строк по семнадцать букв — это значит шестьсот двадцать девять букв. Ты их прочел за двести десять секунд, это значит три буквы в секунду. А здесь шестьдесят пять строк по двадцать семь букв — ты прочел их за шесть с половиной минут. Ты читаешь почти пять букв в секунду.

Это не произвело на него особого впечатления, хотя он с любопытством смотрел на мои подсчеты.

Перед тем как уснуть:

— Поцеловать тебя на ночь?

— А что, я святой?

— А разве только...

— Или ксендз — или кто?

Люблю, когда читаю, встречать легкие слова: «окликнула», «довольна», «разожгла».

Меня сердят слова: «защищающихся»... «дождливый день»...

Легкая задачка; он уже решал и более трудные, а теперь путается в трех соснах. Какого черта?

— Ой, пан доктор, тут струпик.

— Где?

— Вон тут, — показывает на шею. — Это не чесотка?

— Нет, завтра вымоешься, и все пройдет.

И уже арифметика идет без запинки.

* * *

Одиннадцатый день

Когда я надел синие очки, Стефан спросил шепотом:

— У вас очень болят глаза?

Шепот и улыбка — только благодаря Стефану я обратил на них внимание — в интернате я бы их не заметил.

— Я здоров, а вы больны, — сказал он вечером.

Это честный способ выражения сочувствия. Мы говорим красивее, но меньше чувствуем. Я ему благодарен за эти слова.

Не знаю, почему он сказал:

— А я теперь о брате вообще не думаю.

— Это плохо, ты должен думать об отце и брате.

Зловредная война.

Он плакал, когда я уезжал в больницу. Полагаю, что это воспоминание из родимого гнезда: надо плакать, когда кого-то кладут в больницу, когда кто-то умирает.

Он меня навестил в больнице вместе с Валентием.
— Пан доктор, а те офицеры тоже больные?
— Да.
— Глаза болят?
— Нет, разные болезни.
— А в карты они играют на деньги?

КАК ЛЮБИТЬ РЕБЕНКА

ХОЧУ НАУЧИТЬ ПОНИМАТЬ И ЛЮБИТЬ

1. Как, когда, сколько, почему?

Я предчувствую множество вопросов, ждущих ответа, множество сомнений, ищущих объяснений.

И отвечаю:

— Не знаю.

Каждый раз, когда ты, отложив книгу, начнешь плести нить собственных мыслей, — книга достигла намеченной цели. Если же ты поспешно листаешь страницы в поисках рецептов и указаний, досадуя и привередничая, что их мало, — знай, если и есть в этой книге советы и инструкции, то появились они не помимо воли автора, а вопреки ей.

Я не знаю и знать не могу, как неведомые мне родители в неизвестных мне условиях могут воспитывать незнакомого мне ребенка; подчеркиваю: «могут», а не хотят, «могут», а не должны.

«Не знаю»: для науки это туманность, откуда возникают и рождаются новые мысли, все более близкие к истине.

«Не знаю»: для ума, не посвященного в научное мышление, — мучительная пустота.

Я хочу научить понимать и любить чудесное, полное жизни и ослепительных сюрпризов творческое «не знаю» современной науки в отношении ребенка.

Я хочу, чтобы стало понятно: никакая книга, никакой врач не заменят собственной бдительной и чуткой мысли, собственного приметливого взгляда.

Часто встречается мнение, что материнство облагораживает женщину, что только став матерью, она созревает духовно. Да, материнство пламенными вспышками высвечивает вопросы, охватывающие все области жизни внешнего и внутреннего мира; но их можно и не заметить, или трусливо отложить на далекое будущее, или возмущаться, что их решения не купишь.

Приказать кому-то вложить в голову готовые мысли — все равно что велеть чужой женщине родить твоего ребенка. Есть мысли, которые надо в муках рожать самому, и они-то и есть самые ценные. Они определяют, что ты, мать, дашь ребенку, — грудь или вымя, воспитаешь его как человек или как самка, будешь руководить ребенком или будешь силком волочь за собой на аркане принуждения, будешь играть им, пока он мал, и нежностями с ним восполнять скупые или постылые ласки мужа, а когда он чуть подрастет, бросишь его на произвол судьбы или возжелаешь его ломать.

РЕБЕНОК НЕ БЫВАЕТ ТВОИМ

2. Ты говоришь: «Мой ребенок». Когда, как не во время беременности, у тебя есть на это наибольшее право? Биение крохотного, как косточка персика, сердца — эхо твоего пульса. Твое дыхание дает и ему кислород из воздуха. Общая кровь течет в вас, и ни одна красная капля крови еще не ведает, останется ли она твоей, перейдет ли к нему, или, излившись, погибнет данью тайне зачатия и рождения. Кусок хлеба, что ты жуешь, — строительный материал для ног, которыми он будет бегать, кожи, их покрывающей, глаз, которыми он будет смотреть, мозга,

в котором воспылает мысль, рук, протянутых к тебе, улыбки, с которой он позовет: «Мама!»

Вместе вам суждено пережить решающий миг: вместе вы будете страдать общей мукой. Ударит колокол и возвестит:

— Готово.

И в тот же миг оно, дитя твое, заявит: «Я хочу жить собственной жизнью!» — а ты отзовешься: «Живи теперь собственной жизнью!»

Мощными судорогами утробы будешь ты изгонять его из себя, не скорбя о его боли; мощно и решительно будет прорываться дите вперед, не скорбя о боли твоей.

Жестокое действо.

Нет. И ты, и ребенок совершите сто тысяч незаметных, нежных, чудесно ловких движений, чтобы, забирая свою долю жизни, он не забрал больше, чем положено ему по праву, по вечному, всеобъемлющему праву жизни.

«Мой ребенок».

Нет. Ни в месяцы беременности, ни в часы родов ребенок не бывает твоим.

ЭТА ПЫЛИНКА ОХВАТИТ МЫСЛЬЮ ВСЕ

3. Ребенок, которого ты родила, весит 10 фунтов.

В нем восемь фунтов воды и горстка углерода, кальция, азота, серы, фосфора, калия, железа. Ты родила восемь фунтов воды и два фунта пепла. Каждая капля этого *твоего* ребенка была тучкой, кристалликом снега, туманом, росой, родником, илом в городском канале.

Каждый атом углерода или азота связывался в миллионы соединений.

Ты лишь собрала все, что было.

Земля, повисшая в бесконечности.

Ближайший спутник — Солнце — в пятидесяти миллионах миль.

Диаметр маленькой нашей Земли — это три тысячи миль огня с тонкой, всего лишь десятимильной, остывшей скорлупкой.

На тонкой скорлупе, заполненной огнем, посреди океанов разбросана горстка суши.

На суше, среди деревьев и кустов, насекомых, птиц и зверей, копошатся люди.

Среди миллионов людей и ты произвела на свет одного. Что именно? Травинку, пылинку — ничто.

Такое оно хрупкое, что его может убить бактерия, которую в тысячу раз увеличишь — а она всего лишь точечка в поле зрения...

Но это ничто — кровь от крови и плоть от плоти морской волны, вихря, молнии, солнца, Млечного Пути. Эта пылинка — брат колосу и траве, дубу и пальме, птенцу, львенку, жеребенку и щенку.

В ней то, что она чувствует, видит, что заставляет ее страдать, радоваться, любить, доверять, ненавидеть, верить, сомневаться, что ее привлекает и отталкивает.

Эта пылинка охватит мыслью все: звезды и океаны, горы и пропасти. А что такое суть души, как не Вселенная, только безмерная?

Вот оно, противоречие человеческой сути, рожденной из праха, в котором Бог поселился.

ЭТО ОБЩИЙ РЕБЕНОК, МАТЕРИ И ОТЦА, ДЕДОВ И ПРАДЕДОВ

4. Вот ты говоришь: «Мой ребенок».

Нет, это общий ребенок, матери и отца, дедов и прадедов.

Чье-то далекое «я», спавшее в веренице предков,

голос истлевшего, давно забытого захоронения вдруг зазвучали в твоем ребенке.

Триста лет назад, в годину войны или мира, в калейдоскопе скрещивающихся рас, народов, классов, по обоюдному согласию или силой, в минуту ужаса или любовного упоения, кто-то овладел кем-то: обманул ли, соблазнил ли — никто не знает, кто и когда, но Бог вписал это в Книгу судеб, а антрополог отгадывает по форме черепа или цвету волос.

Бывает, впечатлительный ребенок фантазирует, что он — подкидыш в родительском доме. Так оно и есть: его прародитель умер века тому назад.

Ребенок — пергамент, плотно заполненный мелкими иероглифами, в котором ты сумеешь прочесть лишь часть; кое-что ты сможешь стереть или вычеркнуть и наполнить собственным содержанием.

Страшный закон. Нет, прекрасный. В каждом твоем ребенке он кует первое звено в бессмертной цепи поколений. Поищи спящую в этом твоем чужом ребенке собственную частицу. Может, ты ее и заметишь, может, даже и разовьешь.

Ребенок и бесконечность.

Ребенок и вечность.

Ребенок — пылинка в пространстве.

Ребенок — миг во времени.

КЕМ ЕМУ БЫТЬ?

5. Ты говоришь: «Он должен... Я хочу, чтобы он...»

И ищешь пример, которому он должен подражать, ищешь, какой жизни ты для него хочешь.

Это ничего, что вокруг — посредственность и заурядность. Это ничего, что вокруг — серость.

Люди топчутся, копошатся, хлопочут, — мелкие заботы, слабые стремления, ничтожные цели...

Несбывшиеся надежды, разъедающая горечь, вековечная тоска.

Кривда правит.

Ледяные стены сухого равнодушия, от лицемерия дышать нечем.

У кого клыки и когти — нападает, кто кроток — уходит в себя.

И ведь не только страдают люди, еще и марают себя...

Кем ему быть?

Воителем или только тружеником, вождем или рядовым? Или всего-навсего просто счастливым?

Где счастье, в чем оно — счастье? Знаешь ли ты дорогу к нему? И есть ли на свете те, кто знает?

Ты выдюжишь?

Как предугадать, как защитить?

Мотылек над пенящимся потоком жизни. Как придать ему стойкости, но не затруднить полет, как закалить его крылья, а не подрезать?

Стало быть, собственным примером, помощью, советом, словом?

А если он их отвергнет?

Через пятнадцать лет он будет вглядываться в будущее, а ты — в прошлое.

В тебе — воспоминания и привычки, в нем — непостоянство и дерзкая надежда. Ты колеблешься — он ждет и доверяет, ты опасаешься — а он беспечен.

Молодость, если она не глумится, не проклинает, не презирает, всегда жаждет исправить ошибки прошлого.

Так должно быть. А все же...

Пусть ищет, только бы не заблудился, пусть стремится к вершинам, только бы не упал, пусть выкорчевывает, только бы рук не поранил, пусть сражается, только осторожно... осторожно.

Он скажет:

— А я думаю по-другому. Хватит меня опекать.

Значит, ты мне не доверяешь?

Значит, я тебе не нужна?

Тебя душит моя любовь?

Дитя беспечное, жизни не ведающее, дитя бедное, дитя неблагодарное!

РАЗВЕ ЛЮБОВЬ — УСЛУГА, ЗА КОТОРУЮ ТЫ ТРЕБУЕШЬ ПЛАТЫ?

6. Неблагодарный.

А земля благодарна Солнцу за его свет? А дерево — семени, из которого выросло? Поет ли соловей своей матери, согревавшей его своей грудью?

Отдаешь ли ты ребенку полученное тобой от родителей или всего лишь одалживаешь, чтобы потом отобрать, скрупулезно все записывая и высчитывая проценты?

Разве любовь — услуга, за которую ты требуешь платы?

«Мать-ворона, как безумная, мечется вокруг, садится чуть не на плечи юному смельчаку, хватает клювом за палку или за ветки над его головой, как молотом стучит головой по дереву, грызет ветки и каркает в отчаянии хрипло, надсадно и отвратительно. Когда мальчишка сбрасывает птенца, она кидается наземь и, волоча крылья, разевает клюв, хочет каркнуть, но голоса нет, машет крыльями и скачет к ногам мальчишки, обезумевшая, смешная, словно она первая в своем роду решилась на самоубийство. Когда были перебиты все ее детеныши, она взлетела на дерево к опустошенному гнезду и, кружась над ним, о чем-то думала...» (Жеромский)*

Материнская любовь — это стихия. Люди изменили ее по-своему. Весь цивилизованный мир, исключая разве что некоторые слои, не затронутые культурой, практикует детоубийство. Супруги, у которых двое детей, когда могло бы быть двенадцать, — это убийцы десятерых неродившихся, среди которых и был тот единственный, именно «их ребенок». Может, среди неродившихся они убили самого дорогого...

Так что же делать?

Надо растить не тех детей, что не родились, а тех, которые рождаются и будут жить.

Напыщенность незрелости.

Я долго не хотел понять, что необходим расчет и забота о детях, которые рождаются. В неволе разорванной на части Польши, подданный, а не гражданин, я бездушно не желал помнить, что вместе с детьми должны появляться на свет школы, рабочие места, больницы, культурные условия жизни. Безрассудную плодовитость я сегодня воспринимаю как зло и легкомысленный проступок: возможно, мы в преддверии возникновения новых законов, диктуемых евгеникой и демографической политикой.

МИР ОТБИРАЕТ ЕГО У МАТЕРИ

7. Здоров ли он? Еще так непривычно, что он — уже не часть матери. Ведь еще совсем недавно, в их сдвоенной жизни, страх за него был частью страха за себя.

---

* Цитата из рассказа С. Жеромского «Забвение». Пер. В Зеленевской. — *Здесь и далее примеч. переводчика.*

Как же она мечтала, чтобы это время кончилось, как хотела, чтобы эта минута осталась позади. Думала, что тут-то она и избавится от всех страхов и волнений.

А теперь?

Странное дело: раньше ребенок был ей ближе, больше был ее собственностью, мать была увереннее в его безопасности, лучше его понимала. Полагала, что все знает, все сможет. С той поры, когда руки — профессиональные, оплаченные, опытные — приняли опеку над ним, она, отодвинутая на второй план, потеряла покой.

Мир уже отбирает его у матери.

И в долгие часы вынужденного бездействия появляется множество вопросов: что я ему дала, какое приданое, чем защитила?

Он здоров, так почему же он плачет?

Почему он худой, почему плохо сосет, не спит, так много спит? Почему у него большая головка, ножки поджаты, кулачки стиснуты? Почему красная кожа? Белые прыщики на носике? Почему он косит, икает, чихает, поперхнулся, почему охрип?

Так и должно быть? А может, все ей врут?

Она вглядывается в это маленькое беспомощное существо, непохожее ни на одного из тех маленьких и беззубых существ, каких она видела на улице и в саду.

Может ли быть такое, чтобы вот это существо через три-четыре месяца стало таким же, как они?

А может, они ошибаются?

Может, легкомысленно отмахиваются от нее?

Мать недоверчиво слушает врача, следит за ним взглядом, старается по его глазам, приподнятой брови, пожатию плеч угадать — правду ли он ей говорит, не колеблется ли, достаточно ли внимателен.

ТЫ ХОЧЕШЬ СКРЫТЬ ОТ РЕБЕНКА, ЧТО ОН КРАСИВ?

8. «Красивый? Мне это не важно». Так отвечают неискренние матери, желая подчеркнуть свое серьезное отношение к задачам воспитания.

Красота, обаяние, фигура, приятно звучащий голос — это капитал, который ты дала своему ребенку, и он, так же, как здоровье, как ум, он облегчает ему жизненный путь. Не нужно переоценивать значение красоты, без поддержки другими достоинствами она может навредить. Тем больше она требует бдительного внимания.

Красивого и некрасивого ребенка нужно воспитывать по-разному. А поскольку нет воспитания без участия ребенка, не следует стыдливо скрывать от него проблемы, связанные с красотой, потому как именно это его и портит.

Это якобы презрение к красоте — пережиток Средневековья. Разве человек, чуткий к красоте цветка, бабочки, пейзажа, должен быть равнодушен к красоте человека?

Ты хочешь скрыть от ребенка, что он красив? Если ему не скажет этого никто из многочисленного его окружения в доме, ему это скажут чужие на улице, в магазине, в саду, везде: возгласом, улыбкой, взглядом, взрослые или сверстники. Ему это покажет пренебрежение к некрасивым и уродливым детям. Он поймет, что красота дает привилегии, так же как понимает, что рука — это его рука, которой он может пользоваться.

Как слабый ребенок может успешно развиваться, а здоровый — стать жертвой несчастного случая, так и красивый ребенок может быть несчастным, а ребенок, закованный в броню некрасивости — не выделяемый из толпы, не замечаемый, — быть счастливым. Ибо ты должна, ты обязана помнить, что жизнь, приметив каждую ценность, возжаждет ее купить, выманить или украсть. Из этого хрупкого равновесия тысяч колебаний возникают неожиданности, которые часто изумляют воспитателя болезненным «почему?!»

— Его красота для меня не важна.

Ты начинаешь с заблуждения и лжи.

УЗЫ ШАБЛОНА

9. Умный ли он?

Если в самом начале мать с тревогой задает этот вопрос, вскоре она начнет требовать.

Ешь, пусть ты и сыт, ешь, хотя бы и с омерзением; ложись спать, пусть даже со слезами, пусть еще час будешь ворочаться без сна. Потому что ты должен, потому что я требую, чтобы ты был здоров.

Не играй с песком, носи тесные штанишки, не трогай волосы, потому что я хочу, чтобы ты был красив.

«Он еще не говорит... Он старше, чем... а все-таки еще не... Он плохо учится...»

Вместо того чтобы наблюдать, чтобы познать и увидеть, берется первый встречный пример «удачного ребенка» и перед собственным ребенком ставится задача: вот тебе образец для подражания.

Нельзя ребенку состоятельных родителей стать ремесленником. Лучше пускай будет несчастным и деморализованным человеком. Не любовь к ребенку, а эгоизм родителей, не благополучие личности, а амбиции толпы, не поиски своего пути, а узы шаблона.

Ум бывает деятельный и пассивный, живой и апатичный, стойкий и капризный, покорный и непослушный, творческий и подражательный, блистательный и глубокий, конкретный и абстрактный, практичный и склонный к фантазии; память может быть выдающейся и посредственной; ловкость в использовании полученной информации и совестливость сомнений; врожденный деспотизм и склонность к размышлениям, критичность. Встречается преждевременное и замедленное развитие, односторонние или разносторонние интересы.

Но кому какое до этого дело?

«Пусть хоть четыре класса закончит», — говорит родительское разочарование.

Предвидя замечательное возрождение физического труда, в кандидаты для него люди прочат все классы и слои общества. А пока что — борьба родителей и школы с каждым проявлением исключительного, нетипичного, слабого или неразвитого ума.

Не — «умен ли», скорее уж — «как умен»?

Наивно призывать семью добровольно принести тяжкую жертву. Исследования интеллекта и психотехнические тесты будут успешно осаживать самолюбивые амбиции. Понятное дело, это песнь отдаленного будущего.

НЕ ПУТАТЬ ПОНЯТИЯ «ХОРОШИЙ» И «УДОБНЫЙ»

10. Хороший ребенок.

Берегитесь, чтобы не путать понятия «хороший» и «удобный».

Плачет мало, не будит нас ночью, доверчивый, послушный и веселый — хороший.

Капризный, крикливый, плаксивый, без видимого повода доставляет матери больше неприятностей, чем радостей, — плохой.

Независимо от самочувствия, младенцы бывают от рождения более или менее терпеливыми. Одному довольно единицы неприятных ощущений, чтобы отреагировать десятью единицами крика, другой на десять единиц недомогания реагирует единицей плача.

Один сонный, движения ленивые, сосет медленно, крик лишен живого напряжения, явных эмоций.

Второй легко возбудимый, подвижен, спит чутко, сосет взахлеб, кричит до посинения.

Заходится ревом («закатывается»), у него перехватывает дыхание, приходится его откачивать, иногда он с трудом возвращается к жизни. Я знаю: это болезнь, мы лечим ее рыбьим жиром, фосфором, безмолочной диетой. Но именно эта болезнь позволяет младенцу вырасти зрелым человеком, с мощной волей, стихийным напором и гениальным умом. Наполеон в младенчестве «закатывался».

Все современное воспитание требует, чтобы ребенок был удобен. Оно последовательно стремится усыпить, подавить, уничтожить все, что есть воля и свобода ребенка, закалка его духа, сила его требований и стремлений. Послушный, воспитанный, добрый, удобный, но даже мысли нет о том, что он вырастет безвольным в душе и калекой в жизни.

ДЕТИ ПЛАЧУТ

11. Болезненная неожиданность, с которой сталкивается молодая мать, — крик ребенка.

Она знала, конечно, что дети плачут, но, думая о своем ребенке, она это упустила и ждала от него одних только очаровательных улыбок.

Она будет удовлетворять его потребности, она будет воспитывать его разумно, современно, под руководством опытного врача. Ее ребенок не должен плакать.

Но приходит ночь — и мать ошеломленная, с живым эхом пережитых ею страшных часов, которые тянулись веками. Только-только вкусила она сладость бестревожной усталости, заслуженный отдых после исполненной работы, после отчаянного усилия, первого в ее утонченной жизни. Только-только поддалась она иллюзии, что все закончилось, потому что Он — другое ее «я» — уже сам дышит. Погруженная в тихие воспоминания, она способна лишь задавать природе полные таинственного шепота вопросы, даже не требуя ответа на них.

Как вдруг...

Деспотичный вопль ребенка, который чего-то требует, на что-то жалуется, домогается помощи, — а она не понимает.

Бди!

«Да я не могу, не хочу, не знаю...»

Этот первый крик при свете ночника — объявление борьбы двух жизней: одна — зрелая, вынужденная уступать, отрекаться от себя и жертвовать — защищается; другая — новая, молодая — отвоевывает свои — собственные — для себя права.

Сегодня ты еще не винишь его: он не понимает, он страдает. Но на циферблате времени есть в будущем час, когда ты скажешь: и мне плохо, и я страдаю.

МЕЧТА О ВРАЧЕ-ДРУГЕ

12. Бывают дети, которые плачут мало, — тем лучше.

Но есть и такие, у которых от крика набухают вены на лбу, вздувается темечко, багрянец заливает лицо и голову, синеют губы, дрожит беззубая челюсть, живот вздымается, кулачки судорожно сжимаются, ножки молотят воздух.

Вдруг он, обессиленный, умолкает с выражением

полного смирения, «с упреком» смотрит на мать, щурит глазки, умоляя сон прийти.

Несколько неглубоких вздохов — и снова такой же или даже еще худший приступ плача.

Могут ли выдержать такое крохотные легкие, маленькое сердечко, юный мозг?

Спасите, врача сюда!

Через тыщу лет врач приплелся, со снисходительной улыбкой слушает про ее страхи, такой чужой, неприступный, профессионал, для которого ее ребенок — один из тысячи. Он пришел, чтобы через минуту уйти к другим страданиям, выслушивать другие жалобы, пришел теперь, когда на дворе день и все кажется веселее: потому что солнце, потому что по улицам ходят люди; пришел, когда ребенок как раз уснул, вымотанный бессонными часами, когда не заметны слабые следы чудовищной ночи.

Мать слушает врача, иногда слушает невнимательно. Ее мечта о враче-друге, наставнике, проводнике на тернистом пути бесповоротно рухнула.

Она вручает ему гонорар и вновь остается один на один с горьким опытом, что врач — это равнодушный, посторонний человек, который не поймет ее. Да он и сам к тому же ни в чем не уверен, ничего определенного не сказал.

НЕ ОТРЕКАЙСЯ ОТ ЭТИХ НОЧЕЙ

13. Если бы молодая мать знала, что решают эти первые дни и недели не столько для здоровья ребенка сегодня, сколько для будущности обоих!

А как легко их упустить и испортить!

Вместо того чтобы убедиться и примириться с тем, что точно так же, как для врача ее ребенок интересен лишь как источник дохода или средство удовлетворения тщеславия, так же и для мира он ничто, что дорог и ценен он только для нее одной...

Вместо того чтобы примириться с современным состоянием науки, которая догадывается, пытается узнать, изучает и продвигается вперед, что-то знает, в чем-то помогает, но не дает гарантий...

Вместо того чтобы мужественно признать: воспитание ребенка — не приятная игра, а работа, в которую нужно вложить усилия бессонных ночей, капитал тяжелых переживаний и множество размышлений...

Вместо того чтобы переплавить все это в тигле чувства в трезвое понимание, без иллюзий, без детской обиды и самолюбивой горечи, — она способна перевести ребенка вместе с кормилицей в самую дальнюю комнату, потому как она «не в силах смотреть» на страдания малыша, «не в силах слушать» его болезненный зов. Она будет вновь и вновь вызывать врача и врачей, не получая никакого опыта, — замученная, ошеломленная, отупевшая.

Как наивна радость матери, когда она понимает первую невнятную речь ребенка, угадывает его перепутанные и недоговоренные слова.

Только теперь?.. Только это?.. Не больше?..

А язык плача и смеха, язык взглядов и гримас, речь движений и сосания?

Не отрекайся от этих ночей. Они дают то, чего не даст никакая книга, ничей совет. Потому что ценность их не только в знаниях, но и в глубоком духовном перевороте, который не дает вернуться к бесплодным размышлениям «что могло бы быть, что должно быть, что было бы хорошо, если бы...»; они учат действовать в тех условиях, которые есть.

Во время этих ночей может родиться чудесный союзник, ангел-хранитель ребенка — интуиция материнского сердца, ясновидение, которое складывается из испытующей воли, исследовательской мысли, незамутненного чувства.

МАТЬ ЗАМЕТИЛА...

14. Иногда случалось: вызывает меня мать.

— Ребеночек-то вообще-то здоров, с ним ничего такого. Только вот я хочу, чтобы вы его осмотрели.

Осматриваю, даю несколько советов, отвечаю на вопросы. Ребеночек-то здоровый, милый, веселый.

— До свиданья.

И в тот же вечер или наутро:

— Пан доктор, у него жар.

Мать заметила то, чего я, врач, не сумел заметить при поверхностном осмотре во время короткого визита.

Часами склоненная над малышом, не зная методов наблюдения, она сама не ведает, что именно она заметила; не доверяя себе, она не смеет признаться в своих тонких наблюдениях.

А ведь она заметила, что у ребенка пока без всякой хрипоты, но голос какой-то севший, что он агукает меньше или тише. Вот он вздрогнул во сне сильней, чем обычно. Проснувшись, рассмеялся, но не так живо, как обычно. И сосал он медленнее, с длительными перерывами, словно рассеянно. Похоже, он гримасничал, когда смеялся, — или это только показалось? Любимую игрушку сердито отшвырнул — почему?

Сотней знаков, замеченных ее глазом, ухом, соском, сотней микрожалоб ребенок ей сказал:

«Что-то мне не по себе. Плоховато я себя сегодня чувствую».

Мать не верит своим глазам, не верит в то, что видит, потому что про такие симптомы она в книжках не читала.

ШЕЛУХА ОТ СЕМЕЧКА

15. На бесплатный прием в больницу мать-работница приносит новорожденного нескольких недель от роду.

— Не хочет сосать. Только возьмет сосок — и сразу с криком бросает. А из ложечки пьет жадно. Иногда во сне или наяву вдруг вскрикивает.

Осматриваю рот, горло — ничего не вижу.

— Дайте ему грудь.

Ребенок трогает сосок губами, но сосать не хочет.

— Такой недоверчивый стал.

Наконец малыш берет грудь, быстро, словно отчаянно, делает несколько сосательных движений и с плачем выплевывает сосок.

— Посмотрите же, у него что-то на десенке.

Смотрю еще раз — покраснение, но какое-то странное: только на одной десне.

— Ой, тут что-то черненькое... зуб, что ли?

Вижу что-то твердое, желтое, овальное, с черной черточкой на ободке. Подцепляю это — оно сдвигается; приподнимаю — под ним маленькое красное углубление с кровавыми краешками.

Наконец это «что-то» у меня в руках: шелуха от семечка.

Над детской кроваткой висит клетка с канарейкой. Канарейка выплюнула шелуху, она упала ребенку на губу, скользнула в рот, впилась в десну.

Ход моих мыслей: *stomatitis catarrhalis, soor, stom. aphtosa, gingivitis**, *angina* и так далее.

А она: болит, что-то у него во рту...

Я два раза проводил осмотр... А она?

СМОТРИ В ОБА ВСЕ ДВАДЦАТЬ ЧАСОВ

16. Если иногда врача изумляет точность и детальность материнских наблюдений, то, с другой стороны, с таким же изумлением он обнаруживает, что зачастую мать не может не то что понять, но даже заметить простейший симптом.

Ребенок с самого рождения плачет. Больше ничего она за ним не замечала. Вот плачет и плачет!

Начинается ли плач внезапно и сразу достигает пика — или жалобное поскуливание переходит в плач постепенно? Быстро ли ребенок успокаивается? — сразу же после того, как у него был стул или он помочился, после рвоты или срыгивания? Или же бывает так, что вдруг резко вскрикивает во время мытья, одевания, когда берут на руки? Жалуется ли он: протяжно, без резких вскриков? Какие движения делает он при этом? Успокаивается ли, когда его носят на руках, распеленывают, выкладывают на животик, часто меняют положение? Засыпает ли после плача крепко и надолго — или просыпается от малейшего шороха? Он плачет до или после кормления? Когда плачет больше: с утра, вечером или ночью?

Успокаивается ли во время кормления? Надолго ли? Отказывается ли от груди? Как отказывается?

---

* Stomatitis catarrhalis (*лат.*) — воспаление слизистой оболочки рта; soor (*лат.*) — молочница; stomatitis aphtosa (*лат.*) — афтозный стоматит; gingivitis (*лат.*) — воспаление слизистой оболочки десен, гингивит.

Выплевывает сосок, едва взяв его в рот, при глотании, внезапно, или через некоторое время? Решительно не желает сосать — или можно его все-таки уговорить? Как сосет? Почему не сосет?

Если ребенок простужен, то как он сосет? Жадно и с силой, потому что хочет пить, а потом быстро и поверхностно, неровно, с паузами, потому что не хватает дыхания? Потом еще и боль при глотании, и что будет тогда?

Ребенок плачет не только от голода или потому, что «животик бо-бо», но и от того, что болят губы, десны, язык, горло, нос, пальцы, ухо, кости, поцарапанное клизмой заднепроходное отверстие, от болезненного мочеиспускания, от тошноты, жажды, перегрева, от зуда кожи, на которой еще нет сыпи, но будет через несколько месяцев, плачет из-за жесткой тесемки, складки на пеленке, крошечного волоконца ваты, застрявшего в горле, шелухи семечка, выпавшей из клетки с канарейкой.

Вызови врача на десять минут, но сама смотри в оба двадцать часов!

НЕ ХОТЯТ ВИДЕТЬ ОЧЕВИДНОГО И ЗНАТЬ ТОГО, ЧТО ЗНАЮТ

17. Книга с ее готовыми формулами замутила взгляд, разленивила мысль.

Живя чужим опытом, исследованием, мировоззрением, люди настолько утратили веру в себя, что не хотят сами смотреть на мир. Как будто содержимое печатного обрывка — откровение, а не результат исследования, только чужого, не моего, когда-то и над кем-то, а не сегодня, не сейчас и не над моим собственным ребенком.

А школа воспитала трусость, страх признаться, что ты не знаешь.

Сколько раз мать, записав на листочке вопросы, которые она хочет задать врачу, не решается их выговорить. Как редко она протягивает ему этот листочек, потому что «я там какие-то глупости накалякала».

Сколько раз она, скрывая свое невежество, вынуждает и врача скрывать его неуверенность и сомнения, перед тем как вынести решительный приговор. Как неохотно она принимает расплывчатые и условные ответы, как не любит, когда врач вслух размышляет над детской кроваткой. Как же часто врач, понуждаемый быть пророком, превращается в шарлатана.

Иногда родители не хотят видеть очевидного и знать того, что знают.

Роды в обществе, где царит фанатичное стремление к комфорту, явление столь редкостное и злоехидно исключительное, что мать категорически требует от природы щедрого вознаграждения. Если уж она пошла на жертвы, неприятности, недомогания беременности и страдания в родах, ребенок должен быть только таким, о каком она мечтала.

Хуже того: привыкнув, что за деньги можно купить все, она не хочет мириться с мыслью, что существует нечто, что может получить нищий и чего не выклянчить магнату.

Как часто в поисках того, что на рынке носит ярлык «здоровье», родители покупают суррогаты, которые либо не помогают, либо вредят.

КОРМИТЬ МОЖЕТ КАЖДАЯ МАТЬ, У КАЖДОЙ ДОСТАТОЧНО МОЛОКА

18. Младенцу — материнскую грудь, независимо от того, родился ли он от Богом благословенной супружеской четы или потому, что девушка потеряла стыд;

шепчет ли мать: «Мое ты сокровище» или вздыхает: «Что мне, несчастной, делать?!» Независимо от того, поздравляют ли униженно с младенцем ясновельможную пани или бросают вслед деревенской девушке: «Тьфу, шлюха!»

Проституция, что служит мужчине, обретает свое социальное дополнение в кормилицах, которые служат женщине.

Надо полностью отдавать себе отчет в узаконенном кровавом преступлении, жертвой которого становится ребенок бедной семьи, — даже не ради блага ребенка богатых. Ведь кормилица может кормить и двоих: и своего, и чужого. Молочная железа дает столько молока, сколько от нее потребуется. Молоко у кормилицы пропадает именно тогда, когда ребенок высасывает меньше, чем вырабатывает грудь.

Простое уравнение: большая грудь, маленький ребенок — перегорание молока.

Удивительная вещь: в менее важных случаях мы готовы выслушивать советы множества врачей, а решая столь важный вопрос (может ли мать кормить грудью), мы останавливаемся на одном, порой неискреннем, совете кого-то из нашего окружения.

Кормить может каждая мать, у каждой достаточно молока. Только незнание техники кормления лишает ее природной способности кормить. Боль в грудях, трещины сосков представляют собой известное препятствие, но и это можно преодолеть сознанием того, что она, мать, уже всю беременность вынесла, не перекладывая ее тяготы на плечи купленной наемницы.

Ибо кормление — это естественное продолжение беременности, «только ребенок из материнского чрева перебрался наружу, отрезанный от пуповины, схватил грудь и теперь пьет вместо красной белую кровь».

Пьет кровь? Да, кровь матери, таков закон природы, а не кровь убиенного им молочного брата, как велит закон человеческий.

Эхо некогда живой борьбы за право ребенка на материнскую грудь. А сегодня животрепещущим стал квартирный вопрос. Что будет завтра? Сосредоточение интересов автора зависит от переживаемого момента.

НЕТ СОВЕТА, КОТОРОГО НЕЛЬЗЯ ДОВЕСТИ ДО АБСУРДА

19. Может, я бы и написал «сонник гигиены от египетского оракула» для матерей.

«Вес при рождении три с половиной кило — к здоровью и благополучию».

«Зеленый, слизистый стул — к беспокойству, печальному известию».

Может, и я бы составил «любовный письмовник» советов и рекомендаций.

Но я не раз убеждался, что нет совета, которого нельзя довести до абсурда отсутствием критики и крайностями.

Старая система: грудь тридцать раз в сутки, вперемежку с «касторочкой».

Младенец переходит с рук на руки, его укачивают и трясут все простуженные тетки. Его подносят к окну, к зеркалу, хлопают в ладоши, трясут погремушками, поют — цирк, да и только.

Новая система: грудь каждые три часа. Ребенок, видя приготовления к трапезе, теряет терпение, гневается, плачет. Мать смотрит на часы: еще четыре минуты. Ребенка будят, потому что пробили часы, и голодного отрывают от груди, потому что истекли положенные минуты. Ребенок лежит в кроватке — нельзя его трогать. Нельзя приучать к рукам! Выкупанный, сухой, накормленный ребенок должен спать. А он не спит. Надо ходить на цыпочках, занавесить окна. Больничная палата, мертвецкая.

Мысль работает, а рецепт приказывает.

«СКОЛЬКО РАЗ В СУТКИ КОРМИТЬ?»

20. Не «как часто кормить», а «сколько раз в сутки» Если вопрос поставить так, он дает матери свободу: пусть она сама распределит часы кормления, как лучше и ей, и ребенку.

Сколько раз в сутки нужно кормить ребенка?

От четырех до пятнадцати.

Сколько времени необходимо держать у груди?

От четырех минут до трех четвертей часа и больше.

Мы сталкиваемся с грудью, из которой молоко идет легко и трудно, со скудным и изобильным молоком, с соском правильным и неправильным, выносливым и болезненным. Дети бывают очень капризные и лениво сосущие. Значит, не будет и одного рецепта для всех.

Сосок развит плохо, но выносливый; новорожденный сосет охотно. Пусть сосет часто и подолгу, чтобы «разработать» грудь.

Грудь изобильная, младенец слабый. Может, перед кормлением лучше сцедить часть молока, чтобы заставить ребенка потрудиться. Не справляется? Тогда сначала дать грудь, а остаток сцедить.

Грудь трудная, ребенок флегматичный. Он начинает сосать только через десять минут.

Одно глотательное движение может приходиться на одно, два, пять сосательных движений. Количество молока в одном глотке может быть большим и меньшим.

Ребенок лижет грудь, теребит, но не глотает; глотает редко или слишком часто.

«У него все льется по подбородку».

Может быть, молока слишком много или, наоборот, мало, и изголодавшийся ребенок сосет с силой и сразу захлебывается, но при этом только несколькими первыми глотками.

Как можно давать советы, не видя матери и ребенка?

«Пять кормлений в сутки по десять минут» — это выхолощенная схема.

ВЕСЫ МОГУТ СТАТЬ БЕЗОШИБОЧНЫМ СОВЕТЧИКОМ

21. Без весов нет техники грудного вскармливания. Все, что мы насоветуем без весов, будет игрой в жмурки.

Нет другого способа понять, высосал ли ребенок три ложки молока или десять, как только взвесить его.

А от этого зависит и как часто, и как долго ему нужно сосать, к одной груди прикладывать или к обеим.

Весы могут стать безошибочным советчиком, если они говорят нам то, что есть на самом деле, но могут стать и тираном, если мы захотим получить схему «нормального» роста ребенка.

Не дай бог поменять суеверный страх перед «зелеными какашками» на предрассудки об «идеальных кривых роста и веса».

Как взвешивать?

Стоит заметить: есть матери, растратившие сотни часов на гаммы и этюды, а труд познакомиться с весами они считают слишком обременительным. Взвешивать и до, и после кормления? Сколько хлопот! Есть и другие матери, которые не вниманием, а прямо-таки нежной любовью окружают весы, этого обожаемого домашнего врача.

Дешевые весы для младенцев, чтобы они добрались даже до хаты-мазанки, — вот наш общественный долг. Кто возьмется за такой труд?

ПУСТЬ ЖИВОЙ ОРГАНИЗМ САМ ВЫБИРАЕТ

22. Почему так случается, что одно поколение детей вырастает под лозунгом: молоко, яйца, мясо, а другое получает каши, фрукты, овощи?

Можно было бы сказать: прогресс в области химии, исследования обмена веществ.

Нет, сущность этих тенденций коренится глубже.

Новая диета есть выражение доверия науки к живому организму, признания его воли.

Когда ребенку давали белки и жиры, то стремились подстегнуть развитие организма специально подобранной диетой, сегодня же мы даем ребенку все: пусть живой организм сам выбирает, что ему нужно, что принесет пользу, пусть распоряжается самостоятельно, в меру своих сил и возможностей, активов полученного здоровья, потенциальной энергии развития.

Не «что мы даем ребенку», а «что он усваивает». Потому всякое насилие и излишек–балласт; каждая крайность — возможная ошибка.

Даже поступая почти правильно, мы можем допустить некую ошибку, но повторяя ее последовательно, в течение нескольких месяцев, мы повредим ребенку или затормозим его развитие.

Когда, как и чем прикармливать?

Когда ребенку уже недостаточно полученного им литра грудного молока, его надо постепенно, прослеживая реакцию организма, начинать прикармливать всем — в зависимости от ребенка, от его реакции.

СЛЕДУЕТ ОТЛИЧАТЬ НАУКУ О ЗДОРОВЬЕ ОТ ТОРГОВЛИ ЗДОРОВЬЕМ

23. А что же смеси?

Следует отличать науку о здоровье от торговли здоровьем. Жидкость для роста волос, зубной эликсир, пудра, омолаживающая кожу, смесь, облегчающая прорезывание зубов, — все это чаще всего позор для науки, но ни в коем случае не ее гордость, порывы или стремления.

Производитель обеспечит своей смесью и нормальный стул, и эффектный прирост веса у ребенка, то есть даст то, что радует мать и вкусно ребенку. Но смесь не даст тканям навыка усвоения и может избаловать их, не дать жизненных сил, подпитывая жир, снизит сопротивляемость инфекции.

Зато смесь всегда дискредитирует грудь, хоть и с оглядкой, исподволь, пробуждая сомнения, тихонечко подкапываясь, соблазняя и угождая слабостям толпы.

Кто-нибудь возразит: ученые с мировым именем признали смеси. Да ведь ученые тоже люди: среди них есть более и менее проницательные, осторожные и легкомысленные, люди порядочные и мошенники. Сколько есть генералов науки не от Бога, благодаря не талантам, а проискам, хитрости, богатству или по праву рождения. Наука требует дорогостоящих лабораторий, которые можно получить не только за истинные открытия, но и ценой угодливости, покорности и интриг.

Как-то раз довелось мне присутствовать на конференции, где бессовестная наглость воровала результаты двадцатилетнего добросовестного исследования. Я знаю открытие, сфабрикованное ради громкого международного съезда. Пищевая добавка, разрекламированная десятками «звезд», оказалась фальсификатом; был судебный процесс, скандал живо замяли.

Не в том суть, кто нахваливает смесь, а в том, кто не захотел ее нахваливать, невзирая на все манипуляции рекламных агентов. А они настаивают на своем. Миллионные предприятия — это серьезное влияние. Это сила, которой не каждый сможет противостоять.

Многое в этих главах — эхо моего бракоразводного процесса с медициной. Я видел отсутствие ухода и халтурную помощь. (Рядом с недооцененным Каменьским Брудзиньский первым потребовал равноправия педиатрии и добился его.) На бедности и беспомощности стало нагло наживаться заграничное производство препаратов. Сегодня у нас есть уже пункты опеки, фабричные ясли, лагеря, курорты, школьный медицинский надзор, больничные кассы. В наши дни уже можно доверять питательным смесям и лекарствам; их задача — поддерживать, а не заменять гигиену и общественную опеку над ребенком.

РАЗВЕ МЫ МОЖЕМ ИЗОЛИРОВАТЬ РЕБЕНКА ОТ ВОЗДУХА?

24. У ребенка температура. Насморк.

Это не опасно? А когда он выздоровеет?

Наш ответ — результат рассуждений, основанных на том, что мы знаем и что сумели заметить.

Таким образом: сильный ребенок победит несущественную хворь за день-два. Если болезнь серьезнее, а ребенок послабее, недомогание может продлиться и неделю. Поживем — увидим.

Или, скажем, болезнь пустячная, но ребенок очень мал. У грудных детей насморк со слизистой носа часто переходит на горло, трахею, бронхи.

Посмотрим на ход событий.

Наконец: из ста аналогичных случаев девяносто заканчиваются скорым выздоровлением, в семи — недомогание затягивается, в трех — развивается серьезная болезнь, даже возможна смерть.

Предостережение: может, легкий насморк маскирует другую болезнь?

Но мать хочет получить уверенный ответ, а не предположения.

Диагноз можно дополнить исследованием выделений из носа, мочи, крови, спинномозговой жидкости, можно сделать рентгеновский снимок, вызвать специалистов. Тогда повысится процент достоверности в диагнозе и прогнозе, даже в ходе лечения. Но не будет ли этот плюс сведен к нулю вредом от многократных осмотров, присутствием множества врачей, из которых каждый может занести куда более страшную инфекцию на волосах, в складках одежды, дыхании?

Где ребенок мог простудиться?

Этого можно было избежать.

Но разве эта легкая болезнь не дает ребенку иммунитет против более серьезной, с которой он столкнется через неделю, через месяц? Разве она не улучшает защитный механизм: в центре терморегуляции мозга, в железах, в компонентах крови? Разве мы можем изолировать ребенка от воздуха, которым он дышит и в кубическом сантиметре которого содержатся тысячи бактерий?..

И не будет ли это новое столкновение между тем, чего мы хотели, и тем, чему вынуждены уступить, еще одной попыткой вооружить мать не знанием, а разумом, без которого она не сможет вырастить ребенка как следует?

В НОВОРОЖДЕННОМ ВОПЛОЩЕНА НЕКАЯ ЧЕТКО ОПРЕДЕЛЕННАЯ ИНДИВИДУАЛЬНОСТЬ

25. Пока смерть косила рожениц, мало кто думал о новорожденном.

Его заметили, когда асептика и техника помощи в родах стали страховать жизнь матери. Пока смерть косила новорожденных, все внимание науки поневоле сосредоточивалось на бутылочках и пеленках. Может, близится время, когда мы начнем видеть в ребенке не только кусочек мяса, но четко увидим личность, жизнь и психическое развитие до года. Сделанное до сих пор — еще даже не начало работы.

Бесконечен ряд психологических вопросов и вопросов на границе между соматикой и психикой новорожденного.

Наполеон страдал «родимчиком». Бисмарк был рахитиком. И уж бесспорно, каждый пророк и преступник, герой и предатель, люди великие и ничтожные, атлеты и дохляки были младенцами, прежде чем стали зрелыми людьми. Если мы хотим исследовать мысли, чувства и стремления на стадии амебы, прежде чем они развились, дифференцировались и определились, мы должны обратиться к младенцу.

Только безграничные верхоглядство и невежество могут проглядеть, что в новорожденном воплощена некая четко определенная индивидуальность, складывающаяся из врожденного темперамента, силы, интеллекта, самочувствия, жизненных впечатлений.

ПАМЯТЬ ПРОШЛЫХ ПЕРЕЖИВАНИЙ

26. Сто новорожденных.

Я склоняюсь над кроваткой каждого. У кого-то счет жизни идет на недели, у других — на месяцы, они разного веса, и у их «кривых» разная история; больные, выздоравливающие, здоровые и едва держащиеся на плаву жизни.

Я встречаю разные взгляды. Есть погасшие, подернутые мглой, лишенные выражения; упрямые и болезненно сосредоточенные; есть живые, дружеские и задорные. И улыбки — приветливая, внезапная, дружеская, или улыбка после внимательного изучения, или улыбка-ответ на мою улыбку и ласковое слово, которым я бужу малыша.

То, что поначалу казалось мне случайностью, повторяется изо дня в день. Записываю, выделяю детей доверчивых и недоверчивых, уравновешенных и капризных, веселых и мрачных, нерешительных, запуганных и враждебных.

Всегда веселый ребенок: улыбается до и после кормления, разбуженный и сонный, приоткрывает глаза, улыбается и снова засыпает. Всегда мрачный: беспокойно, едва ли не плача, встречается со мной, за три недели улыбнулся мимолетно и только раз...

Осматриваю горло у детей. Протест живой, бурный, страстный. Или малыш только нехотя скривится, нетерпеливо тряхнет головой и уже радостно улыбается. Или подозрительная настороженность при каждом движении чужой руки, взрыв гнева, прежде чем до него дотронулись.

Массовые прививки оспы, по пятьдесят человек в час. Это уже эксперимент. Снова у одних реакция мгновенная и решительная, у других — постепенная и неуверенная, у третьих — равнодушие. Один ограничивается удивлением, другой беспокоится, третий бьет тревогу; один быстро приходит в себя, другой помнит долго, не прощает...

Кто-нибудь скажет: младенческий возраст. Верно, но только в известной мере. Есть быстрота ориентации, память прошлых переживаний. О, мы знаем детей, которые болезненно пережили знакомство с хирургом, знаем, что бывают дети, которые не хотят пить молоко, потому что им давали белую эмульсию с камфарой.

Но разве психический облик зрелого человека складывается из чего-то другого?

ХОРОШЕЕ САМОЧУВСТВИЕ

27. Один младенец.

Он родился, уже смирившись с холодным воздухом, жесткой пеленкой, неприятными звуками, работой сосания. Сосет трудолюбиво, расчетливо и смело. Уже улыбается, уже лепечет, уже владеет руками. Растет, исследует, совершенствуется, ползает, ходит, лепечет, говорит. Как и когда он всего этого достиг?

Спокойное, безоблачное развитие...

Второй младенец.

Прошла неделя, прежде чем он научился сосать. Пара неспокойных ночей. Неделя без забот, однодневная буря. Развитие несколько замедленное, зубы режутся мучительно. Вообще-то по-разному бывало, теперь уже все в порядке, спокойный, милый, радостный.

Может, врожденный флегматик, недостаточно взвешенный уход, недостаточно разработанная грудь — в целом счастливое развитие...

Третий младенец.

Порывистый и бурный. Веселый, легко возбуждается, задетый неприятным впечатлением извне или изнутри, сражается отчаянно, не жалея энергии. Движения живые, резкие перемены, сегодня не такой, как вчера. Что-то осваивает — и тут же забывает. Развитие идет по ломаной кривой, со взлетами и падениями. Неожиданности от самых приятных до внешне страшных. Тут никак не скажешь: наконец-то.

Вспыльчив, раздражителен, капризен, может вырасти очень ценным человеком...

Четвертый новорожденный.

Если сосчитать солнечные и пасмурные дни, первых будет немного. Основной фон — недовольство. Нет боли — есть неприятные ощущения, нет крика — есть беспокойство. Все бы хорошо, если бы... Все и всегда с оговорками.

Это ребенок с изъяном, неразумно воспитанный.

Температура в комнате, лишние сто граммов молока, недобор ста граммов воды — это не только гигиеническое, но и воспитательное воздействие. Младенец, которому предстоит столько исследовать и узнать, освоить, полюбить и возненавидеть, разумно защищать и требовать, должен иметь хорошее самочувствие, независимо от врожденного темперамента, быстрого или вялого интеллекта.

Вместо навязанного нам неологизма «сосунок» я пользуюсь старинным словом «младенец». Греки говорили — nepios, римляне — infans. Если уж польский язык так захотел, зачем было переводить некрасивое немецкое Säugling? Нельзя категорично хозяйничать в словаре старых и существенно важных слов.

МЫ ИГРАЕМ, А ОН — ИЗУЧАЕТ

28. Зрение. Свет и темнота, ночь и день. Сон — творится нечто очень смутное, бодрствование — происходит нечто более ясное, что-то хорошее (грудь) или плохое (боль). Новорожденный смотрит на лампу. Нет, не смотрит: глазные яблоки расходятся и сходятся. Позже, водя глазами за медленно передвигаемым предметом, он то и дело замечает его и теряет.

Контуры пятен, абрис первых линий, и все это без перспективы. Мать на расстоянии в метр уже другое пятно, чем когда она наклоняется над тобой. Лицо и профиль как лунный серп, при взгляде снизу, когда лежишь на коленях, — только подбородок и губы; лицо то же, но с глазами, когда мать склонится ниже, или даже видны волосы. А слух и обоняние утверждают, что все это одно и то же.

Грудь — светлое облако, вкус, запах, тепло, благо. Младенец выпускает грудь и смотрит, изучает глазами это странное нечто, которое постоянно появляется над грудью, откуда плывут звуки и дует теплый поток дыхания. Младенец не знает, что грудь, лицо, руки составляют одно целое — мать.

Кто-то чужой протягивает к нему руки. Обманутый знакомым движением, образом, он охотно идет к нему. И лишь тогда замечает ошибку. На этот раз руки отдаляют его от знакомой тени, приближают к незнакомому, вызывающему страх. Резким движением ребенок поворачивается к матери, смотрит на нее или прячется под ее рукой, чтобы избежать опасности.

Наконец лицо матери, исследованное руками, перестает быть тенью. Младенец множество раз хватался за нос, трогал странный глаз, который то блестит, то снова темнеет под прикрытием века, изучал волосы.

А кто не видел, как ребенок оттягивает губы, разглядывает зубы, заглядывает в рот, внимательный, серьезный, нахмурив лоб. Правда, ему мешает в этом пустая болтовня, поцелуи, шутки — то, что мы называем «игрой» с ребенком.

Мы играем, а он — изучает. В ходе исследований у него уже появились непреложные понятия, гипотезы и загадки.

МЛАДЕНЕЦ МЫСЛИТ

29. Слух. От шума улицы за оконными стеклами, далеких отголосков, тиканья часов, разговоров и стуков, вплоть до шепота и слов, обращенные прямо к ребенку, — все это создает хаос раздражителей, которые ребенок должен разложить по полочкам и понять.

Сюда же нужно добавить звуки, которые издает сам новорожденный, — крик, лепет, возгласы. Прежде чем он поймет, что это он сам, а не кто-то иной, невидимый, гулит и кричит, проходит много времени. Когда он лежит и говорит свое «абб, аба, ада», он слушает и исследует ощущения, которые познает, двигая губами, языком, гортанью. Не зная себя, он убеждается лишь в произвольности создания этих звуков.

Когда я обращаюсь к младенцу на его собственном языке: «аба, абб, адда», он удивленно приглядывается ко мне, непонятному существу, издающему хорошо знакомые ему звуки.

Если бы мы глубже вдумались в суть сознания новорожденного, то нашли бы в нем гораздо больше, чем думаем, только не то и не так, как нам кажется. «Бедная лапочка, бедный малыш, голодный, питеньки хочет, хочет ням-ням...»

Младенец прекрасно все понимает, он ждет, когда кормилица расстегнет лифчик, положит ему платочек под подбородок, выражает нетерпение, когда запаздывает главное ощущение, которого он ждет. А ведь всю эту длинную тираду мать произнесла себе, а не ребенку. Он скорей усвоил бы те звуки, какими хозяйка подзывает домашнюю птицу: «цып-цып-цып, гись-гись-гись».

Младенец мыслит ожиданием приятных впечатлений и страхом перед неприятными; то, что он мыслит не только образами, но и звуками, можно понять хотя бы по тому, насколько крик заразителен: крик предвещает отчаяние, или: крик автоматически приводит в действие аппарат, выражающий недовольство. Присмотритесь внимательно к младенцу, когда он слушает плач другого ребенка.

КРИК И СОСАНИЕ

30. Младенец упорно стремится к овладению внешним миром: он жаждет победить окружающие его злые враждебные силы, поставить на службу своему благополучию добрых духов-защитников.

У младенца есть два заклинания, которыми он пользуется, пока не освоит третье, чудесное орудие воли: собственные руки. Эти два заклинания — крик и сосание.

Если сперва младенец кричит, потому что ему что-то докучает, то очень скоро он учится кричать, чтобы ему ничто не докучало. Оставленный один, он плачет, но успокаивается, когда слышит шаги матери, хочет сосать грудь — плачет, но перестает плакать, завидев приготовления к кормлению.

Он правит в объеме имеющихся у него знаний (а их у него мало) и находящихся в его распоряжении средств (они столь незначительны). Он совершает ошибки, обобщая отдельные явления и связывая два последовательно случающихся явления как причину и следствие — *post hoc, ergo propter hoc**.

Разве источник внимания и симпатии, которые он питает к своим ботиночкам, не в том, что им он приписывает свое умение ходить? Точно так же пальтишко становится тем волшебным ковром из сказки, который переносит его в мир диковин — на прогулку.

У меня есть право выдвигать подобные предположения. Если историк имеет право домысливать, что хотел сказать Шекспир, создавая Гамлета, педагог обладает правом делать даже ошибочные предположения, которые, при отсутствии других, дают все-таки практические результаты.

Итак.

В комнате душно. У младенца сухие губы, слюна густая, ее мало, малыш капризничает. Молоко — это еда, а ему хочется пить, ему надо дать воды. Но ребенок «не желает пить»: вертит головой, выбивает из рук ложку. Пить-то он хочет, только пока не умеет. Чувствуя на губах вожделенную жидкость, он мотает головой, ищет сосок. Левой рукой я придерживаю его за голову, ложку прикладываю к верхней губе. Он не пьет, а сосет воду, сосет жадно, выпил пять ложек и спокойно засыпает. Если я неловко подам ему воду из ложки раз-другой, он поперхнется, захлебнется, переживет неприятное ощущение. Вот тогда он и вправду не захочет пить с ложки.

Второй пример.

---

* После этого, а значит, вследствие этого (*лат.*) — философская формула, описывающая ошибочные выводы о том, что из двух следующих друг за другом событий более раннее обязательно является причиной более позднего.

Младенец постоянно капризничает, вечно недоволен, успокаивается у груди, во время пеленания, купания, когда его перекладывают в другое положение. Этого малыша мучает зудящая сыпь. Мне говорят, что сыпи нет. Наверняка будет. И через два месяца она проявляется.

Третий пример.

Новорожденный сосет пальцы; когда ему что-то докучает, всякие неприятные ощущения, в том числе и беспокойство нетерпеливого ожидания, он хочет унять благотворным, хорошо знакомым ему сосанием. Он сосет кулачок, когда голоден, когда хочет пить, когда он перекормлен и чувствует неприятное послевкусие во рту, когда что-то болит, когда он перегрелся, когда зудят кожа или десны. Откуда это пошло, что доктор обещает скорое прорезывание зубов, что младенец явно испытывает неприятные ощущения в челюсти или деснах, а зубы еще многие недели не показываются? Может быть, прорезающийся зуб раздражает мелкие веточки нерва, еще находясь в челюсти? Добавлю, что теленок, когда у него растут рога, страдает точно так же.

Тут такой путь: инстинкт сосания — сосание, чтобы не было страдания; сосание как наслаждение или плохая привычка.

ЭТО УЧЕНЫЙ В ЛАБОРАТОРИИ

31. Повторяю: основным тоном, сутью психической жизни младенца является стремление овладеть неведомыми стихиями, тайной окружающего его мира, откуда проистекает добро и зло. Желая овладеть, он стремится познать.

Повторяю: хорошее самочувствие облегчает объективное исследование, все неприятные ощущения, исходящие из глубины его организма, то есть в первую очередь боль, затмевают зыбкое сознание. Чтобы в этом убедиться, нужно понаблюдать младенца в здравии, в страдании и болезни.

Чувствуя боль, младенец не только кричит, но и слышит крик, чувствует этот крик в горле, видит его сквозь прищуренные веки в неясных картинках. Все это сильно, грозно, непонятно. Он должен хорошо запомнить эти минуты, бояться их; еще не зная себя, он связывает их со случайными картинками. Здесь, скорее всего, и есть источник непонятных симпатий, антипатий, страхов и причуд младенца.

Исследования развития интеллекта младенца невероятно трудны, потому что ребенок многократно что-то узнает и снова забывает; это развитие с постоянным «шаг вперед — шаг назад». Возможно, нестабильность его самочувствия играет в этом важную, может, даже важнейшую роль.

Новорожденный исследует свои руки. Выпрямляет их, водит ими вправо и влево, удаляет от глаз, приближает к глазам, растопыривает пальцы, стискивает кулачки, разговаривает с ними и ждет ответа, правой рукой хватает левую и тянет ее, берет погремушку и смотрит на странно изменившийся образ руки, перекладывает погремушку из одной руки в другую, изучает ее губами, тут же вынимает и снова смотрит — неспешно, внимательно. Бросает погремушку, тянет за пуговицу на одеяле, исследует причину встреченного сопротивления. Он не играет, есть у вас глаза или нет, черт побери? Обратите внимание на усилия его воли, чтобы его понять. Это ученый в лаборатории, погруженный в чрезвычайно важную задачу, ускользающую от его понимания.

Младенец навязывает свою волю криком. Позже — мимикой лица и движениями рук, наконец — речью.

КОНФЛИКТ ДВУХ ПОТРЕБНОСТЕЙ

32. Раннее утро, часов, скажем, пять. Малыш проснулся, улыбается, лепечет, водит руками, садится, встает. А матери хочется поспать еще.

Конфликт двух желаний, двух потребностей, двух столкнувшихся эгоизмов — третья фаза одного процесса: мать страдает, а ребенок рождается к жизни, матери надо отдохнуть после родов — а ребенок требует еды, мать хочет спать — ребенок желает бодрствовать. Таких минут будет длинная вереница. Это не мелочь, а основополагающая проблема; имей же мужество признаться себе в собственных чувствах и, отдавая его в руки платной няньки, скажи себе: «Не хочу!», даже если врач сказал тебе, что ты не можешь, а он всегда именно так и скажет, еще на лестнице, порой еще со двора.

Бывает и так: мать отдает ребенку свой сон, но взамен требует платы: ласкает, целует, прижимает к себе теплое, розовое, шелковистое существо. Берегись: это сомнительный акт экзальтированной чувственности, скрытый и затаившийся в любви материнского тела, а не сердца. И если ребенок будет охотно обниматься, прижиматься к тебе, разрумянившись от сотни поцелуев, со сверкающими от радости глазами, знай, что твой эротизм нашел в нем отклик.

Значит, надо отказаться от поцелуев? Я не могу этого требовать, признавая поцелуй в разумных дозах ценным воспитательным фактором. Поцелуй утишает боль, смягчает резкие слова укора, пробуждает раскаяние, награждает за труды; он — символ любви, как крест — символ веры, и действует именно так. Я говорю, что он — символ, а не то, что он должен быть символом любви. А впрочем, если эта странная жажда прижимать ребенка к себе, гладить, вдыхать его запах, вбирать его в себя не кажется тебе сомнительной, поступай, как хочешь. Я ничего не запрещаю и не приказываю.

КТО ВЫ, ЧУДЕСНАЯ ТАЙНА, ЧТО НЕСЕТЕ?

33. Когда я смотрю на младенца, который открывает и закрывает коробочку, кладет и вынимает камешек, трясет коробку и вслушивается; как годовалый ребенок толкает стульчик, пригибаясь под его тяжестью на неверных ногах; как двухлетний, которому говорят, что корова — «му-у», добавляет: «Ада-му-у», а Ада — это собака, он делает те самые логичные языковые ошибки, которые нужно записывать и публиковать

Когда среди хлама школяра я нахожу гвозди, шнурки, обрывки, стеклышки, потому что это все может «пригодиться» для сотни дел; когда он соперничает с другими, кто дальше «скаканет»; когда трудится, возится, организует общую игру; спрашивает: «А вот когда я думаю про дерево, у меня что, в голове малюсенькое деревце?»; когда он дает нищему не два гроша на счастье, чтобы получить хорошую отметку, а все свое сокровище — двадцать грошей, потому что дед такой старый и бедный и скоро умрет.

Когда подросток слюнявит челку, потому что должна прийти одноклассница сестры; когда девочка пишет мне в письме, что мир — подлый, а люди — звери, но не объясняет почему; когда юноша гордо бросает свою бунтарскую, но такую уже заезженную и прогорклую мысль, как вызов...

О, я целую этих детей взглядом, мыслью, вопросом: кто вы, чудесная тайна, что несете? Целую их всей силой воли: чем я могу вам помочь? Целую их, как астроном целует звезду, которая была, есть и будет. Поцелуй этот равен экстазу ученого и смиренной молитве, но не познает его волшебство тот, кто в поисках свободы потерял в суете Бога.

ОН ПОНИМАЕТ ЯЗЫК НЕ СЛОВ, А МИМИКИ И ИНТОНАЦИЙ

34. Ребенок еще не заговорил. Когда он заговорит? Действительно, речь — это показатель развития ребенка, но он не является ни единственным, ни самым важным. Нетерпеливое ожидание первого слова — это ошибка, доказательство воспитательной незрелости родителей.

Когда новорожденный в ванночке вздрагивает и машет руками, теряя равновесие, он тем самым говорит: «Боюсь!», и необыкновенно интересно наблюдать этот рефлекс страха у существа, столь далекого от понимания опасности. Когда ты даешь ему грудь, а он не берет, он говорит: «Не хочу». Вот он протягивает руку к понравившемуся предмету: «Дай!» Искривленным в плаче ротиком защитным движением он говорит незнакомому: «Я тебе не доверяю!» — а иной раз спрашивает мать: «Можно ему доверять?»

Что есть испытующий взгляд ребенка, как не вопрос: «Что это?» Вот он тянется к чему-то, с большим трудом достает, глубоко вздыхает — и этим вздохом облегчения говорит: «Ну, наконец-то!» Попробуй отобрать у него взятое — десятком нюансов он скажет: «Не отдам». Вот он поднимает голову, садится, встает: «Я действую!», и что есть улыбка губ и глаз, как не признание: «О, как же мне хорошо жить на свете!»

Языком мимики он говорит, языком образов и добросовестных воспоминаний — мыслит.

Когда мать надевает на него пальтецо, он радуется, всем телом поворачивается к двери, в своем нетерпении торопит мать. Он мыслит образами прогулки и воспоминанием ощущений, пережитых на прогулке. Младенец дарит врачу свою дружбу, но, видя в его руке ложку, моментально признает в нем врага.

Он понимает язык не слов, а мимики и интонаций.

— Где у тебя носик?

Не понимая ни одного из трех слов в отдельности, он по голосу, движениям губ и выражению лица понимает, какого от него ждут ответа.

Не умея говорить, младенец умеет вести очень сложную беседу.

— Не трогай, — говорит мать.

Он, невзирая на это, тянется к запретному предмету, прелестно наклоняет головку, улыбается, выжидает, не повторит ли мать свой запрет построже, или, обезоруженная его изощренным кокетством, уступит и позволит взять запретное.

Еще не произнеся ни слова, он уже врет, бесстыдно врет. Желая освободиться от неприятного человека, он подает условный знак, сигнал тревоги и, восседая на известной посуде, победно и ехидно поглядывает на свое окружение.

Попробуй над ним пошутить, то протягивая, то отдергивая предмет, который он требует, — малыш не рассердится и только изредка обидится.

Младенец без слов умеет быть деспотом, настойчиво добиваться своего, тиранить.

В КАЖДОМ НОВОМ ДВИЖЕНИИ ПОХОЖ НА ПИАНИСТА

35. Очень часто на вопрос врача, когда ребенок заговорил или пошел, сконфуженная мать робко дает приблизительный ответ:

— Рано, поздно, нормально.

Ей кажется, что она обязана назвать точную дату такого важного события, что малейшая неточность очернит ее в глазах врача; я говорю об этом, чтобы показать, сколь непопулярно среди людей понимание того, что даже точное научное наблюдение с большим трудом может начертить приблизительную кривую развития ребенка, и сколь распространено школярское стремление скрыть свое невежество.

Как отличить, когда младенец вместо «ам», «ан» и «ама» впервые сказал «мама», вместо «абба» — «баба»? Как определить дату, когда слово «мама» уже точно связывается в сознании ребенка именно с образом матери, а не кого-то другого?

Младенец подскакивает на коленях, стоит при поддержке или самостоятельно, опираясь на край кроватки, минуту стоит без чужой помощи, сделал два шага по полу и множество шагов — в воздухе, передвигается, ползает, двигает перед собой стул, не теряя равновесия, начинает ходить на четверть, на половинку, на три четверти... и наконец — пошел.

И тут — вот вчера ходил, целую неделю ходил и вдруг снова разучился. Немного устал, потерял вдохновение. Упал, испугался, две недели перерыв в хождении.

Головка, бессильно упавшая на материнское плечо, — это свидетельство не тяжкой болезни, а любого недомогания.

Ребенок в каждом новом движении похож на пианиста, которому необходимо хорошее самочувствие, полное равновесие, чтобы с успехом исполнить трудную композицию; даже исключения из этого правила схожи между собой.

Иногда случается: ребенок «уже заболевал, но не сдавался, даже, может, больше обычного ходил, играл, болтал»; и тут — самообвинение: «Вот я и подумала, что мне только кажется, будто он заболел, и пошла с ним гулять», и самооправдание: «Погода была такая хорошая!», и вопрос: «А это могло ему навредить?»

ЧТО ТАКОЕ ЖИВОЙ ОРГАНИЗМ И ЧТО ЕМУ НУЖНО

36. Когда ребенок должен начать ходить и говорить? — Когда он стал ходить и говорить.

Когда должны резаться зубы? — Именно тогда, когда режутся.

И темечко должно зарастать именно тогда, когда оно зарастает. И спать младенец должен столько, сколько ему нужно, чтобы выспаться.

Но ведь мы еще и знаем, когда это обычно происходит. В любой популярной брошюре переписаны из учебников эти мелкие истины для детей вообще, но вранье — для конкретного ребенка.

Потому как есть новорожденные, которым требуется больше сна и меньше; бывают ранние зубы, гнилые уже в момент прорезывания, и поздние здоровые зубы здоровых детей; темечко у здоровых детей зарастает и на девятом, и на четырнадцатом месяце жизни, балбесы нередко начинают болтать раньше, умные иногда долго не говорят.

Номера пролеток, ряды мест в театре, срок уплаты за квартиру — всему, что выдумали люди для порядка, можно следовать; но тому, кто умом, воспитанным на полицейских предписаниях, захочет объять живую книгу природы, тому на макушку немедля свалится все бремя тревог, разочарований и неожиданностей.

Я ставлю себе в заслугу, что не ответил на приведенные выше вопросы вереницей цифр, которые назвал мелкими истинами. Ведь не то важно, какие зубы режутся сначала — нижние или верхние, резцы или клыки; это в состоянии заметить каждый, у кого есть календарь и глаза; но вот что такое живой организм и что ему нужно — это и есть большая истина, которая пока только еще в процессе исследования.

Даже добросовестным врачам приходится держать про запас две манеры поведения: для разумных родителей они естествоиспытатели, имеющие право на сомнения и предположения, трудные задачи и интересные вопросы; для неразумных они — сухие гувернеры: от сих до сих, и отметка ногтем на букваре: «По чайной ложке через каждые два часа. Яичко, полстакана молока и два печенья».

ПРАВО РЕБЕНКА БЫТЬ ТЕМ, ЧТО ОН ЕСТЬ

37. Внимание! Или мы сейчас договоримся, или навсегда разойдемся.

Каждая мысль, жаждущая ускользнуть и спрятаться, каждое слоняющееся само по себе чувство должны быть усилием воли призваны к порядку и расставлены в послушном военном строю.

Я взываю о *Magna Charta Libertatum**, о правах ребенка. Может, их больше, но я нашел три главных.

1. Право ребенка на смерть.
2. Право ребенка на сегодняшний день.
3. Право ребенка быть тем, что он есть.

Надо понять их, чтобы, наделяя этими правами, совершить как можно меньше ошибок. Ошибки должны быть. Не бойтесь: ребенок сам с поразительной проницательностью исправит их, только бы не ослабить в нем этой ценной способности, мощной защитной силы.

Мы дали ему слишком много еды или что-то нехорошее: слишком много молока, несвежее яйцо — его стошнило. Дали ему неудобоваримую информацию — он не понял, дурацкий совет — а он его не переварил, не послушался. Это не пустая фраза, когда я говорю: счастье для человечества, что мы не можем принудить детей поддаваться воспитательским влияниям и дидактическим покушениям на их здравый смысл и здоровую человеческую волю.

Во мне еще не сформировалось и не утвердилось понимание того, что первое бесспорное право ребенка есть право высказывать свои мысли, деятельно участвовать в наших рассуждениях и выводах о нем. Когда мы дорастем до уважения и доверия, когда он сам доверится нам и скажет, в чем именно заключаются его права, — меньше станет и загадок, и ошибок.

---

* Великая хартия вольностей, политико-правовой документ, составленный в июне 1215 года на основе требований английской знати к королю Иоанну Безземельному; защищал ряд юридических прав и привилегий свободного населения средневековой Англии.

СВОБОДА И ВОЛЬНОСТЬ

38. Горячая, разумная, уравновешенная любовь матери к ребенку должна дать ему право на преждевременную смерть, на окончание жизненного цикла не за шестьдесят оборотов Солнца вокруг Земли, а всего за одну или три весны.

Жестокое требование для тех, кто не хочет нести трудов и издержек родов более двух-трех раз.

«Бог дал — Бог взял», — говорит народ-естествознатель, которому ведомо, что не всякое зерно дает колос, не всякий птенец жизнеспособен, не всякий саженец вырастает в дерево.

Есть расхожее мнение, что чем выше смертность среди детей пролетариата, тем более сильное поколение остается жить и вырастает. Нет, это не так: плохие условия, убивающие слабых, ослабляют сильных и здоровых. В то же время мне кажется справедливым, что чем больше мать из состоятельных слоев общества боится мысли о возможной смерти ее ребенка, тем меньше у него возможности хотя бы физически более или менее удачно развиться и стать более или менее самостоятельным духовно человеком. Всякий раз, когда в комнате, выкрашенной белой масляной краской, среди белой лакированной мебели я вижу белого ребенка в белом платьице с белыми игрушками, мне делается не по себе: в этой комнате — не детской, а операционной — должна вырасти бескровная душа в анемичном теле. «В этом белом салоне с электрической лампочкой в каждом углу можно заработать эпилепсию»,— говорит Клодина*.

Может, более подробные исследования покажут, что перекармливание нервов и тканей светом так же вредно, как недостаток света в темном подвале.

* Героиня романа С. Г. Колетт «Клодина в Париже».

У нас есть два выражения: свобода и вольность. Свобода, думается, означает владение: я располагаю собой, я свободен. В вольности же мы располагаем своей волей, то есть действием, родившимся из стремления. Наша детская комната с симметрично расставленной мебелью, наши вылизанные городские сады — не та территория, где может проявить себя свобода, не та мастерская, где нашла бы свое выражение деятельная воля ребенка.

Комната маленького ребенка родилась из акушерской клиники, а той диктовала свои предписания бактериология. Следите, чтобы, уберегая ребенка от бактерии дифтерита, не перенести его в атмосферу, насыщенную затхлостью скуки и безволия. Сегодня нет духоты от сохнущих пеленок, зато есть дух йодоформа.

Очень много перемен. Уже не только белый лак мебели, но есть и пляжи, экскурсии, спорт, скаутское движение. Тоже всего-навсего начало. Чуть больше свободы, но жизнь ребенка все еще пригашена и придушена.

ОНА ЕЩЕ ГРУДЬ СОСЕТ, А Я УЖЕ ГАДАЮ: КАКОВО ЕЙ БУДЕТ РОЖАТЬ

39. «У-тю-тюсеньки, бедный мой котенька, покажи, где бо-бо?»

Ребенок с трудом отыскивает еле заметные следы бывших царапин, показывает место, где был бы синяк, ударься он сильней, достигает истинного мастерства в отыскивании прыщиков, пятнышек и шрамиков.

Если каждому «бо-бо» сопутствуют тон, жест и мимика бессильной покорности, безнадежного смирения, то «фу, бяка, плохо!» сочетается с проявлениями отвращения и ненависти. Нужно видеть, как держит грудной малыш ручки, вымазанные шоколадом, видеть все его отвращение и беспомощность, пока мама не вытрет батистовым платочком, чтобы задать вопрос: «А не лучше ли было бы, чтобы ребенок, ударившись лбом о стул, давал ему затрещину, а во время мытья, с глазами, полными мыла, плевался бы и толкал няньку?»

Дверь — прищемит палец, окно — высунется и вывалится, косточка — подавится, стул — опрокинет на себя, нож — поранится, палочка — глаз выколет, коробочку с земли поднял — заразится, спички — пожар, горим!

«Руку сломаешь, машина задавит, собака укусит. Не ешь слив, не пей воды, не ходи босиком, не бегай по солнцу, застегни пальто, завяжи шарф. Вот видишь, не послушался меня... Погляди: хромой, погляди: слепой. Караул, кровь! Кто тебе дал ножницы?»

Ушиб оказывается не синяком, а страхом перед менингитом, рвота — не несварением желудка, а ужасом перед скарлатиной. Везде полно ловушек и опасностей, все грозное и зловещее.

И если ребенок поверит, не съест тайком фунт неспелых слив и, обманув родительскую бдительность, не зажжет где-нибудь с бьющимся сердцем в укромном уголке спичку, если он послушно, пассивно, доверчиво поддается требованиям избегать получения всяческого опыта, отказывается от каких бы то ни было попыток, усилий, от любого проявления воли, то что ему делать, когда в себе, в глубине своей духовной сущности, почувствует он, как что-то ранит его, жжет, кусает?

Есть ли у вас план, как провести ребенка от младенчества через детство в период созревания, когда как гром среди ясного неба падет на нее внезапность крови, а на него — ужас эрекции и ночных поллюций? Да, она еще грудь сосет, а я уже гадаю: каково ей будет рожать. Потому что для решения этого вопроса и двадцать лет думать мало.

ДЕТЯМ И РЫБАМ СЛОВА НЕ ДАЮТ

40. В страхе, как бы смерть не отобрала у нас ребенка, мы вырываем ребенка от жизни; оберегая от смерти, мы не позволяем ему жить.

Воспитанные сами в деморализующе безвольном ожидании того, что будет, мы постоянно спешим в полное волшебства будущее. Ленивые, мы не желаем искать красоты в сегодняшнем дне, чтобы подготовиться к достойной встрече завтрашнего утра, завтра само должно принести вдохновение. И что же это, «если бы он уже ходил, говорил», что, как не истерия ожидания?

Он будет ходить, будет ударяться о твердые края дубовых стульев. Он будет говорить, будет перемалывать языком жвачку будничной серости. Чем же это «сегодня» ребенка хуже, почему менее ценно, чем его завтра? Если речь идет о трудностях, то оно будет труднее.

А когда наконец наступает завтра, мы ждем нового «завтра». Потому что основной принцип: ребенок не есть, а будет, не знает, а лишь узнаёт, не может, а только сможет, — это вынуждает к постоянному ожиданию.

Половина человечества не существует: ее жизнь — это шутка, стремления — наивны, чувства — мимолетны, взгляды — смехотворны. Дети отличаются от взрослых, в их жизни кое-чего не хватает, а чего-то больше, чем в нашей, но это отличие от нашей жизни — реальность, а не вымысел. Что сделали мы для того, чтобы понять эту жизнь и создать условия, в которых она могла бы существовать и зреть?

Страх за жизнь ребенка спаян со страхом перед увечьем, страх перед увечьем связывается с необходимой для здоровья чистотой, и тут приводной ремень запретов перекидывается на новое колесо: чистота и безопасность платья, чулок, галстука, варежек, башмаков. Страшна уже дыра не во лбу, а на коленке штанов. Не здоровье и благо, а наше тщеславие и карман. Итак, новый приводной ремень запретов и заповедей вращает колесо нашего собственного эгоизма.

«Не бегай, попадешь под лошадь. Не бегай, вспотеешь. Не бегай, запачкаешься. Не бегай, у меня голова болит».

(А ведь в принципе мы детям разрешаем бегать: это единственное действие, которым мы дозволяем им жить.)

И вся эта чудовищная машина работает долгие годы, сокрушая волю, сминая энергию, пережигая в чадящую золу силу ребенка.

Ради завтра мы пренебрегаем тем, что его сегодня радует, огорчает, удивляет, сердит, занимает. Ради завтра, которого он не понимает, в котором он не нуждается, у него воруют годы жизни, многие годы.

«Детям и рыбам слова не дают».

«Еще успеешь. Подожди, вот вырастешь...»

«Ого, ты уже носишь длинные брюки! У тебя уже и часы есть. Покажи-ка... да у тебя, никак, усы растут».

И ребенок думает:

«Я ничто. Чем-то бывают только взрослые. Я ничто, но уже немного постарше. Сколько же еще лет ждать? Ну, дайте только подрасти!..»

Ждет и лениво существует, ждет и задыхается, ждет и таится, ждет и глотает слюнки. Прекрасное детство? Ну нет, скучное, и если и есть в нем прекрасные минуты, то отвоеванные, а чаще всего — украденные.

Ни слова о всеобщем обучении, сельских школах, городах, садах, харцерстве. Таким это было несущественным и безнадежно далеким. Книга зависит от того, какими категориями переживаний и опыта оперирует автор, каково было поле деятельности и его мастерская, какая почва питала его мысль. Поэтому мы встречаем наивные взгляды у авторитетов, тем более у зарубежных.

НЕОБХОДИМО ОПРЕДЕЛИТЬ ГРАНИЦЫ ЕГО И МОИХ ПРАВ

41. Так что же, нужно все разрешать?

Ни за что — из скучающего раба мы сотворим скучающего тирана.

Запрещая, мы, как бы то ни было, закаляем его волю, пусть только в направлении самоограничения и отказа от своих желаний, развиваем его находчивость в действиях на ограниченной территории, умение выскользнуть из-под контроля, пробуждаем критическое отношение к жизни. И это ценно как односторонняя подготовка к жизни. Разрешая все, надо следить за тем, чтобы, потакая капризам, не душить с удвоенной силой желания. Там мы ослабляем волю, здесь — отравляем ее.

Это не «делай, что хочешь», это — «я сделаю, я куплю, я тебе дам все, что ты хочешь, но проси только то, что я могу тебе дать, купить, сделать; я тебе плачу за то, чтобы ты сам ничего не делал, плачу, чтобы ты был послушным».

«Съешь котлетку — мама тебе книжечку купит. Не ходи гулять, вот тебе за это шоколадка».

Детское «дай», даже бессловесно протянутая рука должны встретиться с нашим «нет», и от этих первых «не дам, нельзя, не позволю» зависит вся гигантская область воспитания.

Мать не хочет видеть своей задачи, она предпочитает лениво, трусливо отсрочить, отложить на после, на потом. Она не желает знать, что из воспитания нельзя убрать трагическую коллизию неправильного, невыполнимого, неопытного желания с запретом, идущим от опыта, нельзя исключить еще более трагического столкновения двух желаний, двух прав на общей территории. Он хочет взять в рот горящую свечу — я не могу ему это позволить, он хочет нож — я боюсь ему дать его, он тянется к вазе, которой мне жаль, он хочет, чтобы я играл с ним в мяч, — мне хочется почитать книжку. Нам необходимо определить границы его и моих прав.

Новорожденный тянет ручку к стакану, мать целует эту ручку — не помогает, дает погремушку — не помогает, мать велит убрать искушение с глаз долой. Если младенец вырывает руку, швыряет погремушку оземь, ищет взглядом спрятанный предмет, сердито смотрит на мать, я спрашиваю себя: кто из них прав — мать-обманщица или младенец, который презирает ее?

Тот, кто не продумает как следует систему запретов и приказов, когда их мало, тот растеряется и не справится, когда их станет много.

ОН САМ ЧУВСТВУЕТ, ЧТО ЕМУ НЕ ПО СИЛАМ

42. Ендрек — деревенский малыш. Он уже ходит. Держась рукой за дверной косяк, он осторожно перелезает из избы через порог в сени. Из сеней по двум каменным ступенькам ползет на четвереньках. Перед хатой встретил кота: они посмотрели друг на друга и разошлись. Споткнулся о комок глины, остановился, смотрит. Нашел палочку, сел, роется в песке. Рядом лежит кожура от картошки, он берет ее в рот, набил рот песком, скорчил рожицу, отплевывается, бросает кожуру. Снова на ногах, бежит навстречу собаке,

собака его грубо опрокинула. Ендрек сморщился, готов зареветь, но нет: что-то вспомнил, волочит метлу. Мать идет по воду, он уцепился за юбку и бежит уже увереннее. Вот группа детей постарше, у них тележка; он смотрит; его отогнали, он встал в сторонке и смотрит. Два петуха дерутся. Ендрека посадили в тележку, везут, опрокинули. Мать зовет его. Это первая половина из шестнадцати часов дня.

Никто не говорит ему, что он еще ребенок, он сам чувствует, что ему не по силам. Никто не говорит ему, что кот может оцарапать, что по ступенькам он еще ходить не умеет. Никто не ограничивает его отношений со старшими детьми. «По мере того как Ендрек подрастал, все дальше от хаты разбегались тропы его странствий» (Виткевич).

Он часто ошибается, заблуждается; стало быть, шишка, здоровенная шишка, шрам.

Право, нет: я вовсе не хочу подменить излишек опеки ее отсутствием.

Я только хочу отметить, что годовалый ребенок в деревне уже живет, тогда как у нас зрелый юноша еще только вступает в жизнь. Господи помилуй, да когда жить-то?

РАДОСТЬ ТРИУМФА И СЧАСТЬЕ САМОСТОЯТЕЛЬНОСТИ

43. Бронек хочет открыть дверь. Он придвигает стул. Останавливается, отдыхает, но о помощи не просит. Стул тяжелый, Бронек устал. Он тащит его поочередно то за одну, то за другую ножку. Работа идет медленнее, но так легче. Вот уже стул возле двери, Бронеку кажется, что он достанет, он влезает на стул и стоит. Он покачнулся, испугался, слезает. Подвигает стул

к самым дверям, но сбоку от ручки. Вторая неудачная попытка. Ни малейшего нетерпения. Снова работает, только моменты отдыха стали подольше. В третий раз влезает на стул: задрал ногу вверх, схватился рукой и опирается согнутым коленом, повис, нашел равновесие, новое усилие, рукой хватается за край, — вот он уже лежит на животе, пауза, рывок всем телом вперед, встает на колени, выпутывает ноги из платья и встает в полный рост. Бедные лилипуты в стране великанов! Голова вечно закинута назад, чтоб хоть что-нибудь увидеть. Окно где-то высоко, будто в тюрьме. Чтобы сесть на стул, надо быть акробатом. Усилие всех мышц и всей смекалки, чтобы наконец дотянуться до дверной ручки.

Двери открыты — он глубоко вздохнул. Этот глубокий вздох облегчения мы наблюдаем уже у самых маленьких детей после каждого усилия воли, длительного напряжения внимания. Когда мы заканчиваем интересную сказку, ребенок вздыхает точно так же. Я хочу, чтобы это было понято.

Этот глубокий единственный вздох доказывает, что до сих пор дыхание было замедленным, поверхностным, недостаточным; ребенок, затаив дыхание, смотрит, ждет, следит, вплоть до той секунды, когда начинается нехватка кислорода, до отравления тканей. Организм тут же подает сигнал тревоги в дыхательный центр; следует глубокий вздох, возвращающий равновесие.

Если вы умеете диагностировать радость ребенка, ее напряжение, то вы должны замечать, что величайшая радость — преодоленная трудность, достижение цели, разгаданная тайна. Радость триумфа и счастье самостоятельности, овладения, обладания.

— Где мама?

— Мамы нет. А ну поищи.

Нашел! Почему он так хохочет?

— Беги-беги-беги... вот мама тебя догонит! Ой, никак не догонит!

Ах, как ребенок счастлив!

Почему он хочет ползать, ходить, вырывается из рук? Такая заурядная картина: ребенок убегает от няньки, видит, что нянька бежит за ним, поэтому убегает, утрачивает чувство защищенности, в экстазе свободы бежит куда глаза глядят, — и либо с размаху шлепается ничком, либо, изловленный и подхваченный, вырывается, извивается, машет ногами и визжит.

Вы скажете: излишек энергии; но это физиологическая сторона, я же ищу психофизиологическую.

Я спрашиваю: почему он хочет сам держать стакан, когда пьет, и чтобы мать этого стакана даже не касалась? Почему, даже не желая есть, все же ест, потому что ему самому разрешили держать ложку? Почему с радостью гасит спичку, волоком тащит отцовские тапочки, несет бабушке скамеечку под ноги? Подражание?

Нет, нечто гораздо более ценное и значительное.

— Я сам! — кричит он тысячу раз, жестом, взглядом, улыбкой, мольбой, гневом и слезами.

РАБОТА

44. — А ты умеешь сам открывать дверь? — спросил я пациента, мать которого предупредила меня, что он боится врачей.

— Даже в уборной! — выпалил он.

Я рассмеялся. Мальчик сконфузился, но еще больше стыдно стало мне. Я вырвал у него признание в тайной победе и высмеял его.

Нетрудно догадаться, что было время, когда перед ним были открыты уже все двери, а дверь уборной все еще не поддавалась его усилиям, вот она и стала целью его усилий; он был похож в этом на молодого хирурга, который мечтает провести трудную операцию.

Он никому не признавался в этом, потому что знает: то, что составляет его внутренний мир, не найдет отклика у окружающих.

Может, его не однажды отругали или отталкивали подозрительным вопросом:

— Чего ты там крутишься, что ты там вечно копаешься? Не трогай, испортишь. Сию секунду марш в комнату!

И поэтому он работал тайком, украдкой, и в конце концов — открыл.

Обращали ли вы внимание, как часто, когда раздается звонок, вы слышите просительное: «Я открою!»

Во-первых, замок у входной двери тугой; во-вторых: это чувство, что там, за дверью, — взрослый, который сам не справится и ждет, пока он — малыш!— ему поможет.

Такие маленькие победы одерживает ребенок, которому уже снятся дальние страны, который в мечтах уже стал Робинзоном на необитаемом острове, а на самом деле — счастлив, когда ему разрешают смотреть в окошко.

«Ты умеешь сам залезать на стул?», «Умеешь прыгать на одной ножке?», «Можешь левой рукой поймать мяч?»

И ребенок забывает, что он не знает меня, что я буду осматривать ему горло, что я пропишу ему лекарство.

Я тронул в нем струну, которая выше чувства смущения, страха, неприязни, и он радостно отвечает:

— Могу!

Вам случалось видеть, как младенец долго, терпеливо, с напряженным лицом, приоткрытым ртом и сосредоточенным взглядом стаскивает и надевает носок или пинетку? Это — не игра, не подражание, не битье баклуш, это работа.

Какую пищу дадите вы его воле, когда ему будет три года? Пять? Десять лет?

ОН ЖАЖДЕТ ПОЗНАТЬ И ЗНАТЬ

45. Когда новорожденный царапает себя собственным ногтем; когда младенец, сидя, тащит в рот ногу, падает навзничь и сердито ищет вокруг виноватого; когда тянет себя за волосы, морщится от боли, но повторяет попытку; когда, стукнув себя ложкой по голове, смотрит вверх, что там такое, чего он не видит, но чувствует, — он не знает себя.

Когда он изучает движения рук; когда, посасывая кулачок, внимательно оглядывает его; когда у груди он вдруг перестает сосать и начинает сравнивать свою ногу с материнской грудью; когда, семеня за ручку, останавливается и смотрит вниз, отыскивая нечто, что его несет вперед совсем не так, как материнские руки; когда сравнивает свою правую ногу в чулке с левой, — он жаждет познать и знать.

Когда в ванне он изучает воду, отыскивая среди множества бессмысленных капель себя, каплю осмысленную, — он предчувствует великую истину, которая заключена в коротком слове: Я.

Только картина футуриста может явить нам, как ребенок представляется себе самому: пальцы, кулаки, ноги — уже не такие четкие, может, живот, может, даже голова, но всё слабые контуры, как области ниже полюса — на карте.

Еще не завершена работа, он еще поворачивается и перегибается, чтобы разглядеть, что там прячется сзади, изучает себя перед зеркалом и на фотографии, обнаруживает то впадину пупка, то выпуклости собственных сосков. Мама, отец, пан, пани, одни появляются часто, другие редко, множество таинственных образов, назначение которых неясно, а действия — сомнительны.

Только он установил, что мать существует для выполнения его желаний или препятствует их осуществлению, папа приносит деньги, а тетя — конфеты, он уже в собственных мыслях, где-то в себе самом, открывает новый, еще более удивительный, незримый мир.

Затем предстоит еще найти себя — в обществе, себя — в человечестве, себя — во вселенной.

Вот уже и седина в голову, а работа не закончена.

ПОНЯТИЕ СОБСТВЕННОСТИ

46. Мое.

Где кроется это первобытное мыслеощущение? Может, оно срастается с понятием «я»? Может, протестуя против пеленания рук, младенец борется за них как за «мое», а не как за свое «я»? Если ты отберешь у него ложку, которой он колотит по столу, ты лишаешь его не собственности, а свойства, которым рука разряжает свою энергию, высказывается другим способом, звуком.

Эта рука — не совсем его рука, скорее послушный дух Аладдина: держит печенье, обретая тем самым новое ценное свойство, и ребенок защищает его.

В какой мере понятие собственности связывается с понятием умноженной силы? Лук для дикаря был не только собственностью, но и усовершенствованной рукой, которая разит на расстоянии.

Ребенок не желает отдавать изорванную газету,

потому что он ее исследует, упражняется, потому что это материал: как рука становится инструментом, который сам не звучит, не имеет вкуса, но вместе со звонком — звучит, а вместе с булкой дает новое, приятное впечатление от сосания.

Только позже приходит подражание, желание выделиться. Потому что собственность вызывает уважение, повышает ценность, дает власть. Без мячика он стоял бы в тени, никем не замеченный, а вот с мячиком может занять почетное место в игре, независимо от собственных заслуг. Есть у него сабелька — становится командиром, есть вожжи — становится извозчиком. А рядовым и лошадкой будет тот, у кого этих сокровищ нет.

«Дай, разреши, уступи!» — просьбы, которые щекочут самолюбие.

«Дам или не дам» — по настроению, потому как это — «мое».

«ЧТО ЭТО?»

47. «Хочу иметь — имею, хочу знать — знаю, хочу мочь — могу». Три разветвления единого ствола воли, уходящего корнями в два чувства — удовлетворения и недовольства.

Младенец прилагает усилия, чтобы познать себя, окружающий его одушевленный и неодушевленный мир, потому что с этим связано его благополучие.

Спрашивая «Что это?» словами или взглядом, он требует не названия, а оценки.

— Что это?

— Фу, брось, это бяка, нельзя это брать в руки!

— Что это?

— Цветочек. — И улыбка, и ласковое лицо, и разрешение взять в руки.

Когда ребенок спрашивает о нейтральном предмете, а в ответ получает только его название, без эмоциональной мимической характеристики, бывает, он удивленно смотрит на мать и, словно разочарованный, повторяет новое название, растягивая слово, не зная, что ему делать с этим ответом. Он должен набраться опыта, чтобы понять, что наравне с желанным и нежеланным существует также нейтральный мир.

— Что это?

— Вата.

— Ва-а-ата? — И вглядывается в лицо матери, ждет подсказки: как ему нужно к этому предмету относиться.

Если бы я путешествовал по субтропическому лесу с проводником-туземцем, я бы точно так же, завидев растение с неведомыми плодами, спросил бы его: что это? — а он, угадав вопрос, ответил бы мне окриком, гримасой или улыбкой, что это яд, вкусная еда или бесполезное создание, которому не место в моей дорожной сумке.

Детское «это что?» означает «это какое? для чего оно? какая мне от этого польза?».

ЭТО НЕ ДОБРОТА И НЕ ГЛУПОСТЬ

48. Распространенная, но любопытная картинка.

Встречаются двое детей, еще нетвердо стоящих на ногах. У одного мячик или пряник, другой хочет у него это отобрать.

Матери неприятно, когда ее ребенок что-нибудь вырывает у другого, не хочет дать, поделиться, «дать поиграть». Это же компрометирует, когда ее ребенок нарушает общепринятые нормы, установленные обычаи.

В сцене, о которой идет речь, события могут развиваться трояко.

Один ребенок отнимает, другой смотрит удивленно, потом поднимает глаза на мать, ожидая оценки непонятной ситуации.

Или: один пытается отобрать, но нашла коса на камень — атакуемый прячет предмет зависти за спину, отталкивает нападающего, опрокидывает его. Матери бегут на помощь.

Или: дети смотрят друг на друга, опасливо сближаются, один неуверенным движением тянется к предмету, другой вяло защищается. Только после длительной подготовки разгорается конфликт.

Здесь играет роль возраст обоих и их жизненный опыт. Ребенок, у которого есть старшие братья и сестры, уже не раз защищал свои права или собственность, да и сам не раз нападал. Но, отбросив элементы случайности, мы обнаружим две различные организации, два глубоко человеческих типа: активный и пассивный.

«Он у нас добрый: все отдаст».

Или:

«Дуралей, все другим позволяет отобрать у себя!»

Это не доброта и не глупость.

ВСЕ, ДОСТИГНУТОЕ ДРЕССИРОВКОЙ, НАПОРОМ, НАСИЛИЕМ, — НЕДОЛГОВЕЧНО, НЕСТОЙКО, ОБМАНЧИВО

49. Мягкость, слабая жизненная энергия, низкий полет воли, боязнь поступка. Уклонение от внезапных движений, живых переживаний, трудных задач.

Меньше действуя, он получает меньше фактических истин, значит, вынужден больше доверяться, дольше уступать.

Это менее ценный интеллект? Нет, просто другой. Пассивный, у него меньше синяков и неприятных ошибок, значит, ему недостает их болезненного опыта, но зато добытые им достижения он, возможно, лучше помнит. У активного побольше синяков и шишек, но он, может, быстрее их забывает.

Первый переживает меньше и медленней, но зато, может быть, глубже.

Пассивный удобнее. Оставленный один, он не выпадет из коляски, не переполошит весь дом из-за ерунды; если он расплакался, его легко укачать, он не станет назойливо домогаться чего-нибудь, меньше ломает, рвет, уничтожает.

— Дай! — И он не протестует.

— Надень, возьми, сними, съешь... — Он подчиняется.

Две сцены.

Он не голоден, но на тарелочке осталась ложка каши, поэтому он должен ее съесть: доктор прописал, сколько нужно съесть. Он нехотя открывает рот, долго и лениво жует, медленно, с усилием глотает. Второй — он не голоден и стискивает зубы, энергично крутит головой, отталкивает, выплевывает, защищается.

А воспитание?

Судить о ребенке по двум полярно противоположным типам детей — все равно что на основании свойств кипятка и льда говорить о воде. В шкале термометра сто градусов, где на ней место нашего ребенка? Но мать может знать, что в ее ребенке заложено от рождения, а что выработано тяжким трудом, и должна помнить, что все, достигнутое дрессировкой, напором, насилием, — недолговечно, нестойко, обманчиво. А когда послушный, «хороший» ребенок вдруг становится упрямым и непослушным, не стоит сердиться, что ребенок таков, каков он есть.

ДЕРИСЬ, ТОЛЬКО НЕ СЛИШКОМ СИЛЬНО, ЗЛИСЬ, НО ТОЛЬКО РАЗ В ДЕНЬ

50. Сельский житель, вглядывающийся в небо и землю, в плоды и создания земли, знает предел власти человека. Лошадь бывает быстрой, ленивой, трусливой, норовистой; курица — яйценоская; корова — молочная; почва — плодородная и истощенная; лето — дождливое, зима — бесснежная. Везде он встречает то, что можно изменить, мало или много, уходом, трудом, кнутом... но случается, конечно, и так, что ничего изменить нельзя.

У горожанина преувеличенные понятия о человеческом всесилии. Картошка не уродилась, но ведь она есть, просто приходится дороже платить. Зима — надеваешь шубу, дождь — калоши, засуха — поливают улицу, чтобы не было пыли. Все можно купить, все можно предусмотреть. Ребенок болезненный — врача! плохо учится — гувернера! А книга, подсказывая, что надо делать, дает иллюзию, что всего можно достичь.

Как же тут поверить, что ребенок должен быть тем, чем он есть, что, как говорят французы, прыщавого можно забелить, но нельзя вылечить.

Если я хочу откормить худого ребенка, я делаю это медленно, осторожно, и вот получилось: я добился привеса на целый килограмм. Но достаточно мелкого недомогания, простуды, не вовремя съеденной груши — и пациент тут же теряет жалкие два фунта, накопленные с таким трудом.

Летний лагерь для детей бедняков. Солнце, лес, река, дети впитывают веселье, уход, доброту. Вчера маленький дикарь, сегодня он уже милый участник игры. Запуганный, забитый и туповатый, через неделю — смелый, живой, инициативный, полный инициативы и песен. Один меняется с часу на час, другому нужны недели, а у этого — вообще никаких изменений. Это не чудо и не его отсутствие, есть только то, что было и ждало своего часа, а чего не было, того и нет.

Я учу малоразвитого ребенка считать: два пальца, две пуговицы, две спички, две монеты... Вот он уже считает до пяти. Но попробуй я изменить порядок вопросов, интонацию, жест — он снова не знает, не умеет.

Ребенок с пороком сердца. Кроткий, медлительный в движениях, разговоре, улыбках, послушный. Ему не хватает дыхания, каждое живое движение вызывает кашель, страдание, боль. Он и должен быть таким.

Материнство облагораживает женщину, когда она жертвует собой, отказывается от себя, отдается ему всей душой, и деморализует, когда, прикрываясь мнимым благом ребенка, отдает его на съеденье своим амбициям, желаниям, страстям.

Мой ребенок — это моя собственность, мой невольник, моя комнатная собачка.

Я чешу его за ушком, глажу по холке, украсив ленточками, вывожу на прогулку, дрессирую его, чтобы он был смекалистым и покладистым, а когда надоест: «Иди поиграй. Иди, делай уроки. Пора спать!»

Говорят, лечение истерии основано на следующем: «Ты утверждаешь, что ты петух? Да будь себе на здоровье петухом, только не кукарекай!»

— Ты вспыльчивый, — говорю я мальчику, — ну и дерись себе, только не очень сильно, злись, но только один раз в день.

Если хотите, этой одной фразой я изложил весь свой воспитательный метод.

РЕБЕНОК — НЕ ЛОТЕРЕЙНЫЙ БИЛЕТ

51. Видишь того паренька, как он бегает, кричит, катается по песку?

Он когда-нибудь станет замечательным химиком, сделает открытия, которые принесут ему серьезную, выдающуюся должность, состояние. Вот так, между гулянкой и балом, он вдруг задумается невзначай, запрется, шалопай, в лаборатории и выйдет оттуда ученым. Кто бы мог подумать?

А видишь того, другого, который сонным взором равнодушно наблюдает за игрой сверстников? Вот он зевнул, встал — может, подойдет к играющей группке? Нет, снова сел. А между тем и он станет замечательным химиком, сделает открытия. Удивительно: кто бы мог подумать?..

Нет, ни маленький шалопай, ни сонный ленивец не станут учеными. Один будет учителем физкультуры, второй — почтовым служащим.

Это мимолетная мода, ошибка, недоразумение — все не выдающееся кажется нам никчемным, напрасным и бессмысленным. Мы больны бессмертием.

Кто не дорос до памятника на площади, мечтает хотя бы об улице, названной его именем, хотя бы о записи в книге рекордов. Ежели не четыре полосы после смерти, то хотя бы упоминание в тексте: «Принимал деятельное участие... широкие круги скорбят».

Улицы, больницы, приюты сначала носили имена святых заступников, и это имело смысл, потом — имена власть имущих, это было знамением времени, сегодня — имена ученых и художников, и в этом нет смысла. Уже воздвигаются памятники идеям, безымянным героям, тем, у кого просто памятников нет.

Ребенок — не лотерейный билет, на который должен выпасть выигрыш в виде портрета в зале заседаний магистрата или бюста в фойе театра. В каждом есть своя искра, которая может разжечь костер счастья и истины, и, может, в десятом поколении она вспыхнет пожаром гениальности и сожжет собственный род, подарив человечеству свет нового солнца.

Ребенок — это не почва, возделываемая наследственностью под посев жизни, мы можем лишь способствовать росту того, что сильными побегами начинает взрастать в нем еще до его первого вздоха.

Слава нужна новым сортам табака и новым маркам вина, но не людям.

УСТОЯТЬ ПЕРЕД РЕЦЕПТАМИ

52. Стало быть, фатум наследственности, беспощадный рок, банкротство медицины и педагогики? Банальность рвет и мечет.

Я назвал ребенка плотно исписанным пергаментом, уже засеянной землей; давайте-ка отбросим сравнения, в заблуждение вводящие.

Есть случаи, в которых мы при нынешнем состоянии науки бессильны. Сегодня их меньше, чем вчера, но они есть.

Бывают случаи, в которых мы бессильны при современных условиях жизни. И таких становится уже все-таки меньше.

Вот ребенок, которому самая добрая воля и самые отчаянные усилия дают мало.

Вот другой, которому они принесли бы много, но обстоятельства этому препятствуют. Одному деревня, горы, море принесут немного, другому и помогли бы, да мы не можем их ему дать.

Когда мы встречаем ребенка, который хиреет от отсутствия заботы, воздуха, одежды, мы не виним родителей. Когда мы видим ребенка, которого калечат излишняя суета вокруг него, перекормленного, перегретого, охраняемого от придуманной опасности, мы склонны обвинять мать, нам кажется, что тут легко справиться со злом, было бы желание понять. Нет, нужно гораздо больше мужества, чтобы не бесплодной критикой, а действием противостоять предписаниям, принятым в данном классе, в данном слое общества. Если там мать не может умыть ребенка и вытереть ему нос, то здесь она не может разрешить ему бегать в драных башмаках, с перемазанным лицом. Если там его со слезами забирают из школы и отдают в подмастерья, то здесь с не меньшей болью его вынуждены посылать в школу.

— Испортится у меня малой без школы, — говорит одна, отбирая книгу.

— Испортят мне ребенка в школе! — говорит другая, покупая очередные полпуда учебников.

ДУХ НАПРАВЛЯЮЩИЙ

53. Для широких масс наследственность — некий факт, который заслоняет собой все встречающиеся исключения; для науки это предмет в процессе исследований. Существует обширная литература, стремящаяся ответить только на единственный вопрос: рождается ли ребенок туберкулезников больным, с предрасположением к болезни или заражается после рождения? Думая

о наследственности, принимали ли вы во внимание такие простые факты, что, кроме наследственности болезни, есть также наследственность здоровья, что родство не является родством в получаемых плюсах и минусах, преимуществах и недостатках.

Здоровые родители рождают первого ребенка, второй будет ребенком сифилитиков, если родители заразились этой болезнью, третий — ребенком сифилитиков-туберкулезников, если родители подцепили к тому же и туберкулез. Эти трое детей — разные люди: без груза наследственности, с ее грузом и с двойным ее бременем.

Нервный ребенок: потому, что его родили нервные родители — или оттого, что они его воспитали?

Где граница между нервностью и хрупкостью нервной системы, духовной наследственностью?

Отец-гуляка рождает сына-неудачника или заражает его своим примером?

«Скажи мне, кто твои родители, и я скажу тебе, кто ты». Но не всегда.

«Скажи мне, кто тебя воспитывал, и я скажу тебе, кто ты». И это не так.

Почему у здоровых родителей бывает слабое потомство? Почему в добродетельной семье вырастает мерзавец? Почему заурядная семья рождает выдающегося потомка?

Кроме исследований территории наследственности необходимо также проводить исследования территории воспитания, и тогда, быть может, не одна загадка найдет свой ответ.

Территорией воспитания я называю дух семьи, что в ней царит и правит, так что отдельные члены семьи не могут занимать по отношению к нему произвольной позиции. Сей дух направляющий принуждает и не выносит сопротивления.

РАССУДИТЕЛЬНОСТЬ ВПЛОТЬ ДО ПАССИВНОСТИ

54. Территория догматов.

Традиция, авторитет, ритуал, приказ как категорический закон, долг как жизненный императив. Дисциплина, порядок, добросовестность. Серьезность, душевное равновесие, безмятежность, идущая от закалки, чувства постоянства, стойкости, уверенности в себе и в правильности целей и поступков. Самоограничение, самопреодоление, труд как закон, мораль как привычка. Рассудительность вплоть до полной пассивности, одностороннего игнорирования всех прав и правд, не передаваемых из поколения в поколение, не освященных авторитетами, не увековеченных механизированным шаблоном действий.

Если уверенность в себе не превращается в самодурство, а простота — в примитивность, эта плодотворная территория воспитания сломает ребенка, чуждого ей по духу, или выстругает воистину прекрасного человека, который будет уважать своих суровых руководителей за то, что те не играли им, а трудным путем вели к четко поставленной цели.

Неблагоприятные условия жизни, тяжелая физическая нагрузка не меняют духовной сущности этой территории.

Скрупулезная работа превращается в каторжную, спокойствие — в смирение, самоотречение — в стремление выжить любой ценой, иногда робость и послушание, всегда — чувство своей правоты и доверчивость. Апатия и энергия здесь не слабость его, а сила, которую вотще силится одолеть чужая злая воля.

Догмой может быть и земля, и церковь, и отчизна, и добродетель, и грех; ею может стать наука, общественная и политическая работа, богатство, борьба, в том числе и Бог: как герой, как идол, как кукла. Важно не во что, а как верить.

ПОД ПОСЕВ ДЕТЕЙ ИНИЦИАТИВНЫХ

55. Территория идеи.

Ее воздействие не в духовной закалке, а в вихре, напоре, в действии. Тут не работают, а радостно созидают, творят, а не выжидают. Здесь нет принуждения — есть добрая воля. Нет догм — есть задачи. Нет рассудительности — есть воодушевление, энтузиазм. Ее ограничитель — отвращение к грязи и моральный эстетизм. Случается минутная ненависть, но никогда не презрение. Здесь терпимость — не половинчатость собственных убеждений, а уважение к человеческой мысли, радость, что она, свободная, парит, летает, то выше, то ниже, наполняя собой мироздание. Смелый в своих деяниях человек жадно улавливает отзвуки чужих молотов, с любопытством ждет завтрашнего дня, его новых восторгов и чудес, опытов и заблуждений, борьбы и сомнений, суждений и переоценок.

Если догматическая территория способствует воспитанию ребенка пассивного, то среда идейная годится под посев детей инициативных. Полагаю, отсюда проистекают многие болезненные неожиданности: одному дают десять заповедей на скрижалях, а он-то жаждет собственным огнем выжечь их сам в своей душе, а другого вынуждают искать истину, которую он должен получить на блюдечке.

Не заметить это можно, только если подходить к ребенку с привычным: «Вот я из тебя человека сделаю!», а не с вдумчивым: «Чем можешь ты стать, человек?»

ВЫБИРАЕТ СОБСТВЕННУЮ ДОРОГУ

56. Территория безмятежного потребления.

У меня есть столько, сколько мне надо: то есть мало, если я ремесленник или чиновник, то есть много, если я владелец обширных земель. Я хочу быть тем, кто я есть, то есть мастером, начальником станции, адвокатом, писателем-романистом. Работа — не служба, не должность, не цель, а средство для извлечения выгоды и желаемых условий жизни.

Благодушие, беззаботность, нежная сентиментальность, доброжелательность, ровно столько трезвости, сколько необходимо, ровно столько самопознания, сколько дается без труда.

Нет упорства в сохранении и существовании, нет упорства в поисках и стремлениях.

Ребенок дышит внутренним благополучием, ленивой привычкой, цепляющейся за прошлое, снисходительностью к сегодняшним устремлениям, обаянием окружающей его простоты, здесь он может стать любым: из книг, разговоров, встреч, жизненных впечатлений он самостоятельно ткет ткань собственного мировоззрения, выбирает собственную дорогу.

Прибавлю к этому взаимную любовь родителей. Ребенок редко чувствует ее отсутствие, когда ее нет, но впитывает ее, когда она есть.

«Папа сердится на маму, мама не разговаривает с папой, мама плакала, а папа хлопнул дверью» — вот туча, которая заслоняет синеву неба и леденит тишиной веселый гомон детской.

Во вступлении я сказал:

«Приказать кому-нибудь вложить в голову готовые мысли — все равно что велеть чужой женщине родить твоего ребенка».

Должно быть, у многих мелькнула мысль: «А как же мужчина? Разве не чужая женщина рожает его ребенка?»

Нет: не чужая, а любимая.

ЗДЕСЬ ДЕТЕЙ НЕ ЛЮБЯТ И НЕ ВОСПИТЫВАЮТ

57. Территория притворства и карьеры.

Здесь снова встречается упорство, но вытекает оно не из внутренней потребности, а из холодного расчета. Здесь нет места содержанию и полноте, есть только лицемерная форма, ловкая эксплуатация чужих ценностей, искусственное украшательство пустоты. Лозунги, на которых можно заработать, условности, перед которыми надо склоняться. Не подлинные ценности, а хитроумная реклама. Жизнь не как работа или отдых, а как вынюхивание и подхалимаж. Ненасытное тщеславие, хищничество, снисходительность и униженность, зависть, злоба и вредность.

Здесь детей не любят и не воспитывают, их здесь оценивают. От них либо убытки, либо прибыли, их либо покупают, либо продают. Поклон, улыбка, рукопожатие — все просчитано, ясное дело, вплоть до брака и размножения. Зарабатывают деньгами, продвижением по службе, орденами, связями в «высших кругах».

Если на такой территории и вырастает нечто положительное, то случается, что это одна видимость, более умелая игра, плотнее прилегающая маска. Однако случается, что и на этой территории разложения и гангрены в душевном раздрае и муках вырастает та самая «роза на навозе». Такие случаи указывают на то, что с общепризнанным законом воспитания существует еще и другой — закон антитезы. Мы видим его проявления в тех случаях, когда скряга воспитывает расточителя, безбожник — богобоязненного, трус — героя, что никак уже нельзя объяснить только односторонней «наследственностью».

ЗАЩИТНЫЙ МЕХАНИЗМ СОПРОТИВЛЕНИЯ

58. Закон антитезы основан на внутренней силе, которая противопоставляет себя влияниям, идущим из разных источников и использующим различные средства.

Это защитный механизм сопротивления, самообороны, инстинкт самосохранения духовной структуры, настороженный, действующий автоматически.

Если морализаторство уже как следует дискредитировано, то влияние примера для подражания и среды в воспитании пользуются полным доверием.

Отчего же это влияние так часто подводит?

Я спрашиваю, почему ребенок, услышав ругательство, жаждет его повторить, несмотря на запрет, а подчинившись угрозам, сохраняет его в памяти?

Где источник этой внешне злой воли, когда ребенок упрямится, хотя мог бы легко уступить?

— Надень пальто.

Нет, он хочет идти без пальто.

— Надень розовое платье.

А ей вот хочется голубое.

Если не настаивать, ребенок, может, послушается, если же ты будешь настаивать, кнутом или пряником, он упрется на своем и подчинится только по принуждению.

Почему (чаще всего в период созревания) наше обычное «да» встречается с его «нет»? Может быть, это одно из проявлений внутреннего сопротивления искушениям, идущим изнутри, а могущим прийти и извне? «Печальная ирония, которая заставляет добродетель жаждать греха, а преступление — мечтать о чистоте» (Мирбо).

Преследуемая религия завоевывает самых горячих приверженцев. Желание усыпить народное самосознание тем успешнее его пробуждает. Может быть, я смешал тут факты из разных областей, однако довольно и того, что лично мне гипотеза о законе антитезы объясняет множество парадоксальных реакций на воспитательные стимулы и удерживает от слишком многочисленных, частых и сильных давлений даже в самом желаемом направлении.

Дух семьи? Согласен. Но где же дух эпохи; он остановился у границ растоптанной свободы; мы трусливо прятали от него ребенка. «Легенда Молодой Польши» Бжозовского не спасла меня от мещанской ограниченности взглядов.

МЫ НЕ ЗНАЕМ

59. Что такое ребенок?

Что он такое, хотя бы только физически? Растущий организм. Верно. Но привес и прирост — только одно явление в ряду многих. Наука уже кое-что знает об этом росте; он неравномерный, в нем есть периоды стремительные и вялые. Кроме этого, мы знаем, что ребенок не только растет, но и меняет пропорции.

Однако широкие массы и об этом не ведают. Сколько же раз мать вызывает врача, жалуясь, что ребенок осунулся, похудел, тельце стало дряблым, личико и головка словно стали меньше. Она не знает, что младенец, вступая в свой первый детский период, теряет жировые складочки, что с развитием грудной клетки голова мельчает на фоне развернувшихся плеч, что его члены и органы развиваются по-разному, что по-разному растут мозг, сердце, желудок, череп, глаз, кости конечностей, что, будь все по-другому, взрослый человек был бы чудищем с огромной головой на коротком жирном туловище и не смог бы передвигаться на двух жирных колбасках ног, что изменение пропорций всегда сопутствует росту.

Мы располагаем парой десятков тысяч измерений, парочкой не вполне согласующихся между собой кривых среднего роста и понятия не имеем, какое значение имеют опережения, задержки или отклонения в развитии. Потому что, зная с пятого на десятое анатомию роста, мы вовсе не знаем его физиологии, потому что мы добросовестно изучали больного ребенка и только с недавних пор начали издалека присматриваться к здоровому. Потому что больница стала нашей лабораторией сто лет назад, а воспитательное учреждение пока еще ею не стало.

МАЛЕНЬКИЕ ВЕШКИ РАЗВИТИЯ

60. Ребенок изменился.

С ребенком что-то случилось. Мать не всегда может выразить, в чем заключается перемена, зато у нее уже готов ответ на вопрос, чему эту перемену следует приписать.

— Ребенок изменился после прорезывания зубов, после прививки оспы, после того, как его отняли от груди, после того, как он вывалился из кровати.

Уже ходил — и вдруг перестал, лепетом просился на горшок, а тут снова писается, «ничего» не ест, спит беспокойно, мало или слишком много, стал капризным, слишком подвижным (или вялым), похудел.

Другой период.

После того, как пошел в школу, после возвращения из деревни, после кори, после того, как принял курс прописанных ванн, после того, как испугался пожара. Перемены не только в сне и аппетите — меняется и характер: раньше был послушным — стал своевольным, раньше усердно занимался — теперь стал рассеянным и ленивым. Бледный, сутулится, какие-то противные капризы появились. Может, попал в плохую компанию или перезанимался... может, заболел?

Двухлетняя работа в Доме сирот, скорее наблюдения за детьми, а не их изучение, позволили мне установить, что все то, что известно под названием «неуравновешенность переходного возраста», ребенок переживает несколько раз в жизни в менее яркой форме, как маленькие вешки развития. Это такие же критические моменты развития, только не так лезущие в глаза, а потому наука их пока не заметила.

Стремясь к единству во взгляде на ребенка, некоторые склонны рассматривать его как утомленный организм. Отсюда большая потребность в сне, слабый иммунитет к болезням, уязвимость органов, малая психическая выносливость. Справедливая точка зрения, но не для всех этапов развития ребенка. Ребенок попеременно бывает то сильным, бодрым, веселым, то слабым, усталым и мрачным. Если он заболевает в критический период, мы склонны считать, что болезнь уже развивалась в нем, я же думаю, что болезнь развилась на почве, на какое-то время ослабленной, или что она, притаившись, ждала наиболее благоприятных условий для нападения, либо, случайно пробравшись извне и не встретив сопротивления, расположилась в организме, как у себя дома.

Если в будущем мы перестанем делить циклы жизни на искусственные: «младенец, ребенок, юноша, зрелый человек, старик», то основой для деления на этапы окажутся не рост и внешнее развитие, а те еще неизвестные нам глубинные преображения организма как целого, о которых говорил Шарко* в своей лекции об эволюции артрита, от колыбели до могилы, через два поколения.

ИМЕЕТ ПРАВО НА ОТДЫХ

61. Между первым и вторым годом жизни ребенка родители чаще всего меняют семейного врача.

В этот период я приобретал пациентов — детей мам, обиженных на моего предшественника, который якобы неумело вел их ребенка, и, напротив, матери бросали меня, обвиняя в том, что тот или иной нежелательный симптом — следствие моей халатности. И те, и другие правы в той степени, что врач считал ребенка совершенно здоровым, когда вдруг проявлялась во всей красе непредвиденная, неуловимая до этого хворь. Однако достаточно переждать критический период — и ребенок, незначительно отягощенный наследственностью, быстро восстанавливает нарушенное [...] наступает улучшение, и вновь спокойно течет дальнейшее развитие молодой жизни.

Если и в первом, и во втором — школьном — периоде нарушенных функций принять определенные меры, то улучшение приписывают именно им. И если сегодня уже известно, что выздоровление после воспа-

* Жан Мартен Шарко (1825—1893) — французский невролог.

ления легких или тифа наступает по окончании цикла болезни, то до тех пор, пока мы не установим порядка этапов развития ребенка, не начертим индивидуальных профилей развития для детей разного типа, мы будем оставаться в неведении.

У кривой развития ребенка есть свои весны и осени, периоды напряженной работы и отдыха для восстановления сил, поспешного завершения выполненной работы и подготовительного собирания запасов для дальнейшего строительства. Семимесячный плод уже жизнеспособен, но ведь еще два долгих месяца (почти четвертую часть беременности) он дозревает в лоне матери.

Младенец, утраивающий свой первоначальный вес за год, имеет право на отдых. Молниеносный путь, которым мчится его психическое развитие, дает ему также право кое-что забыть из того, что он уже умел и что мы преждевременно считали постоянным приобретением.

РЕБЕНОК ДОЛЖЕН ЕСТЬ СТОЛЬКО, СКОЛЬКО ОН ЕСТ

62. Ребенок не хочет есть. Небольшая арифметическая задача.

Ребенок родился весом восемь фунтов с хвостиком, через год, утроив свой вес, весит 25 фунтов. Если бы он рос в том же темпе, то к концу второго года он весил бы 25 фунтов х 3 = 75 фунтов.

К концу третьего года: 75 фунтов х 3 = 225 фунтов.

К концу четвертого года жизни: 225 фунтов х 3 = 675 фунтов.

К концу пятого года: 675 фунтов х 3 = 2025 фунтов.

Это пятилетнее чудовище, при весе в 2000 фунтов,

потребляя, как новорожденные, в день 1/6-1/7 своего веса, ежедневно требовало бы 300 фунтов продуктов.

Ребенок ест мало, очень мало, много, очень много — в зависимости от механизма роста. Кривая веса показывает плавные подъемы или резкие взлеты, иногда в течение нескольких месяцев ничего не меняется. Она неумолима в своей последовательности: заболев, ребенок за несколько дней теряет в весе, в следующие дни столько же набирает, повинуясь внутреннему приказу, который гласит: «Столько, а не больше». Когда здоровый ребенок, растущий в нищете и недоедающий, вдруг переходит на нормальное питание, он за неделю набирает вес до нужного ему уровня. Если взвешивать ребенка каждую неделю, он через некоторое время начнет угадывать, поправился ли он или похудел:

«На прошлой неделе я потерял триста граммов, значит, сегодня наберу пятьсот... Сегодня я потерял вес, потому что я не ужинал. Снова набрал вес... спасибо».

Ребенок хочет угодить родителям, потому что ему неприятно огорчать маму, потому что покорность воле родителей приносит ему неисчислимые блага. Значит, если он не съест котлету, не выпьет молока, то только оттого, что не может. Если его будут заставлять есть, то повторяющиеся время от времени желудочные расстройства и диета будут регулировать нормальный прирост веса.

Принцип: ребенок должен есть столько, сколько он ест, не меньше и не больше. Даже при продуманном питании больного ребенка его меню можно составлять только при его участии и лечение проводить с учетом его желаний.

ТАБЛИЦА, В КОТОРОЙ УКАЗАНО, СКОЛЬКО ЧАСОВ СНА НУЖНО РЕБЕНКУ, — ЭТО АБСУРД.

63. Заставлять детей спать, когда им не хочется, — преступление. Таблица, в которой указано, сколько часов сна нужно ребенку, — это абсурд. Установить количество часов, необходимое конкретному ребенку для сна, легко, если есть часы: столько, сколько часов он спит, не просыпаясь, чтобы проснуться выспавшимся.

Повторю: выспавшимся, а не бодрым. Есть периоды, когда ребенку требуется больше сна, бывают и такие, когда ему хочется просто полежать в кроватке, потому что он просто устал, а не сонный.

Период усталости: вечером он неохотно ложится в постель, потому что ему не хочется спать, утром неохотно вылезает из постели, потому что ему не хочется вставать. Вечером притворяется, что не хочет спать, потому что ему не разрешают лежа вырезать картинки, играть кубиками или с куклой, погасят свет и запретят разговаривать. Утром он притворяется, что спит, потому что ему велят тут же вылезать из кровати и умываться холодной водой. Как радостно приветствует ребенок кашель или температуру, которые позволят ему оставаться в постели, но не спать. Период спокойного равновесия: ребенок засыпает быстро, но просыпается до рассвета, полный энергии, потребности двигаться и немедленно затеять какую-нибудь шалость. Ни хмурое небо, ни холод в комнате его не смущают: босой, в рубашонке, он разогреется, прыгая по столу и стульям.

Что делать? Укладывать спать позже, даже, о ужас, в одиннадцать вечера. Разрешать играть в постели. Я спрашиваю: почему разговор перед сном должен «разогнать сон», а нервное напряжение — оттого, что поневоле приходится быть непослушным, — сон не разгоняет?

Принцип (не важно, правильный или нет) «рано укладывать, рано вставать» родители для своего удобства сознательно подделали: чем больше сна, тем здоровей. К ленивой и гнусной скуке дня добавляют раздражающую скуку вечернего ожидания сна. Трудно представить более деспотичный, граничащий с пыткой, приказ, чем: «Спи!»

Люди, которые поздно ложатся спать, болеют оттого, что ночи проводят в пьянстве и разврате, а спят мало, поскольку вынуждены ходить на службу и рано вставать.

Неврастеник, вставший однажды на рассвете, чувствует себя замечательно, подчиняясь внушению.

То, что ребенок, рано ложась спать, меньше времени проводит при искусственном освещении, не такой уж и большой плюс в городе, где он не может при первом свете дня выбежать в поле, а лежит в комнате со спущенными шторами, уже ленивый, уже мрачный, уже капризный — плохое предзнаменованис начинающегося дня...

Здесь, в нескольких десятках строк, как и во всех затронутых в этой книге вопросах, я не могу полностью раскрыть тему. Моя цель — привлечь внимание.

ОН ЕЩЕ СЛУШАЕТ НАС

64. Что есть ребенок как душевная организация, отличная от нашей?

Каковы его черты, потребности, какие в нем скрываются незамеченные возможности? Что есть эта половина человечества, живущая вместе с нами и рядом с нами в трагическом раздвоении? Мы навязываем ей бремя обязанностей завтрашнего человека, не давая ни одного из прав человека сегодняшнего.

Если разделить человечество на взрослых и детей, а жизнь — на детство и взрослость, то окажется, что этого ребенка на свете и в жизни очень и очень много.

Только вот, захваченные своей борьбой и своими заботами, мы не замечаем его, как не замечали раньше женщину, мужика, порабощенные классы и народы.

Мы устроили все так, чтобы дети как можно меньше мешали нам, чтобы они как можно меньше догадывались, что мы такое на самом деле и чем на самом деле занимаемся.

В одном из парижских детских домов я видел двойные перила: высокие — для взрослых, низкие — для детей. Помимо этого изобретательский гений исчерпал себя в школьной парте. Этого мало, очень мало. Взгляните: нищенские детские площадки, щербатая кружка на заржавевшей цепи у колодца — и это в парках богатейших столиц Европы!

Где дома и сады, мастерские и опытные делянки, орудия труда и познания для детей, людей завтра? Еще одно окно, еще один коридорчик, отделяющий класс от уборной, — все, что дала архитектура; еще одна лошадь из папье-маше и жестяная сабелька — все, что дала промышленность; лубочные картинки на стенах и аппликации из бумаги — немного; сказка — но не мы ее придумали.

На наших глазах наложница превратилась в женщину-человека. Столетиями женщина подчинялась навязанной ей насильно роли, созданной самодурством и эгоизмом мужчины, который не желал допустить в ряды людей женщину-труженицу, как сегодня мы не видим ребенка-труженика.

Ребенок еще не взял слова, он еще слушает нас. Ребенок — сто масок, сто ролей одаренного актера. Он один — с матерью, другой — с отцом, бабушкой, дедом, разный — со строгим и добрым учителем, на кухне среди ровесников, по-разному общается с богатыми и бедными, в затрапезной и праздничной одежде. Наивный и хитроумный, послушный и высокомерный, кроткий и мстительный, благовоспитанный и проказливый, он так умеет спрятаться до поры до времени, так затаиться в себе, что обманывает нас и использует в своих целях.

В области инстинктов ему недостает только одного, вернее, он есть, только пока еще нечеткий, как туманность эротических предчувствий.

В области чувств он превосходит нас многажды, потому что не выработал в себе тормозов.

В области интеллекта он по меньшей мере равен нам, только ему не хватает опыта.

Поэтому взрослый так часто бывает ребенком, а ребенок — зрелым человеком. Вся разница в том, что он не зарабатывает себе на хлеб, что, будучи у нас на содержании, он вынужден нам подчиняться.

Детские дома уже меньше похожи на казармы и монастыри; они почти больницы. В них есть гигиена, но нет улыбки, радости, неожиданностей, шалостей. Здесь все серьезно, если не сурово. Ребенка не заметила еще архитектура — нет «стиля ребенка». Взрослый фасад здания, взрослые пропорции, старческий холод деталей. Французы говорят, что Наполеон колокол монастырского воспитания заменил барабаном, — справедливо; добавлю к этому, что над духом современного воспитания тяготеет фабричный гудок.

КАК ОБЪЯСНИТЬ РЕБЕНКУ, СКОЛЬКО ВО ВСЕМ ЭТОМ ФАЛЬШИ

65. Ребенок неопытен.

Пример и попытка объяснения.

— Я скажу маме на ушко...

И, обнимая мать за шею, говорит таинственно:

— Мамочка, спроси доктора, можно ли мне есть булочки (шоколадки, компот).

При этом он часто поглядывает на врача, кокетничает с ним улыбкой, чтобы подкупить, выцыганить разрешение.

Дети постарше говорят на ухо шепотом, младшие — обычным голосом...

Пришел момент, когда окружающие признали ребенка достаточно взрослым для нравоучения: «Есть желания, которые нельзя произносить вслух. Они бывают двух видов: одни нельзя допускать вовсе, а уж если они есть, то их надо стыдиться; другие желания допустимы, но говорить о них можно только среди своих».

Некрасиво навязываться; некрасиво, съев конфету, просить еще одну. Иногда вообще некрасиво просить конфетку — надо подождать, пока дадут.

Некрасиво делать в штанишки, но некрасиво и говорить «хочу пи-пи», потому что все будут смеяться. Чтобы не смеялись, нужно сказать на ухо.

Иногда некрасиво громко задавать вопросы.

— Почему у этого дяди нет волос?

Дядя смеялся, все смеялись. Спрашивать об этом можно, но тоже на ушко.

Ребенок не сразу понимает, что на ушко говорят для того, чтобы услышал только один человек, поэтому он говорит на ушко, но громко: «Я хочу пи-пи, хочу пирожное».

Даже если он говорит тихо, то все равно не понимает: зачем скрывать то, о чем присутствующие и так узнают от мамы?

Чужих некрасиво о чем-то просить, тогда почему же можно громко просить доктора?

— Почему у этой собачки такие длинные уши? — спрашивает ребенок самым тихим шепотом.

И снова смех. Оказывается, об этом можно спросить громко, потому что собачка не обидится. А вот спрашивать громко, почему у этой девочки такое некрасивое платье, нехорошо. Но ведь ее платье тоже не обидится.

Как же объяснить ребенку, сколько во всем этом мерзостной взрослой фальши? Как потом объяснить ему, почему шептать на ухо, как правило, некрасиво?

ОН ДОЛЖЕН ВЕРИТЬ

66. Ребенок неопытен.

Он смотрит с интересом, жадно слушает и верит.

«Это яблочко, тетя, цветочек, коровка» — верит.

«Это красиво, вкусно, хорошо» — верит.

«Это некрасиво, не трогай, нельзя» — верит.

«Поцелуй, поклонись, скажи спасибо» — верит.

«Детка, ушибся! Дай мама поцелует, все пройдет». Он улыбается сквозь слезы: мама поцеловала — уже не больно. Ударившись, он бежит за своим лекарством, за поцелуем. Верит.

— Любишь?

— Люблю...

— Мама спит, у мамы головка болит, не надо ее будить.

И он тихонечко, на цыпочках подходит к матери, осторожно тянет за рукав, шепотом задает вопрос. Он не будит маму. Он только вот ее спросит, а после: «Спи, мамочка, у тебя головка болит».

— Там, на небе, Боженька. Боженька сердится на непослушных детей, а послушным дает булочки, пирожные.

Где Боженька?

— Там, на небе, высоко.

А по улице идет странный человек, весь белый.

— Кто это?

— Это пекарь, он печет булочки и пирожные.

— Да-а-а? Значит, он и есть Боженька?

— Дедушка умер и его закопали в землю.

— В землю закопали? — удивляюсь я. — А как же он ест?

— Его выкапывают, — отвечает ребенок. — Топором выкапывают.

Коровка дает молоко.

— Коровка? — спрашиваю я недоверчиво. — А откуда она берет молоко?

— Из колодца, — отвечает ребенок.

Ребенок верит, потому что всякий раз, когда пробует придумать что-нибудь сам, он ошибается. Он должен верить.

ИЩЕТ ПОМОЩИ, ПОТОМУ ЧТО САМ СПРАВИТЬСЯ НЕ В СИЛАХ

67. Ребенок неопытен.

Он роняет на землю стакан. Случилось нечто очень странное: стакан исчез, вместо него появились совершенно новые предметы. Он наклоняется, берет в руки осколок, порезался, больно, из пальца течет кровь. Все полно тайн и неожиданностей.

Он двигает перед собой стул. Вдруг что-то мелькнуло у него перед глазами, дернулось, загремело. Стул стал каким-то другим, лежит на земле, а ребенок сидит на полу. Снова боль и испуг. Мир полон странностей и опасностей.

Он тянет одеяло, чтобы выбраться из-под него. Теряя равновесие, хватается за платье. Карабкаясь вверх, цепляется за край кровати. Обогатившись этим опытом, он тянет со стола скатерть или салфетку.

Снова катастрофа.

Он ищет помощи, потому что сам справиться не в силах. В попытках самостоятельности он познает поражение. Зависимый от других, он теряет терпение.

Даже если он не доверяет или не вполне доверяет взрослым, потому что его сотни раз обманывали, он все равно вынужден следовать их указаниям, точно так же, как неопытный руководитель вынужден терпеть нечистого на руку работника, без которого он не может обойтись, как паралитик вынужден принимать помощь и выносить издевательства жестокого санитара.

Подчеркиваю, что всякая беспомощность, всякое удивление незнания, ошибка в применении имеющегося опыта, неудача в попытках подражания, каждая зависимость напоминают нам ребенка, невзирая на возраст человека. Мы без труда обнаруживаем черты ребенка в больном, старике, солдате, заключенном. Деревенский житель в городе, городской в деревне удивляются, как ребенок. Профан задает детские вопросы, парвеню совершает детские бестактности.

ЧЕЛОВЕК ИНТЕЛЛЕКТУАЛЬНЫЙ

68. Ребенок подражает взрослым.

Только подражая, он учится говорить, осваивает большинство вежливых обращений, делает вид, будто приспособился к миру взрослых, которых он не может понимать, которые чужды ему по духу и непостижимы.

Главные ошибки в наших суждениях о детях мы совершаем именно оттого, что истинные их мысли и чувства теряются в словах, которые они переняли, в формах, которыми они пользуются, вкладывая совершенно иное, свое содержание.

Будущее, любовь, родина. Бог, уважение, долг — эти понятия, окаменевшие в словах, живут, рождаются, вырастают, изменяются, крепнут, слабеют, становятся чем-то другим в разные периоды жизни. Нужно приложить немало усилий, чтобы не спутать кучку песка, которую ребенок называет горой, со снежной вершиной Альп. Для того, кто вдумается в душу употребляемых людьми слов, сотрется разница между ребенком, юношей и зрелым человеком, простаком и мыслителем, перед ним возникнет образ человека интеллектуального — независимо от возраста, общественного слоя, уровня образования, культурного лоска, просто человека, пользующегося меньшим или большим опытом. Люди разных убеждений (я говорю не о политических лозунгах, зачастую неискренних или насильственно вколоченных в головы) — это люди с разным скелетом опыта.

Ребенок не понимает будущего, не любит родителей, не чувствует отчизны, не понимает Бога, не уважает никого, не знает, что такое долг.

Он говорит «когда я вырасту», но не верит в это; называет мать «любимой», но не чувствует этого; родина для него — сад или двор. Бог — это почтенный дядюшка или надоедливый зануда; он только делает вид, что уважает, только исполняет долг, воплощенный в том, кто приказал и следит за исполнением, однако стоит помнить, что приказывать можно не одной только плеткой, но и просьбой, ласковым взглядом.

Иногда ребенок нечто предчувствует, но это лишь моменты чудесного ясновидения.

Ребенок подражает? А что делает путешественник, приглашенный мандарином принять участие в местном обряде или церемонии? Он смотрит, старается ничем не выделиться, не внести замешательства, подхватывает суть и связь эпизодов, гордый тем, что справился со своей ролью. А что делает неотесанный простак, допущенный к участию в беседе с господами? Он приспосабливается, подлаживается к ним. А конторщик, служащий, офицер? — разве не подражают они начальству в разговоре, движениях, улыбке, одежде?

Есть еще одна форма подражания; если девочка, проходя по грязи, приподнимает короткую юбочку, значит, она взрослая. Если мальчик подражает подписи учителя, это значит, что он проверяет собственную пригодность к высокому посту.

И такие формы подражания мы тоже легко найдем у взрослых.

ОН ЖИВЕТ ЛИШЬ НАСТОЯЩИМ

69. Эгоцентризм детского мировосприятия — это тоже недостаток опыта.

От личного эгоцентризма, когда свое сознание он ощущает как центр всех вещей и всех явлений, ребенок переходит к эгоцентризму семейному, который длится дольше или меньше, в зависимости от условий, в которых он воспитывается; мы сами укрепляем ребенка в его ошибке, преувеличивая ценность родного дома, показывая ребенку на мнимые и истинные опасности, грозящие ему за пределами нашей помощи и опеки.

— Оставайся у меня, — говорит тетя.

Ребенок прижимается к матери, в глазах слезы, он ни за что не останется.

— Он ко мне так привязан!

Ребенок с удивлением и страхом приглядывается к этим чужим мамам, которые ему даже не тети.

Однако наступает минута, когда он спокойно начинает сравнивать то, что видит в других домах, с тем, что есть у него самого. Сначала ему хочется просто иметь такую же куклу, сад, канарейку.

Позже он замечает, что другие мамы и папы тоже хорошие, может, даже лучше, чем его.

— Если б это она была моей мамой...

Ребенок двора и деревенской хаты раньше приобретает опыт, познает грусть, которой не с кем поделиться, радости, которые радуют только самых ему близких, понимает, что день именин — только его праздник.

«Мой папа, у нас, моя мама» — такое частое в детских спорах восхваление собственных родителей скорее полемическая формула, иногда трагическая защита иллюзии, в которую он хочет верить, но в которой уже начинает сомневаться.

— Вот я скажу своему отцу...

— Очень я испугался твоего отца.

И правда: мой отец грозен только для меня.

Я бы назвал эгоцентрическим взглядом ребенка на текущий момент то, что в силу недостатка опыта он живет лишь настоящим. Игра, отложенная на неделю, перестает быть реальностью. Зима летом становится легендой. Оставляя пирожное «на завтра», он отказывается от него под давлением. Ему трудно понять, что портить вещи — это означает сделать их не сразу непригодными к использованию, а менее долговечными, быстрее изнашивающимися. Интересная сказка — рассказ о том, что мама была девочкой.

С удивлением, почти со страхом он смотрит на чужого посетителя, который обращается к отцу по имени: товарищ детских лет отца.

«Меня еще на свете не было...»

А эгоцентризм юношеский: мир начинается с нас?

А эгоцентризм партийный, классовый, национальный: многие ли дорастают до осознания места человека в человечестве и во вселенной? С каким трудом свыклись мы с мыслью, что Земля вертится, что она всего лишь планета! А глубокая убежденность масс, вопреки действительности, что ужасы войны невозможны в двадцатом веке?

А разве наше отношение к детям — не выражение эгоцентризма взрослых?

Я не знал, что ребенок так сильно помнит, так терпеливо ждет.

Много ошибок мы допускаем из-за того, что мы сталкиваемся с ребенком принуждения, неволи, барщины, испорченным, оскорбленным, бунтующим; приходится усердно догадываться, какой же он на самом деле, каким он может быть.

РЕБЕНОК РАДОСТНО ПРИВЕТСТВУЕТ ЗНАКОМУЮ, БЛИЗКУЮ ДЕТАЛЬ

70. Наблюдательность ребенка.

На экране кинематографа — потрясающая драма.

Вдруг раздается громкий детский крик:

— Ой, собачка.

Никто собачку не заметил, кроме него.

Подобные восклицания иногда можно услышать в театре, в костеле, посреди торжественных церемоний, они конфузят близких, вызывают улыбку окружающих.

Не в силах постичь целое, не вдумываясь в непонятное содержание, ребенок радостно приветствует знакомую, близкую деталь. Но точно так же и мы радостно приветствуем знакомое лицо, случайно мелькнувшее в многоликом, равнодушном, стесняющем нас обществе...

Не в состоянии жить в бездействии, ребенок влезет в любой угол, заглянет в каждую щелку, отыщет, расспросит; ему интересна бегущая точечка муравья, сверкнувшая бусинка, услышанное слово и фраза. Как же мы похожи на детей, оказавшись в чужом городе, в чужой для нас среде.

Ребенок знает свое окружение, его настроение, привычки, слабости, знает и, можно сказать, умело использует их к своей выгоде. Он инстинктивно чувствует доброжелательность, угадывает притворство, на лету хватает смешное. Он так же читает по лицам, как деревенский житель читает по небу, какая будет погода. Потому, что он годами вглядывается и изучает: в школах, в интернатах эта работа по прочтению нас ведется совместными усилиями. Только мы не желаем ее видеть: пока не нарушат наш удобный покой, мы предпочитаем уговаривать себя, что ребенок наивен, не знает, не понимает, что его легко обвести вокруг пальца. Другая позиция поставила бы нас перед дилеммой: или открыто отказаться от привилегии мнимого совершенства, или выполоть из себя то, что нас в их глазах унижает, делает смешными или убогими.

НИЧЕМ НЕ МОЖЕТ ЗАНЯТЬСЯ НАДОЛГО

71. Похоже, что ребенок в поисках все новых и новых эмоций и впечатлений ничем не может заняться надолго, игра быстро надоедает ему, а тот,

кто был другом час тому назад, становится врагом. Чтобы через минуту вновь стать закадычным другом.

Наблюдение, по сути, верное: ребенок в вагоне поезда бывает капризным; когда его сажают в саду на скамейку, он становится нетерпеливым; в гостях ко всем пристает; любимая игра уже заброшена в угол; на уроке вертится, даже в театре ему спокойно не сидится.

Однако учтем, что в дороге он возбужден и устал, что на скамейку его посадили, что в гостях ему неловко, что игрушку и товарища по играм ему выбрали взрослые, ходить на уроки его заставили, а в театр он рвался, потому что верил, что приятно проведет там время.

Как часто мы похожи на ребенка, который принарядил кота ленточками, угощает его грушей, дает ему посмотреть раскраски и удивляется, что негодник кот старается тактично выскользнуть из рук или, придя в отчаяние, царапается.

Ребенок в гостях хотел бы посмотреть, как открывается коробочка, стоящая на каминной полке, что там блестит в углу, есть ли картинки в большой книжке, хотел бы поймать золотую рыбку в аквариуме и съесть много-много конфет. Но он ничем не выдает своих желаний, потому что это некрасиво.

— Пошли домой, — говорит плохо воспитанный ребенок...

Ему обещали игру: будут флажки, бенгальские огни, представление, он ждал — и разочаровался.

— Ну что, хорошо провел время?

— Замечательно, — отвечает он, зевая или подавляя зевок, чтобы не обидеть...

Летний лагерь. Рассказываю в лесу сказку. Во время рассказа один из мальчиков уходит, потом второй, третий. Меня это удивляет, назавтра я расспрашиваю их: оказалось, один положил палочку под кустик, вспомнил об этом во время сказки, испугался, как бы кто другой не взял палочку; у второго болел пораненный палец; а третий не любит выдуманных историй. А разве взрослый не уходит со спектакля, если пьеса его не захватила, когда ему досаждает боль или когда он забыл бумажник в кармане пальто?

У меня есть множество доказательств того, что ребенок может целыми неделями и месяцами заниматься одним и тем же и не желать перемен. Любимая игрушка, одна-единственная, никогда не теряет своего очарования. Он может много раз с одинаковым интересом слушать одну и ту же сказку. И напротив, у меня есть доказательства того, как мать раздражает неизменность интересов ее ребенка. Как часто они обращаются к врачу, чтобы он «разнообразил диету, потому что кашки и компоты уже надоели ребенку».

— Они вам надоели, а не ребенку, — поневоле объясняю я.

ОТЧАЯНИЕ СКУКИ

72. Скука — тема глубоких исследований.

Скука — одиночество, отсутствие впечатлений; скука — избыток впечатлений, крик, беспорядок.

Скука: нельзя, подожди, осторожно, некрасиво. Скука нового платья, неловкости, смущения, приказаний, запретов, обязанностей.

Половинчатая скука балкона и глазения в окно, прогулки, визитов, игры со случайными, неподходящими товарищами.

Скука — острая, как болезнь с горячкой, и скука хроническая, раздражающая, с обострениями.

Скука — плохое самочувствие ребенка; значит, перегрев, холод, голод, жажда, переедание, сонливость и излишек сна, боль и усталость.

Скука — апатия, отсутствие реакции на любые раздражители, малая подвижность, неразговорчивость, ослабление жизненного пульса. Ребенок лениво встает, ходит сутулясь, шаркая ногами, потягивается, отвечает мимикой, односложно, тихо, с гримасой отвращения. Он ничего не просит, но враждебно встречает каждую обращенную к нему просьбу. Отдельные внезапные взрывы, непонятные, мало мотивированные.

Скука — усиленная подвижность. Минуты не усидит на месте, ничто не может его надолго занять, капризный, дерзкий, вредный, пристает, ко всем лезет, обижается, плачет, злится. Иной раз нарочно устраивает скандал, чтобы в закономерном наказании получить желаемое сильное впечатление.

Мы часто усматриваем призрак сознательного злого умысла там, где налицо банкротство воли, или избыток энергии там, где всего лишь отчаяние скуки.

Иногда скука приобретает черты массового психоза. Не умея самостоятельно организовать игру, от стеснения или из-за разницы в возрасте и характерах, или из-за необычных условий [дети] впадают в безумие бессмысленного шума.

Они кричат, толкаются, дергают друг друга за ноги, кувыркаются, кружатся почти до потери сознания и падают на землю, подначивают друг друга, смеются вымученным смехом. Чаще всего конец такой «игре» кладет катастрофа, еще до того как дозреет реакция: драка, порванная одежда, сломанный стул, слишком сильный удар противнику, — и вот уже замешательство и взаимные обвинения. Иногда шумное настроение угасает: чьи-нибудь слова «прекратите беситься» или «вы что вытворяете, как не стыдно», инициатива переходит в энергичные руки — и вот уже сказка, хоровое пение, разговор.

Боюсь, что некоторые воспитатели склонны принимать эти не слишком частые патологические состояния коллективной раздражающей скуки за нормальную игру детей, «предоставленных самим себе».

ИГРАЮТ НЕ ТОЛЬКО ДЕТИ

73. Даже детские игры, которым хорошо если посвятят газетную статейку, пока не дождались основательных клинических исследований.

Следует помнить, что играют не только дети, но и взрослые; что дети не всегда играют охотно; что не все, что мы называем игрой, на самом деле игра; что многие игры детей не что иное, как подражание серьезным действиям взрослых; что одно дело — игры на открытом воздухе, а другое дело — в каменных джунглях города и в стенах комнаты, что детские игры нам следует рассматривать лишь с точки зрения положения ребенка в современном обществе.

Мяч.

Посмотри на усилия совсем малыша, чтобы поднять мяч с земли, чтобы покатить его в намеченном направлении по полу.

Посмотри на старания ребенка постарше: хватать мяч попеременно правой и левой рукой, несколько раз ударить о землю, о стенку, подбить его битой, попасть в цель. Кто дальше всех, кто больше, кто выше всех, кто самый меткий, кто больше всех раз кинет? Осознание своей ценности путем сравнения, победы и поражения, самосовершенствование.

Неожиданности, часто комического характера. Уже схватил мяч в руки, а он выскользнул, ударился о другого игрока и прыгнул в руки и вовсе третьему; хватая мяч, стукнулись лбами; мяч попал под шкаф и сам покорно выкатывается оттуда.

Эмоции. Мяч упал на газон — риск поднять его. Исчез — поиски. Едва не выбил стекло. Залетел на шкаф — военный совет, как его снять? Засчитать гол или нет? Кто виноват: тот, кто криворуко бросил, или тот, кто не поймал? Оживленный спор.

Индивидуальные различия. Один хитрит: делает вид, что бросает мяч, целится в одного, а пасует другому; ловко спрятал мяч, словно его и нет. Дует на брошенный мяч, чтоб быстрей летел; делает вид, что упал, ловя мяч; пробует поймать его ртом; делает вид, что боится, когда в него бросают; притворяется, будто мяч его сильно ушиб. Третий колотит мяч: «Эй ты, мяч! Как вот наподдам!» «Там, в мяче, что-то стучит» — мяч трясут и прислушиваются.

Есть дети, которые, не играя сами, любят наблюдать, как это бывает и у взрослых, за игрой в бильярд или шахматы. Тут встречаются интересные ходы, ошибочные и гениальные.

Целенаправленность движений — это только одно из многочисленных свойств, которые делают этот спорт приятным.

ЭТО НЕ ДЕТСКИЙ РАЙ, ЭТО ДРАМА

74. Игра — не столько стихия ребенка, сколько единственная область, где мы позволяем ему проявлять инициативу в более или менее широком диапазоне. В игре ребенок чувствует себя до известной степени независимым. Все другое — это мимолетная

милость, минутная уступка, а на игру ребенок имеет право.

Игра в лошадки, солдатиков, разбойников, пожарников — он расходует свою энергию во внешне целенаправленных движениях, на минуту отдается иллюзии или сознательно убегает от будничной серости. Дети потому так ценят участие ровесников с живым воображением, многосторонней инициативой, с большим запасом сюжетов, почерпнутых из книг, потому так покорно подчиняются их порой деспотической власти, что благодаря им туманные фантазии легче облекаются в видимость действительности. Дети стесняются присутствия взрослых и посторонних, стыдятся своих игр, отдавая себе отчет в их ничтожности. Сколько в детских играх горького сознания отсутствия реальной жизни, сколько болезненной тоски по ней. Палка для ребенка — это не лошадка, просто он из-за отсутствия настоящего коня вынужден смириться с деревянным. А когда он на перевернутом стуле плывет по комнате, то это вовсе не прогулка в лодке по пруду.

Когда у ребенка в плане дня есть купание без ограничений, лес с ягодами, рыбалка, птичьи гнезда на высоких деревьях, голубятня, куры, кролики, сливы из чужого сада, цветник перед домом, игра становится лишней или категорически меняет свой характер.

Кто согласится обменять живую собаку на набитую опилками и на колесиках? Кто отдаст пони в обмен на коня-качалку?

Ребенок обращается к игре поневоле, убегает в нее, скрываясь от злой скуки, прячется в ней от грозной пустоты, от холодных обязанностей. Да, ребенок предпочитает даже играть, нежели зубрить грамматические формулы или таблицу умножения.

Ребенок привязывается к кукле, щеглу, цветку в горшке, потому что у него больше ничего нет, вот так же заключенный или старик привязываются к тем вещам, что у них есть, потому что у них уже ничего больше нет. Ребенок играет во что угодно, лишь бы убить время, лишь бы занять себя, потому что не знает, что делать, потому что ничего другого у него нет.

Мы слышим, как девочка назидательно учит куклу правилам хорошего тона, как поучает и ругает; но мы не слышим, как в кровати она жалуется кукле на взрослых, шепотом поверяет ей свои тревоги, неудачи, мечты.

— Я тебе скажу, куколка, только ты никому не говори.

— Ты хорошая собачка, я на тебя не сержусь, ты мне ничего плохого не сделала.

Одиночество ребенка наделяет куклу душой. Это не детский рай, это драма.

ВЫГНАТЬ БОЛЬНИЧНУЮ ТИШИНУ

75. Пастух предпочитает играть в карты, а не в мяч: он и так достаточно набегался за коровами. Маленький продавец газет и «подмастерье на побегушках» только в начале своей служебной карьеры бегают изо всех сил, они быстро выучиваются дозировать свои силы, распределяя их на целый день. Не играет в куклы ребенок, вынужденный нянчить младенца; напротив, он всячески убегает от докучливой обязанности.

Что же, значит, ребенку работа не мила? Работа ребенка из бедной семьи имеет утилитарный, а не воспитательный смысл, она не считается ни с его силами, ни его индивидуальными чертами. Было бы смешно приводить в качестве положительного примера жизнь детей бедняков: здесь тоже царит скука, зимняя скука тесной избы и летняя скука двора или придорожной канавы, просто здесь у нее другая форма. Никто не в силах заполнить день ребенка так, чтобы череда дней, выстраиваясь в логическую цепочку, от вчера через сегодня к завтра, разворачивала перед ним красочное содержание жизни.

Многочисленные детские игры на самом деле есть работа.

Когда они вчетвером строят шалаш, копают куском жести, стекляшкой, гвоздем, вбивают жерди, связывают их, покрывают крышей из веток, выстилают внутри мхом. Работая по очереди, молча, напряженно или вяло, но всегда проектируя улучшения, развивая дальнейшие планы, делясь результатами наблюдений, — это не игра, а неумелая пока работа, несовершенными орудиями, с несоответствующими материалами и потому не плодотворная, но зато организованная так, что каждый вкладывает в нее столько, сколько может, в меру своих возраста, сил и умений.

Если детская комната, вопреки нашим запретам, так часто превращается в мастерскую и склад хлама, то есть строительного материала для задуманных работ, то не в этом ли направлении следует направить свои поиски? Может, для комнаты маленького ребенка нужен не линолеум, а куча качественного желтого песка, большая вязанка веток и тачка камней? Может, доска, фанера, фунт гвоздей, пила, молоток, токарный станок были бы более желанными подарками, чем настольная игра, а учитель труда — полезнее, чем учитель гимнастики или игра на пианино? Но тогда из детской пришлось бы выгнать больничную тишину, больничную чистоту и ужас перед пораненным пальцем.

Умные родители с досадой велят: «Играй!» — и с болью слышат ответ: «Все только играй да играй». А чем же им заниматься, раз у них ничего другого нет?

Многое изменилось, к играм и развлечениям сейчас не относятся со снисходительной терпимостью, они вошли в школьные программы, все громче требуют для них территории. Изменения стремительны, за ними не поспевает психика заурядного отца семейства и воспитателя.

ЭТОГО ХОТЯТ ВЗРОСЛЫЕ

76. Вопреки всему вышесказанному, есть и такие дети, которым не слишком-то докучает одиночество, и у них нет потребности в деятельной жизни. Этих тихих детей, которых чужие матери ставят в пример своим детям, «не слышно в доме». Они не скучают, они сами отыскивают игру, которую по приказанию взрослых начинают, по приказанию послушно и прервут. Эти дети пассивные, они хотят немногого и не сильно, поэтому легко подчиняются, фантазии заменяют им действительность, тем более что этого хотят сами взрослые.

В группе они теряются, их больно ранит грубое равнодушие толпы, они не поспевают за ее бурным течением. Вместо того чтобы понять, в чем дело, матери и здесь жаждут переделать, силой навязать то, что лишь неспешно и осторожно можно выработать в постоянном усилии на пути, вымощенном опытом множества неудач, несостоявшихся попыток и болезненных унижений. Всякий бездумный приказ только ухудшает положение вещей. Слова «иди поиграй с детьми» приносят ребенку не меньший вред, чем другим фраза «хватит уже играть».

А как легко узнать такого ребенка в толпе детей!

Вот пример: дети в саду водят хоровод. Два десятка детей поют, держась за руки, а двое в центре играют главную роль.

— Ну, иди же, поиграй с ними!

Она не хочет, потому что не знает этой игры, не знает этих детей, потому что, когда однажды попробовала принять участие в детской игре, ей сказали: «Иди отсюда, мы в игру больше не берем!» или: «У-у-у, растяпа!» Может, завтра или через неделю она решится попробовать снова. Но мать не желает ждать, она освобождает для нее место, силой выталкивает ее в круг. Робкая девочка неохотно берет за руки соседей, мечтая об одном: чтоб ее никто не заметил. Так и будет она стоять, может, мало-помалу заинтересуется, может, сделает первый шаг на пути к примирению с новой для нее жизнью группы. Но мать совершает новую бестактность: жаждет вовлечь ее в игру приманкой более активного участия.

— Девочки, почему у вас в кругу все время одни и те же? Вот эта еще не была, выберите ее!

Одна из водящих отказывается, две другие подчиняются, но неохотно.

Бедная новенькая во враждебной группе.

Эта сцена завершилась слезами ребенка, гневом матери, замешательством участников хоровода.

ЕСЛИ МЫ ВИДИМ РЕБЕНКА ТОЛЬКО В ОДИНОЧЕСТВЕ, МЫ УЗНАЕМ ЕГО ЛИШЬ С ОДНОЙ СТОРОНЫ

77. Наблюдение за хороводом в саду как практическое упражнение для воспитателей: сколько подмечено моментов. Общее наблюдение (это трудно: за всеми детьми, принимающими участие в игре),

индивидуальное (за одним, произвольно выбранным ребенком).

Инициатива, начало, расцвет и распад хоровода. Кто подает идею, организует, ведет? С чьим выходом из игры прекращается и сама игра? Кто из детей выбирает соседей, а кто берет за руки двух случайно оказавшихся рядом?

Кто охотно размыкает руки, чтобы дать место новым участникам, а кто возражает против этого? Кто часто меняет место, а кто все время остается на одном и том же?

Одни в перерывах терпеливо ждут, другие подгоняют: «Ну, скорее! Начинаем!» Одни стоят неподвижно, другие переступают с ноги на ногу, машут руками, громко смеются. Одни зевают, но не уходят, другие покидают игру: то ли их не интересует игра, то ли на что-то обиделись.

Кто-то настырно требует главной роли и не успокоится, пока ее не получит. Мать хочет включить в хоровод малыша. Один возражает: «Нет, он еще маленький!», другой отвечает: «Тебе что, жалко, что ли? Пусть стоит».

Если бы игрой руководил взрослый, он ввел бы очередность, поверхностно справедливое распределение ролей и, полагая, что он помогает, внес бы в игру принуждение.

Двое, почти все время одни и те же, бегают (кошка и мышка), играют (волчок), выбирают (садовник), остальные при этом, должно быть, скучают? Один глядит, другой слушает, третий поет шепотом, вполголоса, громко, четвертый вроде бы и хочет поучаствовать в игре, но колеблется, сердце у него колотится от волнения. А десятилетний заводила-психолог быстро оценивает ситуацию, овладевает ею, верховодит.

В любом коллективном действии, стало быть, и в игре, делая одно и то же, дети отличаются хотя бы в самой мелкой мелочи.

Давайте же вникнем, каков ребенок в жизни, среди людей, в действии, какова ему не тайная, а «рыночная» цена, что он впитывает, что способен выдать, как его оценивает окружение, какова его самостоятельность, сопротивляемость воздействию толпы.

Из задушевного разговора мы узнаем, о чем он мечтает, из наблюдения в коллективе — на что он реально способен; там узнаем, как он относится к людям, здесь — скрытые мотивы его отношения. Если мы видим ребенка только в одиночестве, мы узнаем его лишь с одной стороны.

Если дети его слушаются, то как он этого добился, как пользуется своим авторитетом; если же дети не слушают его, то нужен ли ему авторитет у детей, страдает ли, злится, или просто пассивно завидует, настаивает или уступает? Часто или редко спорит, чаще бывает прав или не прав, капризом или тщеславием руководствуется, тактично или грубо навязывает свою волю? Избегает ли заводил или же льнет к ним?

«Слушайте, давайте сделаем так... Подождите, так будет лучше!.. Я так не играю... Ну ладно, говори, как ты хочешь...»

БУДУЧИ НИЧЕМ, МЕЧТАЕТ СТАТЬ ВСЕМ

78. Что такое спокойные игры детей, как не разговор, обмен мыслями, чувствами, мечтами, воплощенными в драматургическую форму, сон о власти. Играя, дети высказывают свои настоящие взгляды, как автор по ходу действия романа развивает основную

мысль. Поэтому здесь так часто можно заметить неосознанную сатиру на взрослых: когда они играют в школу, наносят визиты, принимают гостей, угощают кукол, покупают и продают, нанимают и увольняют служанок. Пассивные дети серьезно относятся к игре в школу, жаждут получить похвалу, активные берут на себя роль озорников, выходки которых частенько вызывают коллективный протест; не выдают ли они бессознательно свое истинное отношение к школе?

Не имея возможности выйти хотя бы в сад, ребенок тем охотнее путешествует по океанам и необитаемым островам; не имея хотя бы собаки, которая бы его слушалась, командует полком; будучи ничем, мечтает стать всем. Но разве только ребенок? Разве политические партии, по мере того как они приобретают влияние на общество, не меняют воздушные замки на черный хлеб реальных завоеваний?

Нам не нравятся некоторые детские игры, исследования и попытки. Ребенок ходит на четвереньках и лает, чтобы понять, как живется зверю; притворяется хромым, сгорбленным стариком, косит, заикается, шатается, как пьяный, подражает увиденному на улице сумасшедшему, ходит с закрытыми глазами (слепой), затыкает уши (глухой), ложится навзничь и задерживает дыхание (мертвый); смотрит через очки; затягивается папиросой; тайком накручивает часы; обрывает мухе крылья (как она будет без них летать?); магнитом поднимает стальное перо; разглядывает уши (какие там еще барабанные перепонки?), горло (где там миндалины?); предлагает девочке поиграть в доктора в надежде увидеть, как она устроена; бежит с увеличительным стеклом, чтобы что-нибудь поджечь от солнца; слушает, что шумит в морской раковине; ударяет кремнем о кремень.

Все, в чем он может убедиться, он хочет проверить, увидеть, узнать, и все равно столько всего остается, чему надо верить на слово.

Говорят, что Луна одна, а ее отовсюду видно.

— Слушай, я стану за забором, а ты стой в саду.

Закрыли калитку.

— Ну что, есть в саду Луна?

— Есть.

— И тут есть.

Поменялись местами, проверили еще раз; теперь они удостоверились: Луна не одна, их две.

ОСОЗНАНИЕ СВОЕГО ЗНАЧЕНИЯ

79. Особое место занимают игры, цель которых заключается в испытании сил, в осознании своего значения, а этого можно достичь только путем сравнения себя с другими.

Отсюда: кто делает самые большие шаги, сколько шагов ты сможешь пройти с закрытыми глазами, кто дольше простоит на одной ноге, не моргнет, не рассмеется, глядя в глаза, кто может дольше не дышать? Кто громче крикнет, дальше плюнет, пустит самую высокую струю мочи или выше всех подбросит камень? Кто спрыгнет с самой высокой лестницы, прыгнет выше и дальше всех, дольше выдержит боль в стиснутом пальце? Кто быстрей добежит до черты, кто кого поднимет, перетянет, опрокинет?

«Я могу. Я знаю. Я умею. У меня есть».

«Я могу лучше. Знаю больше. А у меня есть лучше».

А потом:

«Мои мама и папа могут, знают...»

Таким образом обретается признание, занимается соответствующее место в своей среде. И следует помнить, что благополучие ребенка зависит не полностью от того, как его оценивают взрослые, но в равной и даже, может, в большей степени оно зависит от мнения ровесников, у которых другие, но тем не менее твердые принципы в оценке членов своего сообщества и распределении прав между ними.

Пятилетний ребенок может быть допущен в общество восьмилетних, а их, в свою очередь, могут терпеть десятилетние, которые уже самостоятельно ходят по улице и у которых есть пенал с ключиком и записная книжка. Приятель, который старше на два класса, способен объяснить множество непонятностей, за половинку пирожного или даже задаром он объяснит, просветит, откроет тайну.

Магнит притягивает железо потому, что он намагничен. Лучшие кони — арабские, у них тонкие ноги. У королей кровь не красная, а голубая. У льва и орла тоже наверняка голубая (об этом надо бы еще кого-нибудь спросить). Если труп схватит кого-нибудь за руку, то уже не вырвешься. В лесу есть женщины, у которых вместо волос гадюки, он сам видел на картинке, даже в лесу видел, но издалека, потому что, если посмотреть поближе, человек превратится в камень (врет небось?). Он видел утопленника, знает, как родятся дети, умеет из бумажки сделать портмоне. И он не просто говорил, что умеет, а прямо вот взял и сделал. Мама так не умеет.

НЕРАЗУМНОЙ ЛЮБОВЬЮ МОЖНО ИСКАЛЕЧИТЬ РЕБЕНКА

80. Если бы мы не относились пренебрежительно к ребенку, к его чувствам, стремлениям, желаниям, а следовательно, и к играм, мы бы понимали, что

он совершенно прав, когда с одним водится охотно, а вот другого избегает, встречается с ним по принуждению и играет неохотно. Можно подраться и с лучшим другом, но потом быстро приходит согласие, с немилым же и без явной ссоры водиться неохота.

С ним нельзя играть, он, чуть что, — ревет, сразу обижается, жалуется, кричит и бесится, хвастается, дерется, хочет быть главным, сплетничает, обманывает — врун, неуклюжий, маленький, глупый, грязный, противный.

Один маленький плаксивый вредина может испортить всю игру. Присмотрись, сколько усилий прилагают дети, чтобы его обезвредить! Старшие охотно принимают в игру малыша, потому что и он может на что-нибудь пригодиться, только пусть довольствуется второстепенной ролью, пусть не мешает.

«Отдай ему, уступи, разреши: он же маленький».

Неправда: взрослые тоже детям не уступают...

Почему он не любит ходить туда в гости? Ведь там есть дети, он охотно с ними играет.

Охотно, но только у себя или в саду. А там есть пан, который кричит; там назойливо целуют; служанка его обидела; старшая сестра дразнится; там собака, которой он боится. Самолюбие не позволяет ему назвать истинные мотивы, а мать думает, что это каприз.

Не хочет идти в сад. Почему? Потому что ему старший мальчик пригрозил, что побьет; потому что бонна одной девочки пообещала, что пожалуется на него; потому что садовник погрозил ему палкой за то, что он залез на газон за мячиком; потому что он обещал мальчику марку принести, а она куда-то подевалась.

Есть капризные дети, я их видел десятки на своих врачебных приемах. Эти дети знают, чего хотят, но им этого не дают, им не хватает воздуха, они задыхаются под тяжестью родительской опеки. Если дети в целом относятся к взрослым весьма прохладно, то эти патологически капризные дети свое окружение презирают и ненавидят. Неразумной любовью можно искалечить ребенка; закон должен взять его под свою защиту.

ДО ПОРЫ ДО ВРЕМЕНИ НАМ С НИМИ НЕПЛОХО

81. Мы обрядили детей в униформу детства и верим, что они нас любят, уважают, доверяют, что они невинны, доверчивы, благодарны. Мы безупречно играем роль бескорыстных опекунов, умиляемся при мысли о принесенных нами жертвах, и, можно сказать, до поры до времени нам с ними неплохо. Сначала они верят, потом сомневаются, пытаются отбросить коварно подкрадывающиеся сомнения, иной раз пробуют бороться с ними, а увидев бессмысленность борьбы, начинают водить нас за нос, подкупать, использовать.

Они подкупают нас просьбой, обаятельной улыбкой, поцелуем, шуткой, послушанием, подкупают сделанными нам уступками, редко и тактично дают нам понять, что и у них есть кое-какие права, иной раз побеждают нас настырностью, а иной раз открыто спрашивают: «А что я за это получу?»

Сто ипостасей покорных и взбунтовавшихся невольников.

«Некрасиво, неполезно, грешно. Пани в школе говорила. Ой, если бы мама знала...»

«Не хочешь — можешь идти. Твоя пани не умней тебя. Ну и что ж, что мама знает, что она мне сделает?»

Мы не любим, когда ребенок, которому мы читаем нотацию, что-то бурчит себе под нос, потому что в гневе на язык просятся искренние слова, которые мы и знать не хотим.

У ребенка есть совесть, но ее голос молчит в мелких будничных стычках, зато наружу выходит тайная ненависть к деспотической и, следовательно, несправедливой власти сильных и поэтому безнаказанных.

Если ребенок любит веселого дядюшку, то за то, что благодаря ему ребенок получает минуту свободы, за то, что он вносит в дом жизнь, за то, что принес ему подарок. А подарок тем более ценен, что удовлетворил давно вынашиваемую мечту. Ребенок намного меньше ценит подарки, чем мы думаем, он неохотно принимает их от неприятных ему людей:

«Он думает, что мне милостыню подал!» — бушует в ребенке унижение.

ОТНОСИТЬСЯ К ВЗРОСЛЫМ КАК К ПРИРУЧЕННЫМ, НО ДИКИМ ЗВЕРЯМ

82. Дураки все-таки эти взрослые: они не умеют пользоваться своей свободой.

Они такие счастливые, все могут купить, что хотят, все им можно, а они всегда на что-то злятся, кричат из-за ерунды.

Взрослые не все знают, часто отвечают, чтобы отвязаться, или шутят, или так говорят, что понять невозможно, один говорит одно, другой — другое, и неизвестно, кто говорит правду. Сколько на небе звезд? Как по-африкански будет «тетрадь»? Как засыпает человек? Живая ли вода, и откуда она знает, что сейчас ноль градусов, что из нее должен сделаться лед?

Где находится ад? Как тот пан сделал, что в шляпе из часов приготовилась яичница, и часы целы, и шляпа не испортилась: это чудо?

Взрослые не добрые. Родители дают детям есть, но они это и должны делать, а не то мы умрем. Они ничего детям не разрешают, смеются, когда что-нибудь скажешь, вместо того чтобы объяснить, нарочно дразнят, высмеивают. Они несправедливые, а когда их кто-нибудь обманывает, то они ему верят. Любят, чтобы к ним подлизывались. Когда они в хорошем настроении, то все можно, а когда злые, то все им мешает.

Взрослые врут. Это вранье, что от конфеток глисты заводятся, а если не будешь есть, то тебе цыган приснится, а если болтать ногами, то черта в люльке качаешь.

Они не держат слова: обещают, а потом забывают, или выкручиваются, или, вроде как в наказание, что-нибудь запрещают, да и так бы ведь не позволили.

Они велят говорить правду, а скажешь правду, так они обижаются. Они двуличные: в глаза говорят одно, а за глаза другое, не любят кого-нибудь, а сами притворяются, будто любят. Только и слышишь от них: «Пожалуйста, спасибо, извините, кланяюсь» — можно подумать, они и в самом деле так думают.

Настоятельно прошу вас обратить внимание на выражение лица ребенка, когда он, весело подбежав к вам, разыгравшись, скажет или сделает что-нибудь неуместное, и вдруг вы резко его одергиваете.

Отец что-то пишет — ребенок прибегает с новостями и тянет его за рукав. Он не понимает, что из-за этого на важном документе появится клякса. Обруганный, он смотрит полными удивления глазами: что случилось?

Опыт нескольких неуместных вопросов, неудачных шуток, выданных тайн, неосторожных признаний учит ребенка относиться к взрослым как к прирученным, но диким зверям, которым никогда нельзя полностью доверять.

БЕДНЫЕ, БЕДНЫЕ СТАРИКИ, КОТОРЫМ ВСЕ МЕШАЕТ

83. Кроме пренебрежения и антипатии, в отношении детей к взрослым можно заметить и некоторое отвращение. Колючая борода, шершавое лицо, запах сигары раздражают ребенка. После каждого поцелуя он старательно вытирает лицо, пока ему это не запретят. Большинство детей терпеть не могут, когда их берут на колени, возьмешь его за руку — он осторожно высвобождает ее. Толстой заметил эту черту у деревенских детей, она свойственна всем не запуганным и не подавленным.

И о вони пота, и о сильном аромате духов ребенок с отвращением говорит «воняет» — пока его не научат, что так говорить некрасиво, что духи пахнут очень хорошо, просто он в этом не разбирается...

Все эти господа и дамы с их отрыжкой, ломотой в костях, давлением, горечью во рту, им вредны сквозняки и сырость, они боятся есть на ночь, их душит кашель, зубов нет, по лестнице им ходить трудно, красные, жирные, сопящие — какое все это противное.

А эти их сюсюканья, поглаживания, поцелуи, объятия, похлопывания по плечу, эта фамильярность, снисходительность, бессмысленные вопросы, смех неизвестно отчего.

«На кого она похожа? Ого, какой большой вырос. Поглядите только, как он растет!»

Ребенок, смущенный, ждет, когда это кончится...

Им ничего не стоит сказать при всех: «Эй, трусы потеряешь», или: «Не пей столько, не то ночью рыбу будешь ловить». Они неприличны...

Ребенок чувствует себя чище, лучше воспитанным, более достойным уважения.

«Он боится есть, боится сырости. Трýсы: вот я совсем не боюсь. Раз они боятся, пускай сами и сидят за печкой, почему они нам все запрещают?»

Дождь: он выбежит из укрытия, постоит под ливнем, со смехом убежит, приглаживая волосы. Мороз: он согнет руки в локтях, сгорбится, ссутулит плечи, задержит дыхание, напряжет мускулы, пальцы коченеют, губы синие, поглазеет на похороны, на уличную драку и бежит погреться: «Бр-р-р, я замерз, весело!»

Бедные, бедные старики, которым все мешает.

И едва ли не единственное доброе чувство, которое ребенок постоянно к нам питает: жалость. «Видно, что-то им мешает, раз они несчастливы». Бедный папа работает, мама слабенькая, они скоро умрут, бедняжки, не надо их огорчать.

ДУША РЕБЕНКА СТОЛЬ ЖЕ СЛОЖНА, КАК И НАША

84. Оговорка.

Кроме перечисленных выше чувств, которые ребенок, несомненно, переживает, кроме собственных размышлений, ребенок понимает и долг; он не может полностью освободиться от внушенных ему взглядов и чувств.

Активные — выразительнее и быстрее, пассивные — позже и более туманно, но все они переживают конфликт раздвоения личности. Активный самостоятельно мыслит, пассивному «открывает глаза» товарищ по несчастью, но никто из них не систематизирует своих мыслей, как это сделал я. Душа ребенка столь же сложна, как и наша, и полна подобных противоречий в трагической борьбе с извечным: хочу, но не могу, знаю, что надо, но не справлюсь.

Воспитатель, который не вдалбливает, а освобождает, не тянет, а поднимает, не угнетает, а формирует, не диктует, а учит, не требует, а спрашивает, переживет вместе с ребенком множество вдохновенных минут. Ему не раз придется полными слез глазами смотреть на битву ангела с дьяволом, где белый ангел одерживает победу.

Солгал.

Потихоньку слизал варенье с торта. Задрал девочке подол платья. Бросал камнями в лягушек. Смеялся над толстяком. Сломал статуэтку и сложил, чтобы видно не было. Курил папиросу. Разозлился и мысленно обругал отца.

Он поступил плохо и чувствует, что это не в последний раз, что его снова что-нибудь будет искушать, что его снова подговорят.

Случается, что ребенок вдруг становится тихим, послушным и нежным. Взрослые уже знают: «Наверняка у него что-то на совести». Часто этой странной перемене предшествует буря чувств, плач, приглушенный подушкой, решения, торжественная клятва. Бывает, что мы готовы простить, лишь бы нам дали заверение — нет, не гарантию, но иллюзию, — что пакостный поступок не повторится.

«Я не стану другим. Я не могу обещать».

Не упрямство, а честность диктует эти слова.

— Я понимаю, что вы говорите, но не чувствую этого, — сказал двенадцатилетний мальчик.

Эту честность, достойную уважения, мы встречаем и у детей с дурными наклонностями.

— Я знаю, что воровать нельзя, что это стыдно и грешно. Я не хочу воровать. Я не знаю, может, я и снова украду. Я не знаю.

Болезненные минуты переживает воспитатель, видя отражение собственного бессилия в беспомощности ребенка.

РЕЦЕПТ САМОУЧЕК ОТ ПЕДАГОГИКИ

85. Мы подчиняемся иллюзии, что ребенок может долго довольствоваться ангельским мировосприятием, где все просто и ясно, что мы сумеем скрыть от него невежество, слабости, противоречия, наши поражения и падения и что у нас нет формулы счастья.

Как наивен рецепт самоучек от педагогики, что детей следует воспитывать последовательно; что отец не должен критиковать поступки матери; что взрослые не должны разговаривать при детях; что служанка не должна лгать, будто «господ нет дома», когда звонит нежеланный гость.

А почему нельзя мучить животных, когда мухи в страшных мучениях сотнями гибнут на липучке? Почему мама покупает красивое платье, а сказать при чужих, что платье красивое, нехорошо? Разве кот обязательно предатель? Молния сверкнула: няня перекрестилась и говорит, что это Бог, а пани учительница — что это электричество? За что надо уважать взрослых? И ворюгу тоже? Я слышал, как дядя сказал: «У меня кишка кишке колотит по башке!» — а так говорить неприлично. Почему «пся крэв» («сукин сын») — это ругательство? Кухарка верит в сны, а мама нет. Почему говорят «здоров как бык», ведь и быки болеют? А как это — вылететь в трубу? Почему неприлично спрашивать, сколько стоит подарок?

Как можно что-то скрыть, как объяснить, чтобы не усугубить непонимания?

О, эти наши ответы...

Так получилось, что дважды я был свидетелем, как ребенку перед витриной книжного магазина объясняли, что такое глобус.

— Что это за мячик? — спрашивает ребенок.

— Ну, такой вот мячик, — отвечает няня.

В другой раз:

— Мама, что это за шарик?

— Это не шарик, это Земля. Там дома, лошадки, мамочка.

— Ма-а-амочка?

Ребенок поглядел на мать с сочувствием и страхом и вопроса не повторил.

МЫ ВИДИМ ДЕТЕЙ, КОГДА ОНИ ОТЛИЧАЮТСЯ ОТ НАС

86. Мы видим детей в бурных проявлениях радости и горя, когда они отличаются от нас, и не замечаем спокойных настроений, тихой задумчивости, глубоких переживаний, болезненных удивлений, язвящих подозрений и унизительных сомнений, в которых они похожи на нас.

Ребенок «настоящий», не только когда он прыгает на одной ножке, но и когда он разгадывает тайны удивительной сказки жизни. Надо только исключить действительно «искусственных» детей, которые напоказ повторяют фразы, заученные или подхваченные от взрослых. Ребенок не умеет думать «как взрослый», но он может по-детски задумываться над серьезными проблемами взрослых; отсутствие знаний и опыта заставляет его думать иначе.

Я рассказываю сказку: волшебники, драконы, колдуньи, заколдованные царевны... вдруг раздается наивный, на первый взгляд, вопрос:

— А это правда?

И я слышу, как кто-то снисходительно объясняет:

— Да ведь пан учитель сказал, что это сказка.

Ни персонажи, ни действие неправдоподобными не бывают; так могло быть, но так не было, потому что мы заранее объявили: сказки — это не правда.

Речь, которая должна была разогнать ужасы и странности окружающего мира, напротив, углубила и расширила неведение. Раньше маленькая текущая жизнь личных потребностей требовала определенного количества решительных ответов; новая большая жизнь слова утопила ребенка во всех проблемах разом, вчерашних и завтрашних, далеких и очень далеких. Нет времени ни разгадывать, ни даже просто рассматривать все. Теоретическое знание отрывается от повседневной жизни, устремляясь куда-то ввысь, где его невозможно проверить.

Именно здесь активный и пассивный темпераменты преображаются в разные типы мышления: реалистический и рефлексивный.

Реалистический верит или не верит в зависимости от воли авторитета — удобней, выгодней верить; рефлексивный расспрашивает, делает выводы, возражает, бунтует мыслью и действием. Неосознанное лицемерие первого мы противопоставляем жажде познания второго; это ошибка, она затрудняет диагноз и обрекает на неудачу воспитательную терапию.

В психиатрических клиниках стенограф записывает монологи и разговоры пациентов, то же самое будет когда-нибудь в будущих педагогических клиниках.

На сегодня у нас есть только материал детских вопросов.

«ПЕРЕСТАНЬ МОЛОТЬ ЧЕПУХУ»

87. Жизнь — сказка. Сказка о мире животных. В море есть рыбы, которые глотают людей. Они больше корабля? А если рыба проглотит человека, он задохнется? А если рыба проглотит святого? Что она ест, когда ни один корабль не потонет? А можно поймать такую рыбу? А как живут в море обыкновенные рыбы? Почему их не выловят? А их много? Миллион? Можно ли из большой рыбы сделать лодку? Эти рыбы доисторические?

У пчел есть царица-матка, а почему у них нет царя, он, наверное, умер? Раз птицы знают, как лететь в Африку, значит, они умнее людей, а птицы ведь не учились в школе. Почему сороконожка? — у нее же не сорок ног, а сколько их на самом деле? А все лисы хитрые? Почему они не исправятся, почему они такие? Если бить и мучить собаку, неужели она будет верна и такому хозяину? А почему нельзя смотреть, когда собака залезает на другую собаку? А чучела когда-то были живыми зверями? А человека можно набить, как чучело? Улитке очень неудобно жить? Если ее вытащить, она умрет? Почему она такая мокрая? Она рыба? А она понимает, когда говоришь: «Улитка-улитка, высуни рога»? Почему у рыб холодная кровь? Почему змее не больно, когда она меняет кожу? О чем разговаривают муравьи? Почему человек умирает, а животные дохнут? А паук подохнет, если ему порвать паутину? Откуда он берет нитку, чтобы сделать новую паутину? Как из яйца рождается курица, может, яйцо надо в землю закопать? Если страус ест камни и железо, то чем он какает? Откуда верблюд знает, на сколько дней ему нужно сделать запас воды? Неужели попугай ни капельки не понимает того, что говорит? Он умнее собаки? Почему собаке нельзя подрезать язык, чтобы она тоже разговаривала? Робинзон первый научил попугая говорить, это трудно, как это делается?

Яркая сказка о растениях.

Дерево живет, дышит, умирает. Из маленького желудя вырастает дуб. Из цветка получается груша... а это можно увидеть? А рубашки растут на деревьях? Это говорила учительница в школе (даже побожился), это правда? Отец ответил: «Перестань молоть чепуху», мама — что растут, но не на деревьях, а лен растет в поле, а учительница сказала, что на арифметике об этом говорить нельзя, она когда-нибудь потом объяснит. Значит, это не вранье, вот бы хоть одно такое деревце увидеть!

Ну что такое по сравнению с этими диковинами дракон? Его нет, но ведь он мог бы быть. Как Крак мог убить дракона, если его не было? Если никогда не было сирен, то зачем их рисуют?

А ГНОМЫ ЕСТЬ НА САМОМ ДЕЛЕ?

88. Сказка о народах.

Негр черный, пусть даже сто лет моется. А язык у него не черный, и зубы тоже не черные. Он же не черт: ни рогов, ни хвоста у него нет. Дети у него тоже черные.

Они ужасно дикие — едят людей. В Бога они не верят, зато верят в лягушек. Раньше все в деревья верили, глупыми были, греки тоже верили во всякую ерунду, но они были умными, почему же тогда они верили в такое? Негры ходят по улице голыми и совсем не стесняются. В нос они засовывают ракушки и думают, что это красиво. Почему им никто не скажет, чтобы они этого не делали? Вот же им везуха: едят себе финики, инжир и бананы, у них обезьяны есть, и учиться им совсем не надо: маленький мальчик сразу идет на охоту.

Китайцы носят косу, они очень смешные.

Французы очень умный народ, но едят лягушек и говорят «бонжур». Хоть и умные, а так смешно разговаривают: «Парле франсе — комар муху укусэ». А немцы говорят: «Вас ист дас, капуста и квас». Евреи всего боятся, кричат: «Ай-вей» и мошенничают. Еврей вот обязательно должен мошенничать, потому что они Иисуса убили.

В Америке тоже есть поляки, что они там делают, зачем они туда уехали, там хорошо?

Цыгане крадут детей, ноги им ломают и велят просить милостыню или в цирк отдают.

Наверное, в цирке классно выступать. А если руку один раз набить, то потом всегда можно всякие фокусы выделывать?

А гномы есть на самом деле? Почему их нет? Если их нет, то откуда известно, как они выглядят?

По улице шел маленький такой пан, все на него оглядывались. Правда, что лилипуты никогда не растут, это они в наказание такие маленькие?

Финикийцы были волшебниками? Как они из песка могли сделать стекло? Это трудно?

А горцы ходят и по таким горам, из которых бьет огонь?

А моряки — это народ такой? Они могут жить в воде? Кем труднее быть — моряком или водолазом? Кто из них главней?

Иногда вопрос настораживает:

— Если я весь, с ног до головы, вымажусь чернилами, негры меня признают за своего?

Ребенок с трудом мирится с информацией, которая нс может иметь практического применения.

Ему хочется тоже сделать так или попробовать, ну хотя бы увидеть вблизи.

ПОЧЕМУ КАНАРЕЙКА НЕ МОЖЕТ ПОПАСТЬ В РАЙ

89. Сказка о человеке.

А бывают люди, у которых глаза стеклянные? Можно эти глаза вынимать, можно ли этими глазами видеть? Зачем парики и почему все смеются над лысыми? Есть ли люди, которые умеют говорить животом? Это они пупком говорят? Зачем нужен пупок?

Говорят, в ушах барабанные перепонки. Это настоящие барабаны? Почему слезы — соленые и море — тоже соленое? Почему у девочек длинные волосы и вообще они устроены по-другому? А во рту растут бобы? А почему тогда говорят «если бы да кабы, да во рту росли бобы»? Умирать обязательно? Где я был, когда меня не было на свете? Служанка говорит, что можно так посмотреть, что сглазишь, и от этого можно заболеть, а если три раз плюнуть, то не заболеешь. Что делается в носу, когда чихаешь? Сумасшедший — это больной? А пьяный тоже больной? Кто хуже: пьяный или сумасшедший? Почему мне сейчас нельзя узнать, как родятся дети? Ветер бывает оттого, что кто-то повесился? Что лучше — быть слепым или глухим? Почему дети умирают, а старики долго живут? Когда нужно больше плакать: когда умрет бабушка или братик? Почему канарейка не может попасть в рай? Мачеха обязательно должна бить детей? Грудное молоко тоже от коровы? Когда что-то снится, то это на самом деле бывает или только кажется? Почему бывают рыжие волосы? Почему без мужа нельзя родить ребенка? Что лучше — съесть ядовитый гриб или чтоб гадюка укусила? Правда ли, что если постоять на дожде, то быстрей вырастешь? Что такое эхо, почему оно живет в лесу? Почему, если сложить ладонь как подзорную трубу, можно увидеть целый дом? Как он там умещается? Что такое тень, почему от нее нельзя убежать? Правда ли, что, если девочку поцелует усатый, у нее усы вырастут? Правда, что в зубах есть червяки, только их нельзя увидеть?

АВТОРИТЕТЫ ТРЕБУЮТ ПОСЛУШАНИЯ

90. Сказка об авторитетах.

У ребенка множество богов, полубогов и героев.

Авторитеты делятся на видимые и невидимые, живые и мертвые. Их иерархия безмерно сложна. Мама, отец, бабушка, дедушка, тетки, дядья, домашняя прислуга, полицейский, солдат, король, доктор, вообще старшие, ксендз, учитель, более опытные сотоварищи.

Авторитеты зримые, но неживые: крест, свиток Торы, молитвенник, святые иконы, портреты предков, памятники великих людей, фотографии неизвестных.

Авторитеты невидимые: Бог, здоровье, душа, совесть, умершие, волшебники, черти, ангелы, духи, волки, дальние родственники, о которых в доме часто говорят.

Авторитеты требуют послушания, это ребенок понимает, с болью понимает.

Они требуют любви — с этим справиться намного труднее.

Я больше люблю мамулю и папулю.

Малыши кокетничают невразумительным ответом на непонятный вопрос.

Ребенок постарше этого вопроса не выносит: он их смущает и унижает. Ребенок иногда любит сильно, иногда слабее, иногда так себе, ровно столько, сколько необходимо, иногда ненавидит... да, это ужасно, но что же делать, если ненавидит.

Уважение — чувство настолько сложное, что ребенок отрекается от самостоятельного решения, полагается на опыт старших.

Мама приказывает служанке, и та боится мамы. Мама сердилась на бонну. Но мама должна спросить разрешения у доктора. И полицейский может маму наказать. А вот одноклассник не обязан ее слушаться. На папу сердился начальник, поэтому папа грустный.

Солдат боится офицера, офицер – генерала, а генерал — короля. Тут все понятно. Может, поэтому мальчиков так занимают военные, может, поэтому дети так точно дозируют уважение в зависимости от того, кто в каком классе учится, тут тоже все легко понять.

В высшей степени достойны уважения посредники между авторитетами зримыми и незримыми.

Ксендз разговаривает с Богом, у доктора какие-то свои делишки со здоровьем, у солдата — свои отношения с королем, а служанка много знает о чарах, страшилках и духах.

Бывают, однако, минуты, когда самым достойным уважения оказывается пастух, вырезающий ножиком фигурку: этого не умеют ни мама, ни генерал, ни доктор.

СОМНЕНИЯ И ТРЕВОЖНЫЕ ВОПРОСЫ

91. Почему от неспелых фруктов болит живот? Где помещается здоровье — в животе или в голове? Здоровье — это душа? Почему собака может жить без души, а человек без нее умирает? А доктор может заболеть и умереть? Почему? Почему все великие люди умерли? Правда, что есть такие люди, которые пишут книги и все-таки еще живы? Короли всегда умирают: они не жильцы на этом свете. У королевы есть крылья? А Адам Мицкевич был святым? А ксендз видел Бога? А орел может долететь до самого неба? А Бог молится? А что делают ангелы — спят, едят, играют в футбол? Кто шьет им платья? Чертям бывает очень больно? Это черти отравили ядовитые грибы? Если Бог сердится на убийц, почему же Он велит за них молиться? Моисей очень испугался, когда увидел Бога? Почему папа не молится, это ему Бог разрешил? Гром — это чудо? Воздух — это Бог? Почему нельзя увидеть воздух? А воздух сразу влезает в пустую бутылку или постепенно? Откуда он знает, что там нет воды? Почему бедняки ругаются? Если дождь — не чудо, то почему никто не может сделать дождь? Из чего сделаны тучи? Тетя, которая живет далеко, она что, в гробу живет?

Как же по-детски наивна надежда родителей (только не называйте их прогрессивными), что, сказав детям «Бога нет», они облегчают им понимание окружающего мира: нет Бога, а что же есть? Кто все это сделал, что будет, когда я умру? Откуда взялся первый человек? А правда, что если не молиться, то живешь, как скот? Папа говорит, что ангелов нет, а я своими глазами ангела видела. Если нет греха, то почему нельзя убивать? Ведь и курице больно?

Такие же сомнения и тревожные вопросы.

ЧЕГО ЕМУ НЕ ХОТЯТ ИЛИ НЕ МОГУТ ОБЪЯСНИТЬ

92. Мрачная сказка, таинственная нищета.

Почему голоден, почему беден, почему ему холодно, почему не купит, почему у него нет денег, почему «за так» ничего не дадут?

Ты говоришь:

«Бедные дети грязные, говорят неприличные слова, в головах у них червяки. Бедные дети болеют, от них можно заразиться. Они дерутся, кидаются камнями, могут глаз выбить. Во двор ходить нельзя, на кухню — тоже нельзя: там нет ничего интересного».

А жизнь — свое:

«И вовсе они не болеют, целыми днями бегают веселые, пьют воду из колодца, покупают вкусные разноцветные конфеты. Мальчик машет метлой, метет двор, убирает снег — это ужасно здорово. Никаких червяков у них нет, это неправда, камнями они не кидаются, глаза у них целые, они не дерутся, а борются. Неприличные слова смешные, а в кухне в сто раз интересней, чем в комнате».

Ты говоришь ребенку:

«Бедных нужно любить и уважать, они добрые, очень много работают. Надо быть благодарным кухарке — она готовит нам обед, дворнику — он следит за порядком. Поиграй с детьми дворника».

А жизнь — свое:

«Кухарка курицу убила, завтра будем ее есть, мама тоже будет, потому что вареной курице не больно, а кухарка убила живую, мама на это даже смотреть не могла. Дворник утопил щенят, а они были такие чудесные. У кухарки шершавые руки, она вечно возится в грязной воде. От мужика воняет. От еврея тоже воняет. Торговку не называют “пани”, просто говорят — “торговка”, и к дворнику не обращаются “пан”, говорят просто — “дворник”. Дети бедняков грязные, стоит им что-нибудь показать, они сразу клянчат: “Дай мне!”, если не дашь, то собьют с тебя шапку, смеются, а один плюнул, прямо в лицо плюнул...»

Ребенок еще не слыхал о злых колдунах, но уже опасливо подходит к нищему, чтобы подать грош.

Ребенок знает, что и тут ему всего не говорят, что и в этом кроется что-то мерзкое, чего ему не хотят или не могут объяснить.

А ПОТОМ МСТИТ ЗА ЭТО

93. Чудачества светской жизни и правил хорошего поведения. Неприлично совать палец в рот, ковырять в носу, шмыгать носом. Неприлично просить, говорить «не хочу», отшатываться, когда тебя целуют, говорить: «Это неправда». Неприлично громко зевать, говорить: «Мне скучно». Неприлично подпирать голову рукой, первым подавать руку взрослым. Неприлично болтать ногами, держать руки в карманах, оглядываться на улице. Неприлично громко говорить. Неприлично показывать пальцем.

Почему?

Эти запреты и заповеди — из разных источников, ребенок не в состоянии уловить их сути и связи.

Неприлично бегать в одной рубашке и неприлично плевать.

Почему неприлично отвечать на вопросы взрослых сидя? Если отца встречаешь на улице, ему тоже нужно кланяться?

Что делать, если кто-то говорит неправду, например, дядя говорит: «Ты девчонка» или: «Я тебя у мамы купил», — но ведь это вранье.

— Почему с девочками надо быть вежливым? — спросил меня ученик.

— Этому есть историческое объяснение, — ответил я.

— Почему ты написал «вернулся» через «и»? — спросил я его через пару минут

— Этому есть историческое объяснение, — ответил он с ехидной ухмылкой.

На тот же вопрос одна мать ответила:

— Понимаешь, ведь девочка будет рожать детей, будет болеть и т. д.

Вскоре брат и сестра снова повздорили.

— Мамуля, ну какое мне дело до того, что она будет рожать детей! Мне важно, чтобы она плаксой-ваксой не была.

Наименее правильным представляется мне самое частое объяснение:

— Над тобой будут смеяться.

Это удобно и действенно: ребенок боится быть смешным.

Но над ним будут смеяться и за то, что он слушается маму, и за то, что он ей доверяет, и за то, что в будущем не захочет играть в карты, пить водку, идти в публичный дом.

И родители, пугая ребенка тем, что он покажется смешным, совершают нелепые ошибки. Самая вредная ошибка — скрывать недостатки ребенка и пробелы в его воспитании: ребенок до поры до времени за щедрое вознаграждение притворяется при гостях хорошо воспитанным, а потом мстит за это.

РОДНАЯ РЕЧЬ

94. Родная речь — это не подобранные и выбранные для ребенка запреты и нравоучения, а воздух, которым дышит его душа наравне с душой всего народа. Правда и сомнение, вера и обычай, любовь и неприязнь, своеволие и серьезность, достоинство и низость, богатство и бедность, все, что создал в своем вдохновении пророк и выблевала в пьяном бреду сволочь, столетия плодотворного труда и мрачные годы неволи.

Кто размышлял над этим, кто писал об этом, кто исследовал, как уничтожать бактерии и насыщать эту стихию озоном? Может, тогда оказалось бы, что не здоровое простонародное «срать», а салонное «роковая женщина» таит в себе зародыши разложения?

«Да славится Господь. Бог его наказал. Бес попутал. Как в раю. На седьмом небе. В доме — сущий ад. Благословляю на дорогу. Как у Христа за пазухой. Помогай тебе Бог. Святой — с молока снятой. Как по мертвому вычитывает. Без гроша за душой. Душа нараспашку. Черту бы душу продал. И он не без греха. Седина в бороду — бес в ребро.

На здоровье. Твое здоровье. Пятница — день роковой. Икота — значит, кто-то вспоминает. Нож упал — жди голодного гостя. Суп пересолила — точно влюбилась. У попа шкварки слопал. Одной ногой в могиле.

Китайские церемонии. Цыганская свадьба. Еврейское счастье. Милость Господня. Плебейская рожа. Сиротская доля.

Старый зануда, старый идиот, беззубая ведьма. Сопляк, дурак, щенок, желторотый, молоко на губах не обсохло.

Слепой? Нет, незрячий. Старый? Нет, почтенного возраста. Не калека, а человек с ограниченными возможностями.

Собачья погода. Собачья жизнь. Сучий потрох. Сукин сын. Не все коту масленица. Волчий аппетит. Я ему рожу растворожу.

Без царя в голове. В голове ветер гуляет. Пускать пыль в глаза. Шариков не хватает. Лопнуть со смеху. Променять кукушку на ястреба. Знать как свои пять пальцев. Ох и вырастет из нее конфетка. Жизнь мне отравляет».

Что это такое? Откуда это взялось? Зачем все это?

Дуб — это существительное, дуб — это подлежащее.

Но почему: тупой, как дуб? Можно ли назвать умным того пана, который выдумал грамматику?

ВЗРОСЛЫЕ ДОЛЖНЫ ПОМНИТЬ ОБ ЭТОМ

95. Дети не любят непонятных выражений, хотя временами и пытаются потрясти ими окружающих. Они довольно избирательно усваивают язык взрослых, явно сопротивляясь некоторым нашим выражениям и речевым оборотам.

«Слышь, дай мне это. Слушай, одолжи мне. Эй, покажи».

«Эй, слышь, слушай» — аналоги нашего «пожалуйста».

Просить — для ребенка значит «клянчить», «просить милостыню» (нищий просит). Ребенку не по душе это унизительное выражение.

«Думаешь, я просить буду? Не проси его. Как же, буду я его просить! Погоди, ты у меня еще попросишь!»

Мне запомнился один удивительно торжественный оборот:

— Видишь, ты какой, а я тебя так просил...

Даже обращаясь к взрослым, ребенок предпочитает форму «пусть мама, пусть пан» — и только по настоятельному требованию он «просит».

Словом «понимаешь» ребенок заменяет не менее неприятное «извини».

«Понимаешь, я нечаянно. Понимаешь, я не хотел. Понимаешь, я не знал».

А богатство оборотов уговоров и предупреждения, чтобы избежать бурных сцен:

«Перестань, отстань, не лезь, проходи, ступай своей дорогой. Перестань. Отойди же. Говорю тебе, перестань. Прошу тебя перестать (это уже и не просьба, а решительный приказ). Ты отстанешь когда-нибудь? Слушай, ты перестанешь наконец?»

Угроза:

«Получить хочешь? Нарываешься? Вот увидишь, пожалеешь еще. Эй, ты у меня заплачешь».

Пренебрежительное удвоение слов:

«Ладно, ладно.. Да знаю, знаю... Погоди, погоди».

Мы заставляем ребенка бояться.

«Очень я тебя боюсь. Так я тебя и испугался! Ой-ой-ой, напугал!»

Любая собственность ребенка — спорная: ему нельзя отдать ее, не спросив разрешения, нельзя уничтожить, он обладает только правом пользования (тем больше он ценит безраздельную собственность).

— Твоя парта, твой стол?

— А вот мой. (Или: «Твой, что ли?»)

— Я первый сюда сел.

«Первый» занял место, начал здесь играть, начал копать.

Взрослые, охраняя собственный покой, очень поверхностно решают споры детей.

«Он ко мне пристал. Он первый начал. Я стою, ничего не делаю, а он...»

Интересна форма отрицательная:

«А я как не стукну его. А я как не побегу. А мы как не начнем смеяться!»

Содержание рассказа — шалости. Может быть, «не» — это эхо запретов?

«Помни, ты обещал. Дал слово. Нарушил слово».

Кто не сдержит обещания, тот свинья. Взрослые должны помнить об этом.

Богатый материал для исследований.

КАК ГОВОРИТЬ С ДЕТЬМИ, ЧТОБЫ ОНИ СЛУШАЛИ

96. Ребенок, не окончательно разобщенный с бедняками, любит кухню, и любит не потому, что там есть чернослив и изюм, а потому, что там всегда что-то делается, когда в комнатах не делается ничего, любит кухню, потому что там интереснее сказки, потому что, кроме сказки, он услышит там еще и рассказ из настоящей жизни, да и сам что-нибудь расскажет, и его с интересом выслушают, потому что в кухне он человек, а не мопсик на атласной подушечке.

— Сказку, значить? Ага, ладушки. Так что же мне рассказать тебе? Ну, значит, вот как дело было. Сейчас, только вспомню, как оно все случилось.

Прежде чем начнется сказка, у ребенка есть время принять удобную позу, поправить одежду, откашляться, приготовиться к долгому слушанью.

— Вот, значит, идет она по лесу. А там темным-темно, ничего не видать: ни деревьев, ни зверей, ни камней. Темно, хоть глаз выколи. И уж так она боится, так боится. Перекрестилась раз, страх маленько и отступил, перекрестилась другой и идет себе дальше.

Я пробовал так рассказывать — это нелегко. У нас нет терпения, мы торопимся, мы не уважаем ни сказки, ни слушателя. Ребенок не поспевает за темпом нашего рассказа.

Может, умей мы так рассказать о полотне, которое делается из льна, ребенок не думал бы, что рубашки растут на деревьях, а в землю сеют пепел...

История из жизни:

— Встаю я утром, а у меня все в глазах двоится: смотрю на что-то одно, а вижу — два. Смотрю на печную трубу — две трубы, смотрю на стол — два стола. Знаю же, что один, а вижу два. Тру глаза — не помогает. А в голове стучит, стучит...

Ребенок ждет разгадки, и когда наконец произносится незнакомое слово «тиф», он уже подготовлен к восприятию неизвестного ему выражения.

— Доктор и говорит: тиф...

Пауза. Рассказчик отдыхает, отдыхает и слушатель.

— Стало быть, вот оно как, заболел я этим тифом.

И рассказ течет дальше.

Простая история о том, как в деревне жил крестьянин, который никаких собак не боялся, как он побился об заклад и пса, злющего, как волк, взял на руки и принес, будто теленка, превращается в эпос. А как на свадьбе один бабой переоделся и его никто не узнал... А как крестьянин украденного коня искал.

Может, будь мы более чуткими, на эстраде появился бы сказочник в зипуне, научил бы нас, как говорить с детьми, чтобы они слушали. Нам нужно всматриваться и вслушиваться, а мы предпочитаем запрещать.

РЕБЕНОК ХОЧЕТ ЗНАТЬ

97. Это правда?

Надо понять суть этого вопроса, который мы терпеть не можем, считая его лишним.

Если мама, если учительница сказала, значит, это правда. Ба, ребенок уже убедился, что каждый человек обладает лишь частицей знания, и, например, кучер знает о лошадях больше, чем даже отец. Дальше: не каждый ответит, даже если знает. Иногда им не хочется, иногда они пригибают правду до детского уровня, часто скрывают ее либо сознательно искажают.

Кроме знания, существует еще вера: один верит, другой нет, бабушка верит снам, мама — нет.

Кто прав?

Наконец, существует ложь в форме шутки и ложь, чтобы похвалиться.

— Правда, что Земля — шар?

Все говорят, что правда. Но если кто-то один скажет, что неправда, останется тень сомнения.

— Вы были в Италии, правда, что Италия похожа на сапог?

Ребенок хочет знать, видел ли ты это сам или знаешь от других, откуда ты знаешь. Хочет, чтобы ответы были короткими и уверенными, понятными, однозначными, серьезными и честными.

— Как термометр мерит температуру?

Один говорит: ртуть, другой: живое серебро (почему живое?), третий, что тела расширяются (а разве термометр — тело?), а четвертый: подрастешь — узнаешь.

Сказка об аисте оскорбляет и злит детей, как всякий шутливый ответ на серьезный вопрос типа: откуда берутся дети или почему собака лает на кошку.

«Не хотите говорить — не надо, не облегчайте мне работу, но зачем вы ставите мне палки в колеса, почему издеваетесь над тем, что я хочу знать?»

Ребенок, из мести товарищу, говорит:

— А я что-то знаю, но раз ты такой, не скажу.

Да, вот так: в наказание не скажет. Но взрослые-то за что его наказывают?

Я записал еще несколько детских вопросов:

«Этого никто на свете не знает? Этого нельзя знать? А кто это сказал? Все или только один? Так всегда бывает? Так должно быть?»

ПОЧЕМУ ОНИ ЗАПРЕЩАЮТ? ЖАЛКО ИМ, ЧТО ЛИ?

98. Можно ли!

Не разрешают, потому что грех, потому что вредно, потому что неприлично, потому что слишком мал, потому что не разрешают, и все тут.

И тут есть сомнительные и запутанные проблемы. Иной раз что-то оказывается вредным только потому, что мама сердита, иной раз что-то разрешат и маленькому, потому что отец в хорошем настроении или при гостях.

— Почему они запрещают, жалко им, что ли?

Счастье, что рекомендуемая теорией последовательность воспитания на практике невыполнима.

Потому что как вы хотите ввести ребенка в жизнь в уверенности, что все справедливо, разумно, правильно, обоснованно и неизменно? В теории воспитания мы забываем о том, что должны учить ребенка не только ценить правду, но и распознавать ложь, не только любить, но и ненавидеть, не только уважать, но и презирать, не только соглашаться, но и возмущаться, не только слушаться, но и бунтовать!

Мы часто встречаем взрослых людей, которые возмущаются, когда надо бы не обратить внимания, презирают, когда надлежит сочувствовать. Потому что в области негативных чувств мы самоучки, потому что, обучая нас азбуке жизни, нам преподают только несколько букв, а остальные скрывают. Что же удивительного, если мы читаем с ошибками?

Ребенок чувствует неволю, страдает из-за сковывающих его уз, тоскует по свободе, но не находит ее, потому что оковы, меняя форму, сохраняют суть запрета и принуждения.

Мы не в силах изменить нашей взрослой жизни, потому что воспитаны в неволе, мы не можем дать ребенку свободу, пока мы сами в кандалах.

Если бы я выбросил из воспитания все то, что прежде времени сковывает моего ребенка, это встретило бы суровое неприятие и его ровесников, и взрослых. Разве необходимость прокладывать новые пути, тяготы движения против течения не были бы ярмом еще более тяжким? Как горько расплачиваются в школах-интернатах недавние вольные птицы деревенских двориков за несколько лет относительной свободы в поле, конюшне, людской...

Я писал эту книгу в полевом лазарете, под грохот пушек во время войны, одной только программы снисходительности было мало.

УЩЕРБНОСТЬ ОТВЕЧАЕТ НА ПРЕЗРЕНИЕ ПРЕЗРЕНИЕМ

99. Почему девочка в нейтральном возрасте уже так сильно отличается от мальчика?

Потому что, помимо общей детской ущербности, она подвержена дополнительным ограничениям как женщина. Мальчик, лишенный прав из-за того, что он ребенок, обеими руками захватил привилегии пола и не желает делиться с ровесницей:

«Мне можно, я могу, я же мальчик».

Девочка — чужеродный элемент в их среде. Один из десяти непременно спросит:

— Зачем она с нами?

Стоит возникнуть ссоре, в которой мальчики сами разберутся, щадя самолюбие другого, не грозя ему изгнанием, как девочке мгновенно адресуют жестокое:

— Не хочешь — вали к своим.

Охотнее общаясь с мальчиками, девочка становится подозрительной личностью и в собственной среде:

— Не хочешь — катись к мальчишкам.

Ущербность отвечает на презрение презрением — защитная реакция задетой гордости.

Только исключительная девочка не сдастся, посмеется над общественным мнением, станет выше толпы.

В чем выразилась враждебность толпы детей к девочкам, которые играют с мальчиками? Возможно, я не ошибусь, утверждая, что эта враждебность создала бескомпромиссный суровый закон:

«Девочка опозорена, если мальчик увидит ее трусики».

Этого закона в той форме, какая принята среди детей, не могли выдумать взрослые.

Девочка не может свободно бегать, потому что,

если она упадет, то прежде чем она успеет оправить платьице, уже слышится злобное:

— О-о-о, трусики, трусики!

«Врешь!» Или вызывающее: «Ну и что такого?» — говорит она, покраснев, смущенная, униженная, сконфуженная.

Пусть только она попробует подраться: окрик остановит и парализует ее.

Девочки не такие ловкие, как мальчики, — поэтому они меньше достойны уважения; они не дерутся, зато обижаются, ругаются, ябедничают и плачут. А тут еще взрослые требуют уважения к ним.

С какой радостью дети говорят о ком-нибудь из взрослых:

— А мне его слушаться не надо.

А девчонке нужно уступать — с какой стати?

Пока мы не освободим девочек от пресловутого «это неприлично», истоки которого в особенностях их одежды, напрасны попытки сделать их друзьями мальчиков. Мы решили эту проблему на свой лад: отрастили мальчикам длинные волосы, опутали их такой же густой сетью правил приличий — и пускай теперь играют вместе. Вместо того чтобы растить мужественных дочерей, мы удвоили число женоподобных сыновей.

Короткие платья; купальные, спортивные костюмы; новые танцы — смелые попытки решения проблемы на новых принципах. Сколько в предложениях моды кроется размышлений! Надеюсь, что это не легкомыслие. Не стоит обижаться и критиковать: в обсуждении так называемых щекотливых тем мы храним верность предрассудку осторожности. Я не хотел бы возобновлять попытку обсуждения всех этапов развития всех детей в короткой брошюрке.

ПОЧЕМУ ОНИ НЕ ХОТЯТ СКАЗАТЬ, КАК ВСЕ ЕСТЬ НА САМОМ ДЕЛЕ?

100. Ребенок, который вначале радостно плывет по поверхности жизни, не осознавая ее мрачной глубины, предательских течений, скрытых чудищ, затаившихся враждебных сил, доверчивый, восхищенно улыбающийся красочным чудесам, внезапно пробуждается от лазурного полусна и с остановившимся взглядом, затаив дыхание, дрожащими губами испуганно шепчет:

— Что это? почему? зачем?

Пьяный качается, слепой палкой нащупывает дорогу, эпилептик падает на тротуар, вора ведут в тюрьму, лошадь подыхает, петушка зарезали.

— Почему? Зачем все это?

Отец говорит сердитым голосом, а мама все плачет, плачет. Дядя целует служанку, она ему грозит пальцем, они смеются, смотрят в глаза друг другу.

Взволнованно говорят о ком-то, кто родился под темной звездой, и ему за это ноги поломать надо.

— Что это, почему?

Он не смеет спросить.

Он чувствует себя маленьким, одиноким и беспомощным перед лицом таинственных сражающихся сил.

Он, бывший прежде владыкой, желание которого было законом, вооруженный своими слезами и улыбкой, богач, владеющий мамой, папой, няней, вдруг понял, что это они завели его для собственного развлечения, что не они для него, а он — для них. Чуткий, как умный пес, как царевич-заложник, он оглядывается вокруг и вглядывается в себя.

Они что-то знают, они что-то скрывают. Они не то, чем себя называют, и они требуют, чтобы и он не был тем, кто он есть на самом деле. Они восхваляют правду — а сами врут и заставляют врать других. Они совершенно по-разному говорят с детьми и друг с другом. Они смеются над детьми. У них своя жизнь, и они сердятся, когда ребенок хочет проникнуть в нее, они хотят, чтобы он легко верил им, они радуются, когда наивным вопросом он обнаруживает, что не понимает.

Смерть, животные, деньги, правда, Бог, женщина, разум — во всем словно ложь, фальшь, какая-то скверная загадка, унизительная тайна. Почему они не хотят сказать, как все на самом деле?

И ребенок с грустью вспоминает свое раннее детство.

ТЕМ СИЛЬНЕЕ ОБИДА, ЧТО ЕМУ НЕ ХОТЯТ ПОМОЧЬ

101. Второй период неуравновешенности, о котором не могу сказать ничего определенного, кроме того, что он существует, я назвал школьным. Это название-отговорка, название от незнания, название отступления, один из множества ярлыков, которые наука пускает в оборот, создавая видимость, обманывая профанов, прикидываясь, что знает, когда сама еле-еле догадывается.

Школьная неуравновешенность — это не перелом на границе младенчества и раннего детства и не период созревания.

Физически: это изменения к худшему во внешности, сне, аппетите, пониженная сопротивляемость болезням, появление скрытых наследственных дефектов, плохое самочувствие.

Психически: одиночество, душевный разлад, враждебность к окружению, легкая податливость моральной заразе, бунт врожденных склонностей против навязанных воспитательных влияний.

«Что с ним случилось? Я его не узнаю!» — вот характеристика от матери.

Иногда:

«Я думала, что это капризы, сердилась, наказывала его, а он, видимо, уже тогда был болен».

Для матери неожиданностью стала тесная связь между замеченными физическими и психическими изменениями.

«Я приписывала это дурному влиянию товарищей».

Да, но почему же среди множества одноклассников он выбрал плохих, почему он так легко их послушался, почему они так легко повлияли на него?

Ребенок, болезненно отрывающийся от самых близких и еще слабо сросшийся с детским коллективом, тем сильнее обижается, что на него сердятся, что ему не хотят помочь, что не к кому обратиться за советом, не к кому притулиться.

Когда видишь эти внезапные перемены в интернате, где много детей, где из ста нынче один, а завтра другой вдруг «портится», становится ни с того ни с сего ленивым, неловким, сонным, капризным, раздражительным, дерзким, лживым, чтобы через год снова обрести равновесие, «исправиться», трудно сомневаться, что эти перемены зависят от процесса роста, некоторое представление о котором дают объективные беспристрастные инструменты: весы и ростомер.

Мне кажется, будет время, когда весы, ростомеры, а может, еще и другие изобретенные человеческим гением инструменты станут сейсмографом скрытых сил организма, позволят не только распознавать, но и предвидеть.

РЕБЕНОК ХОЧЕТ, ЧТОБЫ К НЕМУ ОТНОСИЛИСЬ СЕРЬЕЗНО

102. Неправда, что ребенок хочет стеклышко из окошка и луну с неба, что его можно подкупить поблажками и уступчивостью, что он врожденный анархист. Нет, ребенок обладает чувством долга, не навязанным насильно, любит порядок, не отказывается от правил и обязанностей. Он только хочет, чтобы бремя не было чересчур тяжким, чтобы оно не ранило ему спину, чтобы он встречал понимание, когда зашатается, поскользнется, усталый, остановится, чтобы перевести дух.

«Попробуй! Посмотрим, сможешь ли поднять столько, сколько шагов пройдешь с грузом, сможешь ли сделать столько каждый день» — вот основной принцип ортофрении*.

Ребенок хочет, чтобы к нему относились серьезно, хочет доверия, хочет получить от нас подсказки и советы. Мы же относимся к нему шутливо, беспрестанно подозреваем, отталкиваем непониманием, отказываем в помощи.

Мать не хочет привести факты врачу, к которому пришла за консультацией, предпочитает говорить общими фразами:

— Нервная, капризная, непослушная.

---

* Ортофрения — лечебная педагогика.

— Факты, уважаемая пани, симптомы.

— Подружку укусила. Прямо стыдно сказать. А ведь любит ее, всегда с ней играет.

Пятиминутная беседа с девочкой, и выясняется: она ненавидит «подругу», которая смеется над ней, над ее платьями, а маму назвала «помойной теткой».

Другой пример: ребенок боится спать один в комнате, приходит в отчаяние при мысли о приближающейся ночи.

«Почему же ты мне не сказал?» — «Но я же говорил!»

А мать отмахнулась: стыдно, такой большой мальчик, а боится.

Третий пример: плюнул в бонну, вцепился ей в волосы, с трудом оторвали.

А бонна ночью брала его в постель и велела прижиматься к ней, грозилась, что запрет его в сундук и бросит в реку.

Пугающе одиноким может быть ребенок в своем страдании...

МИЛОСТИ ПРОСИМ, К ВАШИМ УСЛУГАМ

103. Реальный период безмятежности и затишья. Даже «нервные» дети снова становятся спокойными. Возвращается живость, детская целостность, гармония жизненных функций. Тут и уважение к старшим, и послушание, и хорошее поведение, и нет мучительных вопросов, капризов, выходок. Родители снова довольны. Ребенок внешне ассимилируется с мировосприятием семьи и окружения, пользуясь относительной свободой, не требует большего, чем ему дают, остерегается высказывать свои взгляды, заранее зная, какие из них будут приняты враждебно.

Школа с ее сильными традициями, шумной и красочной жизнью, расписаниями, требованиями, заботами, поражениями и победами, книжка-подружка становятся содержанием жизни. Факты не оставляют времени на бесплодные рассуждения.

Ребенок теперь уже знает. Знает, что не все в мире в порядке, что есть добро и зло, знание и незнание, справедливость и несправедливость, свобода и зависимость. Не понимает — ну и пусть, да и какое ему, в конце концов, дело до всего этого? Он со всем соглашается, плывет по течению.

Бог? Надо молиться, в сомнительных случаях к молитве докинуть милостыню, так все делают. Грех? Раскаешься, и Бог простит.

Смерть? Ну что ж, нужно плакать, носить траур, со вздохом вспоминать, так все делают.

Они хотят, чтобы ребенок был образцовым, примерным, веселым, наивным, благодарным родителям... милости просим, к вашим услугам.

«Пожалуйста, спасибо, извините, мамуля велела кланяться, желаю от всего сердца (а не от половинки)» — это так просто, легко, а зато заработаешь похвалу, купишь себе покой.

Он знает, когда, к кому, как и с какой просьбой обратиться, как ловко выкрутиться из неприятного положения, чем кому угодить, и только рассчитывает, стоит ли овчинка выделки...

Хорошее душевное самочувствие, физическая ловкость делают его снисходительным, склонным к уступкам; родители, по сути дела, добрые, мир, вообще-то, не плох, жизнь, если не обращать внимания на мелочи, — прекрасна.

Этот этап, который может быть использован родителями, чтобы подготовить себя и ребенка к подкарауливающим новым проблемам, — период наивного покоя и беззаботного отдыха.

«Помогли мышьяк или железо, хорошая учительница, каток на пруду, каникулы на даче, исповедь, материнские наставления».

Родители и ребенок обманывают себя, что они уже поняли друг друга, договорились, что преодолели все трудности, в то время как близок час, когда не менее важная, чем рост, но наименее всего подчиненная современному человеку функция размножения начнет трагически запутывать все еще действующую функцию развития личности, смутит душу и атакует тело.

МЕЖДУ ПЕРИОДАМИ ЖИЗНИ НЕТ ПОГРАНИЧНЫХ СТОЛБОВ

104. Снова всего лишь попытка узнать истину, мелкие подпорки в ее понимании и опасность заблуждения, что истина уже в твоих руках, а на самом деле у нас только тень ее контура.

Ни период возмущения, ни период уравновешенности не являются объяснением явления, это только его популярные ярлыки. Познанные тайны мы вычерчиваем в виде объективных математических формул, другие, перед которыми мы бессильны, смущают и возмущают нас. Пожар, наводнение, град — это катастрофа, но только по шкале оценки убытков, которые они приносят; посему мы организуем пожарную команду, строим плотины, подстраховываем, защищаемся. К веснам и осеням мы приспособились. С человеком же мы сражаемся безуспешно, потому что, не зная его, не умеем гармонизировать с ним жизнь.

Сто дней ведут к весне. Еще нет ни одного стебелька, ни одной почки, а уже в земле и кореньях звучит приказ весны, которая таится в укрытии, дрожит, выжидает, набирает силы — под снегом, в голых корягах, в морозном вихре, чтобы вдруг взорваться расцветом. Только поверхностное наблюдение видит непорядок в изменчивой погоде мартовского дня. Там, в глубине, скрыто то, что последовательно и логично зреет со дня на день, строится и марширует; мы только не умеем отделить железного закона астрономического года от его случайных, мимолетных столкновений с законом менее известным или не известным вовсе.

Между периодами жизни нет пограничных столбов, это мы их расставляем, так же, как раскрасили карту мира в разные цвета, установив искусственные границы государств, меняя их раз во сколько-то лет.

«Он из этого вырастет. Это переходный возраст, это изменится» — и воспитатель со снисходительной улыбкой ждет, когда же счастливый случай придет на помощь.

Каждый исследователь любит свою работу за муки поисков и наслаждение борьбы, но исследователь добросовестный еще и ненавидит ее: за страх ошибок, которые она несет, за иллюзии, которые она создает.

Каждый ребенок переживает периоды старческой усталости и хмельной полноты жизнедеятельности, но это не означает, что следует потакать или защищать, так же как не означает, что следует бороться или закаливать. Сердце не поспевает за ростом, значит, надо дать ему отдых, а может, наоборот — побуждать к более активному действию, чтобы оно окрепло, выросло? Эту проблему можно решить только индивидуально, в каждом конкретном случае и в каждый конкретный момент, однако нужно, чтобы мы завоевали доверие ребенка, а он заслужил наше.

А прежде всего нужно, чтобы знание действительно знало.

НЕ ПОВТОРЯЕМ ЛИ МЫ ОШИБКУ СТОЛЕТНЕЙ ДАВНОСТИ

105. Следует произвести тщательную ревизию всего того, что мы приписываем сегодня периоду созревания, с которым мы всерьез и справедливо считаемся, но, может быть, преувеличенно и односторонне; а главное — не разбирая составляющие его факторы? Разве исследование предыдущих этапов развития не позволило бы объективнее приглядеться к этому новому, но всего лишь одному из многих периодов неуравновешенности, с чертами, похожими на прежние, лишить его нездоровой таинственной исключительности? Разве мы искусственно не обрядили созревающую молодежь в униформу неуравновешенности и беспокойства, как детей — в униформу покоя и беззаботности, разве не передается ей это наше внушение? И не влияет ли наша беспомощность на бурное течение процесса? Не слишком ли много говорится о пробуждающейся жизни, заре, весне и порывах, и не слишком ли мало фактических научных данных?

Что преобладает: явление общего бурного роста или развитие отдельных органов? Что зависит от изменений в кровеносной системе, сердце и сосудах, от нарушенного или качественно изменившегося насыщения кислородом тканей мозга и их питания, а что — от развития желез?

Если некоторые явления вызывают панику среди молодежи, болезненно поражая ее, собирая богатый урожай жертв, ломая ряды и неся с собой уничтожение, то это не потому, что так должно быть, но оттого, что так происходит в сегодняшних социальных условиях, что все способствует именно такому течению этого фрагмента жизненной орбиты.

Легко поддается панике уставший солдат; легче поддаться ей, недоверчиво глядя на тех, кто командует им, подозревая измену или видя нерешительность командиров; еще легче, когда его терзает беспокойство, незнание, где он, что перед ним, что по сторонам и за ним; когда атака начинается внезапно. Одиночество благоприятствует панике, сплоченная колонна, плечом к плечу, умножает спокойное мужество.

Молодежь, утомленная ростом и одинокая, без разумного руководства, заплутавшая в лабиринте житейских проблем, вдруг сталкивается с врагом, имея преувеличенное представление о его сокрушительной силе, не зная, откуда он взялся, как от него укрыться и защищаться.

Еще один вопрос.

Не путаем ли мы патологию периода созревания с физиологией, не сформировали ли наши взгляды врачи, наблюдающие лишь maturitas difficiles, созревание трудное, ненормальное? Не повторяем ли мы ошибку столетней давности, когда все нежелательные симптомы у ребенка до трех лет приписывали тому, что у него режутся зубки? Может быть, столько же, сколько сегодня сохранилось от мифа о «зубках», через сто лет останется от легенды о «половом созревании».

КОГДА ОН О ЧЕМ-ТО ДОГАДЫВАЕТСЯ

106. Исследования Фрейда о сексуальной жизни детей запятнали детство, но разве они очистили тем самым молодежь? Развеивание любимой иллюзии о незапятнанной белизне ребенка развеяло и другой мучительный миф: что вдруг «в нем пробудится зверь и бросит его в болото». Я привел эту банальную фразу, чтобы подчеркнуть, насколько фаталистичен наш взгляд на эволюцию влечения, так же связанного с жизнью, как и рост.

Не пачкает и не клеймит туман рассеянных чувств, которым только сознательная или неосознанная развращенность преждевременно придает форму; не клеймит никого и непонятное поначалу «нечто», которое медленно и на протяжении многих лет все более явно окрашивает чувства представителей обоих полов, чтобы в момент созревания влечения и полной зрелости органов привести к зачатию нового живого существа, преемника в веренице поколений.

Половая зрелость: организм готов без вреда для собственного благополучия дать здорового потомка.

Зрелость полового влечения: четко оформившееся желание нормального соединения с представителем противоположного пола.

У молодежи мужского пола половая жизнь начинается иногда прежде, чем созреет влечение; у девушек это осложняется в зависимости от факта замужества или насилия.

Трудная проблема, но тем глупее беспечность, когда ребенок ничего не знает, и возмущение, когда он о чем-то догадывается.

Не потому ли мы грубо отталкиваем его всякий раз, как его вопрос касается запрещенной области, чтобы, оробев, он не отважился бы в будущем обращаться к нам, когда начнет не только предчувствовать, но и чувствовать?

ЛЮБОВЬ В ПЕРИОД СОЗРЕВАНИЯ НЕ БЫВАЕТ ЧЕМ-ТО НОВЫМ

107. Любовь. Ее взяло в аренду искусство, пришпилило крылья, а на них набросило смирительную рубашку; попеременно то вставало перед ней на колени, то било по морде, усаживало на трон и выгоняло на угол улицы торговать собой, совершало тысячу глупостей обожания и глумления. А лысая наука, водрузив на нос очки, признавала ее достойной внимания лишь тогда, когда могла изучать ее гнойники. Физиология любви возглашает только одностороннее: «служит для сохранения рода». Этого слишком мало, слишком убого. Астрономия знает о Солнце больше, чем то, что оно светит и греет.

В результате любовь в целом представляется безумной и грязной, и уж всегда подозрительной и смешной. Достойна уважения только привязанность, которая всегда приходит только после совместного рождения законного ребенка.

Поэтому мы смеемся, когда шестилетний мальчик отдает девочке половину своего пирожного; смеемся, когда девочка буйно краснеет в ответ на поклон соученика. Смеемся, поймав школьника на том, что он вглядывается в ее фотографию; смеемся, что она вскочила с места, чтобы открыть дверь репетитору брата.

Но недовольно морщимся, когда он и она как-то слишком тихо играют или, меряясь силой, запыхавшись, валятся на землю. Но впадаем в гнев, когда любовь дочки или сына становится поперек нашим планам. Мы смеемся, потому что любовь пока далеко, хмуримся, когда она приближается, возмущаемся, когда она путает нам расчеты. Мы раним детей насмешками и подозрением, мы порочим чувство, не приносящее доход.

И вот они таятся, но любят.

Он любит ее, потому что она не такая глупая гусыня, как все, потому что веселая, потому что не ссорится, потому что носит распущенные волосы, потому что у нее нет отца, потому что она какая-то очень милая.

Она любит его, потому что он не такой, как все эти мальчишки, потому что не хулиган, потому что смешной, потому что у него глаза сияют, потому что у него красивое имя, потому что он какой-то очень милый.

Они таятся и любят.

Он любит ее, потому что она похожа на ангела на иконе в боковом алтаре, потому что она чистая, а он специально ходил на одну улицу, чтобы увидеть «ту самую» у ворот.

Она любит его, потому что он согласился бы пожениться при одном условии: никогда-никогда не раздеваться в одной комнате. Он бы два раза в год целовал ей руку, а один раз — по-настоящему.

Они переживают все чувства любви, кроме одного, грубое подозрение которого звучит в жестоком: «Ты бы не амуры крутил, а лучше бы... Чем себе голову романами забивать, лучше бы...»

Почему их выследили и травят?

Разве это плохо, что он любит? Даже не любит, а просто она ему очень нравится. Больше, чем родителей? Может, это как раз и грешно?

А если бы кто-нибудь из них должен был умереть? Боже, но ведь я прошу здоровья для всех.

Любовь в период созревания не бывает чем-то новым. Одни любят, еще будучи детьми, другие, еще будучи детьми, уже издеваются над любовью.

— Она же твоя девчонка, ты с ней водишься, она тебе уже показала?

И мальчик, желая доказать, что у него нет никакой девчонки, нарочно подставляет ей подножку или больно дергает за косу.

Выбивая из головы преждевременную любовь, не вбиваем ли мы туда преждевременный разврат?

ВОЗРАСТ БОЛЬШОЙ НЕУРАВНОВЕШЕННОСТИ

108. Период созревания. Как будто все предыдущие не были таким же постепенным созреванием, иногда более медленным, иногда более быстрым. Присмотримся к кривой веса — и поймем усталость, неуклюжесть, лень, полусонную задумчивость, зыбкие полутона, бледность, сонливость, безволие, капризность, нерешительность, характерные для этого возраста, — назовем его возрастом «большой неуравновешенности», чтобы отличить от прежних периодов.

Рост — это работа, тяжелая работа организма, а условия жизни не жертвуют ей ни единого школьного часа, ни единого рабочего дня на заводе.

Как часто этот процесс протекает в состоянии, близком к болезни, потому что он преждевременный, потому что слишком внезапный, потому что с отклонениями от нормы.

Первая менструация для девочки — трагедия, ее заранее научили бояться вида крови. Развитие груди смущает ее, потому что ее приучили стыдиться своего пола, а грудь демаскирует ее, все будут знать, что она девочка.

Мальчик, который физиологически переживает то же самое, психически реагирует иначе. Он с нетерпением ждет появления первой тени усов, потому что ему это много обещает, и если он и конфузится, когда пускает петуха, и стыдится своих неуклюжих костлявых длинных рук, то он просто еще не готов, ему нужно немного подождать.

Замечали ли вы, с какой завистью и неприязнью относятся несчастные девочки к привилегиям мальчиков? Раньше, когда ее наказывали, она чувствовала хотя бы тень вины, а тут — разве она виновата, что она не мальчик?

Девочки раньше начинают преображаться и щеголять своей единственной привилегией.

— Я уже почти взрослая, а ты еще сопляк. Через три года я могу выйти замуж, а ты все еще будешь корпеть над книжкой.

Милого товарища детских забав одарили презрительной усмешкой...

— Выйдешь замуж? Да кто на тебе женится? Я и без брака получу свои права.

Она раньше созревает для любви, он — для интрижки; она — для супружества, он — для трактира, она — для материнства, он — для спаривания: «Вроде тех мух, которых сейчас представлял господин артист, — говорит Куприн. — Слепились на секунду на подоконнике, а потом в каком-то дурацком удивлении почесали задними лапками спину и разлетелись навеки».

Новую окраску получила ныне и искусственная неприязнь двух полов, чтобы вскоре вновь сменить обличье, когда она прячется, а он на нее охотится, чтобы в конце концов укрепиться во враждебном отношении к супруге, которая для него обуза: она лишает его привилегий, приобретая их сама.

ТЕПЕРЬ ЖЕ ВСЕ ЯСНО

109. Роковую окраску приобретает старая тайная неприязнь к взрослому окружению.

Какое частое явление: ребенок провинился, разбил окно. Он должен испытывать чувство вины. Высказывая ему заслуженные упреки, мы реже встречаем раскаянье, чем бунт, злость в насупленных бровях, взгляды, брошенные исподлобья. Ребенок хочет, чтобы воспитатель проявил доброе свое отношение к нему именно тогда, когда он виноват, когда он плохой, когда с ним стряслась беда.

Разбитое стекло, пролитые чернила, порванная одежда — все это результаты неудавшихся деяний, предпринятых вопреки предостережениям. А взрослые, потеряв деньги в плохо обдуманном предприятии, — как они воспримут претензии, упреки и осуждение?

Эта враждебность к суровым и беспощадным господам существует в ту пору, когда ребенок считает взрослых высшими существами. И вдруг он ловит их на месте преступления.

«Ах, значит, вот как, значит, вот она, ваша тайна, значит, вот что вы скрывали, и ведь было чего стыдиться».

Он слышал об этом и раньше, но не верил, сомневался, его это до поры до времени не касалось.

А теперь он хочет знать, и есть от кого узнать, и ему нужны эти сведения для борьбы с ними, и, наконец, он сам чувствует, что вляпался во все это.

Раньше было: «Этого я не знаю, зато вот это я знаю наверняка». Теперь же все ясно.

«Значит, можно хотеть, но не иметь детей; значит, вот поэтому девушка может родить ребенка; значит, можно не рожать, если не хочешь; значит, за деньги; значит, болезни; значит, все так поступают...»

А они живут, и ничего, и им не стыдно смотреть друг другу в глаза.

Их улыбки, взгляды, запреты, страхи, смущение, недоговорки — все такое непонятное раньше, теперь становится ясным и потрясающе настоящим.

«Ну ладно, теперь-то уж сочтемся».

Учительница польского стреляет глазками в математика.

«Иди сюда, я тебе скажу кой-чего на ухо...»

И смех мерзкой победы, и подглядывание через замочную скважину, и пылающее сердце, пронзенное стрелой, нарисовано на промокашке или на доске.

Старуха вырядилась. Старик кокетничает. Дядя берет за подбородок и говорит: «А, он пока еще сопляк».

Нет, уже не сопляк: «Я знаю».

Они еще притворяются, еще пробуют лгать, значит, надо выслеживать, разоблачать мошенников, мстить им за годы рабства, за украденное доверие, за вынужденные ласки, за вырванные обманом признания, за насильственно вымученное уважение.

Уважать? Нет, презирать, глумиться, помнить. Бороться с ненавистной зависимостью.

«Я не ребенок. Мое дело, что я думаю. Не надо было

меня рожать. Мама мне завидует? Взрослые тоже не такие уж и святые».

Или притворяться, что не знаешь, пользуясь тем, что они не посмеют открыто сказать, насмешливым взглядом и полуулыбкой говорить «Знаю!», когда уста говорят другое: «Не понимаю, что в этом плохого, не знаю, чего вы хотите».

СКОЛЬКО Ж ОН ПОДМЕТОК ИЗНОСИТ В ПОГОНЕ ЗА ИДЕАЛОМ...

110. Следует помнить, что ребенок дерзок и злобен не оттого, что «знает», а оттого, что страдает. Безмятежное благополучие снисходительно, в то время как раздражающая усталость вздорна и мелочна.

Было бы ошибкой считать, что понимать означает избегнуть трудностей. Как часто воспитатель, сочувствуя ребенку, вынужден скрывать свои добрые чувства, вынужден обуздывать его выходки, чтобы воспитать в ребенке надлежащее поведение, хоть у ребенка даже мыслей таких нет. Здесь тяжкому испытанию подвергаются и основательная научная база, и большой опыт, и душевное равновесие.

«Я понимаю и прощаю, но люди, общество не простят».

«На улице ты должен вести себя прилично, воздерживаться от слишком бурных проявлений веселости, не давать выхода приступам гнева, не позволять себе высказывать замечания и оценки, оказывать уважение старшим».

Это бывает трудно, тяжело даже при доброй воле и умственном напряжении; а найдет ли ребенок беспристрастную справедливость в родном доме?

Его шестнадцать лет — это сорок с хвостиком родителей: возраст болезненной рефлексии, нередко — последний протест собственной жизни, момент, когда баланс прошлого показывает дефицит.

— Что я получаю от жизни? — говорит ребенок.

— А я что получила?

Предчувствие говорит, что и он не выиграет в лотерее жизни, но мы уже проиграли, когда для него есть надежда, и ради этой призрачной надежды он рвется в будущее, не замечая нас, равнодушный к тому, что нас хоронит.

Помните тот миг, когда своим лепетом он разбудил вас ранним утром? За труды мы заплатили себе поцелуем.

Да, за пряник мы получали драгоценность благодарной улыбки. Туфельки, чепчик, слюнявчик, все такое дешевое, милое, новое, потешное.

А теперь все дорогое, мигом изнашивается, а взамен ничего, даже слова доброго. Сколько ж он подметок износит в погоне за идеалом, как быстро вырастает, не желая носить ничего навырост.

— Вот тебе на мелкие расходы...

Ему надо развлекаться, у него свои небольшие потребности. Он принимает наши деньги с сухим и принужденным видом, как милостыню от врага.

Боль ребенка болезненно поражает боль родителей, страдание родителей без оглядки разит боль ребенка.

Если так сильно это столкновение, насколько оно было бы сильнее, если бы ребенок не подготовился вопреки нашей воле, самостоятельно, в одиноком усилии, постепенно к тому, что мы не всемогущие, не всезнающие, не совершенные.

НАУЧИТЬ ОТЛИЧАТЬ ИДЕЙНОСТЬ ОТ «ВИДИМОСТИ И КАРЬЕРЫ»

111. Если внимательно вглядеться не в коллективную душу детей этого возраста, а в ее составные части, не в толпу, а в каждого в отдельности, то мы вновь увидим две полярно отличные организации.

Найдем того ребенка, который тихонько хныкал в колыбельке, медленно подтягивался на ноги своими силами, не протестуя, отдавал печенье, издали посматривал на детей, игравших вокруг, а теперь топит свою боль и бунт ночами в не видимых миру слезах.

Мы увидим и другого ребенка, который синел от крика, которого ни на миг нельзя было оставить одного, не страшась, который вырывал у сверстника мяч, командовал: «Кто будет играть? Скорее беритесь за руки!», а теперь навязывает свою программу бунта и деятельное беспокойство сверстникам и всему обществу.

Я старательно и упорно искал объяснения этой мучительной загадки: почему в коллективной жизни и молодежи, и взрослых так часто порядочная мысль вынуждена скрываться или тихо убеждать, в то время как наглость кричит о себе в рупор; почему доброта так часто выступает синонимом глупости или убожества. Как часто рассудительный общественный деятель и добросовестный политик идет на уступки, сам не зная почему, а мог бы найти объяснение в словах Цезария Елленты*:

«Мне не хватает наглой рожи отвечать на их выдумки и колкости, я не умею разговаривать и дого-

* Польский писатель и литературный критик.

вариваться с теми, у кого на все готов брехливый ответ альфонсов».

Что делать, чтобы в брожении соков коллективного организма могли занять равное место и активные, и пассивные, чтобы в нем свободно кружили элементы всех плодотворных сфер?

«Я этого так не спущу. Я знаю, что делать. Довольно с меня такого добра», — говорит действенный бунт.

«Лучше успокойся. Зачем тебе это? Возможно, тебе это только кажется».

Эти простые слова, выражение искреннего сомнения или искреннего смирения, действуют успокаивающе, обладают большей силой, нежели изысканная фразеология тирании, какую развертываем мы, взрослые, желая поработить детей. Сверстника не стыдно послушаться, но дать убедить себя взрослому, а тем более позволить себя взволновать — означает дать себя подловить, обмануть, заставить признаться в собственном убожестве; к сожалению, они правы, не доверяя нам.

Но как, повторяю, защитить мыслительный процесс от ненасытного тщеславия, робкое размышление от крикливого аргумента, как научить отличать чистую идейность от «видимости и карьеры», как оградить догмат от насмешки, а идеи юности от опытной предательской демагогии?

Ребенок вступает — шагом марш! — в жизнь, в жизнь вообще, а не в половую, ведь он созревает не только в половой сфере.

Если ты понимаешь, что не сумеешь решить ни одной из этих проблем без их участия, если скажешь им все, что тут написано, то по окончании услышишь:

«Ну, пассивные, пошли домой. — Будешь активничать — получишь в рыло. — Эй ты, догматичная среда, шапку мою отдай...»

Не думай, что они издеваются над тобой, не говори: «Все впустую...»

МЕЧТА — ЖИЗНЕННАЯ ПРОГРАММА

112. Мечты. Игра в Робинзона превратилась в мечту о путешествиях, игра в разбойников — в мечту о приключениях.

Снова жизни не хватает, поэтому мечта становится формой побега от нее. Не хватает материала для размышлений — появляется его поэтическая форма. В мечту утекают чувства, которые не находят выхода. Мечта — жизненная программа. Если бы мы умели ее прочитывать, то знали бы, что мечты сбываются.

Если мальчик из народа мечтает стать врачом, а становится санитаром в больнице, он выполнил свою жизненную программу. Если он мечтает о богатстве, а умирает на голых досках, то мечта его разбита только внешне: ведь он мечтал не о трудах достижения цели, а о наслаждениях растраты денег; мечтал пить шампанское, а лакал самогонку; мечтал о салонах, а гулял в кабаках; мечтал швыряться золотом, но разбрасывал медяки. Другой мечтал стать ксендзом, а стал учителем, да пусть даже просто дворником при доме; но, будучи учителем, он стал ксендзом, будучи дворником — стал ксендзом.

Она видела себя грозной королевой, и разве она не тиранит мужа и детей, став женой мелкого чиновника? Другая мечтала быть любимой королевой; разве не царствует она в маленькой народной школе? Третья мечтала стать знаменитой королевой; и разве она не прославилась как исключительная, необыкновенная портниха или бухгалтер?

Чем притягивает молодежь артистическая богема? Одних привлекает распущенность, других — экзотика, третьих — блеск славы, честолюбие, карьера, и лишь этот один любит искусство; этот единственный из всех — настоящий художник, он, единственный, свое искусство не продаст. Он умер в нищете и забвении, но он мечтал о победе, а не о почестях и злате. Прочтите «Творчество» Золя: жизнь куда логичнее, чем нам кажется.

Одна мечтала о монастыре, а оказалась в публичном доме, но и там она осталась сестрой милосердия, которая в свободное время часами выхаживает больных подруг, утешает их в горе и страдании. Вторая всю жизнь хотела развлекаться и так замечательно развлекается в богадельне для больных раком, что даже умирающий, слушая ее болтовню, улыбается, следя угасающим взглядом за ее безмятежной фигуркой.

Нищета.

Ученый размышляет над этой проблемой, исследуя, проектируя, выстраивая теории и гипотезы, юноша мечтает, как он будет строить больницы, раздавать милостыню.

В детских мечтах есть Эрос, до поры до времени в них нет Венеры. Вредна односторонняя формула о том, что любовь — это эгоизм биологического вида. Дети любят представителей своего пола, стариков, людей, которых они никогда не видали, даже тех, кто не существует. Даже познав желание, они еще долго любят идеал, а не плоть.

Потребность в борьбе, тишине, шуме, труде, самопожертвовании, жажда обладания, владения, исследования; честолюбие, пассивное подражание — все это находит выражение в мечте, независимо от ее формы.

Жизнь воплощает мечты в действительность, из сотни юношеских мечтаний она ваяет одну — монументальный образ действительности.

ТУТ ЧТО-ТО БЕСКОНЕЧНО БОЛЕЕ СЛОЖНОЕ

113. Первая стадия периода созревания: знаю, но еще не чувствую, воспринимаю, но еще не верю, сурово осуждаю то, что делает природа с другими, страдаю, потому что это же грозит и мне, не уверен, что мне удастся этого избежать. Но я не виноват в том, что их я презираю, а за себя только боюсь.

Вторая стадия: во сне, в полусне, в мечте, в азарте игры, вопреки сопротивлению, вопреки отвращению, вопреки запрету все чаще и все ярче возникает чувство, которое к болезненному конфликту с внешним миром добавляет тяготы конфликта с самим собой. Резко отброшенная мысль возвращается вновь и вновь, как предвестник болезни, как первый озноб лихорадки. Существует инкубационный период сексуальных чувств, которые удивляют и пугают, потом — вызывают тревогу и угнетение.

Угасает эпидемия тайн, нашептанных с хихиканьем, теряют очарование скабрезные шуточки, ребенок вступает в период поверяемых признаний; углубляется дружба, прекрасная дружба сирот, заплутавших в чащобе жизни, сирот, которые поклялись, что будут помогать друг другу, поддерживать, не покинут друга в беде, что их не разлучат несчастья.

Теперь уже ребенок, несчастный сам, подходит к каждой нищете, страданию, увечью не с выученной формулой и мрачным беспокойством, но с горячим сочувствием. Слишком занятый собой и своими горестями, он не может слишком долго горевать над чужими, но у него найдется и минутка, и слеза для соблазненной девушки, и для побитого ребенка, и для закованного в кандалы преступника.

Каждый новый лозунг, идея, крепкая фраза найдут в нем чуткого слушателя и горячего сторонника. Книги он не читает, а глотает запоем, и молится о чуде! Детский Бог — сказка; позже Бог — виновник, первопричина всех несчастий и горестей, Тот, Который все может, но не хочет, и Он же Бог — могущественная тайна, Бог — прощение, Бог — разум, превыше слабых человеческих мыслишек, Бог — тихая пристань в час бури.

Раньше он говорил: «Если взрослые заставляют молиться, видать, и молитва тоже вранье. Если они говорят гадости о моем друге, наверное, именно он и покажет мне дорогу»,— потому что разве можно им верить, взрослым? Теперь по-другому: враждебная неприязнь уступает место сочувствию. Определения «свинство» уже недостаточно: тут что-то бесконечно более сложное. Но что же? Книжка только внешне, только на минуту рассеивает сомнения, а ровесник сам слаб и беспомощен. И тут есть момент, когда можно снова вернуть себе ребенка, он ждет, он хочет слушать.

Что же сказать ему? Только не то, как опыляют цветы и размножаются гиппопотамы, и не о том, как вреден онанизм. Ребенок чувствует, что речь идет о чем-то неизмеримо более важном, чем чистота пальцев и простыней, что тут на весах вся его духовная организация, целостность его жизненной ответственности.

Ах, если бы стать снова невинным ребенком, который верит, доверяет, не думает!

Ах, если бы наконец-то стать взрослым, убежать от «переходного» возраста, стать, как они, как все!

Монастырь, тишина, набожные размышления.

Нет — слава, геройские подвиги.

Путешествия, смена картин и впечатления. Танцы, развлечения, море, горы.

Но самое легкое — смерть: потому что к чему жить, зачем мучиться?

(Воспитатель — в зависимости от того, что приготовил он к этому моменту в течение долгих лет, пристально наблюдая за ребенком, — может дать ему программу того, как познать самого себя, как победить себя, какие усилия приложить, как искать собственный путь в жизни.)

ЗДЕСЬ МОЖНО УВИДЕТЬ И ЗДОРОВОЕ ВЕСЕЛЬЕ, И БЕСШАБАШНЫЙ ЭНТУЗИАЗМ

114. Буйное озорство, беспричинный смех, веселье молодости. Да, радость — оттого, что все вместе, триумф желанной победы, взрыв неопытной пока веры, что наперекор действительности мы Землю столкнем с орбиты!

Нас так много, столько молодых лиц, стиснутых кулаков, столько здоровых клыков, — нас не возьмешь.

Рюмка вина, пивная кружка рассеют остатки сомнения.

Смерть старому миру, за новую жизнь, виват!

Они не видят одного, кто, презрительно щурясь, издевается: «Дураки!»; не видят второго, чьи грустные глаза говорят: «Бедняги!»; не видят третьего, кто жаждет воспользоваться моментом и нечто затеять, принести какую-нибудь клятву или присягу, чтоб благородный энтузиазм не потонул в оргии, не рассеялся в бессодержательных выкриках...

Мы часто принимаем такую коллективную веселость за избыток энергии, когда это — всего лишь проявление раздражающей скуки, которая, на миг утратив ощущение оков, веселится, будучи обманутой. Вспомни ребенка в вагоне поезда, который, не зная, долго ли и далеко ли ему ехать, словно бы и доволен новыми впечатлениями; но скоро он начинает капризничать от их избытка и ожидания того, что же будет, а веселый смех в итоге заканчивается горькими слезами.

Объясни, почему присутствие взрослых «портит игру», стесняет, вносит принуждение?

Пышная церемония, торжественное настроение: взрослые, так умело растроганные, такие созвучные моменту. А эти двое вдруг как взглянут друг на друга и помирают со смеху, задыхаются до слез, чтобы не расхохотаться, и не могут удержаться от коварного искушения толкнуть друга локтем или шепнуть ехидное замечание, повышая угрозу скандала.

«Только помни, не смейся. Только не смотри на меня. Только ты не смеши меня».

А после церемонии:

«Какой у нее был красный нос. А у него галстук

перекрутился. Они прямо чуть не растаяли. Покажи-ка: у тебя так здорово получается».

И бесконечные рассказы о том, как это было смешно.

Еще одно:

«Они думают, что мне весело. Пускай думают. Еще одно доказательство, что они нас не понимают».

Радостный труд молодости. Какие-то приготовления, усилия, труд с четко определенной целью, требующий быстрых рук и изобретательного ума. Здесь молодежь в своей стихии, здесь можно увидеть и здоровое веселье, и бесшабашный энтузиазм.

Запланировать, решить, работать на износ, выполнить намеченное, смеяться над неудавшимися попытками и преодоленными трудностями.

БЛАГОРОДСТВО НЕ УТРЕННИЙ ТУМАН, А ПОТОК ЛУЧЕЙ

115. Молодость благородна. Если вы назовете отвагой то, что ребенок бесстрашно высовывается из окна пятого этажа, если вы называете добротой то, что он отдал хромому нищему золотые часы, которые мама забыла на столе, если вы называете преступлением то, что он кинул в брата ножом и выбил ему глаз, то в этом случае молодежь благородна потому, что у нее нет опыта в огромной, как половина жизни, области оплачиваемого труда, общественной иерархии и законов жизни общества.

Неопытные считают, что можно выражать свое расположение или неприязнь, уважение или презрение в зависимости от испытываемых чувств.

Неопытные считают, что можно добровольно завязывать и разрывать отношения, покоряться принятым правилам или пренебрегать ими, соглашаться с законами жизни или уклоняться от их выполнения.

«Плевать я хотел, мне до лампочки, пусть себе говорят, я не хочу, и все тут, мне дела нет!»

Чуть только они вздохнули, вырвавшись частично из-под родительской власти, а тут снова здорово: новые путы и оковы!

Это потому, что кто-то там богатый или ясновельможный, что кто-то где-то что-то может подумать или сказать?

Кто учит молодежь, какие компромиссы являются житейской необходимостью, а каких можно избежать и какой ценой, какие причиняют боль, но не испортят репутацию, а какие развращают? Кто определит границы, в которых лицемерие равно приличию не плевать на пол, не вытирать нос о скатерть, а не преступление?

Раньше мы говорили ребенку: «Над тобой будут смеяться».

Теперь следует добавить: и уморят голодом.

Вы говорите: идеализм молодежи. Иллюзия, что всегда можно убедить и все исправить.

Ну и что же вы делаете с этим благородством? Вы под корень вытравляете его в своих детях и похотливо лопочете об идеализме, жизнерадостности и свободе безымянной «молодежи», как раньше о невинности, очаровании и любви собственных детей. И создается иллюзия, что идеал — это такая же болезнь, как свинка или ветрянка, что это такой же невинный долг, как посетить картинную галерею во время свадебного путешествия: «И я был рыцарем без страха и упрека. И я видел Рубенса».

Благородство не утренний туман, а поток лучей. Если нам такое пока не по плечу, давайте пока воспитывать просто честных людей.

НЕ ИЗ КНИГ, А ИЗ СЕБЯ

116. Счастлив автор, который, заканчивая свой труд, сознает, что он высказал все, что он знает, вычитал, оценил по проверенным формулам. Отдавая книгу в печать, он чувствует спокойное удовлетворение, что он породил на свет зрелое и способное к самостоятельному существованию детище. Но бывает и по-другому: автор не видит читателя, который ждет от него обычного наставления с готовыми рецептами и инструкцией к применению. Здесь творческий процесс превращается во вслушивание в свои неясные, недоказанные, внезапные мысли. Здесь окончание труда становится холодным подведением итогов, болезненным пробуждением от сна. Каждая глава глядит с укором, брошенная, так и не появившись на свет. Последняя мысль книги не завершает ее, а только удивляет, что это конец, что больше ничего не будет.

Значит, добавить! Это означало бы начать все сначала, отбросить все, что я знаю, столкнуться с новыми вопросами, о которых сейчас я только догадываюсь, то есть написать новую книгу, такую же незаконченную.

* * *

Ребенок вносит в жизнь матери чудесную песнь молчания. От тех часов, которые мать проводит возле него, когда он ничего не требует, а просто живет, от мыслей, которыми мать старательно его окутывает, зависит смысл этой песни, ее программа, сила и творчество. В тишине созерцания мать через ребенка дозревает до озарения, которого требует труд воспитателя.

Не из книг, а из самой себя. Тогда любая книга будет стоить немногого. А моя книга выполнила свою задачу, если убедила мать в этом.

Созерцай в мудром одиночестве...

ДНЕВНИК.
МАЙ-АВГУСТ 1942

«Я ЖИВУ НЕ ДЛЯ ТОГО,
ЧТОБЫ МЕНЯ ЛЮБИЛИ
И ЛИЧНО ВОСХИЩАЛИСЬ,
А ЧТОБЫ САМОМУ
ДЕЙСТВОВАТЬ И ЛЮБИТЬ»

Я. Корчак

ПЕРВАЯ ЧАСТЬ

Мемуары — литература унылая и мрачная. Художник или ученый, политик или диктатор вступают в жизнь, полные честолюбивых намерений, мощных, безупречных, победных деяний — живая энергия действия. Они возносятся вверх, преодолевают препятствия, расширяют сферу своего влияния, вооружаясь опытом и приобретая единомышленников; все плодотворнее, все легче, этап за этапом стремятся они к своим целям. Так проходит десять лет, иногда — два-три десятилетия. А потом...

Потом накапливается усталость, потом — шажок за шажком, но упрямо по той же, однажды выбранной дорожке. Удобным проторенным путем, с меньшим пылом и мучительной убежденностью, что все не так, что слишком мало [сделано]*, что в одиночку куда труднее. Прибавляется серебра в волосах и морщин на некогда гладком и дерзновенном челе, а глаза все слабее, кровь все медленней кружит в теле, и ноги еле волокутся.

Что поделать — старость.

---

* Здесь и далее в квадратных скобках приводятся восстановленные по смыслу пропуски слов. — *Прим. лит. ред.*

Один упрямится и [не] сдается, жаждет, как и раньше, даже сильнее, лишь бы успеть. Он обманывается, защищается, бунтует и мечется. Другой же в скорбном смирении не только от всего отрекается, но даже идет на попятную.

Я больше не могу...

Даже пробовать не хочу...

Не стоит и пытаться...

Я уже ничего не понимаю...

Кабы вернули мне урну с пеплом жизни, что я прожигал, энергию, растраченную на заблуждения, расточительный размах прежних сил...

Новые люди, новые поколения, новые нужды. Вот уже и его все раздражают, и он всех раздражает — и сразу недопонимание, а потом уже и постоянное непонимание: эти их жесты, их шаги, эти их глаза и белые зубы, и лоб гладкий... ладно, хотя бы помалкивают...

Все и всё вокруг, и земля, и ты сам, и [новые] звезды говорят тебе:

— Довольно... Тебе — закат... Теперь мы... Тебе — итог... Ты твердишь, что мы всё [делаем не] так... Мы и не спорим — тебе лучше знать, ты умудрен опытом, но позволь нам самим попробовать.

Таков порядок жизни.

Таков и человек, и зверь, да и деревья, наверное... Камни — другие, но кто знает; теперь их воля, мощь и время.

Тебе сегодня — старость, а завтра — дряхлость.

И все быстрее хоровод стрелок на циферблатах.

Сфинкса каменный взор задает извечный вопрос:

— Кто утром на четырех ногах, в полдень резво на двух, а вечером — на трех?

Ты. Опираясь на палку, загляделся на гаснущие холодные лучи заходящего солнца.

В собственной биографии я попробую по-другому. Может, это удачная мысль: вдруг получится, вдруг именно вот так нужно.

Когда копаешь колодец, то начинаешь работу не со дна; сначала широко разметываешь верхний слой, откидываешь землю, лопата за лопатой, не ведая, что там, глубже: сколько переплетенных корней, какие препятствия и провалы, сколько досадных, закопанных другими, да и тобой позабытых камней и разных жестких штук.

Решение принято. Довольно сил, чтобы начать.

Но бывает ли вообще на свете завершенная работа?

Поплюй на ладони. Покрепче ухвати лопату. Смелее.

Раз-два... раз-два...

— Бог в помощь! Дедуль, ты чего задумал?

— Сам видишь. Ищу подземный источник, живительную чистую стихию вызволяю, воспоминания расчищаю.

— Тебе помочь?

— О нет, голубчик мой, тут каждый сам должен постараться. Никто не придет на выручку, никто тебя не сменит. Все остальное можем делать вместе, коли ты мне еще доверяешь и сколько-нибудь да ценишь. Но эту свою последнюю работу я сам должен сделать.

— Дай Бог сил...

Вот так-то...

Я намерен ответить на лживую книгу фальшивого пророка. Много та книга сотворила зла.

* * *

Так говорил Заратустра[1].

И я беседовал — имел честь с Заратустрой беседовать. Его премудрые посвящения в тайны, тяжелые, жесткие, острые. Тебя, бедный философ, завел бы он за темные стены и частые решетки дома скорби, да ведь так оно и было. Вот же оно, черным по белому:

«Ницше умер в разладе с жизнью — сумасшедшим».

Я же в своей книге хочу доказать, что умер он в мучительном разладе с истиной.

Тот же самый Заратустра меня учил другому. Может, у меня слух поострее, может, я вслушивался внимательнее.

В одном мы сходимся: дороги (и мастера, и моя — ученика) тяжкими были. Поражения куда чаще побед, много кривых дорожек, а значит, время и силы потрачены впустую. Казалось бы, впустую.

Ибо в час расплаты — не в одинокой келье самого скорбного лазарета [...] и бабочки, и кузнечики, и светляки, и солист в высочайшей синеве — жаворонок.

* * *

Господь благ.

Спасибо тебе, добрый Боже, за луга и красочные закаты, за живительный вечерний ветерок после знойного дня пахоты и труда.

Спасибо, добрый Боже, что так мудро придумал: цветы пахнут, светлячки светят на земле, а искры звезд — на небе.

Как же радостна старость.

Как приятна тишина.

Сладкий отдых.

«Человек, безмерно Тобой одаренный, Тобой сотворенный, Тобой же спасенный...»[2]

Ну, довольно.

Начинаю.

Раз-два.

Греются на солнышке два деда.

— Вот скажи, старый хрыч, как это ты еще умудряешься жить?

— Ну так я жизнь вел солидную, размеренную, без потрясений и переворотов. Не пью, не курю, в карты не играю, за юбками не бегал. Никогда не голодал, не перерабатывал, ничего наспех не делал, ни во что рискованное не встревал. Всегда все вовремя и в меру. Сердца не надрывал, легкие не раздирал, голову себе не морочил. Умеренность, спокойствие и рассудительность. Вот я и жив до сих пор. А вы, коллега?

— А я-то немного по-другому. Раздают синяки да шишки — я тут как тут. Я еще сопляком был, как пошли первые протесты да перестрелки. И ночи бессонные были, и тюрьма: ровно в такой дозе, чтобы молокососа хоть немного пообтесать-укоротить[3]. Потом война. Так себе, ничего особенного. Далеко пришлось идти, за Уральские горы, за байкальские моря, за [земли] татар, киргизов, бурятов, до самых китайцев. Только докатился я до маньчжурской деревни Таолайчжоу, глядь — опять революция.

Потом ненадолго мир-покой воцарился. И водку я пил, как не пить, и жизнь, не мятый рубль, на карту ставил. Только вот на девчонок времени у меня не хватило... а так, кабы не это, да не то, что стервы они, до ночей охочие, да еще и детей рожают... Пакостная привычка. Один раз я попался. Потом на всю жизнь охоту отбило. Хватит с меня. И угроз, и слез. Сигареты курил без счету. И днем, и ночью, и в размышлениях, и в спорах, одну от другой прикуривал, дымил как паровоз. На мне живого места нет. Спайки, боли, грыжи, шрамы, весь на ходу разваливаюсь, скриплю, а вот ведь живу и пру напролом. И еще как! Спросите тех, кто мне поперек дороги встают. Как дам леща — мало не покажется. И сейчас бывает, целая банда меня на цыпочках по стеночке обходит. Да у меня и друзья-приятели есть.

— И у меня тоже. У меня и дети есть, и внуки. А у вас, коллега?

— У меня их двести.

— Шутить изволите, господин хороший?

* * *

Сейчас 1942 год. Май. Холодный в этом году май. И эта сегодняшняя ночь — тишайшая из тишайших. Пять часов утра. Дети спят. Их на самом деле две сотни. В правом крыле пани Стефа[4], я в левом, в так называемом изоляторе[5].

Моя кровать в центре комнаты. Под кроватью — бутылка водки. На тумбочке ржаной хлеб и кувшин воды.

Любезный Фелек[6] наточил мне карандаши, каждый с двух сторон. Я бы мог писать вечным пером, одно мне дала Хадаска[7], а второе — папа непослушного сыночка.

От этого карандаша у меня вмятина на пальце. И только сейчас до меня дошло, что можно по-другому, можно удобнее, пером писать легче.

Недаром папенька[8] называл меня в детстве раззявой и балбесом, а в бурные моменты так даже идиотом и ослом. Одна только бабушка[9] верила в мою звезду. А так — лентяй, плакса, нюня (я уже говорил), идиот, все ему до лампочки.

Но об этом потом.

Они были правы. Поровну. Напополам. Бабуля и папа.

Но об этом потом.

* * *

Лентяй... это заслуженно... Не люблю писать. Думать — другое дело. Мне это не составляет труда. Я словно сам себе сказки рассказываю.

Я где-то прочитал:

«Есть люди, которые так же не думают, как другие не курят».

Я — думаю.

* * *

Раз-два... раз-два.

На каждую неловкую лопату земли, выброшенную из моего колодца, я обязательно засматриваюсь. Задумываюсь минут на десять. И не в том дело, что я нынче слабый, потому как старый. Так всегда было.

Бабушка угощала меня изюмом и приговаривала:

— Философ.

Видимо, я уже тогда в приватной беседе посвятил бабушку в свой дерзкий план переустройства мира. Ни много ни мало: выбросить все деньги. Как и куда выбросить и что потом делать, я точно не знал. Не судите слишком строго. Было мне тогда пять лет, а проблема была невообразимо трудной: что делать, чтобы не было детей грязных, оборванных и голодных, с которыми мне нельзя играть во дворе, где под каштаном похоронена в вате, в жестянке из-под леденцов, первая моя покойница, близкая и ненаглядная, пока только канарейка. Ее смерть поставила передо мной таинственный вопрос веры.

Я хотел на ее могилке поставить крест. А служанка сказала, что нельзя, это же птица, она ж куда ниже человека. Даже плакать по ней грешно.

Ну, это служанка. Хуже то, что сын дворника заявил: канарейка моя была еврейкой.

И я еврей. А он — поляк и католик. Вот он точно попадет в рай, а я, если не буду говорить ругательных слов, а буду послушно приносить ему наворованный дома сахар, после смерти попаду в какое-то такое место, которое вообще-то не ад, но там темно. А я боялся темных комнат.

Смерть — Еврей — Ад.

Черный еврейский рай.

Было над чем подумать.

* * *

Я лежу в кровати. Кровать в центре комнаты. Квартиранты мои — Монюсь-младший (Монюсей у нас четверо[10]), потом Альберт, Ежи. С другой стороны, вдоль стены, Фелюня, Геня и Ханечка.

Двери в спальню мальчиков открыты. Их шестьдесят штук. А слегка на восток от них спят тишайшим сном шестьдесят девочек.

Остальные на верхнем этаже.

Сейчас май, пусть и холодный, так что в верхнем зале худо-бедно могут спать мальчики постарше.

Ночь.

Про нее и про спящих детей у меня есть записки. Тридцать четыре исписанных блокнота. Именно потому я так долго не решался писать мемуары.

Я собираюсь написать:

— толстый том о ночи в детском доме и вообще о сне детей;

— двухтомный роман. Действие происходит в Палестине. Брачная ночь пары «халуцей» у подножия горы Гильбоа, откуда бьет источник[11]; об этой горе и источнике говорит Книга Моисеева.

Глубоким будет этот мой колодец, если успею...

* * *

Три-четыре-пять-шесть.

Несколько лет назад я написал для детей повесть о жизни Пастера[12].

Теперь продолжение серии: Песталоцци, да Винчи, Кропоткин, Пилсудский[13] и еще пара десятков других.

Тут и Фабр, и Мультатули, Раскин и Грегор Мендель, Налковский и Щепановский, Дыгасинский, Давид...[14]

Вы не знаете, кто такой Налковский?

О многих великих поляках не ведает мир...

* * *

Семь.

Много лет назад я написал повесть о короле Матиуше[15].

Теперь очередь царя-ребенка: король Давид Второй [16].

* * *

Восемь.

Как испоганить материал полутысячи графиков веса и роста воспитанников ([17]) и не описать прекрасной, добротной и радостной работы роста человека?

[...] через ближайших пять тысяч лет.

* * *

Где-то там, в пропасти будущего, социализм, сейчас — анархия. Война поэтов и музыкантов в прекраснейшей Олимпиаде — война за красивейшую молитву: за один в год гимн для Бога на весь мир.

Я забыл добавить, что и так идет война.

* * *

Десять.

Автобиография.

Да, о себе, о своей ничтожной и важной особе.

Кто-то когда-то злоехидно писал, что мир — капля грязи, подвешенная в бесконечности; а человек есть животное, сделавшее карьеру.

Может быть, и так. Но [надо] дополнить: капля грязи знает, что такое страдания, умеет любить и плакать, и полна тоски.

А карьера человека, если все взвесить по совести (по совести?) — сомнительна, очень сомнительна.

* * *

Половина седьмого.

Кто-то в спальне крикнул:

— Ребята, купаться, вставайте!

Я откладываю перо. Встать или нет? Я давно не мылся. Вчера я поймал на себе и безжалостно, одним ловким нажатием ногтя, убил вошь.

Если только успею, напишу апологию вшей.

Потому как наше отношение к этим прекрасным насекомым — несправедливое и недостойное.

Озлобленный русский мужик изрек приговор:

— Вошь не человек — всю кровь не выпьет.

* * *

Я сочинил короткий рассказик о воробьях, которых я двадцать лет подкармливал. И поставил себе задачу реабилитировать мелких воришек. Но кто захочет всмотреться в убожество вши?

Кто, если не я?

У кого достанет смелости встать на ее защиту?

* * *

«За циничную попытку взвалить на плечи общества обязанность заботиться о сироте, за бесстыдство оскорблений, проклятий и угроз в порыве бешенства, из-за того, что попытка не удалась, пани должна внести пятьсот злотых в пользу “Помощи сиротам” в течение пяти дней»[18].

В силу низкого уровня среды, да и дома, в котором пани пребывает, сумма штрафа получилась такой мизерной.

Я предвижу лживые оправдания, что вы, дескать, не знали, кто проводит беседу. Когда ваше чадо, девочка, посланная меня проводить, уже видела мое удостоверение, которое я показывал полицейскому [19], она бросила мне на прощание: «Скотина!» Я не настаивал на аресте подростка из-за ее возраста и из-за того, что у нее не было нарукавной повязки.

Под конец добавлю, что это было мое второе столкновение с притоном изысканного дома на Валицовой, 14. Потому что во время осады Варшавы мне мерзейшим образом отказали в помощи перенести в подворотню умирающего солдата с развороченной грудью, чтобы он не помер, как пес в сточной канаве.

А вот комментарии.

Хозяйки притона, откуда меня выбросили с воплями: «Пшел вон, старая сволочь, чтоб тебе руки-ноги переломать!», — «подружки», ни много ни мало, самой Стефании Семполовской[20].

Я хотел бы подробнее высказаться на эту тему, поскольку этот вопрос имеет большее значение.

Семполовская была фанатичной защитницей евреев от клеветы и справедливых обвинений, которыми нас забрасывали столь же фанатичные враги.

Три еврейки с Валицовой — это те персонажи, которые сладкими словечками (ба! — даже принятием крещения!) насильно втирались в польское общество, в дома и семьи, чтобы представлять там евреев.

Многократно и безрезультатно я растолковывал энтузиастке — пани Стефании, — что не может и не должно быть понимания между «еврейской швалью» и духовной и моральной элитой поляков.

За тридцать лет нашего знакомства именно поэтому между нами случались иногда неприятные споры и отчуждение.

Войцеховский — Пилсудский — Норвид — Мицкевич — Костюшко — Зайончек... кто знает, может, и Лукасевич[21]. Креон и Антигона — не потому ли они так далеки от нас, что как раз очень нам близки?

Еще раньше Налковский, Людвик Страшевич[22]: казалось бы, враги, а тоскуют друг по другу.

Как же легко состыковаться двум мерзавцам для совместного предательства, преступления, мошенничества, и насколько невозможно согласное сотрудничество, когда двое одинаково любят, но понимают все по-разному, потому что у каждого свой багаж опыта.

Я питал ненависть и омерзение к евреям — *хандэлэс*[23] идеями и фразами. Видел я достоинство евреев, которые давали деру и скрывались от друзей за пределами окопов.

Как тут не вспомнить дорогого «Войтека» — боевого народного демократа, который за черным кофе почти с отчаянием спрашивал:

— Скажи, что делать? Евреи нам могилу роют.

А Годлевский[24]:

— Мы слабые. За стопку водки продаемся евреям в рабство.

А Мощеньская[25]:

— Ваши достоинства для нас — смертный приговор.

* * *

Угол Желязной и Хлодной. Колбасная. Развалившаяся на стуле, обросшая салом еврейка примеряет туфли. Перед ней на коленях сапожник. Одухотворенное лицо. Седые волосы, умные и добрые глаза, голос глубокий и серьезный, а на лице выражение безнадежности и смирения.

— Я ведь предупреждал, что эти туфли...

— А я предупреждаю: оставь-ка ты эти туфли своей жене. Коли ты сапожник, так должен знать, как моя нога выглядит!

И болтает жирной ногой у сапожника перед носом — чуть ли не в лицо тычет.

— Слепой, что ли? Не видишь, что морщит?

Сцена эта — одна из худших, свидетелем которых я был, но не единственная.

— Наши не лучше.

— Знаю.

И что делать?

* * *

Радио есть у того, кто его купит. И автомобиль. И билет на премьеру. И поездки, и книги, и картины.

Может, рассказать о польских туристах, которые мне встретились в Афинах?[26] Они, ни много ни мало, фотографировались на фоне Пантеона. Расчирикались, все нараспашку — каждый щенок крутится вокруг собственного хвоста, мечтая его поймать.

* * *

Зачем я все это, собственно, пишу?

Ну да. Существует сатана. Существует. Но и среди чертей есть более зловредные и менее зловредные.

Слепили Янушек с Ирочкой садик и домик из песка, и цветочки, и забор. Носили воду в спичечном коробке. По очереди. Посоветовались, построили второй домик. Посоветовались и трубу добавили. Посоветовались — и вот колодец. Посоветовались — вот собачья будка.

Раздается звонок на обед. С дороги в столовую они два раза возвращались: что-то поправить, посмотреть.

А Мусик наблюдал издалека. А потом пнул, ногой растоптал, да еще и палкой долго колотил.

Когда они вернулись после обеда, Ирка сказала:

— Я знаю: это Мусик.

Родившийся в Париже, он был возвращен отчизне и три года отравлял жизнь тридцати сиротам в детском саду.

Я написал о нем статью в *Szkoła Specjalna*[27], [сделал вывод] что нужны исправительные лагеря, упомянул даже о смертной казни. Ведь он еще мал! И он будет безобразничать целых пятьдесят лет.

Милая пани Мария со смущенной улыбкой:

— Вы, должно быть, пошутили?

— Ни капли. Сколько людской обиды, сколько боли, сколько слез...

— Стало быть, вы не верите в исправление.

— А я не Адлер[28], — резко ответил я.

На пани Гжегожевскую долго сердиться нельзя. Компромисс: смертную казнь я вычеркнул — только исправительный лагерь остался (и то с трудом оставили).

* * *

Неужели порядочные люди, так сказать, «с верхней полки», непременно обречены на Голгофу?

* * *

Зачем я это пишу?

Понятное дело, ночь. Половина первого ночи.

Тяжкий у меня был день.

Конференция с двумя господами, кудесниками социальной опеки. Потом две беседы — одна как раз та, со скандалом. Потом заседание Правления.

Завтра — Дзельна, 39[29].

Я сказал:

— С позволения сказать, пан адвокат, если каждый день хоть на миллиметр лучше — это стимул приложить больше усилий. Если с каждым днем все хуже — придет катастрофа и какое-то изменение. А мы топчемся на месте.

* * *

Послушай. То, что я скажу, может пригодиться.

Есть четыре способа обезвредить нежеланных пришельцев.

1. Подкупить. Допустить в свою мафию и подмазать.

2. Соглашаться на все и, пользуясь их невнимательностью, продолжать делать все что угодно. Я же один, а их множество. Я о них думаю, самое большшее, три часа в день, а они размышляют, как обмануть, сутки напролет.

Я это объясню, когда буду говорить о мышлении во сне. Хотя это всё вещи известные.

3. Подождать, переждать, притаиться и в подходящий момент скомпрометировать. Смотрите. Это он так распорядился. Можно соврать. (Ему хотели все бабки отдать.)

4. Вымотать. Или он уйдет, или перестанет смотреть. Ну и что?

Чернила кончились.

* * *

Я стар всякий раз, когда вспоминаю прошлое, минувшие годы и события.

Я хочу быть молодым, вот и строю планы на будущее.

Что я буду делать после войны?

Может быть, меня призовут к сотрудничеству в строительстве нового порядка в мире или в Польше? Очень сомнительно. Да я этого и не хочу. Мне пришлось бы чиновничать, стало быть — рабство принудительной работы «от и до», контактов с людьми, где-нибудь письменный стол, кресло и телефон. Пустая трата времени на текущие, обыденные мелкие дела, борьба с мелкими людишками и их мелкими амбициями, протекцией, иерархией, целями.

В общем, каторга.

Лучше уж действовать в одиночку.

* * *

Когда я болел тифом[30], было мне такое видение.

Огромный театр или концертный зал. Толпы празднично одетых людей. Я говорю о войне и голоде, сиротстве и страданиях.

Я говорю на польском языке. Переводчик вкратце переводит на английский (дело происходит в Америке). Вдруг голос мой срывается. Тишина. Откуда-то из глубины зала раздается крик. Бежит ко мне Регина [31]. Останавливается перед возвышением, бросает на эстраду часы и кричит «Я отдаю вам все!»

И вот проливной дождь банкнот, золота и драгоценностей. Мне бросают кольца, браслеты, колье... На сцену выбегают мальчики из Дома сирот: братья Гельблат, Фалка, Марио Кулявский, Глузман, Шейвач[32] — и всё это запихивают в наматрасники. Раздаются крики, аплодисменты и плач растроганных слушателей.

Я не очень доверяю пророчествам, но, невзирая на это, уже больше двадцати лет жду, чтобы это видение сбылось.

О Регине я вам расскажу, когда придет очередь странных судеб воспитанников белого дома на улице Крохмальной. Серая Варшава.

* * *

Вот получу я неограниченные средства и объявлю конкурс на строительство крупного детского дома в горах Ливана. Возле Кфар Гелади[33]. Там будут большие казарменные столовые и спальни. И маленькие «домики отшельников». Для себя на террасе плоской крыши у меня будет одна небольшая комнатка с прозрачными стенами, я бы не потерял ни одного восхода и заката, чтобы писать в ночи, раз за разом поглядывая на звезды.

Молодая Палестина стремится кропотливо и честно достичь согласия с землей. Но придет и очередь неба. В противном случае это стало бы недоразумением и ошибкой.

Почему не Биробиджан, Уганда, Калифорния, Абиссиния, Тибет, Мадагаскар, Индия, юг России[34] или Полесье [?] Даже Англия, доброжелательная и знающая мир, не знает, где сосредоточить эту (впрочем, маленькую) горстку еврейства.

Каждый год, в родной город и к друзьям, я приезжаю на несколько недель и на разговор о делах важных и вечных ...

Я уже не повторяю монотонно мечтаний. Всякий раз — какая-нибудь перемена.

Больше всего проблем со строительством хижин для отшельников. Те, кто заслуживает одиночества, стремятся к счастью через одиночество, они читают его и должны перевести его на язык, понятный *urbi et orbi*, граду и миру[35], у них должно, должно быть... Но вот что именно должно быть — вот в чем загвоздка.

* * *

Мошек снова положил слишком мало карбида. Лампа гаснет.

Делаю перерыв.

Пять утра.

Старый добрый Альберт убрал затемнение в комнате.

Поскольку окна затемняют жалюзи из черной бумаги, чтобы свет из окон не мешал военным властям беседовать световым кодом, но якобы для того, чтобы вражеским самолетам не облегчать путь. Как будто нет еще десятка других приборов и указателей. А люди все-таки верят.

Так что снова светло.

Люди наивны и честны. Вероятно, несчастны. Они не знают, что такое счастье.

Каждый понимает его по-своему.

Одному — вкусный чолнт[36] или колбаса с кислой капустой. Второму — спокойствие, комфорт, удобство. Третьему — девушек, много и разных. Четвертому — музыка, карты или путешествия.

И каждый по-своему защищается от скуки и тоски.

Скука — голод духа.

Тоска — это желание, жажда воды — и полет свободы и человека; исповедника, советника — совета, исповеди, сочувственного уха для моих сетований.

Дух тоскует в тесной клетке тела. Люди чувствуют и рассматривают смерть под углом конца, а ведь она — продолжение жизни, другая жизнь.

Если даже ты не веришь в душу, то должен ведь признать, что твое тело будет жить: зеленой травой, облаком. Ты ведь сотворен из праха и воды.

«Мир — круговорот зла, вечный в своем постоянстве», — говорит Тетмайер[37].

Скептик, пессимист, насмешник, нигилист — и тоже говорит о вечности.

Бессмертна амеба, а человек — колония из шестидесяти триллионов, согласно Метерлинку[38]. А уж он-то мог достучаться до авторитетов. Потому как я уже пару десятков лет безуспешно пытался дознаться, сколько это будет раз по два миллиарда. Коллега профессор Пашкевич[39] говорил, что это астрономическое число, пока я случайно не нашел ответ в «Термитах».

Людей в мире — два миллиарда, а я — сообщество во много миллионов раз больше, поэтому у меня есть право, есть обязанность заботиться о собственных своих миллиардах, по отношению к которым у меня есть обязательства.

Опасно говорить об этом всем подряд, хотя и так каждый это чувствует, даже если не очень знает.

К тому же, разве моя вселенная жизни и ее процветание не зависят от благополучия целого поколения, от каннибалов австралийских островов вплоть до кабинета поэта, ученого, всматривающегося в глазок телескопа на заснеженном пике, на равнине полюса?

Если маленькая Генька кашляет ночью, я ей альтруистически сочувствую, но эгоистически взвешиваю свое ночное беспокойство, заботу о ее здоровье (а вдруг что заразное?), стоимость дополнительного питания, хлопоты и стоимость отправки ее в деревню.

* * *

Мне хочется спать. Пока мой улей не загудел, вздремну часок.

Я уверен, что в будущем разумном обществе закончится диктатура часов.

Спать и есть, когда захочется.

Какое счастье, что врачи и полиция не могут мне прописать, сколько можно делать вдохов в минуту и сколько раз имеет право биться мое сердце.

Я неохотно сплю ночью, потому что потом днем не могу спать. Хлеб с водой мне ночью вкуснее.

Это нонсенс — класть ребенка в постель, чтобы он беспробудно проспал десять часов.

* * *

Человек будущего узнает с удивлением, что для украшения жилищ мы использовали срезанные цветы. И картины на стенах. А вместо ковров — шкуры животных.

Скальпы, скальпы цветов и благородных наших, при жизни меньших, братьев.

И холст замалеванный, на который через какое-то время и смотреть-то перестаешь, зато на нем оседает пыль, а под ним разводится всякое тараканство.

Какой же мелкий, бедный и дикий был этот первобытный человек, что жил тысячи лет назад.

И сочувственно будут они думать о наших примитивных формах обучения.

Невежество мертвого языка.

* * *

«Выходя в народ», я раз за разом вылавливал таланты среди детей.

Где-то на Сольце, в каморке ремесленника, мне показали рисунки мальчика: конь выглядел как конь, дерево — как дерево, корабль — как корабль.

Я занес рулон картинок, которые показались мне лучшими, известному художнику. Он посмотрел и скривился:

— Это совершенно никчемные работы. Перерисованные. Вот это еще сойдет с горчичкой...

Странную вещь он сказал:

— Каждый должен уметь увековечить карандашом то, что хочет сохранить в памяти. И всякий, кто этого не умеет, — невежда.

Сколько раз я вспоминал эту незыблемую истину!

Вот сценка, вот дерева, которые, еще миг, — и навеки пропадут для меня. Какая жалость, какая потеря.

Туристы выкрутились: фотография. Уже и кинопленка. Растут дети и молодежь, которые могут любоваться своими первыми неуклюжими шажками.

Незабываемые картинки просыпающейся спальни. Взгляд, движения замедленные — или внезапное выскакивание из кровати. Этот трет глаза, а тот рукавом рубашки потирает уголки рта, третий поглаживает ухо, потягивается, держит в руках какую-то одежку — и надолго замирает, заглядевшись.

Живо, флегматично, ловко, неуклюже, уверенно, боязливо, тщательно, небрежно, внимательно или автоматически.

Это испытание: сразу видишь, кто и почему, всегда или аккурат сегодня так делает.

Лектор комментирует фильм:

— Прошу смотреть внимательно (тычет указкой, как в карту).

Неприязненные взгляды этих двоих справа показывают, что они друг друга не жалуют, их кровати не должны стоять рядом.

Прищур глаз вот у этого несомненно доказывает, что он близорук.

Не доверяйте упорству и выдержке вот этого пацана: чувствуется усилие, нервозность движений, сбивчивый темп, паузы в, казалось бы, решительной спешке. Может, он на спор соревнуется с тем, что слева, на которого он раз за разом поглядывает.

Вот этому я предрекаю плохой день. Что-то с ним не так. При умывании, застилая постель, за завтраком, через минуту или через час, он поссорится или подерется, невежливо ответит воспитателю.

Мы стояли вдвоем у окна, когда набирались новые команды играть в «вышибалы».

Благородная, рыцарская игра.

Десятилетний знаток был моим учителем.

— Этого сразу выбьют, он устал. А вот тот только в середине игры начнет стараться. Этого выкинут. А вон у того глаза на затылке: смотрит вправо, а бьет влево. Вот этот нарочно поддаётся, он хочет выбить тех двоих. А вот тот обидится, поссорится со всеми и разревется.

Если предсказание не сбывается, знаток знает почему и объясняет почему. Он что-то упустил в своих расчетах и оценках:

— Он так играет, потому что вчера стекло разбил, вот теперь и боится. А вот этому солнце в глаза бьет. Вон тот не привык к этому мячу, он для него жестковат. А вот у него нога болит. А вот за этот шикарный удар его другу спасибо: он всегда ему помогает.

Знаток читает игру, как партитуру, комментирует ходы, как в шахматной партии.

Если я кое-что и понимаю, этим я обязан своим самоотверженным наставникам.

Какие они терпеливые, самоотверженные, дружелюбные, и какой же я неспособный и неуклюжий ученик.

Ничего удивительного: мне уже было за сорок, когда у нас народился футбол, а они уже ползали с мячом в обнимку.

Пять толстых томов:

1. Мяч обыкновенный.
2. Мяч ножной (футбол).
3. «Вышибалы».
4. Психология и философия игры в мяч.
5. Биографии и интервью. Описание знаменитых ударов, партий и полей.

И сто километров киноленты.

Не раздражаюсь, не выхожу из себя, не сержусь и не возмущаюсь, если я заранее предвидел реакцию.

Сегодня класс будет беспокойный, потому что первое апреля, потому что жара, потому что через три дня экскурсия, потому что через неделю праздник, потому что у меня голова болит.

Помню воспитательницу с большим стажем работы, которая возмущалась, что у мальчиков так быстро отрастают волосы, — и помню юную воспитанницу Бурсы[40], начинавшую отчет о том, как она дежурила, укладывая девочек спать.

— Девочки сегодня вели себя невыносимо. В девять часов они еще шумели. В десять — шепот и смешки. А все потому, что начальница устроила мне головомойку, потому что я была сердита, потому что я спешила, потому что у меня завтра семинар, потому что у меня петля на чулке поехала, потому что я получила грустное письмо из дому.

Кто-то скажет:

— Чего стоит фильм, если дети знают, что их снимают?

Легко.

Аппарат всегда стоит на месте. Оператор в разное время и в разном направлении крутит ручку незаряженного аппарата.

Детям обещают показать фильм, когда он будет готов, но всегда что-нибудь не получается. Много раз снимают детей назойливых, неприятных, непопулярных, неинтересные сцены. Никто ни разу не призывает детей вести себя естественно, смотреть не туда, а сюда, «заниматься своими делами». Юпитеры беспорядочно зажигают и гасят. А то снова и снова велят прервать игру и устраивают утомительную репетицию.

Жадный интерес к сенсации сменяется раздражением. Наконец они перестают воспринимать съемку. Через неделю, через месяц. Впрочем, напрасно я это пишу. Наверняка все так и делают, иначе и быть не может.

Невежда тот воспитатель, который этого не знает, и идиот — если не понимает.

В будущем каждый воспитатель станет стенографом и кинооператором.

А парлограф[41], а радио?

А эпохальные эксперименты Павлова?[42]

А тот садовник, который путем скрещивания или опять же воспитания растений получает розы без шипов и «от осины апельсины»?

Контур человека у нас уже есть, может, даже фотография. Может, не хватает сущей малости? Нужен только способный и добросовестный ретушер.

Другие бояться спать днем, чтобы не портить ночи. Я – наоборот. Я неохотно сплю ночью — мне бы поспать днем.

* * *

15 мая, шестой час

Девочки уже до половины [...][43]

Было примерно так. Говорят:

— Знаешь, Хелечка, беспокойный ты человек.

Она в ответ:

— А я – человек?

— Ну да. Ведь не собачка же.

Задумалась. После долгой паузы, с удивлением:

— Я человек. Я Хелечка. Я девочка. Я полька. Я мамина доченька, я варшавянка... Как меня много!

В другой раз:

— У меня есть мамочка, папочка, бабушка... две бабушки, дедушка, платьице, ручки, куколка, столик, фартучек... А вы у меня тоже есть?

Один народник мне сказал:

— Еврей – искренний патриот, в лучшем случае – хороший варшавянин или краковянин, но не поляк.

Меня это высказывание застигло врасплох.

Я честно признался, что меня не трогают Львов, Познань, Гдыня, Августовские озера, ни Залещики, ни Заользе. Я не бывал в Закопане (вот такое я чудище), меня не восхищают ни Полесье, ни море, ни Беловежская Пуща. Висла из-под Ракова для меня чужая, я не знаю и не хочу знать Гнезно. Но я люблю варшавскую Вислу и, оторвавшийся от Варшавы, испытываю снедающую тоску.

Варшава — моя, а я — ее. Больше скажу: я и есть Варшава.

Я вместе с ней радовался и горевал, ее солнышко было моим солнышком, ее ливень и грязь — моими.

Я с ней вместе рос. Мы в последнее время отдалились друг от друга. Выросли новые улицы и районы, которых я уже не понимаю. Много лет я чувствовал себя на Жолибоже иностранцем[44]. Куда ближе мне Люблин и даже никогда мной не виданный Грубешув[45].

Варшава была для меня территорией моей работы или мастерской; здесь — места постоя, тут — могилы.

* * *

Пока шел кукольный спектакль[46], я вспоминал ряженых с улицы Медовой и вертеп с улицы Фрета[47].

А было так.

Начиная с Рождества Христова ходили по дворам, что побогаче, безработные в ту пору каменщики и давали представления, когда их зазывали в квартиры.

Ящик-сцена, гармошка или шарманка. А на сцене фигурки: царь Ирод на троне, черт с вилами.

Представление играли в кухне, чтобы в комнатах не пачкать. Кухарка прятала всякую мелочь, потому что крали — один раз увели две фражетовые ложки из комплекта[48]. Было прекрасно, и страшно, и поучительно.

Под конец выходил дед с мешком и просил подаяние.

Отец велел мне собственноручно кидать в дедов мешок новые серебряные десятигрошевики, я менял всю свою наличность на двугрошевые монетки и, трепеща от волнения, бросал в мешок. А дед заглядывал в мешок, тряс длинной седой бородой и говорил:

— Ой, маловато будет, маловато, дай-ка еще, кавалер.

И тогда же я с отцом ходил смотреть вертеп.

Длинный зал сиротского дома, занавес, таинственность, теснота, ожидание.

Какие-то странные создания в синих халатах и белых чепцах на голове, с жесткими крыльями.

Я боялся. Меня душили слезы.

— Папочка, не уходи.

— Не бойся.

Таинственная пани посадила меня в первом ряду.

Не делайте этого, если ребенок не хочет. Я предпочел бы сидеть где-то на стороне, чтобы меня заслонили, пусть бы в тесноте.

Беспомощно:

— Папуля...

— Сиди, дурачок.

По дороге я спрашивал, будут ли там Ирод и черт.

— Сам увидишь.

Ужасна эта сдержанность взрослых. Не делайте детям сюрпризов, если они не хотят. Им нужно знать заранее, что будут стрелять, точно ли будут, когда и как. Ведь нужно приготовиться к долгому, далекому и опасному путешествию.

А их, взрослых, только одно заботит:

— Иди пописай, там нельзя будет.

Но у меня сейчас на это времени нет, да и не хочется. Не умею я про запас.

Я уже знал, что это будет какой-то очень важный и в сто раз лучший вертеп, да еще и без деда с мешком.

Оно и лучше, что без деда.

Я уже говорил. Поучительное время.

Да. Этот дед. Не только он, но он — в первом ряду.

Был он непасытен.

В его мешок вначале падали безразличные родительские серебрушки, потом собственные тяжко накопленные медяки. Наученный горьким, горьким и унизительным опытом, я их долго копил, собирал, откуда мог. Часто жертвой скопидомства становился живой нищий дед на улице; я думал: «Не дам, спрячу для этого своего с мешком, из вертепа».

Мой дед был ненасытным, а мешок его — бездонным. Маленьким он был, и мешок — в пять раз меньше моего кошелечка, а поглощал, пожирал, последнее выжимал.

И я давал и добавлял. Попробую еще раз: может, наконец, скажет, что хватит...

— Папочка, бабуля, Катаржина, я отдам, одолжи.

На корню продам урожай целого года.

Любопытство. Может быть, удастся подсмотреть, как он исчезнет на мгновение за сценой, и опять назойливо призывает и подначивает.

И страх, печальное осознание того, что после деда — уже конец, уже ничего не будет.

Хуже — только утомительный ритуал мытья перед сном, может быть, даже рыбий жир.

В исключительные дни не надо нагружать и дразнить детей всем вот этим: история, знания; опыт справедливо наказал использовать [праздник] на пользу малышне. Только праздник.

Вся сосредоточенность, вся свобода, вся сказка, вплетенная в серость.

Дед из вертепа на Медовой улице, такой трагической после осады Варшавы, научил меня очень многому. Безнадежность защиты перед настойчивой просьбой и бесконечность требований, которые нельзя удовлетворить.

Сперва даешь охотно, потом без энтузиазма, с чувством долга, потом с тревогой, потом по закону инерции, равнодушно и без сердечного участия, потом с неохотой, с гневом, с отчаянием.

А он хочет все, что у тебя есть, и тебя в придачу.

В вертепе я хватался за этого деда, как за последнюю нить, что связывает с чарующей сказкой в жизни, с волшебной мистерией жизни, с магией красочных и праздничных восторгов.

Прошло — не вернется. Умерло — погребено. Только один этот странный [дед]. И этот его пугающий [...]. Добро. Зло. Горячее желание, беспомощность, множество и ничто.

Может быть, расскажу, как я кормил воробьев через сорок лет.

Не отказывайте, если ребенок просит повторить одну и ту же сказку еще и еще. И еще раз ту же самую.

Для некоторых детей (их может больше, чем мы думаем) представление должно состоять только из одного, повторяемого раз за разом номера.

Один слушатель — это гораздо более благодарная аудитория. Ты не потеряешь времени зря.

Старые няни и каменщики — во сто крат лучшие педагоги, чем дипломированный психолог.

Ведь взрослые тоже кричат «бис».

— Бис.

Одна и та же без конца повторенная сказка — это как соната, как излюбленный сонет, как скульптура, без созерцания которой день становится бесцветным.

Музеям ведомы маньяки одного экспоната.

Мой — *Святой Иоанн* Мурильо из музея в Вене и две скульптуры Рыгера[49] в Кракове: *Ремесло* и *Искусство*.

Прежде чем человек бесповоротно погрязнет и смирится с разгильдяйством чувств... Он защищается... Страдает... Стыдится, что он иной, что он хуже толпы. А может быть, просто болезненно переживает, что он одинок и чужой в жизни.

Ряженые без деда. Не ряженые — вертеп.

Было плохо. Очень плохо.

Справедливо было, что мама[50] неохотно доверяла детей заботам отца, и справедливо [было то, что] мы — сестра[51] и я — с трепетом восторга, с порывом радости встречали и вспоминали [потом] даже самые напряженные, изматывающие, неудачные и печальные последствия «удовольствий», которые с поразительной интуицией находил не слишком уравновешенный педагог — папуля.

Он больно таскал нас за уши, несмотря на суровые предостережения мамы и бабушки:

— Вот оглохнет ребенок — сам будешь виноват!

В зале было невозможно жарко. Подготовка тянулась до бесконечности. Шорохи за занавесом напрягали нервы до невозможных пределов. Лампы коптили. Дети толкались и пихались.

— Подвинься. Убери руку. Подвинь ногу. Да не ложись ты на меня!

Звонок. Вечность. Звонок. Такие чувства переживает летчик под огнем, который уже отстрелял все боеприпасы для защиты, а у него есть еще и это, самое важное задание. Нет пути назад и нет воли, желания, мысли об отступлении. Не думаю, что это сравнение неуместно.

Началось. Нечто неповторимое, единственное окончательное.

Людей не помню. Я даже не знаю, был ли черт красным или черным. Скорее всего, черным. Были у него хвост и рога. Не кукла. Живой. Не переодетый ребенок.

Переодетый ребенок?

Таким ребячьим сказкам могут верить только взрослые.

Сам царь Ирод к нему обращается:

— О, сатана...

И такого смеха, таких прыжков и такого настоящего хвоста, таких вил и такого «Пошли!» я никогда в жизни не слышал, и не уверен, что услышу, даже если пекло на самом деле существует.

Все было подлинное.

Лампа гаснет. Папиросы, кашель — все это мешает.

Улица Медовая и Фрета. И на Фрета была школа Шмурлы[52]. Там били розгами. Тоже подлинными.

Не сравнить...

Четвертый час. Я снял затемнение с одного окна, чтобы не будить детей.

У Регинки *erythema nodosum*[53]. Сегодня этот метод уже считается неумным, но я ей прописал салицил 10,0 на 200,0 по ложке каждые два часа, пока в ушах не зашумит и желтые пятна перед глазами не запляшут.

Вместо этого ее вчера дважды рвало. Но вздутия на ногах уже бледные, маленькие и безболезненные.

Я боюсь у детей всего, что сродни ревматизму.

— Салицил, — говорили в Париже. И кто: Ютинель, Марфан! И что еще более странно — и Багинский[54] в Берлине.

Рвота — ерунда. Но вполне достаточно, чтобы после нее не вызывать снова лекаря-неумеху, разумеется, он скажет, что это побочное действие лекарства.

Я после рождественского представления провалялся в горячке всего два дня. Собственно говоря, всего одну ночь, да и температура была не больно высокая, но ведь нужны были [эти] острые симптомы, чтобы, по крайней мере, до весны воцарилось грозное «Нет!» — о ужас! — если отец принесет мороженое.

Я не уверен, что мы не зашли на обратном пути на мороженое или на газировку со льда, с ананасным сиропом. Тогда искусственного льда еще не было, а натурального зимой полно. Поэтому мы могли и прохладиться после этой адской жары.

Помню, что я потерял шарфик.

И помню, что, когда я еще лежал в постели на третий день, отец подошел ко мне, а мама его сурово отогнала:

— У тебя руки холодные. Не подходи.

Отец, смиренно выходя из комнаты, бросил мне заговорщицкий взгляд.

Я ответил ему шифром хитрющего подмигивания, что-то вроде:

— Порядок!

Мне кажется, мы оба чувствовали, что, в конце концов, это не они — мама, бабушка, кухарка, сестра, горничная и панна Мария (нянька), — не это бабье царство правит миром, а мы, мужчины.

Мы хозяева дома. И мы им уступаем, чтобы в доме был мир.

Любопытно, к моим многолетним, пусть не очень многочисленным пациентам меня куда чаще вызывали отцы. Но всегда только один раз.

Сейчас уступают матерям. Чтобы в доме был мир.

Я еще расскажу про [...]

Замечание, скорее подсказка для тех, кто через тридцать лет будет писать сценарии для радиопередач.

Дайте часик внуку и деду (или отцу) на рассказ[55] под названием «Вчерашний день» — «Мой вчерашний день». Начало всегда будет одинаковым: «Вчера я проснулся в таком-то часу... Встал... Оделся...»

Эти рассказики будут учить, как нужно смотреть на мир, как делить на слоги текущие события, что опускать, а что подчеркивать, как переживать, как ценить и обесценивать, настаивать и уступать — как жить.

Собственно, [почему дед и внук,] почему не женщины, почему не учитель и ученик, почему не работник и работодатель, чиновник и просители, адвокат и клиенты[?]

Это [уже] потребует стараний и репетиций.

Окончание.

* * *

— В польском языке нет понятия «родина»[56]. Отчизна — это слишком много и трудно.

Разве только еврей [поймет], потому что, может, и поляк тоже. Может, не отчизна, а домик и садик.

Разве крестьянин не любит отчизну?

Хорошо, что и перо уже на последнем издыхании. Сегодня меня ждет трудный рабочий день.

[*Приписка чуть позже*]

Уголино — Данте[57]. Сойдет с горчичкой. Балаган... Если бы они сейчас были живы, они поняли бы справедливость высказывания.

* * *

Были годы, когда каломель[58] и таблетки морфина я прятал в дальнем углу ящика в комоде. Я принимал их только тогда, когда шел на могилу матери на кладбище[59]. Но с начала войны я постоянно держу их в кармане, и интересно, что мне их оставили во время обыска в тюрьме[60].

Нет более мерзостного события (приключения), чем неудачное самоубийство. Этот план должен полностью созреть, чтобы его выполнение дало абсолютную уверенность в успехе.

Если я постоянно откладывал свой план, обдуманный до последней детали, то потому, что в последний момент накатывала какая-то новая мечта, которую я не мог бросить на полпути. Мечты походили на сюжеты романов. Я им дал общий заголовок: «странные вещи».

Итак.

Я изобрел машину (разработал подробный, сложнейший механизм). Что-то вроде микроскопа. Шкала на сто единиц. Если я поверну верньер на девяносто девять, умирает все, в чем нет ни одного процента человечности. Работы было невпроворот.

Я должен был установить, сколько людей (живых существ?) всякий раз исчезает из жизни, кто займет их место и как будет выглядеть эта очищенная новая жизнь. После года размышлений (естественно, ночных) дистилляцию человечества я довел до половины. Люди теперь уже только полускоты — остальные повымерли. Доказательством мелочности моих рассуждений было то, что себя я из этого своеобразного сообщества полностью исключил. А ведь, выкручивая на максимум верньер своего «микроскопа», я мог и себя жизни лишить. И что тогда?

С некоторым стыдом признаюсь, что к этой теме я и сегодня возвращаюсь в трудные ночи.

Ночи тюремные подарили мне самые интересные главы этой повести.

В работе у меня была пара десятков таких фантазий.

Итак...

Я нашел волшебное слово. Я — диктатор мира.

Засыпал я настолько озабоченный этими проблемами, что во мне рождался бунт.

— Почему я? Чего вы от меня хотите? Есть поможе, поумнее, чище, более подходящие для такой миссии.

Оставьте меня детям. Я не социолог. Я же все испорчу, скомпрометирую и попытку, и себя.

Для отдыха и расслабления я перебрался в детскую больницу. Город выбрасывает мне детей, как ракушки, а я — я только могу быть к ним добр. Я не спрашиваю их, надолго ли они, куда, с пользой для людей или с обидой.

«Старый доктор» дает карамельки, рассказывает сказки, отвечает на вопросы. Теплые, милые годы вдали от базара большого мира.

Иногда — книга или коллега завернут в гости, да и какой-нибудь пациент всегда требует большей заботы на протяжении нескольких лет.

Дети выздоравливают, умирают, как и бывает в больницах.

Я не мудрствовал лукаво. Не старался углубиться в тему, которая и без того была мне известна до самого дна. Поэтому первые семь лет и был таким вот скромным городским лекарем в больнице[61]. А все остальные годы меня преследует пакостное чувство, что дезертировал. Предал больного ребенка, медицину и больницу. Подхватила меня волна фальшивой амбиции: врач и ваятель детских душ. Душ. Ни больше ни меньше. (Эх, старый дурак, испаскудил ты и свою жизнь, и дело. Вот и получил по заслугам.) Пани Брауде-Хеллерова, истеричная рыбина, лентяйка с кругозором больничной санитарки[62], представляет этот важный раздел жизни, а *maître d'hôtel* Пшедборский[63] копается в гигиене. Вот за этим и шлялся с голодным брюхом по клиникам трех столиц Европы[64]. Лучше об этом не говорить.

* * *

Не знаю, сколько уже накатал страниц этой своей автобиографии. Не хватает мужества перечитать, что там за багаж. И мне грозят (и все чаще будут случаться) повторы. Что хуже всего, факты и переживания могут быть — должны быть и будут — рассказаны по-разному. В мелочах.

Ничего. Это лишь доказательство того, что это были важные моменты, глубоко пережитые, к которым я возвращаюсь.

Это всего лишь доказывает, что воспоминания зависят от нашего нынешнего опыта. Вспоминая, мы бессознательно лжем. Это понятно, и я говорю это только для самого примитивного читателя.

* * *

Частой мечтой и проектом была поездка в Китай.

Это могло случиться, даже легко.

Бедная моя четырехлетняя Юо-Я времен японской войны. Я написал ей посвящение на польском языке.

Она терпеливо учила бездарного ученика китайскому языку.

Да, пусть будут институты восточных языков. Да, профессора и лекции.

Но каждый должен провести год в такой восточной деревне и пройти вступительный курс у четырехлетки.

По-немецки меня учила говорить Эрна — Вальтер и Фрида[65] уже были слишком «старыми», слишком грамматически правильными, книжными, азбучными, школьными.

Достоевский[66] говорит, что все наши мечты сбываются с годами, но в таком извращенном виде, что мы их не узнаем. Я узнаю свою мечту из предвоенных лет.

Не я поехал в Китай — Китай приехал ко мне. Китайский голод, китайские невзгоды сирот, китайский мор детей.

Я не хочу останавливаться на этой теме. Кто описывает чужую боль, словно грабит, обжирается чужим горем, словно ему мало того, что есть.

Первые журналисты и чиновники из Америки не скрывали своего разочарования: не так, оказывается, все страшно[67]. Они искали трупы, а в сиротских приютах — живых скелетиков. Когда они посетили сиротский приют, ребята играли в войну. Бумажные фуражки и палки.

— Видимо, война их не достала, — говорили гости с усмешкой.

Теперь — да. Но аппетиты возросли, и нервы отупели, что-то наконец-то делается. И на этой и на той витрине даже игрушки, и столько конфет, от десяти грошей до целого злотого. Я своими глазами видел: пацан нахристараднничал десять грошей — и тут же купил конфеты.

— Не пишите этого, коллега, в свою газету.

Я прочел такое высказывание: ни с чем человек не мирится так легко, как с чужим несчастьем.

Когда мы шли через Остроленку в Восточную Пруссию[68], хозяйка лавчонки нас спрашивала:

— Что с нами будет, господа офицеры? Мы ж мирные жители, нам-то за что страдать? Вы — дело другое: на верную смерть идете.

* * *

Я только один раз ездил в Харбине рикшей. Теперь, в Варшаве, долго не мог себя заставить.

Рикша живет не дольше трех лет. Сильный — лет пять.

Я не хотел к такому руку прилагать.

Сейчас я говорю:

— Нужно дать им заработать. Лучше я сяду, чем двое жирных спекулянтов, да еще с узлами.

Противный момент, когда я выбираю тех, кто посильнее и поздоровее (если я спешу). И даю на пятьдесят грошей больше, чем они просят. И тогда я получался благородным, и теперь.

* * *

Когда лежал в одной комнате с детьми, болевшими корью[69], я закуривал сигарету и рассуждал: «Дым — откашливающее средство. Это им на пользу».

Вдохновение мне дают пять рюмок спирта пополам с горячей водой. После этого наступает роскошное чувство усталости без боли, потому что шрам не считается, ломота в ногах не считается, и даже боль и жжение в глазах не считаются.

Вдохновение дает мне сознание, что вот лежу в кровати и так буду лежать до самого утра, стало быть, двенадцать часов нормальной работы легких, сердца и мыслей после напряженного и занятого работой дня.

Во рту — вкус кислой капусты и чеснока. А еще карамельки, которую для вкуса положил в рюмку. Эпикуреец.

Ба! Две чайные ложки гущи от натурального кофе с искусственным медом.

Ароматы: аммиак (моча теперь быстро разлагается, а я не каждый день ополаскиваю ведро), запах чеснока, карбида и время от времени — моих семи соседей по комнате.

Мне хорошо, спокойно и безопасно. Вероятно, эту тишину может нарушить еще визит пани Стефы с какими-нибудь новостями или для мучительных мыслей и отчаянных решений.

А может, панна Эстерка[70] — что кто-то плачет и не может уснуть, потому что зуб болит. Или Фелек придет за письмом на завтра к этому новому чиновнику.

Вот моль пролетела, и сразу гнев, внутреннее кипение. Клопы (новые, редкие гости) и моль — последние враги, скажем, номер 5, — это уже, черт побери, тема на завтра. Я хочу в этой ночной тишине (десять часов) пробежаться мыслями по сегодняшнему дню, как я уже сказал, — напряженному и полному работы.

À propos насчет водки: последняя поллитровка из старых пайков; я не должен был ее открывать — запас на черный день. Но черт не спит — капуста, чеснок, жажда утешения и пятьдесят граммов колбасы «собачья радость». Так тихо и безопасно. Да, безопасно — я не жду ничьих визитов. Возможно, такого визита не избежать — случится как пожар, как облава, как обрушение штукатурки над головой. Но само понятие «чувство безопасности» доказывает, что сам себя я субъективно считаю жителем очень глубокого тыла. Не поймет этого тот, кто не знает фронта.

Мне хорошо, и я хочу долго писать, аж до последней капли чернил в ручке. Скажем, до часу ночи, а потом — шесть битых часов отдыха.

Хочется даже пошутить.

— Клёво, — сказал не совсем трезвый министр[71], причем не совсем вовремя, потому как тут и там по деревням от голода бушевал тиф, а график смертей от туберкулеза головокружительно выстрелил вверх.

Потом его дразнили политические противники в независимой прессе (Господи, помилуй!).

«Клёво», говорю и я, и мне хочется быть веселым.

Веселое воспоминание: теперь пятьдесят граммов колбасы «собачья радость» стоит злотый и двадцать грошей, тогда было дешевле — только восемьдесят грошей (хлеб — чуть дороже).

Я сказал продавщице:

— Дорогая моя, а эту колбасу, часом, не из человечины делают? А то для конины как-то слишком дешево.

А она в ответ:

— Не знаю, меня там не было, когда ее делали.

Не возмутилась, не улыбнулась вежливо покупателю-остряку, не выдала пожатием плеч, что шуточка-то черным юмором отдает. Ничего, только перестала резать колбасу, ожидая моего решения, — грошовый клиент, дешевая шутка или подозрение, не стоит разговоры разводить.

* * *

День начался взвешиванием. Май привел к серьезным потерям веса. Прошедшие месяцы нынешнего года — неплохо, и май еще не грозный. Но в лучшем случае нас ждут еще два месяца до нового урожая. Это уж точно. А ограничения в приказах властей и дополнительные их интерпретации только ухудшат ситуацию.

Час субботнего взвешивания детей — это час сильных эмоций.

После завтрака школьное заседание[72].

Сам завтрак — это тоже работа. Вот после моего хамского письма сановному лицу мы получили относительно неплохое вливание колбасы, даже ветчины, даже сто пирожных.

Вроде и неплохо, потому что хоть «на рыло» и немного получается, но эффект был.

Потом даже сюрприз в виде двухсот кило картошки.

Эхо писем. Но и раздражение. Минутная дипломатическая победа, легко добытые уступки не должны будить оптимистических надежд и усыплять бдительность.

Они ведь как-нибудь постараются все это себе возместить — как предупредить все это? Откуда стянутся тучи? Как и когда соберутся невидимые омы, вольты, неоны на будущие громы-молнии или самум в пустыне?

Терзающее: «Правильно ли поступил или нет?» — унылый аккомпанемент беззаботного завтрака детей.

После завтрака наспех, *à la fourchette*[73], — в сортир (про запас то есть, и тут через силу) и собрание, а на нем план для школы на лето, отпуски и замены.

Хорошо было бы, как в прошлом году. Но в том и суть, что многое изменилось, и в спальнях по-другому, много детей прибыло и убыло, новые повышения... вот и все по-другому, что тут скажешь. А ведь хотелось, чтобы лучше.

После собрания — газета и судебные приговоры[74]. Вкрались злоупотребления. Не каждый захочет битый час внимательно слушать о том, кто хорошо, а кто плохо хозяйствовал, что прибавилось, а что убавилось, что нужно предвидеть, а что — сделать. Для новых детей стенгазета — откровение.

Но старшие понимают: что так, что этак, а ничего из того, что для них важно и архиважно, они не узнают. Вот это его не касается, он и не будет слушать, так что если можно избавиться от докуки, почему бы и нет?

Сразу после стенгазеты, мучительной для меня — понимаю и соглашаюсь, при этом умело не вижу того, чего удобней не замечать, когда силком не хочется, а убеждением не получается, — сразу после этой стенгазеты длинная беседа с дамой, которая уговаривает принять ребенка. Это ж целая военная кампания, тут нужны осторожность, вежливость и решительность — рехнуться можно. Но об этом в другой раз.

Потому что звонок на обед.

Чем этот субботний обед отличается от остальных, не могу точно сказать, поэтому предпочту и о нем пока не писать.

* * *

Сегодня у меня запланированы только три адреса и три визита. С виду легкие.

1. Навестить сочувствующего после его болезни.

2. Почти в соседнем доме разговор насчет дрожжей для детей.

3. Тут недалечко: встреча репатриантов с востока, людей милых, приветливых, я им желаю всего наилучшего. Ба...

Первый визит — продолжение утренних дискуссий о школе.

Выздоравливающего я дома не застал.

— Прошу передать ему мой запоздалый привет. Я хотел прийти раньше, но не смог.

Мысли терзают — их так много.

Потому что этот странный старик нетипичен для учителя средней школы. Что я о нем знаю? Мы с ним почти совсем не разговаривали целый год.

Времени не было? Вру. (Глаза слипаются. Не могу. Честное слово, не могу. Вот проснусь и закончу.

...Привет тебе, прекрасная ночная тишина.)

Я не проснулся, а с утра нужно писать письма.

Продолжение — следующей ночью.

Благословен будь, покой.

N.B. Прошлой ночью расстреляли только семерых евреев, так называемых еврейских гестаповцев[75]. Что это значит? Умнее будет не допытываться.

Часовая лекция о дрожжах. Пивные или пекарские, живые или стерилизованные. Сколько они могут храниться? Сколько раз в неделю и какая доза? Бетабион. Витамин B. Нужно будет пять литров в неделю. Как? Через кого? От кого?

Третий визит. Лекция о национальной кухне. Как в его детские годы готовили кугель[76] и чолнт.

Взрыв воспоминаний старика. Они вернулись из ада [...] в варшавский рай.

Бывает и так.

— Сопляк ты и по возрасту, и по опыту. Ничего-то ты не знаешь.

Ну и этот чолнт.

Сколько раз я вспоминал киевский[77] «рубец по-варшавски», который ел, плача от тоски по отчизне.

Он меня выслушал и кивнул.

В подворотне ко мне кинулся дворник.

— Спаси, Всемогущий. Пусть только не спрашивают ни о чем, не просят, пусть ничего не говорят.

На тротуаре лежит мертвый мальчик. Рядом трое мальчишек поправляют в игре шнурки-вожжи. В какой-то момент посмотрели на лежащего — отодвинулись на пару шагов, но игру не прекратили.

Каждый, кто побогаче, должен помогать семье. Семья — это братья и сестры, свои и жены, их братья, старые родители, дети. Помощь — от пяти до пятидесяти злотых, и так с утра до позднего вечера.

Если кто-то помирает с голоду, найдется семья, которая признает родство и гарантирует еду пару раз в день, — человек будет счастлив два-три дня, не больше недели, потом попросит рубашку, ботинки, человеческое жилье, немножко угля, потом захочет лечиться сам, лечить жену и детей, наконец, [он] не хочет быть нищим, требует работы, хочет занять должность.

Иначе и быть не может, но это рождает такой гнев, досаду, страх, омерзение, что добрый и впечатлительный человек становится врагом семьи, людей и себя самого.

— Я бы хотел, чтобы у меня уже ничего не было, чтобы они увидели, что у меня ничего нет, и отстали.

С «обхода» я вернулся разбитый. Семь визитов, разговоров, лестниц, вопросов. Результат: пятьдесят злотых и обещание ежемесячно скидываться по пять злотых. Можно содержать двести человек?

Ложусь прямо в одежде. Первый жаркий день. Не могу заснуть, а в девять вечера так называемое «воспитательное заседание». Иногда кто-то на секунду взорвется — и тут же гаснет (не стоит...). Иногда какое-нибудь робкое замечание (да, только для виду). Церемония длится час. Формальности соблюдены; с девяти до десяти вечера.

Разные мысли одолевают перед сном. На сей раз: что бы такого я съел бы без принуждения, не сказать — отвращения?

Я, который еще полгода тому назад не знал точно, что мне нравится (временами то, с чем связано было какое-нибудь воспоминание).

Итак, малина (сад тети Мадзи[78]), рубец (Киев), гречневая каша (отец), почки (Париж).

В Палестине каждое блюдо я обильно поливал уксусом.

И вот сейчас — утешительная тема, чтобы заснуть:

— Что бы я съел?

Ответ:

— Шампанское с бисквитами и мороженое с красным вином.

Мороженого я со времен моих приключений с горлом лет эдак двадцать не ел, шампанское пил дай бог раза три в жизни, бисквиты — только в детстве, когда болел.

Я соблазнял и испытывал сам себя:

— Может, рыба под татарским соусом?

— Шницель по-венски?

— Паштет из зайца с красной капустой, малага?

Нет! Категорически нет.

Почему?

Интересная штука: еда — это работа, а я устал.

Бывает, что, просыпаясь утром, я думаю: «Встать — это сесть в постели, взять кальсоны, застегнуть их если не на все, то хоть на одну пуговицу. Пристегнуть их к рубашке. Что бы надеть носки, нужно нагнуться. Подтяжки...»

Я понимаю Крылова[79], который весь зрелый возраст провел на кушетке, под которой хранил свою библиотеку. Запускал туда руку и читал, что под руку попало.

Понимаю я и содержанку коллеги П. Она не зажигала лампы в сумерках, а читала при свете восковых спичек, которые он ей для этого покупал.

Я кашляю. Это тяжкий труд. Сойти с тротуара на дорогу, взобраться с дороги на тротуар. Меня задел плечом прохожий, я пошатнулся и оперся о стену. И это не слабость. Я ведь довольно легко поднял школьника, тридцать кило живого брыкающегося веса.

Не сил мне не хватает, а воли. Как кокаинисту. Я уж думал, нет ли [наркотика] в табаке, сырых овощах, в воздухе, которым мы дышим. Потому что не только со мной такое творится. Лунатики-морфинисты.

То же самое с памятью.

Бывает, что я к кому-то иду по важному делу. И останавливаюсь на лестнице:

— Зачем я, собственно, к нему иду?

Долгие размышления и полное облегчение: а-а-а, вспомнил! (Кобринер — пособие по болезни, Гершафт — дополнительное питание, Крамштык — качество угля и его соотношение с количеством дров[80].)

То же самое бывает на собраниях. Так легко рвется нить дискуссии. Кто-то перебьет каким-нибудь замечанием — тема надолго меняется.

— О чем это мы, собственно говоря?

Временами кто-нибудь скажет:

— Во-первых...

И ты напрасно ждешь, что «во-вторых»...

Отсюда и пустой треп.

Вывод:

— Ребенка нужно принять.

Так и запишем: «принять».

Теперь нужно перейти к следующему прошению. Нет — дальше не один , а три человека обосновывают вывод. Иногда приходится пару раз перебить.

Обсуждение «виляет», как автомобиль в руках плохого водителя.

Это утомляет и раздражает. Да хватит уже!

Вот оно: хватит. Этого чувства не ведает фронт. Фронт — это приказы: «Вперед, десять километров. Пять в тыл — постой, марш-бросок — ночлег здесь». Конный, пеший, мотоциклист, днем ли, ночью... иногда на листке карандашом короткий приказ И все: исполнять без болтовни. В селе насчитывается пять неповрежденных халуп. «Приготовиться к приему двухсот раненых. Их уже везут».

Вот и крутись, как хочешь.

Здесь не так, здесь по-другому: «Я очень вас прошу, буду чрезвычайно благодарен. Не изволите ли вы милостиво».

Можешь не делать, можешь сделать по-другому, выторговать.

Не повезло с начальником. Бессмысленно унижает, гнобит, бессмысленные требования, в критический момент исчезает и оставляет без приказа. А без этого нельзя. О нем говорят; думаю, он даже снится.

А на гражданке по-другому: можно спорить, доказывать, ссориться, грозить.

А результат один и тот же.

Скука.

Скука на фронте мимолетна. Кто-то постучал в избу, конь заржал на шоссе. Будут новости.

Может, нас направят в город, может, сегодня ночевать будем в замке, а может быть, самое страшное — плен.

А здесь и сейчас мы, евреи, не знаем, что принесет завтрашний день. Но чувство безопасности все равно есть.

Поэтому скука.

— Что, ты предпочел бы битву под Харьковом?

Я презрительно стряхнул газетные небылицы и отвечаю:

— Предпочел бы.

Пусть даже хуже, но по-другому.

Поэтому одни убегают в ремесло, другие — в размышления, в общественную работу, в «уже день настал». Зеваю. Еще один день.

Вот зуб, который царапает язык, — отчаяние. Я его подпиливаю — и никакого улучшения. — А вдруг это рак, вдруг — уже?

29 мая 1942 года, шесть утра, в кровати

Хочешь проверить свою невосприимчивость к бешенству? Попробуй помочь балде-растяпе.

Ты даешь ей в руки бумагу и объясняешь: нужно ее отдать — завтра — в собственные руки, точный адрес и время.

А она эту бумагу потеряла, или забыла взять с собой, или времени у нее не было, или сторож ей по-другому посоветовал, — завтра сходит, какая разница. Да она и не знает, хорошо ли так поступить. С кем она ребенка оставит… да еще стирка у нее.. только для ребенка платьице.

— Вы не могли эту стирку до утра отложить?

— Да жарко на улице… я ей обещала.

Ей совестно. Может, еще ничего из этого не выйдет?

До войны все муж делал.

— Я, может, плохо поступила, но вы не сердитесь...

Я проверяю материальное положение семьи — она подала прошение, чтобы мы приняли мальчика.

— Он может здесь спать. Тут чисто.

— И пан считает, что тут чисто? Кабы вы, пан, до войны...

— Он мог бы у нас быть целый день.

— А если дождь будет?

— Я эти вопросы не решаю. Я свое написал, а вы уже решайте, что делать.

— Пан доктор, это такой ребенок! Вот вы с ним познакомитесь, так пожалеете, что он у меня только один такой. У меня роды пятеро врачей принимали.

Я не говорю ей:

— Неумная вы баба.

Я как-то сказал один раз такое матери в больнице лет тридцать назад.

Она мне и отвечает:

— Если бы я была богатая, уже была бы умная.

Другой говорю:

— Даже барон Ротшильд[81] кормит ребенка только пять раз в день.

— Его ребенку на всю жизнь еды хватит.

Говорю:

— Если бы ребенку нужен был чаек, Господь бы в одной груди дал вам молоко, а в другой — чаек.

— Да кабы Господь давал детям то, что может дать, и то, что им нужно!

Я говорю:

— Если вы мне не доверяете — идите к другому врачу, которому вы доверяете.

— Ой, пан доктор, не обижайтесь, но как я могу людям доверять, когда я, бывает, и Господу Богу-то не верю.

Такие языковые кренделя:

— Когда я ему задницу-то надрала, что он весь аж огнем горел, то мне его так жалко стало, что я, извините за выражение, заплакала.

* * *

Сей момент Семи принес мне в постель письмо: такое сгодится?

«Преподобному Отцу Викарию в приходе Всех Святых[82].

Сердечно просим уважаемого Отца Викария оказать нам свое милостивое соизволение и разрешить несколько раз посетить сад при костеле в субботу, в утренние часы, как можно раньше (6.30–10).

Мы очень скучаем за воздухом и зеленью. У нас душно и тесно. Мы хотим познакомиться и подружиться с природой. Побеги ломать не будем.

Горячо просим не отказать в нашей просьбе.

Зигмусь
Семи
Абраша
Ханка
Аронек»

Сколько же драгоценностей теряет человек, когда ему не хватает терпения просто бескорыстно разговаривать с людьми — просто чтобы их лучше узнать.

Это прошение, которым начался день, — хорошая примета. Может, сегодня я соберу больше, чем пятьдесят злотых.

Они спят в изоляторе. Их семеро. Старший — старина Азрилевич во главе (*angina pectoris*)[83], Геня (вроде бы легкие), Ханечка (эмфизема). По другую сторону — Монюсь, Регинка, Марыля.

Ханка — Гене:

— Он так страшно для нее собой жертвовал! Он бы ей жизнь отдал и все на свете. А эта свинья его не любила.

— Ну почему сразу свинья? Разве обязательно любить в ответ, если он ее любит?

— Ну, это зависит от того, как любить. Если только немножко любит, то ладно уж. А если он хочет жизнь за тебя отдать и все-все?

— А она его об этом просила?

— Этого только не хватало!

— Вот именно.

— И я о том же говорю.

— Нет, ты говоришь, что она свинья.

— Ну, свинья и есть!

— Я больше не хочу с тобой разговаривать.

Поссорились.

Я и рад, и не рад. Я сержусь, радуюсь, беспокоюсь, желаю прочувствовать и уклониться, желаю добра и взываю о каре господней или людской. Сужу: вот это хорошо, а это плохо.

Но это все теоретически. По заказу. Плоско, серо, банально, профессионально, как сквозь туман, размазанные чувства. Они рядом со мной, но во мне их нет. Я могу без труда отречься от них, отложить, вычеркнуть, изменить.

Острый зуб калечит мне язык. Я становлюсь свидетелем возмутительной сцены; слышу слова, которые должны меня потрясти. Не могу выкашлять флегму, давлюсь, задыхаюсь.

Пожимаю плечами — мне все безразлично.

Лень. Нищета чувств — это полное безграничного смирения еврейское: ну и что? И что дальше?

Ну и что, что у меня болит язык, ну и что, что кого-то расстреляли? Человек знает, что должен умереть. И что дальше?

Умираешь-то только раз, так ведь?

Иногда меня что-то трогает, и я удивляюсь, и словно вспоминаю, что так бывает, что так когда-то было. Вижу, что то же самое творится и с другими.

(Бывает, что мы встречаемся с кем-то, кого много лет не видели. И в его изменившимся лице мы читаем собственное отличие от того, кем и чем мы сами были.)

А все-таки, время от времени...

Такая сцена на улице.

Возле тротуара лежит подросток, еле живой или уже умер. И на этом самом месте у трех мальчишек, которые играли в лошадок, перепутались вожжи. Они совещаются, нетерпеливо пробуют распутать — спотыкаются о лежащего.

Наконец один из них говорит:

— Отойдем, он тут мешается.

Они отходят на пару шагов и дальше сражаются со своими вожжами.

Или: проверяю прошение о приеме мальчика — наполовину сироты. Смоча, 57, квартира 57. Две порядочные вымирающие семьи.

— Ой, не знаю, пойдет ли он сейчас в приют. Хороший мальчик. Пока мать тоже не помрет, ему жалко будет уйти.

Мальчика нет дома: пошел «подхалтурить».

Мать полулежит на топчане.

— Я не могу умереть, пока его не пристрою. Такой ребенок замечательный: днем, говорит, не спи, а то ночью не уснешь. А ночью спрашивает: ну что ты стонешь, лучше тебе, что ли, от этого станет? Лучше спи.

* * *

Насколько извозчики сварливые, крикливые и вредные, настолько же рикши — кроткие и тихие. Как лошади, как волы.

На углу улиц Сольна и Лешна вижу группу из возмущенного рикши, разъяренной платиновой блондинки с бараньим руном на голове и словно бы удивленного и разочарованного полицейского. В нескольких шагах от них на эту сцену с омерзением взирает изысканно одетая дама. Ждет, чем дело закончится.

Полицейский раздосадованно советует:

— Да уступите вы этому мерзавцу.

И уходит ленивой походочкой.

Рикша задает риторический вопрос:

— Если эта пани не хочет платить, так это я — мерзавец?

Она:

— Я заплачу вам два злотых, но довезите меня до тех ворот.

— Пани согласилась на три злотых и до угла Теплой.

Он разворачивается, отъезжает и ставит коляску в очередь [свободных].

Я спрашиваю шокированную изысканную даму:

— Вы в курсе, что здесь произошло?

— В курсе. Я вместе с ней ехала.

— И кто прав?

— Он. Но почему он предпочел потерять два злотых, чем проехать еще сто шагов?

— Да заупрямился.

— То-то я и вижу.

Подхожу к рикше.

— Что это было?

— Нечего. Я потерял два злотых. Ну и что? Я не обеднею, а мерзавцем меня и так назвали.

Я был в трех местах и должен был трем компаниям слушателей рассказать про этот случай.

Я просто не мог иначе. Должен был.

Коллега или двое коллег с Дзельной, не без участия дамы-коллеги не с Дзельной донесли на меня в Совет или Палату здравоохранения[84], что я скрываю случаи тифа. Сокрытие каждого случая влечет за собой смертный приговор!

Ну и что?

Я был в Министерстве здравоохранения, как-то все удалось замять и на будущее согласовать. Я написал два письма в два ведомства. В одно — что обещаю, а обещаний не сдерживаю. Во второе ведомство я заслал вопрос, что они собираются делать со мной и моим новым филиалом на Дзельной.

Письма любезными не были. Нет, уж любезными они точно не были. Но разве можно меня с легким сердцем назвать мерзавцем?

Знаю, знаю: фамилия моей коллеги — Брауде-Хеллерова, а не Бройгес-Холерова.

Но ежели она на меня *бройгес*[85], а для больничного дела — чума-проказа-холера, и я только это последнее словечко написал, то почему я — мерзавец?

Чего от меня требуют?

Купчиха, которой покупательница высказала претензии, ответила:

— Моя пани, это не товар, и это не магазин, и вы не клиентка, и я не купчиха. Ни я вам не продаю, ни вы мне не платите, потому что эти фантики — не деньги. Вы не тратите, и я не зарабатываю. Кому сегодня мошенничать и зачем? Просто что-то же надо делать. А?

Дали бы мне требник — я бы мессу как-нибудь справил.

Но я не смог бы читать проповедь пастве с нарукавными повязками. Я давился бы фразами, читал бы в их взглядах вопрос:

«Так что творится-то? И что дальше?»

Язык бы у меня отнялся насмерть.

Слиска, Панска, Марианьска, Комитетова. Воспоминания, воспоминания, воспоминания.

Каждый дом, каждый двор. Сюда я ходил за полтинник, в основном ночами.

За дневные консультации у богатых и на богатых улицах я требую платить по три и пять рублей.

Наглость: брать столько же, сколько Андерс, больше Крамштыка, Бончкевича[86] — профессорские гонорары. Я, городской врач, мальчик на побегушках, золушка клиники Берсонов.

Такой толстый том воспоминаний.

У врачей-евреев не было практики среди христиан — только выдающиеся жители основных улиц. И даже про этих говорили с гордостью.

— Сегодня у меня визит к квартальному, к владельцу ресторана, к сторожу в банке и учителю прогимназии на Новолипках, у почтмейстера.

Это уже было нечто.

А мне звонят, хотя уже и не каждый день:

— Пан доктор, пани графиня Тарновская просит к телефону. Прокурор Судебной палаты. Директорша Сонгайлло. Адвокат Маковский, Шишковский.

На огрызке листка записываю адрес. Спрашиваю:

— А нельзя завтра? После клиники, в час дня. Какая температура? Можно дать яичко.

А один раз даже:

— Генеральша Гильченко.

По сравнению с этим — просто ерунда: капитан Хоппер звонит после каждого стула у ребенка, иногда и по два раза.

Вот такие бывали визиты автора книги *Дитя салона*[87], когда Гольдшмидт шел в ночи в подвал на улицу Слиска, 52, на чердак на Панской, 17.

Вызвали меня как-то раз Познаньские в свой дворец в Аллеях Уяздовских[88]:

— Непременно сегодня. Пациенты не любят ждать.

— Три рубля, — говорит, зная всю Варшаву, доктор Юлек. — Скупердяи.

Я иду.

— Пан доктор, подождите минуточку. Я пошлю за мальчиками.

Они что, ушли куда-то?

— Недалеко. Играют в парке. А мы с вами пока чайку попьем.

— У меня нет времени ждать.

— А доктор Юлиан всегда... А что пан доктор сейчас пишет?

— Увы, только рецепты.

Наутро:

— Побойтесь Бога, коллега! — возмущенно. — Враги.

— Плевать хотел.

— Ну-ну...

Как местному дали мне квартиру и двести рублей в год четырьмя выплатами. Хозяйство вела честнейшая Матушка за пятнадцать рублей.

Практика приносит сто рублей в месяц, писание статей — тоже какие-то гроши.

Я много тратил на извозчика.

— На Злотую — и на извозчике! Двадцать копеек. Расточительство.

Я бесплатно лечил детей социалистов, учителей, журналистов, молодых адвокатов, даже врачей — всех прогрессивных людей.

Бывало так, что я звонил:

— Приеду только вечером. Мне нужно вымыться и переодеться, у нас тут полно скарлатины. Еще не хватало вам ребенка заразить.

Ребенка!

Это были светлые стороны. А темные?

Я пообещал:

— Поскольку старые врачи неохотно ездят по ночам, и уж точно — не к беднякам, я, молодой, должен ночью бежать на помощь.

Сами понимаете. Скорая помощь. Как же иначе-то. Потому как, что будет, если ребенок утра не дождется?

Фельдшеры объявили мне войну в союзе с аптечными складами и двумя враждебно настроенными аптеками.

Единодушное мнение, что это чокнутый. Опасный сумасшедший. Разница только в прогнозе: излечимый или нет.

Раз приходит ночью баба в платочке. Дождь льет.

— К матери моей...

— Я только к детям.

— Она в детство впала. Я знаю, что пан мне не поможет... Чего вам зазря трудиться. Но доктора не хотят выдать свидетельство о смерти. А это мама... и так без врача.

— Сейчас приду.

— Я не знала, уж вы меня простите, что вы только по детям. Меня фельдшер Блюхарский прислал. Жидок, а человек-то порядочный. Он и говорит: ой, баба-баба, если я приеду, тебе придется заплатить рубль, это ж ночной выезд. А в больнице есть доктор, он задаром придет, да еще и деньжат на лекарство подкинет.

Я заупрямился и подписывал рецепты без «д-р», без «доктора».

А они говорили:

— Мы такого врача не знаем. Должно быть, фельдшер.

— Но... Это ж доктор, в больнице.

Поэтому:

«Лекарство прописал доктор NN» (внебрачное лекарство, ублюдочное).

Я принимал за двадцать копеек, потому что в Талмуде написано черным по белому, что бесплатный врач больному не поможет.

Чаще всего веселили меня пациенты. Потешные создания. Случалось, выводили из себя.

Ночью звонок. «Скорая» привезла ребенка с ожогами.

— Что пан доктор думает?

— Ничего не думаю. Тут спасения нет.

— Но это же не обычный ребенок. Я купец. У меня особняк есть. Я могу заплатить.

— Не кричите, пожалуйста. Выйдите и не будите больных.

— Да какое мне до них дело!

Мы его вместе с фельдшером взяли под белы ручки — и на лестницу. Кровать с ребенком — на первый этаж, в амбулаторию.

— У тебя, пан, есть телефон — вот и вызови себе пол-Варшавы профессоров.

— Я вас в газетах пропесочу, я у вас диплом отберу!

Ночь испорчена.

Или такое: шесть утра. Я вхожу в спальню. Звонок в дверь.

— Вызов к ребенку.

Я на ходу засыпаю после трудной ночи.

— Что с ним?

— Воспаление после скарлатины.

— Кто его лечит?

— Ну-у-у... разные.

— Так и вызывайте разных.

— А я хочу, чтобы вы пришли!

— Я если я не хочу?

— Я могу заплатить!

— Я на ночные вызовы не хожу.

— Шесть утра — это ночь?

— Ночь.

— Так вы не придете?

— Не приду...

Хлопая дверью, кидает мне на прощание:

— Ишь, граф нашелся. Три рубля потерял!

Наверняка она дала бы, не торгуясь, двадцать пять копеек и три копейки «на дворника», чтобы ночью открыл ворота. Это она меня так наказать хотела: вот теперь не засну, локти кусать буду с досады.

Три рубля потерял.

Это мои родные края. [...] Панска, Слиска.

Я бросил клинику ради Дома сирот. Меня терзает чувство вины.

Один раз я вынужден был уехать (война).

Второй раз — на год в Берлин.

Третий раз — на полгода в Париж.

За просвещением, за знаниями.

Теперь, когда я уже знаю, что ничего не знаю и почему не знаю, когда могу действовать по главному постулату «не навреди больному!», плыву в неведомые воды.

Клиника дала мне так много, а я ей, неблагодарный, так мало. Мерзкое дезертирство. Жизнь покарала.

А пошел вчера за жертвой, на Гжибув, 1. Последний дом перед стеной гетто. Вчера здесь убили еврейского полицейского — он давал знаки контрабандистам.

— Тут не место для склада, — объясняет сосед.

Магазин закрыт.

— Люди боятся.

Вчера у ворот остановил меня помощник дворника:

— Пан доктор, вы меня не узнаете?

— Погоди... узнал! Шульц!

— Вы меня узнали...

— Ба! Я тебя слишком хорошо помню. Ну пошли, рассказывай.

Мы садимся на ступеньки перед костелом.

Боже мой, Гжибув! Именно здесь в 1905 году как раз застрелили Собутку[89].

Переплелись два воспоминания. Булка! Ему уже сорок лет. А так недавно было десять.

— У меня ребенок. Может, зайдете ко мне на капустный супчик? Увидите малыша.

— Я устал. Домой иду.

Мы болтаем пятнадцать минут, полчаса...

Шокированные католики бросают осторожные взгляды. Они меня знают.

Средь бела дня на ступенях костела Корчак с контрабандистом. У него, должно быть, детям очень плохо. Но почему так явно, демонстративно и, как бы там ни было, бесстыже?

Провокация. Что подумает немец, если увидит. Да что там говорить: евреи — наглые провокаторы.

А Шульц делится со мной:

— Утром он выпивает четверть литра молока, съедает булку и двадцать граммов масла.

— Это дорогого стоит. И зачем это?

— Он должен знать, что у него есть отец.

— Озорник?

— Не без этого. Это ж мой сын.

— А жена?

— Первоклассная женщина.

— Вам случается подраться?

— Мы вместе живем уже пять лет, я на нее ни разу даже голоса не повысил.

— А помнишь?

Мимолетная улыбка.

— Я часто думаю о Доме сирот. Иногда вы мне снитесь или пани Стефа.

— А почему ты столько лет не показывался?

— Когда мне было хорошо — времени не было. А когда плохо было — ну чего приходить ободранным и голодным?

— С Лейбусем не видишься?

— Нет.

Он помог мне встать. Мы искренне, сердечно расцеловались.

Для мерзавца он слишком честен. А может быть, это Дом сирот что-то в нем посеял и что-то подстриг? Я-то полагал, что он либо очень богат, либо его уже с нами нет.

— Подельник у меня богатый.

— Он тебе хоть немножко помогает?

— Ага, по спине лопатой.

* * *

Как быстро бегут эти часы. Только что было двенадцать, а уже три.

У меня в постели гость.

Маленькому Менделю что-то приснилось. Я принес его к себе в кровать. Погладил его по лицу (!), и он заснул.

Поскуливает во сне. Ему неудобно.

— Ты не спишь?

— А я думал, я в спальне...

Смотрит, удивленный, своими обезьяньими глазками-бусинками.

— А ты и был в спальне. Хочешь вернуться в свою кровать?

— А я вам мешаю?

— Ложись на другую сторону. Я тебе принесу подушку.

— Хорошо.

— Я буду писать. Если боишься — возвращайся в спальню.

— Хорошо.

Тоже внук. Самый младший Надановский.

Якуб написал какую-то поэму о Моисее. Если я ее сегодня не прочитаю — того и гляди, обидится.

С удовольствием и грустью я читаю дневник его и Монюся. Разные по возрасту, так сильно отличающиеся по интеллекту, а вот по тону жизни, по чувствам — похожи.

Люди одной плоскости, общей ступеньки.

* * *

Вчера был сильный ветер и пыль. Прохожие щурились и заслоняли руками глаза.

Я запомнил такой момент из путешествия на корабле. Маленькая девочка стоит на палубе, на фоне сапфирово-синего моря. Вдруг подул сильный ветер.

Она зажмурилась, прикрыла глаза руками. Но из любопытства приоткрыла глаз и — о чудо! — первый раз в жизни чистый ветер, не сыплет песком в глаза.

Два раза девочка закрывала и открывала глаза, прежде чем поверила и оперлась о перила. И ветер трепал и расчесывал ей волосы. Она, изумленная, смело раскрыла глаза. Смущенно улыбнулась.

Существует ветер без грязной пыли, но я об этом не знал. Не знал, что на свете существует чистый воздух. Теперь-то я знаю.

Один мальчик, покидая Дом сирот, сказал мне:

— Если бы не этот дом, я бы не знал, что есть на свете честные люди в мире, которые не воруют. Я не знаю, что можно говорить правду. Я не знаю, что есть в мире справедливые законы.

* * *

План на нынешнее воскресенье.

Утром на Дзельную, 39. По дороге к Кону[90].

Я получил повестку: надо заплатить штраф за мое дело. Каждый месяц по пятьсот злотых. Письмо, отправленное в середине марта, пришло только вчера. Таким образом, вместе с сегодняшним днем (1 июня) придется принести тысячу пятьсот злотых. В случае невыполнения в срок — всю сумму сразу, то есть три тысячи или пять тысяч, я не помню.

Главное, чтобы у меня приняли сберегательную книжку с вкладом на три тысячи. Я предлагал им ее во время допроса в Аллее Шуха. Я им это сам предложил, когда они спрашивали, может ли община внести за меня залог, чтобы я вышел из тюрьмы.

— Ты не хочешь, чтобы за тебя заплатила община?

— Нет, не хочу.

Именно тогда они записали, что у меня в сберегательном банке есть три тысячи злотых.

* * *

Пролетела пара богатых событиями недель.

Я не писал, потому что Генек[91] заболел и некому якобы было перепечатывать на машинке мои откровения.

Интересно, что я верил, что так оно и есть, хотя знал, что некоторые другие мальчики могли бы этим заняться вместо него.

Было бы все совсем иначе, если бы я решился, что нужно обязательно писать каждый день. Так, как во время войны я писал *Как любить ребенка*, даже на биваках, когда мы останавливались на час-другой[92]. В Езерне даже Валентин взбунтовался:

— Стоит ли все раскладывать на полчаса?

А потом, в Киеве, — тоже обязательно каждый день.

А сейчас у меня кончается тетрадь. И снова повод, чтобы и сегодня не писать, хотя сегодня я идеально выспался и выпил четыре стакана крепкого кофе. Правда. Из кофейной гущи, но, как я подозреваю, дополненной еще не заваренным молотым кофе.

Пойдем на самообман: у меня нет бумаги. Буду читать Дидро, *Жака-фаталиста*.

* * *

Наверное, я впервые забыл, что живу в десятом семилетии жизни. $7 \times 9 = 63$.

С какой тревогой я ждал 2×7. Возможно, как раз тогда я услышал об этом впервые.

Цыганская семерка, семь дней в неделе. Почему в свое время — не победная десятка (количество пальцев?).

Я помню, с каким любопытством ждал, чтобы часы пробили двенадцать ночью. Должна была наступить волшебная смена суток.

Был какой-то скандал на почве гермафродитизма. Я не уверен, что это было именно тогда. Не знаю, боялся ли я, что могу проснуться девочкой. Я решил, если бы такое случилось, скрывать этот факт любой ценой.

Гепнеру[93] 7×10, мне 7×9. Если я пробегусь по своей жизни, то седьмой год дал мне ощущение своей значимости.

Я есмь. Я сколько-то вешу. Я что-то значу. Меня видят. Я могу. Я буду.

Четырнадцать лет. Я смотрю вокруг. Замечаю. Вижу. Глаза мои должны были открыться. И открылись. Первые мысли о воспитательных реформах. Читаю. Первые тревоги и безутешности. Когда-то — путешествия и бурные приключения, в другие времена — тихая семейная жизнь, дружба (любовь) со Стахом. Главная мечта среди многих, среди многих десятков: он — священник, я — врач в этом маленьком городке.

Я думаю о любви, до той поры я только чувствовал и любил. От семи до четырнадцати лет я постоянно влюблялся в разных девочек. Интересно, что многих из них я помню.

Две сестры с катка, кузина Стаха (дедушка — итальянец), та, в трауре, Зося Кальгорн, Анелька, Ирэнка из Наленчова[94], Стефця, для которой я рвал цветы с клумбы около фонтана в Саксонском саду. Вот маленькая канатоходка; я оплакивал ее тяжкую долю. Я любил неделю, месяц, иногда два, три. Одну мне хотелось бы сделать своей сестрой, вторую — женой, сестрой своей жены. Любовь к Мане с четырнадцати лет (Вавер, летом), и она была составной частью [...] чувств, которые меня убаюкивали или — попеременно — потрясали меня. Захватывающий мир уже не был вне меня. Теперь он во мне. Я существую не для того, чтобы меня любили, чтобы мною восхищались, я для того, чтобы действовать и любить. Не мое окружение обязано мне помогать, это я обязан заботиться о мире, о человеке.

3 × 7. На седьмом году жизни — школа, на четырнадцатом — религиозная зрелость, на двадцать первом — армия. Мне давно уже было тесно. Тогда меня держала в узилище школа. Теперь мне вообще тесно. Я хочу завоевывать, бороться за новые пространства.

(Эти мысли, возможно, навевает мне 22 июня, когда после самого долгого дня года начинает ежедневно убывать на три минуты солнце. Незаметно, но неизменно, по три и снова по три, и снова день на три минуты меньше. Я сочувствовал старости и смерти, теперь я и сам уже не столь уверен, я начинаю бояться за себя. Нужно многое отвоевать и сделать, чтобы иметь, что терять. Может быть, именно тогда зубной врач вырывает мне первый постоянный зуб, который уже не вырастет больше. Бунт мой назрел не против социальных условий, но против закона природы. На колено! Цельсь! Пли!)

4 × 7. Потребность эффективной работы на собственном верстаке. Я хочу уметь, знать, не ошибаться, не блуждать. Я должен быть хорошим врачом. Я фор-

мирую собственный пример. Мне не хочется брать пример с признанных авторитетов.

(Было по-другому. И сегодня есть моменты, когда я чувствую себя юношей, вижу перед собой много в жизни, стоит планировать и начинать. Во втором и, конечно, в третьем семилетии я временами чувствовал себя настолько старым — что теперь всегда будет все по-прежнему, что слишком поздно, — что и начинать не стоит. Жизнь и впрямь как пламя: тускнеет и гаснет, хотя топлива немерено, а тут вдруг взовьется снопом искр и открытого пламени, когда уже, казалось бы, догорает. И догорает. Жаркий осенний день и осознание того, что вот это уже последнее морозное утро июля, такое исключительное.)

5 × 7. Я выиграл ставку в лотерею жизни. Мой номер уже выпал из барабана. Ставка — это всего лишь столько, что в этом раунде я не проиграю, если не рискну снова. Это хорошо: я мог проиграть. Но я потерял шанс выиграть главный выигрыш — солидный куш, жаль. Мне справедливо вернули то, что я поставил. Безопасно. Но тускло — и обидно.

Одиночество — это не больно. Я ценю воспоминания. Школьный товарищ — милая беседа за стаканом черного кофе в случайной тихой кондитерской, где никто не помешает. Друга я не ищу, потому что знаю, что не найду. Я не желаю знать больше, чем можно. Я заключил с жизнью соглашение: мы не будем друг другу мешать. Некрасиво рвать друг другу глотки, да и безуспешно это.

Кажется, в политике это называется так: мы разграничили сферы влияния. Досюда — и не больше, и не дальше, и не выше. Ты и я.

6 × 7. А может быть?.. Уже пора или еще есть время? Это зависит от многого. Подведем итог. Активы, пассивы.

Если бы только знать, сколько мне еще осталось лет, когда конец. Я еще не чувствую в себе смерти, но уже над ней размышляю. Если портной шьет мне новый костюм, я не говорю: «Это уже последний»; но вот письменный стол и шкаф меня точно переживут. Я договорился с судьбой и с собой. Я знаю, сколь мало стою и значу. Без капризов и сюрпризов. Будут суровые и мягкие зимы, будут дождливые и жаркие лета. И приятная прохлада, и бури, и метели. И я скажу: уже десять лет... уже пятнадцать лет как не было такого града, такого наводнения. Я помню такой ураган, такой пожар, я тогда молодой был... минутку... уже студент или еще школьник?

7 × 7. Что, собственно говоря, такое — жизнь, что такое счастье? Лишь бы не хуже, лишь бы вот как сейчас. Две семерки встретились, вежливо меня поздравили, довольные, что именно здесь, именно сейчас. Газета — только на первый взгляд бессмысленное чтиво. И даже если так. Без газеты никак. Это и редакционные статьи, и романы с продолжением, и некрологи, и театральная критика, и судебный репортаж. Кино — новый фильм. Новый роман. Мелкие несчастные случаи и доска объявлений. Все это не столько интересно, сколько на выбор. Кто-то попал под трамвай, кто-то изобрел что-то, у этого шубу украли, тому — пять лет тюрьмы. Этот хочет купить швейную или пишущую машинку, или продает пианино, или хочет снять три комнаты с удобствами.

Я бы сказал, широкое русло величественно текущей Вислы, как раз такой, как под Варшавой.

Мой город, моя улица, мой магазин, где я постоянно делаю покупки, мой портной, а самое важное — моя рабочая мастерская.

Лишь бы не хуже. Потому что, если бы можно было повелеть солнцу: остановись! — то, наверное, именно сейчас. (Есть такой трактатик: *О счастливейшем времени жизни* — кто бы мог подумать, что это Карамзин[95]. Он нам весьма досадил в русской школе.)

7 × 8 — 56. Как же пронеслись все эти годы! Именно что пронеслись. Только вчера было 7 × 7. Ничего не прибавилось, ничего не убавилось. Какая огромная разница в возрасте: семь и четырнадцать, четырнадцать и двадцать. А для меня тот, кому 7 × 7, и тот, кому 7 × 8, — форменные ровесники.

Пожалуйста, не поймите меня неправильно. Ведь нет двух одинаковых листьев, или капель, или песчинок. У того больше лысина, а у этого — седина. У этого — вставные зубы, а у этого — только коронки. У того очки, а тот плохо слышит. У того все больше кости болят, а у этого — суставы. Но я говорю о семилетиях. Я знаю, жизнь можно делить и на пятилетия — и тоже можно все складно подсчитать. Понимаю: условия. Богатство, бедность. Успех, неудачи. Знаю: война, войны, катастрофы. Да и это относительно. Ее светлость со мной поделилась: «Война меня разбаловала, потом трудно будет привыкать». Даже и эта, нынешняя война многих разбаловала. А ведь, кажется, нет человека, который бы не считал, что его недостаток сил, здоровья, энергии — результат не войны, а его 7 × 8 и 7 × 9.

* * *

Какие невыносимые сны. Вчера ночью снились немцы, а я без повязки в запретные часы на Праге. Просыпаюсь. Снова сон. В поезде меня переводят в купе, метр на метр, где уже несколько евреев. Сегодня ночью они умерли. Трупы мертвых детей. Один мертвый ребенок в корыте. Другой, с содранной кожей, на столе в морге, — явственно дышит.

Новый сон: я на стремянке высоко под потолком, а отец раз за разом откусывает от кулича огромный кусок, такой с глазурью и изюмом, а то, что не помещается во рту, отец крошит и кладет в карман.

Просыпаюсь в поту в самый страшный момент. Разве смерть — не такое же пробуждение в ту секунду, когда кажется, что выхода уже нет?

«Ведь каждый может найти эти пять минут, чтобы умереть», — прочел я где-то.

* * *

Февраль. Дзельна, 39. Краткие записки[96].

Каждый десятый накидывается на меня насчет решения вопроса с конфетками и пряниками — я уже впадаю в ярость. Нет других дел, кроме пряников.

Вчера из больницы вернулся мальчик после ампутации ноги из-за обморожения. Сенсация.

Каждый считает своим долгом мне об этом сообщить. Докучливая бессмыслица — я это как-нибудь переварю. Но чтобы этот мальчик был героем дня?

Видно, мало здесь истерии.

* * *

Меня подвели два разумных, уравновешенных и объективных информатора и советника: весы и термометр.

Я перестал им верить. И они здесь врут.

* * *

Тут говорят:

— Первая группа, вторая группа — зона А, зона В, зона С. Говорят: крыло («крыло еще не ходило на завтрак»). Говорят: территория В, территория I.

И, в свою очередь: группа мальчиков, группа девочек...

Это случайность, какой-то исторический рудимент, или желание запугать и сбить с толку новичка?

Трудно понять.

* * *

Есть мужчины — то курьер, то коридорный, то швейцар, то дворник. Есть работницы физического труда, служанки, воспитательницы — сегодня родился термин «гигиенистка». Есть «этажные», «палатные», наверное, и ключницы тоже. В тюрьме меня это мало трогало, но здесь мешает. Трудно сориентироваться.

* * *

Есть утренние, полуденные, ночные, больные, выздоравливающие, температурящие, заменяющие и выделенные, выходные и уволенные.

Трудно понять, кто есть кто.

* * *

Смотрит на меня перепуганным взором и отвечает: не знаю.

Словно не работала здесь десять лет и только вчера приехала. Словно я ее спрашиваю про полюс или экватор.

Не знает. Делает по-своему.

Одно спасает: не вмешиваться и не знать, что творит стоглавое вражье войско сотрудников.

* * *

Дети?

Не только дети, потому что и звери, и сволочи, и дерьмо.

Я себя поймал на злоупотреблении: я таким даю неполные ложки рыбьего жира. Полагаю, на их могилах вырастут крапива, лопух да собачья петрушка, не полезные овощи и не цветы, куда там.

* * *

У меня такое впечатление, что сюда присылают отбросы детей и сотрудников из подобных же организаций.

Исключенный из Дома сирот, недоразвитый и вредный хищник снова здесь оказался. Когда в эту проблему в конце концов вмешался немецкий солдат, я сказал полицейскому, что готов взять карабин и встать в караул, а он пусть будет директором Дома сирот, если Фула должен сюда вернуться.

Сюда его поместила мать.

* * *

Персонал:

трубочист должен быть весь в саже;

мясник должен быть в крови (хирург);

золотарь — вонять;

официант должен быть хитрым, если это не так, горе ему.

Я чувствую себя в саже, в крови и вонючим.

Хитрость — так, как я живу: я сплю, я ем, иногда даже шучу.

Хитер я, раз пока жив, — сплю, ем, изредка даже шучу.

* * *

На совет я пригласил:

Брокмана

Хеллерову

Пшедборского

Ганца-Кона

Лифшица

Майзнера

Зандову[97].

Посоветуйте: известковая вода: хорошо. Что еще?

* * *

После войны люди долго не смогут смотреть друг другу в глаза, чтобы не прочитать в них вопрос: как получилось, что ты жив, что ты выдержал? Что же такое ты делал?

Любимая Анка...

1. Я не делаю визитов. Хожу выпрашивать деньги, продукты, новости, совет, подсказку. Если ты это называешь визитами, то они — тяжкая и унизительная работа. А при этом нужно шутовство, потому что люди не любят мрачных физиономий.

К Хмеляжам я хожу часто. Они меня подкармливают[98]. Тоже мне визиты. Я считаю, что это благотворительность, они — что обмен услугами. Невзирая на доброжелательную атмосферу, любезную и утешительную, и от этого часто устаешь.

Чтение перестает быть отдыхом. Грозный симптом. Я с ума сошел — и меня это уже не беспокоит.

В идиота превратиться не хочется.

2. Пятьсот злотых я отослал. Если мне что-то и грозит, то меньше всего — с этой стороны и в этом

вопросе. О нем печется проверенный и сильный друг — чистокровный адвокат. Я ничего без его совета не делаю.

3. Зайду к начальнику отдела кадров[99]. Я не отмахнулся от дела — никакого дела и не было. А что там говорила, обещала и предпринимала пани Стефа, я не знал, потому что никто мне об этом не докладывал. А я уважаю чужие тайны.

4. В моем скромном понимании, я исполняю свой долг, насколько это в моих силах. Если могу — не отказываюсь. Опекать Поликеров[100] я не обещал, поэтому упрек незаслуженный.

26 июня 1942

КОНЕЦ ПЕРВОЙ ЧАСТИ

Перечитал все. И с трудом понял. А читатель?

Неудивительно, что дневник непонятен читателю. Разве можно понять чужие воспоминания, чужую жизнь.

Кажется, что я-то без труда должен знать и понимать, что я пишу.

Ба. Разве можно понять собственные воспоминания?

* * *

Словацкий оставил после себя письма к матери. Они дают яркие картины его переживаний в течение нескольких лет.

Только благодаря этим письмам сохранилось документальное свидетельство его преображения под влиянием Товианского.

Я и подумал: может, писать этот дневник в форме писем к сестре?

Холодный, чужой, высокомерный тон моего первого письма к ней. Это ответ на ее письмо ко мне.

Вот такое:

Мой любимый...

...

Какое страшное и болезненное недоразумение.

* * *

Пруст — тягомотный и мелочный?

О нет. Каждый час — это толстая тетрадь, это час чтения.

Ну да.

Нужно читать весь день, чтобы более или менее понять мой день. Неделю за неделей. Год за годом.

А мы хотим в течение нескольких часов, ценой нескольких своих часов, прожить целую длинную жизнь.

Так не бывает. Ты узнаешь эту жизнь в смутном очерке, в небрежном наброске: один эпизод из тысячи, из ста тысяч.

Я пишу это в классе на уроке иврита.

Мне на ум приходит Заменгоф[101]. Наивный, дерзкий: он хотел исправить Божью ошибку или отменить Божью кару. Он хотел перепутанные языки снова слить в один.

Эй!

Разделять, разделять, разделять. Не соединять.

Что бы тогда делали люди?

Нужно заполнить время, надо задать работу, нужно найти в жизни цель.

Он знает три языка.

Он учит язык.

Он говорит на пяти языках.

Вот две большие группы детей отказываются от игры, легких книжек, разговоров со сверстниками.

Добровольное изучение иврита.

Когда закончился отведенный младшей группе час, один вслух удивился:

— Уже все? Уже час прошел?

Да. По-русски: «да», по-польски: «так», по-немецки: «я», по-французски: «уи», по-английски: «йес», на иврите: «кен». Можно заполнить не одну, а три жизни.

ВТОРАЯ ЧАСТЬ

Сегодня понедельник. С восьми до девяти — беседа с бурсистами. Вообще-то прийти может любой, кто хочет. Лишь бы не мешал.

Вот какие темы мне дали на выбор.

1. Эмансипация женщин.
2. Наследственность.
3. Одиночество.
4. Наполеон.
5. Что такое долг.
6. О профессии врача.
7. Дневник Амиэля[102].
8. Из воспоминаний пана доктора.
9. О Лондоне.
10. О Менделе.
11. Леонардо да Винчи.
12. О Фабре.
13. Чувства и разум.
14. Гений и его окружение (взаимное влияние).
15. Энциклопедисты.
16. Как разные писатели по-разному писали.
17. Национальность — народ. Космополитизм.
18. Симбиоз.
19. Зло и злоба.
20. Свобода. Сульба и свободная воля.

Когда я редактировал «Малы Пшегленд»[103], только две темы притягивали молодежь: коммунизм (политика) и сексуальные вопросы.

Подлые, позорные годы — разлагающиеся, никчемные. Довоенные, лживые и ханжеские. Проклятые.

Не хотелось жить.

Грязь. Вонючая грязь.

Пришла буря. Воздух очистился. Дыхание стало глубже. Кислорода прибавилось.

* * *

Шимонеку Якубовичу я предлагаю рассказик из цикла «Дивные деяния».

Назовем эту планету Ро, а его назовем профессором, астрономом или как вам захочется. И назовем обсерваторией то место на планете Ро, где профессор Зи ведет свои наблюдения.

Название прибора на нашем несовершенном языке будет длинным: астропсихомикрометр, или измеритель мельчайших психических волнений звезд.

В переводе на наши земные обсерватории профессор пользовался телескопом, который звоночком давал знать, что творится тут и там во Вселенной. Возможно, этот сложный инструмент выводил картинки на экран или записывал колебания, как сейсмограф.

Да это и неважно.

Важно то, что ученый с планеты Ро имел возможность регулировать психическую энергию и превращать тепловое излучение в духовное, точнее говоря — моральное.

Ну да. Если моралью называть гармонию восприятия и уравновешенность чувств.

Напрашивается еще одно сравнение: радиоаппаратура, которая передает не пение и музыку или военные сводки, а лучи душевной гармонии. В жизни звезд не только нашей Солнечной системы.

Порядка и радости.

И вот сидит профессор Зи опечаленный и думает:

«Эта беспокойная искорка — Земля — снова кипит. Хаос, беспокойство, отрицательные чувства снова берут верх и царят на ней. Бедная, болезненная и грязная там жизнь. И ее беспорядок нарушает ход времени и ощущений...»

Стрелка снова дрогнула. Линия страдания подскочила вверх.

— Раз, два, три, четыре, пять.

Астроном Зи нахмурился.

«Прервать ли эту неразумную игру? Эту кровавую забаву? У существ, живущих на Земле, есть кровь. И слезы. Они стонут, когда им больно. Разве они не хотят быть счастливыми? Они блуждают и не могут найти дорогу? Темно у них там, и вихри, и метель их слепит».

Стрелка быстро отмечает все новые потрясения.

«Неправедно использованное железо карает. Но вместе с тем направляет, образовывает, готовит дух к новым свершениям и открытиям. На той далекой искорке есть водоемы. Из убитых деревьев вы построили плавучие дома, окованные железом. Какой труд. Неугомонные, беспомощные, но способные.

И крыльев у них пока нет. Какими же гигантскими кажутся им высота полетов и пространство океанов».

Дзинь. Дзинь.

«И вместо того, чтобы радоваться сердцем, песней, совместным слаженным трудом, вместо того, чтобы связывать нити, они плачут, мечутся и рвут их.

Так как мне поступить? Остановить их — это навязать им путь, до которого они не доросли, непосильный труд и цель выше того понимания, на которое они сегодня способны. Наверняка именно так они и поступают. Рабство, принуждение, насилие. Все то, что смущает, язвит и оскорбляет».

Профессор Зи вздохнул. Закрыл глаза. Приложил острие астропсихомикрометра к груди и слушал.

А на Земле шла война. Пожары, руины, развалины. Человек, ответственный за Землю и ее создания, не знает об этом или только про себя знает и понимает.

Над планетой Ро (а может быть, Ло) все было заполнено синевой, запахом ландышей и сладостью вина.

Как снежинки, кружились окрыленные чувства, распевая песнь за песней, нежные и чистые.

Земля наша еще молода. А начало — это болезненное усилие.

* * *

Из дневников, которые они дают мне читать.

Марцелий пишет:

«Я нашел перочинный ножик. Пожертвую бедным пятнадцать грошей. Я дал себе такой обет».

Шлама:

«Дома сидит вдова и плачет. Может, старший сын принесет что-нибудь контрабандное. И не знает, что жандарм ее сына застрелил... А вы знаете, что скоро все будет хорошо?»

Шимонек:

«Мой отец сражался за каждый кусок хлеба. Хоть отец и был занят весь день, но он меня все же любил».

(И два потрясающих воспоминания.)

Натек:

«Шахматы выдумал персидский мудрец или царь».

Метек:

«Этот сидур[104], который я хочу переплести, это память о моем брате, он умер, а получил [он] его от брата из Палестины, на конфирмацию».

Леон:

«Мне нужен был ящик для разных сувениров. Герш хотел продать полированный ящик за три злотых с полтиной». (Запутанная история сделки.)

Шмулек:

«Я купил гвоздиков на двадцать грошей. Завтра у меня будут большие расходы».

Абусь:

«Стоит мне посидеть в сортире подольше, так они сразу говорят, что я эгоист. А я хочу, чтобы меня любили». (Эту проблему я знаю по тюрьме.)

Я составил клозетный тариф.

1. Сходить по-маленькому — нужно поймать пять мух.

2. По-большому, вторым классом (ведро — табуретка с дыркой) — десять мух.

3. Первым классом, в унитаз — пятнадцать мух.

Один спрашивает:

— А можно я потом заплачу (мухами), мне очень нужно.

Второй:

— Да делай, что тебе надо... я за тебя наловлю.

Одна муха, пойманная в изоляторе, считается за две.

— А считается, если пойманная муха улетит?

...Как есть — так есть. Но мух мало.

...Вот так у меня двадцать лет назад в Гоцлавеке[105] дошкольники истребили клопов.

Добрая воля общества — это сила.

ЭВТАНАЗИЯ

Храм окутал своими ритуалами рождение, брак и смерти.

Ритуал поклонения сосредоточил всю духовную жизнь человека, попутно регулируя даже хозяйственную жизнь своей паствы.

Когда люди отвергли (и почему, в самом деле, так резко?) детские, уже тесные и короткие одежки, наивные и многократно залатанные — овечки! — Храм разросся и распался на разные учреждения.

Вот уже и строительство не только домов для служения Богу. Первыми, ясное дело, Франция и Париж возвели современную Вавилонскую башню. Называется она Эйфелева башня.

Здания школ и светских университетов, театров, музеев, концертных залов, крематориев, гостиниц, стадионов — больших, замечательных гигиеничных и современных. Уже лекция по радио, а не только проповеди и речи жрецов.

Библиотеки, пресса, книжные магазины, а не только книга или свиток Священного Писания на алтаре и лавка с амулетами.

Врач — мощное здание медицины. Уже не молитва жреца защищает от чумы.

На град и наводнения, пожары и мор есть медицинские и прочие страховки.

Социальная служба там, где прежде действовала милостыня — лепта вдовицы.

Скульптура и живопись на полотне и холстах в картинных галереях, а не только на фресках, плафонах и на стенах храмов.

Метеорологические институты вместо молебнов.

Больница выросла из Храма.

Все в нем помещалось и из него брало начало.

Биржа регулирует цены, а не площадь перед храмом.

Международные конгрессы ученых профессионалов и многочисленные журналы, а не переписка и взаимные визиты, дискуссии и банкеты левитов[106].

Дипломатия столь же эффективно, как и молитвы, защищает от войны.

Кодексы — уголовный, гражданский, торговый — это бывшие десять заповедей и многочисленные к ним комментарии.

Тюрьма — это бывшие монастыри. Приговоры — отлучение.

Повзрослел, но не поумнел и не смягчился современный человек.

Во времена оны все было в Храме, все торжественное, церемониальное, мудрое, красивое и гуманное, человечное. За его пределами — просто тягловый скот, замученный вечной пахотой, растерянный, беспомощный.

Однако и сегодня даже белоснежные вершины развития и знания свои наиважнейшие деяния опирают на таинства крещений и браков и обрядов, связанных с годиной кончины для одних и наследованием для переживших.

Совсем недавно, прямо-таки вчера, появились они на столе переговоров как таковые: рост населения или контроль за рождаемостью, дискуссии о совершенном браке и — эвтаназия.

Убить из сочувствия имеет право тот, кто любит и страдает. Потому что ему самому жить не хочется. Через малое время так и будет.

Странно, что на языке так и вертится поговорка: «За компанию и цыган повесился».

Когда после возвращения сестры из Парижа предлагал ей совместное самоубийство, это не было идеей или программой банкрота. Напротив. Мне не хватало места на свете и в жизни.

Cui bono[107], чего ради нужны мне еще два десятка лет? Вина моя, может быть, в том, что потом я не повторил этого предложения. Сделка не состоялась ввиду расхождения во мнениях. Когда в тяжкие часы я размышлял над проектами умерщвления (усыпления) обреченных на смерть еврейских младенцев и стариков, я понимал это как убийство больных и слабых, убийство тех, в ком нет еще сознания.

(Мне рассказывала медсестра в приюте для раковых больных, что она всегда ставила у кровати больного убойную дозу лекарства и говорила:

— Принимать не больше чайной ложечки, потому что это яд. Ложечка снимет боль как лекарство.

И на протяжении всех лет ее работы ни один пациент не решился принять убийственную дозу.)

Как это будет выглядеть в будущем?

Некое учреждение, как же может быть иначе? Солидное крупное учреждение. Большой зал и маленькие кабинеты. Письменный стол. Юристы, врачи, философы, коммерц-советники, разного возраста и профессий.

Проситель подает заявление. Каждый имеет право. Может, введут тьму ограничений, чтобы не подавали заявления легкомысленно или для виду, ханжески, чтобы ввести власти в заблуждение или шантажировать собственную семью.

Заявление с просьбой о собственной смерти может быть попыткой оказать давление.

— Вернись ко мне, возлюбленная жена, потому что вот она, квитанция о приеме заявления о смерти.

— Дай, папа, денежку на веселую жизнь.

— Если вы мне не дадите аттестат, вас же совесть замучает, я вам всю жизнь отравлю.

Стало быть:

Заявление принимать только по установленной форме на бумаге определенного вида. Скажем, на греческом языке или на латыни. Приложить к заявлению список свидетелей. Может быть, оплата гербового сбора. Возможно, с платой четырьмя ежеквартальными взносами, или тремя ежемесячными, или семью недельными.

Заявление должно быть обоснованным:

«Не хочу жить, потому что болезнь, финансовая катастрофа, потому что уныние, пресыщенность, потому что предал отец, сын, друг. Прошу провести процедуру в течение недели, без проволочек».

Кто-нибудь собирал истории и переживания, признания, письма, дневники в лагерях, тюрьмах, у заключенных, живущих под угрозой смертного приговора, накануне тяжелой битвы на фондовых биржах и в игорных домах?

Заявление принято. Формальности завершены. Начинается дознание по образцу судебного.

Медицинский осмотр. Советы психолога. Возможно, исповедь или психоанализ.

Дополнительные беседы со свидетелями.

Определение и перенос сроков.

Специалисты и эксперты.

Отказ или приостановление исполнения решения.

Или эвтаназия на пробу. Бывает же, что человек, один раз попробовавший чар и роскоши самоубийства, не возобновляет потом таких попыток до глубокой старости.

Говорят, что одно из испытаний при посвящении во франкмасоны как раз и состоит из попытки такого неудачного прыжка в неведомое.

Место совершения. Это уже мое изобретение: по истечении пресекательного срока.

Или же:

— Езжай туда-то и туда-то — там ты получишь желаемую смерть.

— Ты получишь то, о чем просишь, через десять дней, в такой-то час утра или вечера.

«Просим властей предержащих оказывать помощь предъявителю сего на суше, воде и в воздухе».

Все выглядит так, словно я шучу. Нет, не шучу.

Есть вопросы, которые, словно кровавые лохмотья, лежат поперек тротуара. Люди переходят на другую сторону улицы или отворачиваются, чтобы не видеть.

Я поступаю точно так же.

Там, где речь идет о принципах, а не об умирающем от голода нищем, там нельзя. Это не один или сто нищих в тяжкий год войны, но миллионы людей в течение многих столетий.

Здесь нужно прямо в глаза.

Моя жизнь была трудной, но интересной. Об этом я как раз в юности просил Бога:

— Дай мне, Боже, тяжелую жизнь, но прекрасную, богатую, возвышенную.

Когда узнал, что о том же просил Словацкий, мне стало неприятно, что это не я придумал, что у меня был предшественник[108].

Когда мне было семнадцать лет, начал писать роман *Самоубийство*. Герой ненавидел жизнь, боясь безумия.

Я панически боялся сумасшедшего дома, куда моего отца несколько раз направляли.

И вот я, сын сумасшедшего. Стало быть, отягощенная наследственность.

Уже пару десятков лет и посейчас эта мысль временами терзает меня.

Я слишком люблю свои безумства, чтобы не пугала меня мысль, что кто-то против моей воли будет пытаться лечить меня.

Здесь я должен написать: часть вторая. Нет. Это все вместе, только речи у меня многословные. Но я не умею говорить лаконично.

* * *

15 июля 1942 года. Неделя перерыва в дневнике, совершенно ненужного

Со мной такое бывало, когда я писал *Как любить ребенка*. Были времена, когда я писал на постое, на лугу, под сосной, на пне. Все важно, и если я не запишу все это, то забуду. Невосполнимая потеря для человечества.

Иногда не писал по месяцу: зачем валять дурака? Мудрые вещи знают сотни людей. Когда придет пора — тебе скажут, что важно, введут тебя в жизнь. Не Эдисон[109] изобретал свои приборы — они словно висели на веревке, как белье сушится на солнце. Он только снял их со шнура.

Точно так же — Пастер, точно так же — Песталоцци. Это все уже есть, нужно только высказать.

И так в каждом вопросе.

По чистой случайности этот, а не тот первым шагает в горние выси.

Я долго не мог понять, чем сегодняшний сиротский приют отличается от других, от прежнего нашего.

Детский дом — казармы. Знаю.

Детский дом — тюрьма. Да.

Детский дом — улей, муравейник. Нет.

Детский дом теперь стал домом престарелых. У меня в изоляторе сейчас семь постояльцев, из них трое новеньких. Возраст пациентов — от семи лет до Азриила шестидесяти лет, который постанывает, сидя на кровати, свесив ноги, опираясь на подлокотник кресла.

Утренние разговоры детей — результаты измерения температуры. Сколько у меня, сколько у тебя. Кто чувствует себя хуже. Как кто провел ночь.

Санаторий для капризных, влюбленных в свою болезнь богатых пансионеров.

Леон в первый раз в своей жизни упал в обморок. Теперь допытывается, что такое с ним приключилось.

Дети бродят по дому. Нормальная у них только кожа. А под ней скрываются усталость, уныние, гнев, бунт, недоверие, обида, тоска.

Болезненная серьезность их дневников. В ответ на их откровения я делюсь своими с ними на равных. Совместный наш опыт — их и мой. Мой, возможно, более водянистый, разбавленный, а кроме этого — все то же самое.

Вчера я понял, пока считал по головам персонал с улицы Дзельной, суть их солидарности.

Они ненавидят друг друга, но никто не позволит хоть пальцем тронуть другого.

— Не лезь к нам. Ты чужой, враг. Если даже что-нибудь полезное нам сделаешь, так и то лишь для виду и нам во вред.

Умерла самая самоотверженная сиделка. Виттлинувна[110]. Туберкулез.

Рундо[111] — Виттлин. Две: школа — изолятор. Растворяется «соль земли», остается навоз.

Что из него вырастет?

«Труднее хорошо прожить день, чем написать книгу»[112].

Каждый день, а не только вчерашний, это книга — толстая тетрадь, глава, которой хватит на годы.

Как невероятно долго человек живет.

Цифры Писания — не нонсенс: Мафусаил действительно жил около тысячи лет.

* * *

1942 год. В ночь на 18 июля

В первую неделю последнего пребывания в летнем лагере в Гоцлавеке — потому что ели хлеб неведомого состава и выпечки — коллективное отравление детей и части персонала.

Диарея. Кал кипел в горшках, на поверхности смолистой жидкости образовывались пузыри, которые, лопаясь, источали сладковато-гнилостный запах, терзая не только обоняние, но проникая в горло, глаза, уши, мозг.

Сейчас нечто подобное, только рвота и водянистый стул.

В течение ночи мальчики потеряли восемьдесят кило, примерно по килограмму на каждого, девочки — шестьдесят кило (чуть меньше).

Желудочно-кишечный тракт у детей работает под высоким давлением. Как мало нужно, чтобы спровоцировать катастрофу. Может, противодизентерийная вакцина (пять дней назад), может, молотый перец, добавленный по французскому рецепту к несвежим яйцам пятничного «паштета».

Наутро вес у мальчиков не возместил потерь ни на килограмм.

Помогал я этим стонущим от боли и страдающим от рвоты почти в темноте — известковая вода (разведенный зубной порошок) в любых количествах, кто сколько хочет, кувшин за кувшином. Кроме того, некоторым — наркотик (от головной боли), наконец, для персонала, экономно, — морфин.

Один укол кофеина из-за обморока у истеричного нового воспитанника. Его мать, страдающая выпадением изъязвленного кишечника, не решалась умереть, пока не отдаст мальчика в интернат.

Мальчик не решался уходить в интернат, пока мать не умрет. Наконец он сдался. Мать успешно умерла; ребенок страдает укорами совести. В болезни он подражает матери: стонет (кричит), что ему больно, что душно, потом — что ему жарко, наконец, что умирает от жажды:

— Воды!

Я хожу по палате. Превратится ли эта истерика в коллективную истерию? Могло быть и так!

Победило доверие детей к руководству. Они верили, что им ничего не грозит, если доктор спокоен.

А я был не так уж и спокоен. Но то, что я наорал на непослушного пациента и пригрозил спустить его с лестницы, доказывало, что рулевой уверен в себе. Это важно: орет — значит, знает, что делает.

Назавтра, то есть вчера, — представление. *Почта* Тагора[113]. Признание публики, рукопожатия, улыбки, попытки завязать сердечный разговор. (Жена председателя[114] после представления прошлась по всему дому и сказала, что здесь тесно, но гениальный Корчак доказал, что и в мышиной норе может творить чудеса.)

Поэтому дворцы передали другим.

(Мне вспомнилось помпезное торжество по поводу открытия детского сада в доме рабочих на Гурчевской с участием пани Мостицкой — той, другой[115].)

Какие они смешные.

Что произошло бы, если б вчерашние актеры продолжали сегодня играть свои роли?

Ежи казалось бы, что он — факир.

Хаимчику — что он на самом деле врач.

Адеку — что он королевский бургомистр.

(Может быть, хорошая тема для беседы с бурсистами в среду — «иллюзии» и их роль в жизни человечества...)

* * *

Сейчас иду на Дзельную.

Тот же день. Полночь.

Если бы я сказал, что не написал ни одного стихотворения в жизни, когда не хотел, это была бы чистая правда. Но правда и то, что я все писал только из-под палки.

Я был ребенком, «который часами может играть один», ребенком, о котором никто не знает, дома ли он.

Кубики (кирпичики) я получил, когда мне было шесть лет; играть с ними я перестал в четырнадцать.

— Как тебе не стыдно? Такой здоровый мужик. Взялся бы за что-нибудь умное. Читай. Но кубики — тоже...

В пятнадцать лет я впал в безумие яростного чтения. Мир исчез из виду, только книга существовала там...

Я много говорил с людьми: со своими сверстниками и с намного более старшими, взрослыми. В Саксонском саду у меня были партнеры-старики. Мной восхищались. Философ.

Я разговаривал только с самим собой.

Потому что говорить и разговаривать — не одно и то же. Переодевание и раздевание — это две разные вещи.

Я раздеваюсь наедине с собой и говорю наедине с собой.

Четверть часа назад я закончил свой монолог в присутствии Генека Азрилевича. И впервые в жизни, наверное, решительно сказал себе:

— У меня склад ума исследователя, а не изобретателя.

Исследовать, чтобы знать? Нет. Исследовать, чтобы найти, добраться до самой сути? И это не так. Наверное, исследовать, чтобы задавать все новые и новые вопросы. Вопросы я задаю людям (младенцам, старикам), фактам, событиям, судьбам. Меня не увлекает честолюбивый поиск ответа, я хочу перейти к другим вопросам, необязательно на ту же тему.

Мать говорила:

— У этого мальчика ни на грош самолюбия. Ему все равно, как он одет, играет ли с детьми своего круга или с ребятами дворника. Ему не стыдно играть с малышней.

Я вопрошал свои кубики, детей, взрослых: «Кто вы?» Игрушек я не ломал, меня не волновало, почему у лежащей куклы глаза закрыты. Не механизм, но суть вещей — вещь сама по себе.

Если я пишу дневник или мемуары, я должен говорить, а не разговаривать.

* * *

Я возвращаюсь к эвтаназии.

Семья самоубийцы.

Эвтаназия по требованию.

Безумный, недееспособный — неспособный решать сам за себя.

Нужен кодекс с тысячей статей. Жизнь их продиктует. Важен принцип: что можно, что следует.

На удаленном острове, красивом, благодушном, сказочном, в прекрасном отеле, гостевом доме самоубийца разыгрывает партию. Стоит ли жить?

Сколько дней или недель требует принятие решения? Жизнь по образу и подобию сегодняшних магнатов? Может, работа?

Прислуга в отеле. Дежурства. Работа в саду.

— Даты вашего пребывания у нас?

— Куда он девался?

— Уехал.

На соседний остров или на морское дно.

Может, сказать так:

— Смертный приговор будет приведен в исполнение через месяц, даже вопреки твоей воле. Потому что ты подписал согласие, контракт с организацией, договор с жизнью, которой ты жил до сей поры. Тем хуже для тебя, если ты не вовремя спохватишься.

Или смерть-избавление приходит во сне, в бокале вина, в танце, под аккомпанемент музыки, внезапная и неожиданная.

— Я хочу умереть, потому что люблю.

— Я хочу умереть, потому что ненавижу.

— Умертвите меня, потому что я не могу ни любить, ни ненавидеть.

Все это существует, но в безрассудном, язвящем, грязном хаосе.

Умерщвление за плату, корысти ради, для удобства, для упрощения.

Сильнее всего с вопросом смерти связана стерилизация, предотвращение и прерывание беременности.

В Варшаве тебе разрешено иметь одного ребенка, в маленьком городке — двоих, в деревне — троих, на границе — четверых, в Сибири — десятерых. Выбирай.

Можно жить, но бездетным.

Можно жить, но неженатым.

— Хозяйствуй один, плати налог исключительно за себя.

Вот тебе пара. Выбери одну из десяти, из ста девушек.

— Тебе можно иметь двух самцов. Тебе разрешено иметь трех самок.

Возрадуйтесь: сколько рабочих мест, картотек, чиновников и учреждений.

(Железная машина работает, дает комнату, мебель, станки, продукты питания, одежду. Ваше дело — только все организовать.)

Новый способ обработки земли или скотоводства, или новые синтетические продукты, или колонизация недоступных нынче земель — экватора и полюсов. Вы можете увеличить количество жителей Земли до пяти миллиардов.

Достигнуто соглашение с новой планетой. Колонизация Марса, может, Луна примет новых иммигрантов. Может, наладим связь с более отдаленным соседом. Так что десять миллиардов людей, похожих на тебя и на меня.

Земля решает, кто, где, куда, сколько.

Современная война — это наивная и неискренняя перестрелка. Что гораздо важнее — новое переселение народов.

Программа России: скрещивать и перемешивать. Программа Германии — сосредоточивать себе подобных по цвету кожи и волос, форме носа, размеру черепа или таза.

Сегодня специалисты задыхаются от безработицы. Трагический поиск мисочки работы для врача и стоматолога.

Не хватает миндалин и аппендиксов — нечего удалять, нет зубов — нечего пломбировать.

Что делать? Что делать?

Есть — ацетонемия. Есть — *pyloriaspasmus*. Есть — *angina pectoris*[116].

Что будет, когда мы откроем, что туберкулез не только излечим, но что его лечит одна инъекция — внутривенная, внутримышечная, подкожная?

Сифилис— проба шестьсот шесть[117]. Чахотка — две тысячи пятьсот. Что будут делать врачи? Медсестры?

Что будет, когда алкоголь мы заменим каплей газа? Машинка номер 3. Цена — десять злотых. Гарантия на пятьдесят лет. Способ применения смотри на упаковке. Можно купить в рассрочку.

Полный дневной рацион — две таблетки иксбиона в день. Куда податься поварам и ресторанам?

Эсперанто? Одна газета для всех народов и языцей. Что делать лингвистам, и прежде всего переводчикам и преподавателям иностранных языков?

Радио — улучшенное. Самое чуткое ухо не сможет отличить живую музыку от консервированной.

Что делать, если сегодня нужны катастрофы, чтобы дать работу и цель в жизни всего лишь одному поколению.

Так нельзя, дорогие вы мои. Потому что это будет застой, какого свет не видел, духота, которой никто еще не захлебывался, — и уныние, которым никто никогда еще не страдал.

* * *

Тема для рассказа.

Завтра на радио стартует конкурс на звание мастера скрипичной игры, в течение года он будет исполнять ту или иную симфонию или дисфонию[118].

Мир приник к громкоговорителям.

Олимпиада, какой еще не было.

Болельщики маэстро с попугайского острова живут в трагическом неведении.

Последняя ночь.

Фаворит проиграл.

Они покончили с собой, не в силах пережить поражение любимца.

У Чехова есть рассказ: десятилетняя нянька хочет спать, поэтому душит крикливого младенца.

Бедная нянька: она не могла иначе. Я нашел способ. Я не слышу раздражающего кашля, игнорирую явно враждебное, провокационное поведение старого портного.

Не слышу. Два часа ночи. Тишина. Ложусь спать — на пять часов. Завтра днем досплю остальное. Хотел бы я как-нибудь упорядочить свою писанину. Это будет трудно.

* * *

21 июля 1942 года

Завтра мне исполняется то ли шестьдесят три, то ли шестьдесят четыре года. Отец пару лет все не мог собраться и оформить мне свидетельство о рождении. Из-за этого я пережил пару очень неприятных моментов. Мама назвала это преступной халатностью:

будучи адвокатом, отец не должен был так медлить с оформлением свидетельства о рождении.

Имя мне дали в честь деда, а деда звали Герш (Гирш)[119]. Отец имел право назвать меня Хенриком, потому что его самого назвали Юзефом. И других детей дед назвал христианскими именами: Мария, Магдалена, Людвик, Якуб, Кароль[120]. И все-таки он колебался и медлил.

Я должен больше места посвятить отцу: я реализую в жизни то, к чему он стремился, к чему дедушка так мучительно рвался столько лет.

И мать. Когда-нибудь позже. Я и мать, и отец. Я много знаю и понимаю благодаря этому.

Прадед был стекольщик. Я рад: стекло дает свет и тепло.

Трудная задача — родиться и научиться жить. Мне остается куда более простая задача: умереть. После смерти может быть снова трудно; но я не думаю об этом. Последний год, или месяц, или час?

Я хотел бы умереть в сознании и сознательно. Я не знаю, что сказал бы детям на прощание. Я хотел бы сказать так много и так, чтобы у них была полная свобода в выборе пути.

* * *

Десять часов. Выстрелы: два, несколько, два, один, несколько. Может быть, это именно мое окно плохо затемнено?

Но я пишу, не отрываясь.

Напротив: легче становится полет (одиночный выстрел) мысли.

* * *

22 июля 1942 года[121]

Все имеет свои пределы, только наглое бесстыдство безгранично.

Власти велели освободить больницу на Ставках. А пани начальница должна принять на Железной тяжслобольных со Ставок[122].

Что делать? Быстрое решение, энергичные действия.

У Хеллер-Крошчора[123] сто семьдесят пять выздоравливающих детей. Они решили больше трети этих детей перевести ко мне. Интернатов больше пятнадцати, но наш — поближе.

А то, что на протяжении полугода не было такого злодейства, которого эта пани не совершила бы в отношении больных, — для своего удобства, по глупости, из упрямства, — то, что она с дьявольским коварством боролась с моим гуманным и несложным для воплощения проектом, — это ничего...

В мое отсутствие в доме пани Элиасберг[124] она дает свое согласие, а пани Вильчинская приступает к выполнению этого требования, бесстыжего и в высшей степени вредного и для их детей, и для наших...

Плюнуть и уйти. Я давно уже взвешиваю эту идею. Дальше — петля, пушечное ядро у ноги.

(Снова вышло непонятно. Но я слишком устал, чтобы писать подробнее.)

* * *

Азрилевич умер сегодня утром. О, как же тяжела жизнь и как легка смерть.

* * *

27 июля 1942 года

Вчерашняя радуга.

Чудесный большой месяц над лагерем скитальцев.

Почему я не могу успокоить несчастный, безумный квартал?

Одно только коротенькое объявление.

Власти могли бы позволить.

В худшем случае — запретить.

Такой прозрачный план: декларируйте, выбирайте. Мы не даем на выбор легких путей. Пока надо отказаться от бриджа, от походов на пляж, от вкусных обедов, оплаченных кровью контрабандистов, — тоже.

Выбирайте: или в путь, или работа на месте.

Если вы остаетесь, вы должны делать то, что нужно будет переселенцам.

Близится осень. Им понадобятся одежда, обувь, белье, инструменты.

Кто захочет увильнуть — поймаем, кто хочет откупиться — мы охотно заберем его украшения, валюту — все, что имеет хоть какую-то ценность. А когда отдаст последнее — лишь бы поскорее отдал, — тогда снова спросим его:

— Здесь или там?

И что? Собственно говоря, что?

Лишь бы не пляж, не бридж и не милая дрема после прочитанной газеты.

Ты общественник? Да ради бога. До поры до времени можешь притворяться — мы притворимся, что верим. Вообще мы верим, пока нам это удобно и в то, что нам удобно. Прошу прощения: не в то, что удобно — в то, что включено в план.

Мы управляем гигантским предприятием. Имя ему — война. Мы работаем планово, послушно и методично. Ваши мелкие интересы, мечты, сантименты, капризы, претензии, обиды, аппетиты нас не касаются.

Да — мать, муж, ребенок, старушка, памятная мебель, любимое блюдо — это все хорошо, мило, трогательно. Но есть гораздо более важные вопросы. Будет время, мы и к этим вещам вернемся.

А пока, чтобы с этим вопросом не тянуть, нужно, может быть, немного резко и болезненно, и без всяких, так сказать, изысканностей и даже точности. Грубо вытесанная времянка.

Вы же сами вздыхаете: лишь бы все это закончилось! И мы тоже. Поэтому не мешайте нам.

Евреев — на восток. Тут уж не о чем торговаться. Не в бабке-еврейке дело[125], а в том, где ты нужнее: твои руки, мысль, время, жизнь. Бабка — это бабка. Нужно было найти какую-то зацепку, какой-то ключ, лозунг, пароль.

Не можешь ехать на восток — ты там умрешь. Стало быть, выбирай другое. Ты все должен выбрать сам и сам рискнуть. Потому что ведь мы для виду должны мешать, угрожать, преследовать и неохотно карать.

Ты назойливо лезешь с новой пачкой денег. У нас нет на это ни времени, ни желания. Мы не играем в войну — «в войнушку», нам приказано вести ее как можно быстрее и солиднее, по возможности — порядочно.

Работа никак не чистая, не приятная, не душистая. Поэтому нам нужно быть снисходительными к пока нужным нам работникам.

Один любит водку, другой — девушку, третий — любит повыпендриваться, а другой, наоборот, боится и не верит в себя. Мы знаем: ошибки, недостатки. Но они вовремя пришли и отметились, а ты все философствовал и медлил, откладывал. Извините, но поезд должен курсировать по заранее утвержденному плану.

Вот железнодорожный путь.

Туда — итальянцы, французы, румыны, чехи, венгры. Сюда — японцы, китайцы, даже Соломоновы острова, даже людоеды. Крестьяне, горцы, горожане, интеллигенция.

Мы — немцы. Не в вывеске дело — в тарифе, в распределении продуктов.

Мы — железный каток, или плуг, или серп. Лишь бы из этой муки вышел хлеб. Выйдет, если не будете мешать. Скулить, бесить, заражать воздух.

Пусть даже вас иногда жалко, но мы должны (кнутом, палкой или свинцом) — потому что порядок должен быть.

Плакат.

«Кто сделает то-то и то-то — расстрел.

Кто не сделает того-то и того-то — расстрел».

Один сам напрашивается. Самоубийца? Ну что ж, ничего не поделать.

Другой не боится. — Привет! — Герой?

Имя воссияет в веках, но — с дороги, если иначе нельзя.

Третий боится — синеет от страха, поминутно бегает в сортир, дурманит себя табаком, выпивкой, женщинами — но упрямый, хочет все по-своему. Что с таким делать?

У евреев масса заслуг и способности. И Моисей, и Христос, и трудолюбие, и Гейне, и древняя нация, и Спиноза, и дрожжи прогресса, и первые, и щедрые. Все это правда. Но кроме евреев есть кто-то и что-то еще.

Евреи — важный вопрос, но потом вы поймете, завтра. Да, мы знаем и помним. Важный вопрос, но не единственный.

Мы не обвиняем. То же самое было с поляками, и то же самое творится, даже сейчас, с Польшей и Палестиной, с Мальтой, и Мартой [?], и с матерым пролетарием, с девицей и сиротой, с милитаризмом и капитализмом.

Но не все вместе. Должна быть некая очередь и некие пункты повестки дня.

Вам тяжко, и нам нелегко. Без накрытого стола, где во время оно можно было бы укрыться от докучливых дебатов.

Придется тебе, брат, выслушать программную речь Истории — о новой карте[126].

* * *

1 августа 1942 года

Когда картофельная ботва слишком разрасталась, по ней проезжали тяжелым катком, который давил ее в кашу, чтобы дать плодам в земле лучше вызреть.

* * *

Читал ли Марк Аврелий Соломоновы притчи? Его дневник так утешает[127].

* * *

Я ненавижу или, может быть, только стараюсь бороться с отдельными личностями. Такие вот Хеллеры, такие вот Гитлеры[128]. Я не обвиняю немцев: они работают или, скорее, логически и результативно планируют, — вот они и сердятся, что им мешают. Глупо мешают.

И я мешаю. Они даже снисходительны. Только устраивают облавы и велят стоять на месте — не шнырять по улицам и не путаться под ногами.

Они мне делают добро, потому что, шныряя и путаясь, я могу получить в голову шальную пулю. А так я безопасно стою под стеной и могу спокойно и внимательно смотреть и думать.

Вот я и думаю.

* * *

В Мышинце остался старый слепой еврей[129]. Он шел с тростью среди телег, коней, казаков и пушек. Какая жестокость — оставить слепого старика.

— Они хотели забрать его с собой, — говорит Настя. — А он уперся, что не уйдет, потому что некому сторожить синагогу.

Знакомство с Настькой я завел, помогая ей найти ведерко, которое забрал у нее солдат, обещал вернуть — и не вернул.

Я — слепой еврей и Настя.

* * *

Мне так мягко и тепло в постели. Очень трудно вставать. Но сегодня суббота — в субботу утром я взвешиваю детей перед завтраком. Наверное, в первый раз мне неинтересно, каким будет результат недели. Должно быть, они все же прибавили в весе. (Не знаю, почему вчера на ужин выдали сырую морковь.)

* * *

На месте старого Азрилевича — молодой Юлек. «Вода в боку». У него трудности с дыханием, но по другой причине.

Те же постанывания, движения, жесты, обида на меня, самовлюбленность и актерская жажда обратить внимание на себя; возможно, даже и месть за то, что я о нем не думаю.

Сегодня у Юлека первая спокойная ночь за неделю. У меня тоже.

* * *

У меня тоже. С того момента, когда день приносит столько враждебных и мрачных впечатлений и переживаний, сны совершенно пропали.

Закон равновесия.

Терзает день — утешет ночь. Удачный день — мучительная ночь.

О перине я написал бы монографию.

Крестьянин и перина.

Пролетарий и перина.

* * *

Я уже давно не благословлял мир[130]. Попробовал в эту ночь — не получилось.

Я даже не знаю, где я заблудился. Очистительное дыхание более или менее получилось. Но пальцы остались слабыми, энергия не протекала через них.

...Верю ли я в результативность? Верю, но не в мою. Индия! Свята Индия!

* * *

С каждым днем меняется облик квартала.

1. Уголовщина.
2. Зачумленные.
3. Токовище.
4. Сумасшедший дом.
5. Игорный дом. Монако. Ставка — голова.

* * *

Самое главное, что все это уже было.

Нищие, зависшие между уголовщиной и больницей. Кабальный труд: не только мышечное усилие, но и честь, девичья честь.

Униженные вера, семья, материнство.

Торговля всеми духовными благами. Биржа, где фиксируют, сколько весит совесть. Курс колеблется, как сегодня курс свеклы и жизни.

Дети живут в постоянной неуверенности, в страхе. «Вот тебя жид заберет!», «Я тебя дядьке отдам!», «Вот тебя в мешок посадят и унесут!»

Сиротство.

Старость. Унижение и моральное увядание и разложение.

(Во время оно заслужить старость, заработать на нее было правильно. Сейчас силу и годы жизни покупают. И мерзавец имеет шанс дожить до седых волос.)

Панна Эстерка.

Панна Эстерка не хочет жить весело или легко. Она хочет жить в красоте — хочет, чтобы ее жизнь была прекрасной. Прощаясь с нами, передала нам почту.

Если она не вернется сюда и сейчас, потом мы встретимся в другом месте. Мы уверены, что она принесет другим столько же добра и пользы, сколько и нам.

* * *

4 августа 1942 года

1

Я полил цветы, бедные растения сиротского дома, растения еврейского приюта. Спекшаяся земля вздохнула.

За моими действиями следил охранник. Раздражают его или трогают эти мои мирные действия в шесть утра?

Он стоит и смотрит. Широко расставил ноги.

2

Прахом пошли усилия вернуть Эстерку. Не знаю, оказал бы я ей услугу или навредил и обидел, если бы мне удалось ее вернуть.

— Где она попалась? — спрашивает кто-то.

— Может, это не она, а мы попались (что остаемся).

3

Я написал в комиссариат, чтобы выслали Адика: он недоразвитый и злостно не реагирует ни на какие наказания. Мы не можем за какую-нибудь его пакость рисковать все домом. (Коллективная ответственность.)

4

За Дзельную пока — тонну угля, Руже Абрамович[131]. Кто-то спрашивает, будет ли там уголь в безопасности.

В ответ улыбка.

5

Хмурое утро. Половина шестого утра.

Вроде бы нормальное начало дня. Я говорю Ханне:

— Доброе утро.

Она отвечает удивленным взглядом.

Прошу:

— Улыбнись!

Улыбки — больные, бледные, чахоточные.

6

Пили вы, господа офицеры, пили обильно и вкусно — за кровь, танцуя, позвякивали орденами — в честь позора, которого вы, слепые, не видели, вернее, притворялись, что не видите.

7

Мое участие в японской войне. Поражение — унижение.

В европейской войне. Поражение — унижение.

В мировой войне...

Не знаю. Как чувствует себя и чем чувствует себя солдат армии-победительницы...

8

Журналы, с которыми я сотрудничал, закрывали, запрещали, они банкротились[132].

Разоренный издатель покончил с собой[133].

А это все не потому что я еврей, а потому что я родился на Востоке...

Грустное утешение, что и роскошному Западу не так уж хорошо.

Могло бы стать утешением, но не стало. Я никому не желаю зла. Не умею. Не знаю, как это делается.

9

Отче наш, иже еси на небесех...

Молитву эту высекли в камне несчастье и голод.

Хлеб наш насущный.

Хлеб.

Ведь то, что я переживаю, уже было. Было.

Продавали имущество, одежду, за литр керосина, кило крупы, за рюмку водки.

Когда поляк-юнак[134] дружелюбно спрашивал меня, как я вырвался из блокады, спросил его, мог бы он чем-нибудь помочь в деле Эстерки.

Понятно, что нет.

Я поспешно сказал ему:

— Спасибо на добром слове.

Эта благодарность — бескровное дитя нищеты и унижения.

10

Я поливаю цветы. Моя лысина в окне — такая замечательная мишень?

У него карабин. Почему он стоит и спокойно смотрит?

Приказа не было.

Может, на гражданке он был деревенским учителем, может, нотариусом, подметалой в Лейпциге, кельнером в Кёльне?

Что бы он сделал, если бы я ему кивнул? По-приятельски помахал бы рукой?

Может быть, он даже не знает, что все так, как есть?

Он мог только вчера приехать издалека...

МИЛЫМ ХАЛУЦАМ В СВОБОДНУЮ МИНУТКУ — НА РАСШИФРОВКУ

30 января 1942 года[135]

Хочу, потому что люблю. Хочу, значит, умею. Хочу, значит, могу. Хочу, потому что верю.

Хочу только для себя, потому что только за себя, а не за других, я люблю, знаю, умею, хочу и верю.

Моя любовь, мои знания, моя сила и моя вера — на верную службу вам и у вас, в тяжкой работе для вас, на трудном пути к вам и для вас.

Я знаю и верю.

Как прекрасно знание, когда колеблется, когда не доверяет себе, когда ищет в себе и вокруг ошибки, небрежности, даже бессознательную ложь.

Как прекрасна вера без сомнения, без оговорок, без страха, что можно ошибаться.

Шалом.

ПИСЬМА И ДОКУМЕНТЫ

В КАДРОВЫЙ ОТДЕЛ ЕВРЕЙСКОГО СОВЕТА

9 февраля 1942 года
Кадровый отдел
Еврейского совета

От имени[136]
Хенрика Гольдшмидта
(Януша Корчака), проживающего по адресу:
улица Сенна, 16 — Слиска, 9

ЗАЯВЛЕНИЕ

Доброжелатели требуют от меня, чтобы я написал завещание. Что сейчас и делаю в своей биографической справке, *curriculum vitae*, подавая заявление на вакансию воспитателя в интернате для сирот по адресу Дзельна, 39.

Мне шестьдесят четыре года. Экзамен на состояние здоровья в прошлом году сдал в тюрьме. Невзирая на мучительные условия пребывания там, я ни разу не обращался к врачу, ни разу не уклонялся от физзарядки, которой с ужасом избегали даже более молодые мои сотоварищи. (Волчий аппетит, сон праведника, недавно после десяти рюмок водки самостоятельно, быстрым маршем вернулся с улицы Рымарской на Сенну — поздним вечером. Ночью дважды просыпаюсь, выношу десять больших ведер.)

Курю, не пью, умственные способности на каждый день сносные.

Я мастер экономить силы: как Гарпагон, отслеживаю целевое использование каждой потраченной единицы энергии.

Считаю себя посвященным в области медицины, воспитания, евгеники, политики.

Благодаря опыту обладаю высокой способностью сосуществовать и сотрудничать даже с уголовными типами и врожденными кретинами. Это меня стараются обесценить самолюбивые и упрямые дураки, это они стараются дисквалифицировать меня, а не я их. Последнее испытание: год с лишним терпел я в своем интернате, Божьим попущением, начальницу и, наперекор собственному комфорту и покою, уговаривал ее остаться — она сама сбежала (мой принцип: лучше даже недостатки старых сотрудников, чем даже достоинства новых).

Я предвижу, что криминальные типы среди сотрудников на Дзельной добровольно покинут ненавистное учреждение, с которым их связывает только трусость и инертность.

Гимназию и университет я закончил в Варшаве[137], образование дополнил в клиниках Берлина (год) и Парижа (полгода). Месячная поездка в Лондон[138] позволила мне на месте понять суть волонтерской благотворительной работы (это большое достижение).

Моими наставниками в медицине были: профессор Пшевуский (анатомия и бактериология), Насонов (зоолог), Щербак (психиатрия) и педиатры Финкельштейн[139], Багинский, Марфан, Ютинель (Берлин, Париж).

(Свободное время — посещение сиротских приютов, исправительных заведений, мест заключения так называемых трудных детей.)

Месяц в школе для отстающих в развитии, месяц в неврологической клинике Циена[140].

Мои наставники в больнице на Слиской: ироничный нигилист Кораль, жизнерадостный Крамштык, серьезный Ганц, блестящий диагност Элиасберг[141], кроме них — фельдшер хирургического отделения Слижевский и всегда готовая пожертвовать собой медсестра Лая.

Я надеюсь встретить несколько таких Лай-героинь в этой бойне детей (и похоронном бюро) на Дзельной, 39.

Больница показала мне, как достойно, зрело и мудро умеет умирать ребенок.

Понимание медицинской профессии углубили книги о статистике. Статистика дала мне дисциплины логического мышления и объективной оценки факта. Взвешивая и измеряя еженедельно детей в течение четверти века, я собрал бесценную коллекцию графиков — профилей роста детей школьного и подросткового возраста.

С еврейским ребенком впервые встретился, будучи сторожем в летнем лагере имени Маркевича в Михалувке[142].

Работа в течение нескольких лет в бесплатной читальне[143] подарила богатый материал наблюдений.

Ни к какой политической партии я никогда не принадлежал. Я был в близком контакте со многими политиками в конспирации.

Мои воспитатели в общественной работе: Налковский, Страшевич, Давид, Дыгасинский, Прус[144], Аснык, Конопницкая, Юзеф Пилсудский.

Посвящением в мир насекомых и растений я обязан Метерлинку, в жизнь минералов — Раскину (*Этика пыльцы*)[145].

Из писателей я больше всего обязан Чехову — гениальному диагносту и социальному клиницисту.

Дважды посетил Палестину и узнал ее «горькую красоту» («*горькая красота Палестины*» — Жаботинский[146]); я узнал динамику и технику жизни халуца, колонистов и мошава (Симхони, Гурари, Браверман)[147].

Я узнал волшебный аппарат живого организма во второй раз — в работе адаптации к чужому климату: Маньчжурия, теперь вот Палестина.

Я изведал рецептуру войн и революций — принимал непосредственное участие в войне японской и европейской, в большевистской революции и гражданской войне (Киев), в польско-большевистской; сейчас, уже в качестве гражданского лица, внимательно читаю монтаж «тыла» и кулис. Если бы не это, я бы так и пребывал в отвращении и пренебрежении к гражданской жизни.

Места работы:

1. Семь лет с перерывами как единственный городской врач клиники на Слиской.

2. Более четверти века — в Доме сирот[148].

3. Пятнадцать лет в «Нашем доме» — Прушков, Белянские Поля[149].

4. Примерно полгода в приютах для украинских детей под Киевом.

5. Был экспертом в Окружном суде по делам детей[150].

6. Был референтом немецких и французских журналов для Больничной кассы на протяжении четырех лет.

Войны:

1. Эвакуационные пункты в Харбине и Таолайчжоу.

2. Санитарный поезд (венерические больные

революционизированной армии от Харбина до Хабаровска).

3. Младший ординатор дивизионного лазарета.

4. Инфекционная больница в Лодзи (эпидемия дизентерии).

5. Инфекционная больница на Каменке[151].

Как гражданин и работник я послушен, но не кроток.

Наказания за свое непослушание я принимал спокойно (за то, что я выпустил из больницы незаконно интернированную семью неизвестного мне поручика, меня наградили брюшным тифом).

Я не честолюбив: мне предлагали написать воспоминания детских лет Маршала — я отказался, ведь я ни разу не видел его живьем, хотя с пани Олей я сотрудничал[152].

Как организатор, я совсем не могу быть начальником. Мне очень мешали, и здесь, и во многих других случаях, близорукость и полное отсутствие зрительной памяти. Старческая дальнозоркость компенсировала первый недостаток, второй только усиливается. В этом есть и хорошая сторона: не узнавая людей, я сосредоточиваюсь на делах — без предубеждения, не затаивая обид.

Неотесанный мужлан, стало быть, легко выхожу из себя и действую импульсивно, но благодаря старательно выработанным в себе тормозам гожусь для работы в коллективе.

Испытательный срок я себе назначил четыре недели, начиная — из-за неотложных задач — со среды, самое позднее — с четверга[153].

Прошу предоставить служебное жилье и двухразовое питание.

Никаких других условий не ставлю, наученный горьким и болезненным для меня опытом. Под жильем подразумеваю угол, питание — из общего котла, да и от этого могу отказаться.

Гольдшмидт
Корчак

ПЕРВЫЕ ШАГИ НА ДЗЕЛЬНОЙ, 39

[*11–12 февраля 1942 года*]

Я разослал пять одинаковых писем пану председателю Чернякову, пану доктору Великовскому, Председательнице Майзель, члену совета Глюксбергу и руководителю отдела опеки Люстбергу[154].

Содержание письма

Мы спрашиваем:

1. Знаете ли вы, что дети в детском доме по адресу Дзельна, 39, живут в неотапливаемом помещении?

2. Знаете ли вы, что у детей в детском доме по адресу Дзельна, 39, нет ни обуви, ни зимней одежды?

3. Знаете ли вы, что дети в детском доме по адресу Дзельна, 39, получают на обед суп в разное время дня и в 200-граммовых кружках?

Мы спрашиваем:

1. Получив эти сведения, собираетесь ли вы по-прежнему попустительствовать и покрывать своим авторитетом безумное и преступное хозяйствование комиссара Тугендрайха и компании?

2. Собираетесь ли вы это детоубийство называть домом опеки над осиротевшими детьми?

3. Отдаете ли вы себе отчет, что хозяйствование в этом чудовищном доме пыток отравляет работу группе общественников, которые готовы взяться за оздоровление этой душегубки?

С уважением...

Письма были отправлены четвертого февраля. Вернул его только председатель Черняков с припиской:

«1. Я горжусь тем, что мне можно писать такие письма.

2. Я пригласил вас к сотрудничеству на территории Детского дома. 9. II».

Остальные на письмо не ответили.

Независимо от этого, начальнику Генделю, полковнику Шеринскому[155] и врачу полковнику Кону намерен отправить следующий запрос:

«Необходимо срочно и немедленно расследовать массовое убийство детей в интернате по адресу Дзельна, 39. Нужно всего несколько дней, чтобы заморозить до смерти голодных детей. Вот что происходит в этом сатанинском вертепе».

Письмо это я прочитал пану Рингельблюму[156], спрашивая, можно ли кликнуть клич однодневной забастовки Отдела снабжения с тем, чтобы остановить работу всех пекарен и продуктовых магазинов, пока этот жгучий вопрос не будет решен.

Через пару-тройку дней я получил повестку на заседание по вопросу Дзельной от отдела опеки Еврейского совета.

Присутствовали семеро, руководительницу патроната[157] на собрание не пригласили, то есть решили действовать составом профессионалов, на сей раз убрав общественность.

Из речи доктора Майзнера я записал следующие высказывания:

1. Интернат находится на дне пропасти.

2. Уже начинают умирать дети школьного возраста. Дети на пределе возможностей.

3. Семнадцать человек из персонала больны тифом.

4. Никого нельзя обвинять, как гласит русская пословица, *лежачего не бьют*[158].

5. Надо разгрузить интернат — разослать еще живых детей по другим учреждениям, а на Дзельной, 39, интернат закрыть.

Предложение это отвергли единогласно. Дзельную, 39, надо оставить: помочь — реорганизовать — убрать немощных и жуликоватых сотрудников.

Зачитали неумный и лживый отчет за январь следующего содержания:

(копия[159] прилагается).

Поскольку предложение доктора Майзнера отвергли, я прочитал письмо, адресованное Отделу кадров Еврейского совета, следующего содержания:

(*Копия*)

Мое заявление на должность воспитателя приняли и немедленно отправили председателю Чернякову, который отдал распоряжение господину Люстбергу приготовить две бумаги:

1. Решение о принятии Дома под опеку районной администрации.

2. Решение о принятии меня на должность воспитателя с испытательным сроком четыре недели.

Назавтра — первый осмотр детского дома.

Наблюдения

1. Авральное показушное приведение детдома в порядок. Проветривают, оттирают-отскребают, стригут детей. Печи натоплены. В кухне кипит обеденный суп.

2. Мой сопровождающий жалуется на трудности и дефицит, сожалеет, извиняется, оправдывается, пытается уклончиво отвечать на вопросы — соврал только два раза.

3. Жалобы на бюджет, запасы, недобросовестность и нечестность части персонала: плохо работают, воруют.

Один из администрации детдома, якобы больной туберкулезом, пребывает в Отвоцке[160]. Второй, после тифа, — в отпуске.

1. Пытаюсь сориентироваться в состоянии здания.

2. Пытаюсь ухватить смысл именно такого, а не иного использования зданий, этажей, комнат.

3. Присматриваюсь к детям.

Речь о мальчике по фамилии Зузель:

1. Я встретился с ним, когда он был пациентом больницы на Дворской два года назад[161], потом, после переезда, я видел его на Лешне. Десятилетний мальчик, любимец всего персонала и больных: веселый, предприимчивый, энергичный, здоровый и сильный — тип Гавроша из *Отверженных*[162].

2. Я встретил его на улице, уже воспитанником интерната на Дзельной: вялым шагом он еле волочил

ноги в сторону Смочей. Я с трудом узнал его в сегодняшнем почти старике.

3. Во время осмотра детдома его фигура была горестным доказательством того, как быстро здесь творится уничтожение детей постарше, здоровых и раньше хорошо питавшихся детей школьного возраста.

На следующее утро я перевез кровать, постельные принадлежности и мелочи в несессере на новое мое *locum*[163].

В девять вечера я обошел спальни. Термометров нет, температура такая, что я хожу в зимнем пальто и двух свитерах [и только так] холода не чувствую.

Я долго ходил по спальням.

Гробовая тишина спящих глубоким сном (оцепенелых; подавлющее меньшинство ворочается в кроватях, не в силах заснуть).

Удивительно: время от времени кто-то из детей выходит по нужде. Неудивительно, что в таких условиях ходят под себя очень много детей. Удивительно, что не все.

Как сообщили мне скромные рядовые опекуны, почти у всех детей непрекращающийся понос. Из-за этого у многих выпадение прямой кишки.

В трагическом интернате под Киевом во время гражданской войны на двести детей таких пациентов у меня было только двое — здесь же, по словам местных, их десятка два, и один ребенок умер из-за изъязвления и гангрены толстой кишки.

Господин комиссар и господа врачи либо не понимают это явление, либо скрыли его в своем отчете, хотя указали даже невинную ветрянку у нескольких детей.

Вот сижу я в гостиной административно-хозяйственного директора приюта[164] и стараюсь сформулировать свои пожелания, планирую завтрашнюю работу (важен первый шаг — от него зависит темп реформ). Время поджимает. Подтвердилось высказывание, что «интернат находится на дне пропасти, а дети — на пределе своих возможностей».

Вернее, так: корабль тонет, надо спасти детей и команду — сколько, как, кого.

Здесь я позволю себе заметить, что тонущий корабль не надраивают, чтобы принять спасательную шлюпку, что утопающих не стригут и не облачают в приятные глазу халатики.

Мелкий и характерный момент: первый человек, с которым я столкнулся уже в подворотне у каморки дворника, был какой-то индивидуум в поисках работы. Вроде бы его рекомендовал кто-то из чиновников, вроде бы друг моего старого знакомого, которого я очень уважал много лет назад, вроде бы преданный почитатель моих талантов и моей персоны.

На предложение взять его на работу я ответил вежливо, но, увы, отказом: я сам еще не получил должности штатного воспитателя, потому у меня нет никаких прав кого-либо принимать на работу, — да я и не собираюсь ни увеличивать, ни дублировать ставки, ни лишать кого-то куска хлеба и работы без явной к тому необходимости и без усиленных попыток найти у сотрудника добродетели наряду с уже известными пороками и недостатками.

Festina lente[165], неизвестный порывистый юноша. И я, согласно этой поговорке, постараюсь поспешать медленно к намеченной цели.

Программа на завтрашний день

1. Написать письмо соседу-ксендзу[166], чтобы он изволил принять участие в одном из ближайших совещаний с сотрудниками. У меня есть основания для такой, на первый взгляд, странной просьбы.

2. Напишу письмо жене пекаря X с просьбой дать белой муки, сухариков или белого хлеба для детей с диареей. (Не давать ли *bismutum subnitricum*[167] всем детям перед супом?)

3. Может быть, удастся взвесить детей (нужен поименный список, теплая комната и помощь в раздевании детей перед взвешиванием и одевании уже взвешенных; осмотр дал бы и картину состояния кожи: обморожений, изъязвлений).

4. Развесить термометры в спальнях, потому что «холодно» и «тепло» — это маловразумительно. Для здоровых и более или менее упитанных детей я бы установил абсолютный минимум температуры тринадцать градусов.

5. Первая попытка договориться с персоналом насчет приоритетов первостепенных нужд.

6. Осмотр канализации и отдушин со специалистами.

7. Поиски источников получения крови — в суп и кашу, может, в качестве второго блюда*.

8. Час — в канцелярии.

Просмотреть картотеку, книги, рапорты, отчеты, состояние склада, подвалов, счетов, поставок и поставщиков.

9. Час в так называемом «грязном боксе»: хочу увидеть картину состояния детей, в котором они попадают

* В польской кухне кровь животных и птицы используется в приготовлении многих блюд, в частности супа «чернина». — *Прим. перев.*

в приют, потому что между подобранными на улице должны быть и дети в агонии.

10. Составить речь для вечернего собрания с персоналом, чтобы довести до их сведения, что я знаю способы избавляться от неугодных свидетелей.

Пять самых распространенных способов «обездвижить» неудобных фигурантов

1. Первый: пококетничать с ними и допустить в свою банду.

2. Запугать («Мы найдем на него управу, я уже и не таких видел/видела, обращусь с жалобой туда, к такому-то и такому-то»).

3. Наслать на него всякие болячки, например, поставить на дороге что-нибудь, чтобы упал и переломал себе кости (случайно ошпарить, по неосторожности дать в глаз).

4. Опозорить и скомпрометировать, например, застать врасплох и подбить на нелепое распоряжение — неоспоримое доказательство, что трезвый ум, твердая память, чувство меры и добрая воля человека отныне под вопросом.

5. Вымотать, отвратить, вставлять палки в колеса. Пусть поймет, что овчинка выделки не стоит, что он не справится.

Предложу всем и каждому из персонала сформулировать свои пожелания и нужды (в свободной форме опросника или письма).

Письмо соседу-ксендзу

Провидение возложило на ксендза миссионерскую работу.

Прекрасная страница истории в жизни духовенства.

Францисканская Палестина — в последнее время Китай, Япония, черные и цветные людоеды.

И везде Пастырь — *in partibus infidelium*[168].

Сердечно прошу присутствовать на собрании персонала — на совете, как спасти детей от уничтожения.

Может быть, мудрый совет, может быть, горячая молитва?

Я когда-то прочел:

«Небо не склоняется к тебе, это ты на крыльях молитвы возносишься в небо».

С глубоким уважением...

Письмо жене пекаря

Добрая и милая пани. Вы слышали о несчастном детском доме на улице Дзельной, 39?

В январе умерло девяносто шесть детей.

Сегодня на Слиской, а раньше на Хлодной, а еще раньше — на Крохмальной есть двести килограммов сухариков из тех, которые пожертвовала уважаемая пани. Сколько же они принесли пользы, когда не было хлеба.

Я позволю себе нанести вам визит, чтобы попросить у вас совета (испеченный на пробу хлеб) — и попросить пожертвований для детей с расстройствами пищеварительного тракта.

Два часа ночи. Нужно спать, потому что завтра — трезвый день. А также керосин, дорогущий керосин, купленный за деньги детей (мелка, но уже кража народной собственности).

Пока писал, выкурил четырнадцать сигарет. Это много.

Странное совпадение: сегодня годовщина смерти моей матери, которая, выхаживая меня двадцать лет назад, заразилась брюшным тифом и умерла.

* * *

12 февраля

Человек стреляет, а Господь пули носит.

От холода не мог заснуть: постельное белье промерзло во время переезда; наверху я слышу топот босых ног. Это дети этажом выше поспешно бегут на горшок.

Воспоминание о зиме в деревне под Тарнополем.

Мысли о пьянице, который пропил даже перину.

Седьмой час: я бодр и энергичен. Присутствую при подъеме и мытье детей. Сколько же времени и сил пожирает в жизни показуха.

Мысль:

Парикмахер причесывает, а маникюрша украшает ногти приговоренного, который через минуту пойдет на виселицу.

Вторая мысль:

Хозяин цирка усердно дрессирует зверей, чтобы дрессированных лишить жизни.

Вместо десяти пунктов плана — визит в Министерство здравоохранения, чтобы обезвредить Санитарную колонну, которая прибыла в составе пары десятков человек с двумя врачами во главе, чтобы провести дезинфекцию, дезинсекцию и как там еще называются эти процедуры.

Результат положительный: Санитарной колонне предложили не так усердствовать, а самое важное — нам пообещали, что мы получим уголь из санитарно-технического склада.

Мысль:

Ад и так уже воцарился, Колонна принесла серу, вот еще бы смолу — тогда, может, у детей выросли бы рога, копыта и хвосты. Чертенята — они покрепче были бы.

Неоплаченный счет: в январе месяце нажгли электричества на тысячу злотых (вроде как пани доктор и старая медсестра отапливали квартиру электрическими обогревателями, говорят, что в порядке вещей было готовить на электроплитках, гладить электрическими утюгами, ну и свет, разумеется).

Точно так же дорого стоит и освещение керосином, с тех пор, как электричество отключили.

Днем спал два раза: болит голова.

[ГУСТАВУ ВЕЛИКОВСКОМУ]

[*начало марта*] *1942 года*

Уважаемый пан адвокат.

Среди многих моих недостатков как работника у меня, к сожалению, гипертрофированно критичное отношение к деятельности. Насколько в Доме сирот я более или менее знаю, кто я и что делаю, в какой роли и к какой цели я ковыляю, настолько на Дзельной я теряюсь и блуждаю.

Чаще всего я на побегушках, Каська-кариатида из романа Запольской, которой хозяйка в рекомендации написала: «у варот стаяла и глотку драла». То я та самая пресловутая, вечно недовольная тетка, которая «сидит на кушетке и обиду затаила». То превращаюсь в капризную единственную доченьку, которой то новое платьице, то игрушку, то лакомство, лишь бы она перестала дуться и хмуриться.

Уважаемый пан адвокат сам понимает, как мне неловко быть Каськой-рабыней, теткой с претензиями и девицей-подростком. Причем не по очереди, а всем сразу. Я и пансионерка — Господи помилуй!

Глотку я драл не только «у варот»; я три месяца горланю на весь квартал.

Неприятелей я себе собрал без числа, потому что никому не милы кривая рожа и вредный язык лысого брюзги.

Наконец, я на самом деле не знаю, что и почему, для чего и кто?

Я хотел быть воспитателем.

Я был наблюдателем, контролером, комиссаром, доверенным лицом. — Безусловно, большая честь и приятная награда. Но более ничего.

Линялый, мятый и больной, я стряхнул с себя сырость, холод и затхлость, и уже менее требовательный и морочащий голову Патронат.

И тут я с ужасом узнаю, что я — куратор.

Я решительно «не разрешаю». Куратором фонда был блаженной памяти Мосин[169].

Он неоднократно подчеркивал, что он «не по детям», а «по недвижимости». Коль скоро фонда нет, на кой черт куратор, должность его вакантна [...] нет, решительно нет, безусловно и безапелляционно нет.

Пан адвокат, вы мудрый человек, опытный, так что вполне компетентны, чтобы дать ответ на вопрос о том, что мне делать; меня дважды в неделю информируют [...] что не продвинулись и на миллиметр.

Света все еще нет.

Запасов угля — только на сегодня, и ни килограммом больше!

Постельное белье, нижнее белье, одежда. (Да. Занавес превратили в пеленки, на два одеяла хватило сукна со стола заседаний, а государственные флаги пошли на кофточки.)

Никого из вредителей не убрали, даже доктора Майзнера, паникера-пораженца, интригана, оппозиционера и негативиста до полного сумасшествия, но вполне вероятно, что он полезен пани Бройгес-Холеровой в клинике Берсонов или в амбулатории для бедных, но чистеньких и дезинфицированных детей. Наконец (а трудно было бы сильней стараться и просить об этом!), никто из персонала не зачислен в штат. А ведь это, казалось бы, легче всего.

Почему можно сто, но нельзя двадцать?

Кому целовать руки и пасть в ноги? Мне недавно подсказали, что одному только Гродзинскому. Не знаю. Совершенно не знаю. Ни кроши. Ни капли. Ни капелюшечки.

Гродзинский *elochejm*, Гродзинский *echod*[170].

С искренним уважением и теплыми воспоминаниями...

[О ГЛАВНОМ ДОМЕ-УБЕЖИЩЕ]

22 февраля 1942 года

Мультатули, *Макс Хавелар*

Эпиграф

Оповещение о плохих новостях — вещь неприятная, и часть плохого впечатления, которое оно вызывает, падает на того, кому пришлось выполнить эту неприятную задачу...

Отсюда в чиновничьих посланиях этот искусственный оптимизм, противоречащий истинному положению вещей...

Правительство будет благосклонно к каждому, кто его избавит от неприятных известий...

Чиновник, который присылает нерадостные отчеты, «становится назойливым»...

Когда нужда или голод выкосили сотни людей, это всегда результат неурожая, засухи, ливней, но никогда не последствия скверного управления...

Поэтому официальные отчеты в большинстве своем, притом в самых важных вопросах, — лживые[171].

Мультатули

Не стоит ли предупредить власти, что могут (!) поступить доносы на въедливого типа, который разворошил осиное гнездо?

Выводы:

1. Установление срока (1 марта, 15 марта?) правления пана комиссара; если ему что-то платят, то это нецелевая трата; если не получает — он препятствие на пути.

2. Проверить с адвокатом договор с хозяином прачечной «Ханка», который живет в неработающей прачечной и занимает ее, — он не выполняет своих обязательств и не платит аренду.

3. Пан Великовский пообещал приложить все усилия в электроцентрали, чтобы нам снова подключили свет. За электричество (вместе со штрафами) мы должны тысячу злотых за один только январь месяц. Грабительское распоряжение керосином грозит еще большими расходами за февраль (так утверждает комиссар).

4. Если из средств Совета выдаются какие-то субсидии на лечение доктору Киршбрауну, то этот жест я считаю абсолютно неуместным. Доктор Киршбраун либо симулирует болезнь, либо занемог не при исполнении своего профессионального долга.

5. Прошу наделить меня полномочиями для разделения рабочих часов в детдоме между главным врачом Майзнером и городским врачом Фридманувной[172], чтобы на месте круглосуточно был врач.

6. Адвокат Великовский выразил свое удивление, что там, где ежедневно умирает пятеро детей, на месте только два врача. Если я и отказал в помощи на этом этапе, то только потому, что в таких условиях нужен не врач, а чудотворец.

7. Следует издать распоряжение, чтобы врач и старшая медсестра освободили занимаемую ими нынче двухкомнатную квартиру и переехали на первый этаж в медицинский кабинет. Их квартира нужна детям, а медицинский кабинет в сегодняшних условиях вполне достаточное жилье.

8. Рапорты и отчеты требуется присылать не раз в месяц, а ежедневно (температура спальни, температура в комнатах дневного пребывания, часы приема пищи, количество детей в каждом из пяти (кажется) изоляторов: в коклюшном, чесоточном, тифозном, дизентерийном и еще в одном-двух; количество детей, умерших в течение суток, отправленных в больницу).

9. Необходимо проконтролировать как можно точнее угольно-коксовое хозяйство, сосредоточить в одном месте склады, их, кажется, четыре (продуктовый, патронатный, одежный, топливный, овощной, кроме всяких прочих вспомогательных).

В связи с этим необходимо внимательно просмотреть количество, стаж и границы ответственности персонала отдельных отделов.

10. Единственная надежда удержать в живых «поврежденных» детей — даже школьного возраста, — это давать им воду с сахаром, алкоголь (вино? некрепкая водка?) и рыбий жир. (Пан Люстберг торжественно обещал рыбий жир, пока сто литров — когда?)

Прошу прощения за бессвязность отчета, вернее — вступления к отчету.

С чего начать?

Может быть начать так:

Главный принцип медицины гласит: «первое правило — не навреди пациенту».

Толстой говорил о непротивлении злу.

Воспоминание: Харбин. Я «угощал» тяжелораненых и тяжелобольных при переезде из медпункта до железной дороги китайской арбой[173]. Они не хотели — предпочитали идти пешком. Когда я сам попробовал прокатиться, то признал их правоту: я слез на полдороге, поскольку растряс все кишки.

Так часто я хватался за всякие распоряжения, чтобы детям жилось получше.

Я издал только один запрет за все десять дней: запретил детям выносить накопившиеся за ночь нечистоты из ведер, черпая их маленькими ночными горшками (одно ведро течет, у двух нет дужек, у четвертого дужка надорвана и висит). Я сам вынес два ведра, до двух остальных я не смог добраться, потому что двери были заперты на ключ.

Может быть, лучше начать по-другому:

Wychowywać, «воспитывать», — значит, «ховать», прятать, укрывать от обиды и вреда, сохранять. Прекрасное выражение. Его породила необходимость прятать детей от наездов татар, казаков, литвинов, валахов и прочая, и прочая.

Русский «воспитывает» — выкармливает, питает.

Француз *éleve* — поднимает, возносит — вперед и вверх.

Итальянец *educare* — образовывает, учит, нет у него понятия «воспитывать».

Профессия воспитателя-пестуна (от слова «пестовать») — прекрасная профессия.

Слово *zawód* — профессия — имеет два значения, ведь второе — разочарование, поражение, горькое чувство, что не все пошло так, как я хотел, что я подвел, разочаровал.

Руководитель — как возница, который «водит рукой» вправо и влево, направляет. У него кнут, которым он погоняет, и вожжи, которыми удерживает.

Я высоко метил в своем заявлении: я просил должность воспитателя. Я рад, что мою просьбу услышали.

Может быть, лучше начать так:

Как и почему я сюда попал и зачем?

В акции горячих вздохов и сердечных сожалений о судьбе детей, а также ядовитых обвинений в адрес сотрудников с Дзельной участвовала также «Помощь детям-сиротам».

В ответ мы услышали: спуститесь со своего Олимпа в эту юдоль скорби и действуйте. Справедливое требование. Я счел своим долгом в отсутствие других желающих взять на свои собственные плечи это бремя выше человеческих сил.

Вот почему я здесь, а не в бурсе на Генсей[174], не на бойне пана Хенрика Кагана на Ставках[175].

Обязательство на месяц. На это время я взял отпуск в собственном детдоме, который несправедливо считается раем, оазисом, островом справедливости, как раз этим благословенным Олимпом, с которого я с таким опозданием спустился.

Может быть, правильнее начать так:

Я полагал, что персонал на Дзельной — частью герои, частью преступники. Я встретил там истории и сутенеров, и белых рабынь. К счастью для одних и для других, эти полуобморочные и полубессознательные лунатики ничего не понимают и не видят.

Может быть, так?

Опытная общественница с огромным стажем наивно спрашивает меня на четвертый или пятый день моей «работы»:

— Как это? Вы уже там, а дети все еще умирают?

Кто-то сказал:

— Ну, это дело нехитрое, если вам все стараются угодить.

Я жестко ответил:

— Я не фокусник и трюки показывать не собираюсь.

Не хочу я быть и знахарем.

Еще один вариант вступления мне подвернулся.

Сколько же сил, энергии и средств пожирают старания сохранить видимость:

1. Видимость чистоты: если другого нет, пусть будет чистая лестница и чистые халатики у чесоточных, голодных, замерзших и больных детей.

2. Видимость молочной кухни.

3. Видимость изолятора.

4. Видимость врачебного ухода.

5. Видимость воспитательского присмотра.

Или привести в самом начале список фамилий и дат:

Беру так называемую «книгу движения детей».

Порядковый номер. Фамилия и имя. Дата рождения. Дата приема. Выписки, наконец — «примечания». В примечаниях записывается красными чернилами смерть ребенка.

На каждой странице десять фамилий.

Наугад беру листы из прошлого года.

Лист 248.

Надивер Соломон, три года. Принят в июле, умер в августе.

Магель Бернард, три года. Принят в июне, умер в июле.

Ламер Якуб. Принят в июне, умер в июле.

Парнес Абрам, год. Принят в июне, умер в июле.

Шайнман Ежи, два года. Принят в июне, умер в июле.

Сафра Людвика, шесть с половиной лет. Июнь — июль.

Дезирер Якуб, год. Июнь — июль.

Вахмайстер Суламифь, год [и] шесть месяцев. Выдержала два месяца

Сапер Юдита, полгода. Июнь — июль.

Брадель Брандла. Год. То же самое.

Лист 247.

Десять детей принято, девятеро умерли. Десятого забрал отец на следующий день после поступления.

Дословно: «Шнайвайс Ежи, род. 15 апреля 1941 года, поступил 23 июня, выписан на следующий день к отцу Шмулю, улица Желязна 752 [?]/40».

Лист 246.

Приняты десять, умерли все.

Лист 245.

Восемь умерли в детдоме, один в больнице, одного забрала мать.

Лист 244.

Из десятерых девять умерли в детдоме, один в больнице.

Лист 243.

Из десятерых умерли восьмеро, одного забрала бабка, один ребенок сбежал: Цирла Ариль, три года, принятая в июне, убежала после трехмесячного пребывания.

Лист 242.

Из десятерых детей умерли девять. Возле фамилии десятого, Вайсельфиша Ицека, двенадцатилетнего мальчика, в рубрике «примечания» не было надписи красными чернилами.

Меня заинтересовал этот Вайсельфиш Ицек (может, какая-то неточность в записях?), я себе выписал на листок эту фамилию, чтобы расспросить (вообще-то я не очень надеялся, что докопаюсь до истины). Оказалось, его все знают: вор, отбирал у детей еду. Сейчас лежит в больнице с тифом.

С листа 241 умерли восемь человек.

С листа 240 умерли девятеро, десятую через неделю забрала [...]

Мне пришла в голову мысль: может, ответственный за зачистку города от бродячих собак ведет главную «книгу движения» и в рубрике «примечания» отмечает себе этих счастливчиков-собак, выкупленных хозяевами?

Может быть, такое вступление к отчету?

У меня такой план работы:

Прежде всего — чем топить: на то, чтобы уморить ребенка голодом, нужна, как ни крути, пара недель, а вот холодом — пара часов.

(Говорят, что в течение всей зимы во многих спальнях топили только от пяти до десяти раз.)

Второй вопрос: безопасность персонала. Когда немецкие войска вошли в Варшаву, я заявил на собрании, что к персоналу я собираюсь относиться, как рачительный хозяин к коровам в хлеву, если хочет, чтобы они давали молоко. За это сравнение на меня смертельно обиделась тогдашняя, Божьим попущением, псевдодиректриса: панна Мадзя[176]: нате вам, корова!

Задача солдата — стрелять. У него должны быть сапоги, теплая шинель, котел, дрова на растопку.

Шатаясь после тифа, выздоравливающие нянечки моют холодной водой и тряпкой размером с носовой платок парадную лестницу (сохранить видимость чистоты).

А может, так:

Тому есть свидетели, как доктор Киршбраун героически сказал: «Я не покину детдома, пока хоть один ребенок остается в живых».

Знамени он не отдаст.

Может быть, начать кротко?

Когда я выразил удивление, что медицинские весы нормально работают (тут не только дети «повреждены», тут и весь инвентарь переломан), я услышал в ответ:

— Так эти весы были испорчены.

Раздраженный, я бросил такой вопрос:

— Пани, вы не могли вчера высушить дрова на растопку?

И получил ответ:

— Кабы я высушила, у меня бы сейчас их уже не было.

Наконец хоть одно оправдание.

Вес детей:

Родившаяся 5 апреля 1937 года Хеля Аграфне весит 9 кило 800 граммов.

Пятилетний ребенок здесь весит, как годовалый.

Родившийся 11 февраля 1931 года Гласман неделю назад весил 19 кило.

[...]

ОТЧЕТ О ВТОРОЙ ДЕКАДЕ [В ГЛАВНОМ ДОМЕ-УБЕЖИЩЕ]

[*5? марта 1942 года*]

Вступление. Между двумя маршами парадной лестницы красуется на высоком треножнике плевательница: наконец-то удовлетворены требования гигиены.

(Если бы возле плевательницы стоял еще и горшок с каким-нибудь растением, было бы не только гигиенично, но и эстетично.)

Требования

1. Я не уверен, но мне кажется, что следовало бы поставить у ворот полицейского: a) для контроля всех входящих и выходящих; b) для контроля выносимых предметов и продуктов; c) для сопровождения хотя бы дров и угля.

NB. Это должен быть человек проверенной честности, смелый и решительный, сильный, готовый помочь.

2. Категорический запрет принимать матерей вместе с новорожденными.

Запрет принимать здоровых, хорошо упитанных и прилично одетых детей.

3. Просьба определить сумму (в границах «от — до»), на которую можно безусловно рассчитывать в указанные сроки.

4. Вопрос персонала (администраторы, нянечки, воспитательницы, уборщицы и посудомойки, практикантки, бывшие воспитанники, дети старшего возраста):

a) зарплаты,

b) питания,

c) условий работы,

d) медицинского обслуживания,

e) отпусков и выходных дней,

f) семей персонала,

g) жилья (так называемое административное здание).

Директор Люстберг, невзирая на свои обещания, пока не прислал бумаги о выселении врача и старшей медсестры из занимаемой квартиры.

Обоснование требований

1. В интернате (ранее улица Ягеллонска[177]) у ворот стоит полицейский: для защиты от назойливых чиновников полиции нравов, от скандалов родителей (а те особенно беспокойно себя ведут вблизи тюрьмы[178]), от юных бродяжек, от зачастую подкупленных временных и случайных якобы опекунов детей. Есть опасения, что разойдется слух о реформах на Дзельной, 39, под надзором «богатого американского дядюшки»[179] — тогда отчаявшиеся и преступные семьи начнут нас массово штурмовать с просьбами принять детей.

(Юридический отдел должен добраться до малин и борделей, до фабрикантов ангелочков[180] и группировок, которые руководят уличными детьми-попрошайками.)

2. Ребенок умирает, а мать остается, загрязняя и без того нечистую атмосферу, отнимает время и энергию.

3. Дела, которые раньше решались за минуты, теперь тянутся, отвлекая от нужной работы. Иногда двухдневная задержка с выплатой обещанной суммы приносит огромный материальный ущерб.

4. История персонала и зарплат во времена нахождения на балансе магистрата мне известна на протяжении последних двадцати лет.

Достаточно последнего проекта бюджета, и так уже урезанного, чтобы магистрат отказался от ответственности за приют.

Вроде бы счет за керосин в феврале составил тысячу (тысячу пятьсот?) злотых.

ОТЧЕТ О ВТОРОЙ ДЕКАДЕ (ДЗЕЛЬНА, 39)

[*март 1942 года*]

1. О себе: головные боли уже не только вечером, но и с утра.

Субботу я провожу на улице Слиской — этот день мешает запланированной работе.

В случае неудачи я не буду рассматривать эту попытку как поражение: большие трудности даже там, где существует добрая воля, традиции порядка у персонала и у детей. Там, где десятки лет существовала строжайшая конспирация и террор худшими и наихудшими совестливых, честных и работящих, трудности в докапывании до истины, а потом в осуществлении правильных шагов вырастают в геометрической прогрессии относительно количества проблем.

2. Война.

Общая деморализация заражает атмосферу интерната, затрудняя работу внутри детского дома и за его пределами.

Притупленная реакция на события и факты — забота о семье, — инстинкт самосохранения, который диктует способы спасти хотя бы себя самого.

Апатия и лень.

3. Непосредственное начальство.

Существует искреннее намерение помощи — быстрота действий.

Интернат приняла к себе Община, убрала комиссара, молниеносно добыла лечебный жир для детей.

Разъяснила и четко установила мои полномочия.

Остались только материальные трудности.

4. Попечительский совет, Патронат — остатки недоброй памяти отношений и зависимости от Отдела социальной опеки Магистрата.

Проверки, проекты реорганизации, эксперименты и попытки: временность и хрупкость решений и приказов, необходимость примириться с задачами выше человеческих сил — эти поступают по расписанию и диктуют рецепт переждать, передохнуть, обмануть и скрыть, отложить и дождаться лучших времен и условий.

Врачебный отчет

Эпидемия бушует. Смертность выкосила младшие группы на сто процентов, средние — на пятьдесят процентов, потери в старших группах пока точно определить не удается, но, судя по степени истощения детей, смертность в ближайшие недели будет очень высока.

(Интересный психологический момент: общая тенденция оперировать преувеличенными данными: например, «дети гниют». Не гниют, но пролежни размером с серебряный злотый, чесотка и грибок терзают детей. Иногда зуд бывает хуже боли.

«Нет обуви». Если дети ходят босиком, то это потому, что не переносят обувь на больных ногах.

«Умирают от холода». На всем протяжении зимы печи топили от пяти до десяти раз; дети по трое, иногда по четверо оставались в постели под тремя одеялами и перинами целыми сутками, согревая друг друга.

«Умирали от голода». Абсолютно достаточно хронического безнадежного недоедания.)

Фатальный момент — ослабление жизненного инстинкта у большинства детей: отсутствие реакции на холод и голод: обидевшийся босиком и в рубашонке сидит в неотапливаемой комнате или вообще на ступеньках лестницы. Не желая принимать невкусную еду, отказываются от нее вообще. (Дети просят «жиденькое».)

Если мы способны понять, что даже голодный не будет есть песок или толченый кирпич, чему же удивляться, что многие дети отказываются есть кашу, которая не дает им ни прибавки веса, ни сил, ни энергии.

Нужно немедленно выгрызать пожертвования везде, где только можно, и немедленно. [Молочная кухня может стать] четвертой вечерней трапезой, чтобы ночной перерыв не составлял шестнадцать часов (уже после установления расписания трех дневных трапез).

Непонятный момент: «слабеньких» детей селили в отдельной комнате, где из-за поломки печи за всю зиму ни разу не топили.

В изоляторе только два ночных горшка, постоянно переполненных или протекающих.

Вывод: прогнозирую не снижение количества детских смертей, а изменение характера смертей. Младенцев спасти невозможно, равно как и детей школьного возраста весом ниже пятнадцати-двадцати килограммов, наконец, тех, кого полиция доставляет в агонии или «с повреждениями» из-за безобразного содержания в такой степени, что весь организм или отдельные органы не способны уже лучше работать при улучшенном питании. Только рыбий жир, самый легко перевариваемый жир, дающий помутнение сыворотки крови уже через десять-пятнадцать минут после приема, дает шанс пережить критическую неделю (?).

Будет очень легко прервать смертность в приюте, если не принимать детей, обреченных на смерть, а агонизирующих отправлять в больницу.

Я хочу обратить на этот момент особое внимание, потому что до меня дошли слухи о триумфах шарлатанов и мошенников. Надо иметь мужество смотреть правде в глаза.

Отчет о воспитании

У детей духовный голод. После одной сказки про Кота в сапогах[181], на которую я осмелился на пробу, дети назойливо домогались еще, и только рыбий жир вытеснил из их аппетитов потребность в пище духовной.

На детсадовской территории у некоторых групп детей, благодаря героическим личным усилиям как некоторых воспитателей, так и детей, есть туманный контур если не достижений, то стремлений.

Дети школьного возраста в полной заброшенности, оставшись без трагически погибшей учительницы, б[лаженной] п[амяти] Рундовой, выкошенные тифом (они в больницах, откуда возвращаются, правда, живые, но буквально все зараженные чесоткой, а некоторые и грибком, — в последней стадии истощения).

Хозяйственный отчет

Отсутствие прошений касательно ремонта, инвентаря (в первую очередь кухонного), постельных принадлежностей, одежды, белья и обуви объясняю следующим.

При том хаосе, который творят сознательное вредительство по мотивам личной выгоды, немощь, халатность, а в какой-то степени — и отсутствие физических сил у лучших сотрудников, огромные средства, которые поглотили бы инвестиции и закупки, улучшили бы положение вещей максимум на пару недель. (Если склад одежды не только не знает, сколько у них белья, но и при подсчете грязного белья ошибается на четыреста килограммов на тонну, в такой склад нельзя завозить ничего нового. То же самое касается инвентаря и посуды.)

Кадровые вопросы

Тот факт, что персонал, невзирая на обещания, снова не получил зарплату за январь и февраль текущего года, очень сильно осложнил проблему.

К концу третьей декады я смогу составить неполный список сотрудников, которых нужно отправить в приют или больницу (или в кутузку?), которых нужно убрать или понизить в должности, а кому следует доверить дальнейшую работу в детдоме, улучшая условия работы и по мере возможности удовлетворяя их нужды.

ЧЕСТНОСТЬ, КОТОРАЯ НЕ РАССУЖДАЕТ

[*февраль/март 1942 года?*][182]

Это было давным-давно, во время той войны.

Я ехал в трамвае, было ужасно холодно, и была в трамвае страшная давка. Половина людей ехала без билета, потому что кондуктор не справлялся. На каждой остановке новые пассажиры входили, другие выходили.

Позади меня стоял парнишка с книгами в портфеле. Он собирался в школу. Он наседал на меня и стучал в плечо рукой, которая держала деньги за билет. Рука аж побелела от мороза.

Я ему говорю:

— Стой спокойно. Не толкайся.

А он в ответ:

— Да у меня билета нет.

Я ему говорю:

— Подожди, потом заплатишь.

А он в ответ:

— Так мне сейчас выходить!

Я ему говорю:

— Руку спрячь, отморозишь!

А он в ответ:

— Тогда пропустите меня!

И он изо всех сил толкнул меня в бок; все на него кричали, но он с поднятой рукой добрался до кондуктора, заплатил за проезд, взял билет — и только тогда опустил руку и уже двумя локтями проложил себе дорогу к выходу.

Не знаю, что это был за парень, я даже лица его не видел — видел только эту замерзшую, вытянутую вверх ручонку, запомнил его досадливый, а потом и гневный голос, когда он повторял:

— Я должен заплатить за проезд.

А потом в течение двадцати лет, всякий раз, когда я думал о людях честных и нечестных, всегда упоминал его на собраниях, воспитательных часах и лекциях:

— Это был честный человек. Его не касалось, что другие не платят, что кондуктор вообще не хотел брать у него деньги, что к кондуктору было очень трудно пробраться, что давка, что холодно. Он знал только одно: нужно заплатить за проезд; это не его деньги, он их должен отдать.

Это было давно, еще во время той войны...

А сейчас на Дзельной я видел другого ребенка: даже не знаю, мальчик это был или девочка.

И точно так же я не помню лица, не знаю имени; знаю только, что это был дошкольник.

А случилось это в спальне на Дзельной — как раз проходил через спальню, уже темнело.

Я остановился у кровати, на которой лежал ребенок. Я подумал, что ребенок болен и про него забыли. Ведь так часто бывало.

Я наклонился и вижу, что ребенок мертвый.

И как раз в этот момент входит кроха-дошкольник и кладет умершему на подушку кусок хлеба с вареньем.

— Зачем ты ему это даешь?

— Потому что это его порция.

— Но он уже умер.

— Я знаю, что умер.

— А откуда ты знаешь?

— Ну... раньше у него глаза были открыты, а из носа и рта он пускал такие пузыри. Видите, тут на подушке мокро — это его слюни. А потом он закрыл глаза и больше уже не дышал.

— Так зачем ты положил ему хлеб?

— Потому что это его порция, — сказал малыш с досадой, что я задаю ненужные вопросы, что я, большой взрослый доктор, не понимаю таких очевидных вещей: это его порция, и живой он или мертвый, он имеет право на свой хлеб с вареньем.

Мне не суждено прожить еще двадцать лет, чтобы рассказать об этом втором честнейшем из честнейших людей. Поэтому я и передаю вам на память три простых слова:

— Это его хлеб. Это его порция...

Красиво написала Рита в статье о том, как она решила не воровать. Кто прочитает, подумает: «Смелая, искренняя, разумная девочка. Если у нее сильная воля, она сдержит слово и будет жить честно. Жизнь научила ее, что путь правды — безопасный и справедливый».

Потому что Рита видела два пути. Один она оттолкнула, отбросила и выбрала другой. Так часто бывает.

Я уже много раз был свидетелем такого выбора.

Но редко, реже всего рождаются люди, которые видят только один путь... Честность не рассуждает. Настоящая честность знает только одно: это мое, а это — не мое. Я не трону того, что не мое.

Отдам ему его долю. Это мне не положено. Это положено ему. Честность не рассуждает. Она знает, раз и навсегда, и везде.

Обычный человек может сказать: дурак, лезет вон из кожи, чтобы заплатить. Кладет хлеб в рот мертвецу. Так говорят обычные люди. [...] Порядочные и разумные, но очень редко [...]

[О ПРОЕКТЕ ОТДЕЛЕНИЯ ДЛЯ УМИРАЮЩИХ ДЕТЕЙ С УЛИЦЫ]

5 марта 1942 года

Десятки мелких наблюдений доказывают, что состояние нервов у населения чудовищно ухудшается день ото дня. (Так бывало в эмиграции, в ссылках, в тюрьмах.)

Я пишу под лозунгом: не трепать нервы.

1. Не трепать нервы прохожим, свидетелям нищенского психоза и нищенской преступности, детской преступности.

2. Не трепать нервы молодым ребятам из службы порядка. Они бессистемно хватают на улицах детей и получают направление в случайные места, водят задержанного от приюта к приюту (нет мест).

3. Не трепать нервы воспитанников зрелищем умирающих детей — старческих скелетов.

4. Не трепать нервы врачам, которые сохранили чувство ответственности, но видят беспомощность собственную и местных властей.

5. Не трепать нервы многочисленным рядам лучших социальных работников.

* * *

1. Один морг для детей в одной больнице (большая светлая комната). Рядом секционная: в случае сомнений или подозрений — вскрытие.

2. Одна центральная сортировочная для «утопленников». Тут нужно решение, пытаться ли еще спасти, или только смягчать страдания предпоследнего пути (эвтаназия).

3. Отделение для самых тяжелых больных детей.

4. Карантин.

5. Эвакуационный пункт. Сюда должны сообщать о свободных местах дома опеки и воспитательные дома.

Всего шесть помещений, выделенных из больничного здания — недорогая и целевая инвестиция.

* * *

Кончается мой месяц на Дзельной. Объявляю конкурс на место ординатора отделения умирающих детей. (Бывали же тибетские врачи неизлечимых болезней.)

О ПЕРСОНАЛЕ ГЛАВНОГО ДОМА-УБЕЖИЩА

19 марта 1942 года

Когда один из чиновников Социальной опеки на открытом заседании выступил с упреком, ведь еврейские дети якобы не умирают, — я ему предложил, чтобы он обратился в Еврейскую общину, а она лояльно предложит ему сотрудничество на этом участке. Этот ответ был неправильно понят как ирония.

Когда один из чиновников пытался меня с цифрами в руках убедить, что евреев не обижают при разделе благотворительных даров, я ответил, что есть фонды и дополнительные выплаты (на руки), которыми евреи не пользуются, что фонды щедро расходуются на непродуктивные цели, что евреи получают все с опозданием, которое очень дорого обходится, а самое важное — средства для удовлетворения насущных потребностей населения находятся в ненадлежащих руках.

Он справедливо заметил, что такое творится не только с евреями. Позорные предвоенные времена и никчемные тогдашние взаимоотношения. Преступность готовилась к прыжку.

Смерть выхватывала свои первые жертвы. Улицы были еще чистыми, гнили коридоры и дворы квартала, тоже не только еврейские.

Были честные чиновники, которые, видя и зная, бесправно и беспомощно дрожали от страха за свои кресла и свои семьи, за свои близкие уже пенсии и свою хорошую репутацию у сильных мира сего.

Со всхлипом выдавил из себя поседевший на работе сотрудник социальной опеки:

— Сделали из меня скупердяя, потому что я могу предотвратить подлость.

В первую неделю войны сенатор Седлецкий[183] совершил самоубийство. Светлая ему память.

Война. Сбежали крысы, что похитрее, притаились хищные насекомые и беспомощные, тупые, голодные плаксы.

Моя наивная декларация: я распорядился на Крохмальной, 92, о мобилизации персонала, объявил военное положение, а дезертирам пригрозил моральной смертью.

Каждое наше еженедельное собрание выглядело, как военный совет.

Так уцелели персонал Дома сирот и его имущество.

Тот и этот — герои, все дисциплинированные рядовые. Легко установить, кто есть кто в рядах персонала. Один погиб[184].

Молодежь и дети получили обязанности, общее дело, общий котел, общие заботы и суровую дисциплину.

Совсем иначе Главный дом-убежище. Сразу же, сначала день за днем, потом месяц за месяцем, росла дезорганизация. Доморощенные эксперименты, головоломные цели, бравурное разрушение, конвульсии недоношенных замыслов — в целом ожидание пришествия Мессии или зловещей кометы, вестницы конца света.

Стоглавый персонал (а с семьями — несколько сот человек), вымирающие дети, холод, голод, инфекции.

Таким приняла Главный дом-убежище Община, таким в конце зимы застал его я.

Подвалы и склады пусты, восемьсот кило гниющих остатков белья и одежды.

Добрые намерения Патроната, остатки Совета, который «должен спасать не детей, а фонд». Глухонемые распорядители.

Доктор Киршбраун выехал поправлять здоровье в Отвоцк, доктор Майзнер на официальном собрании в Общине подает заявление с просьбой закрыть приют, хозяйственник Эпстейн[185] болен тифом, пани доктор водит жалом — куда бы сбежать, старшая медсестра сортирует детей на тяжелых, самых тяжелых, в агонии и умерших, а серое братство моет коридоры, комнаты, даже лестницы.

На передний план выставили плевательницу.

Персонал

В больницах с тифом или после тифа. Один в ознобе, другой завшивел, третий плохо себя чувствует. Какие-то призраки блуждают.

Время своего пребывания в тюрьме на Дзельной (рядышком) вспоминаю с умилением.

Мнение общественности (голосование пятнадцати человек разных мировоззрений и темпераментов).

[НЕИЗВЕСТНОЙ АДРЕСАТКЕ]

23 марта 1942 года

Уважаемая пани!

Вам, но не пану Носсигу[186], я приношу свои извинения за те несколько слов правды, которые я сказал этому злобному и вредному карлику в справедливом гневе.

Я отвечаю за жизнь и здоровье горстки сирот, которые, по счастью, сами не ведают, как трагически их обидела судьба.

Есть дети, у которых вымерла вся семья: родители, братья и сестры.

Вот мать в приступе безумия сводит счеты с жизнью, там отец убит или призван в армию и не вернулся. Дети, которые несколько дней прожили с разлагающимися трупами или засыпанные руинами домов. Ребенок, у которого при взрыве погибли все родственники, а ему выжгло глаз. Из Франкфурта, из Лодзи, из десятков сожженных местечек. А что такое пожар в деревянных домах, вы, дочь культурного Запада, знать не можете.

Я несколько раз просил, чтобы на те короткие зимние недели моим детям и тем, кто еще несчастнее, кого мы из-за отсутствия мест не можем принять, пан Носсиг выделил одну комнату на пару часов в день под игровую комнату и читальню.

Нет. Ему милее была пустая зала, отремонтированная за тысячи кровавых злотых, отобранных у неимущих.

Я сказал:

— Божья кара.

Если уважаемая пани имеет хоть какое-то влияние на этого безумного и бессовестного старика, объясните ему — я верю, что вы разумный и добрый человек, — объясните ему, что Божья кара коснулась пока только его грешных салонов, но не замедлит добраться и до него самого.

Называя вас разумным и добрым человеком, я всего лишь повторяю общее мнение о вас.

Еще раз приношу свои извинения за то, что после годичного молчания, вырванный из постели ночью, да еще и больной, я не сдержался и высказал то, что наболело.

Под конец добавлю, что в моей жизни это уже четвертая война и третья революция. Обидные слова бросил старику старик, получивший тяжкий опыт в жизни. Война одних учит и закаляет, других делает злобными и развращенными дураками. Должно быть, пана Носсига жизнь баловала и пестовала, а сегодня он не может даже читать по слогам в жестокой школе жизни.

С глубоким уважением

P. S. Это письмо я писал ночью. Сейчас — новая мысль, продиктованная, невзирая ни на что, желанием примирения.

Нечистая совесть не позволила пану Носсигу посетить наш этаж. Может быть, его заинтересует пара способных мальчиков? Они хорошо рисуют. Может быть, часовой урок, может быть, помощь в их усилиях?

Сделать из врага друга. Слишком прекрасно, потому не верится. Но ведь мы читали роман о Маленьком Лорде, который из эгоиста и мизантропа сделал хорошего человека[187].

Повторю еще раз: слишком прекрасно, чтобы в это поверить.

[АБРАМУ ГЕПНЕРУ]

25 марта 1942 года

Уважаемый господин председатель и дорогой Абрам Гепнер (как вам было бы приятнее).

Я не знаю, правильно ли было, что я, казалось бы, совсем одинокий человек, совершенно отделился от семьи и близких, чтобы они не мешали мне работать и не путали мне линию поведения.

С чувством величайшего уважения я вспоминаю одну из наших воспитательниц. Когда началась война, она откровенно сказала: «У меня старая мать, больной муж и дочка, которая нас содержит. Сейчас я должна позаботиться о них. Я вернусь к вам после войны». Она ни разу не была ни на одном из наших собраний, ни разу не посетила Дом сирот, хотя жила по соседству.

Не знаю, правильно ли было, что во имя других принципов я равнодушно (?) смотрел на то, как вымирали мои близкие, как два года сражалась с судьбой сестра, единственная и последняя моя память, мое воспоминание из детских лет. Она одна на земле называет меня по имени. Если она пережила зиму, то не мне она этим обязана.

Как я отношусь к пожеланию в прошении, я предоставляю догадаться вам самому. От себя только добавлю, что она — педантичный чиновник и всегда готова охотно отказаться от личных выгод ради благого дела. Она постоянно проявляла эти свои качества в щекотливых делах своих клиентов.

(Бывало, что в поисках технического термина на иностранном языке она звонила людям и в организации, совершала походы в библиотеки и различные ассоциации. Зарубежные фирмы обращались к ней с прейскурантами, договорами и сметами. Почти накануне войны она переводила пропагандистскую брошюру «Интуриста»[188].)

Многие ценности сегодня не находят применения — однако они характеризуют личность работника: она не обманет вашего доверия, в этом я уверен; в противном случае я бы отказал в рекомендательном письме, как отказывал многим другим: назойливым, навязчивым, наглым, небрежным и неуверенным.

С искренней преданностью и уважением.

[ГЕРШУ КАЛИШЕРУ]

25 марта 1942 года[189]

Дорогой Гарри!

Я чувствую, что ты на меня обиделся. Ты неверно судишь, что, мол, остыло мое дружеское к тебе отношение. Может, и Ружичка думает, что я изменился, а ты даже не знаешь почему.

Вы оба неправы — вы мне так же близки и дороги, как и раньше. В моем возрасте друзья ценятся еще больше — они уходят, их все меньше, вокруг болезненная пустота; новых друзей не прибавляется.

Изменилось твое отношение ко мне, и дружба наша теперь иная, но она отнюдь не меньше.

Только теперь ты стал другим: ты вырос, посерьезнел, обрел духовное мужество.

Как описать твой прежний взгляд на жизнь? Она тебя развлекала. Была смешной, и люди тоже были смешными.

Комизм есть даже в подлости, даже в преступлениях.

Интересующийся жизнью и людьми, наблюдательный, критичный, деятельный и общительный, ты видел многое и многих, резко и проницательно; ты реагировал живо и с невольным юмором. Тебе прощали, многое позволяли, может, даже провоцировали:

ты был им нужен, как острая приправа к пресной, как ни крути, жвачке. Честолюбивый озорник, ты многое себе позволял. Тебе доставляло удовольствие, что тебя боятся, но вместе с тем охотно с тобой видятся, кривясь и смеясь одновременно.

Ты избегал всего, что причиняет резкую боль, — свою силу ты видел в том, что было признаком слабости, отсутствием стойкости и закаленности.

Внезапно ты посмотрел трезвым взглядом и заметил, что творится вокруг; ты проснулся от мальчишеского сна; продолжать защищаться и открещиваться от правды, жестокой правды ты мог бы только ценой трусости и нечестности. А ты смел и правдив.

Был момент, когда, сохраняя еще внешнюю видимость черт капризного мальчика и вредного безумца, ты стал мужчиной, который понимает и собственную солидарную ответственность.

Нищий перестал быть комичным, а подлец — потешным. Капризы и легкая критика стали для тебя недостойным поиском легкого ответа на общий вопрос: что делать? Что должны делать мы — ты и Ружичка, я и другие близкие люди?

Это можно было бы назвать внезапным укором совести и желанием эту совесть разбудить.

Работа твоя невелика в сравнении с тем, что предстоит сделать и что ты сам хотел быть совершить, но это большая работа перед лицом того, что отложено в долгий ящик, что собирает жатву смерти и безмерных страданий.

Считай свою работу экзаменом и ступенькой лестницы. Не пытайся прыгнуть выше головы прежде времени.

Прежде чем опустится занавес, понадобятся твои молодость, сила и энергия. Тебе недолго ждать нового призыва и новых задач.

Правда ведь, я могу рассчитывать на тебя и на вас как на очень близких и умудренных опытом соратников?

По-мужски и по-солдатски жму руки тебе и Ружичке.

[НЕИЗВЕСТНОЙ ДЕВОЧКЕ]

25 марта 1942 года

Дорогая Хадаска!

Три воспоминания.

Я был очень молодым врачом в больнице. Ночью мать принесла задыхающегося ребенка. Умоляла оказать ей помощь, дать уход. Я обещал. Не спал несколько ночей, которые провел у кроватки больной девочки. Она выздоровела.

Забирая домой единственную дочурку, мать благодарила и благословляла меня.

— Как мне благодарить вас? Я приглашу вас на ее свадьбу.

— Я приеду даже с другого конца света.

Было много других матерей и семей. Ни одна не сдержала слова. Уходили одни дети, приходили другие. Летели года. Много сил утекло в тяжкую работу жизни.

Война — революции — эпидемия — жестокая русская зима.

Мне поручили четыре интерната для детей, заблудившихся на фронте и выселенных из своих домов, — [интернатов,] размещенных в халупах и виллах под Киевом.

Мой рабочий день продолжался шестнадцать часов. В темноте, бредя по колено в снегу, я два раза обходил свой участок. Закапывал капли в гноящиеся глаза, мазал йодом чесоточную кожу, перевязывал язвы и гнойники. Голодал.

Голодали дети. Ничего, кроме сушеной рыбы, а дрова мы крали в лесу с мальчиками. Лесник стрелял в нас дробью, как в ворон, — еще буржуазный лесник в уже коммунистическом лесу.

Я тайком купил буханку хлеба и ел его ночью в темноте, как вор. Я прятался и скрывался.

Мне стыдно было честно сказать:

— Я не смогу — голод мой не может перешагнуть определенной границы. Мне нужны силы.

Воспоминание из прошлогоднего лета.

Я остановился у киоска выпить газировки. Не успел я взять налитый стакан, как с обеих сторон выросли не руки, а какие-то хищные когти.

— А тринк[190], пить.

Я бросил двадцать грошей и оставил стакан. Я испытывал не сочувствие, а омерзение и страх.

Дорогая Хадаска. Я хочу оставить тебе урок и мысль одного из моих наставников и ваятеля душ. Вацлав Налковский — великий ученый, щедрый общественник, неустрашимый боец, стойкий и упрямый, упрямый и грозный для врагов прогресса, — Вацлав Налковский написал:

«Не следует слишком расточительно разбрасываться жизнями отдельных личностей во имя общих целей; личность чувствующая и мыслящая — это слишком дорогой материал»[191].

Да, милая Хадаска, ты имеешь полное право играть и веселиться, имеешь право на удобную кровать, ванну и чистое белье, на пирожное и веселые мысли и на приятные сны в ночи.

Я пишу об этом и подтверждаю твое право, потому что твои близкие исповедуют другой принцип: меньше всего для себя, все для других.

Если бы так называемое общество не было таким прожорливым и хищным, этот принцип был бы нелегким, но допустимым. Так, как есть, — он становится вредным и угрожающим.

Спрячь этот листок, а когда ты его найдешь, прочитав, согласишься, что сердце не всегда право, что не всегда можно ему безопасно доверить собственную судьбу.

С приветом.

ГЛАС МОИСЕЯ... ГЛАС ЗЕМЛИ ОБЕТОВАННОЙ... (РАЗМЫШЛЕНИЯ В ПЕСАХ)

[*март 1942?*] [192]

Существует ли? Есть ли она? Существует ли она на свете?

Есть ли она или ее нет?

Я хочу знать, что такое свобода и что такое неволя.

Существует ли моя воля, есть моя «вольная воля», свободная воля? Я вольный человек или невольник?

Существует ли обетованная Земля свободы, или всегда и везде — только горький хлеб и кнут надсмотрщика, который велит, а я должен; а я не хочу, но должен? Могу ли я быть хозяином собственной жизни, моей собственной жизни, моего воздуха, которым дышу, моей воды, которую пью, хлеба, который ем, даже кнута, который меня ранит?

Должен ли невольник быть несчастным? Разве не может у него быть веселых часов? Разве у свободного человека все дни его жизни должны быть плохими, грустными, горькими?

Я невольник, и у меня есть свой хозяин. Он мне приказывает, а я должен слушаться и делать так, как он хочет.

Мой хозяин может быть добр, мой хозяин сегодня может быть весел, может, я нравлюсь моему хозяину, может, его приказы мягкие, а задания легкие? Может быть, он даже позволяет мне не делать того, что он велит, а иногда даже спрашивает, хочу ли я сделать так или этак?

Может быть, это даже удобнее — иметь кого-то, кто скажет, что мне делать, потому что тогда можно не думать: я ведь и сам часто не знаю, хочу или не хочу, чего хочу, чего не хочу, что мне делать сейчас и сегодня?

Я хочу быть невольником у хозяина, который меня любит и награждает, который весел и даже не держит кнута.

Мой хозяин редко бьет или даже никогда не бьет, он только сердится и временами только гневно кричит. Или даже никогда на меня не кричит, потому что он меня любит. Иногда только нахмурит лоб и скривится или сердито посмотрит на меня.

Я веселый и счастливый невольник, которому хорошо.

Один смеется в неволе, а другой на свободе плачет, потому что он грустен и несчастлив.

И вот я слышу глас Моисея:

— Я требую, чтобы ты хотел, приказываю тебе хотеть быть свободным человеком. Иди за мной. Я приведу тебя в обетованную Землю свободы. Жизнь невольника — нищая и подлая. Жизнь в страхе, жизнь в презрении, жизнь в труде не на благо мое и моих братьев, но в бессмысленном труде строительства пирамиды для фараона, самого сильного владыки над всеми владыками страны. Пирамида из камня, гордая гробница, которая стоять будет вечно и не даст забыть, что жил-был хозяин, которого все должны были слушаться.

Из этих камней можно было построить целый город домов, которые защищали бы от хлада ночного и жара дневного, ветра и жгучего песка пустыни нас и наших детей и внуков.

Нет. Целый народ невольников должен работать на один труп, чтобы мир его помнил.

Моисей не обещал народу, что он сможет без труда и без боли есть вкусный хлеб и пить сладкое вино, а соком плодов утолять жажду. Земля Обетованная Моисея — это путешествие далекое и трудное, это блуждания и поиск, это лагерь и палатки в пустыне — это приказ только одного царя и господина; господин и царь этот не требует ни златого престола, ни мраморного дворца, ни острого меча, ни смиренных молитв или земных поклонов, ни жертв, никакой работы ради своего собственного удобства или гордыни.

Там, в пустыне, на высокой горе, на обычном камне, он тебе скажет: есть у тебя только я один, а жить и работать ты должен для себя и братьев твоих.

Один только дар тебе, награда и плата: седьмой день недели, день мира и отдыха, суббота для сердца твоего, рук и мыслей.

Свободная мысль свободного дня. И звезды над тобой на небесах.

Не убивай.

Не кради.

Требуй только того, что твое по справедливости. Не желай права, добра, собственности брата твоего.

Для меня, Господа твоего, нет ни иудея, ни египтянина, нет ни властителей, ни царей, ни слуг и подданных.

Чти отца своего и матерь свою, ибо ты сам собственный отец и мать, ибо ты сам себе хозяин и творец.

Мысль — твоя, дух — твой, голос — твой, приказ — твой и Бог — твой.

Уважай и слушай только самого себя. Ты — Человек.

Бог создал двух первых свободных людей и дал им рай. А они совершили грех невольников.

Спасенный от потопа Ной согрешил, а сын его смеялся над отцом.

Ад Содома не сумел выжечь грех.

Смешение и безумие языков и народов не научило хотеть только того, на что смертные имеют право.

Вот вам Ковчег, который понесете[193], а в нем тоска по Земле Обетованной — не радости и счастья, не игр и смеха и сытости, но свободного труда и свободной борьбы, свободной жизни свободного человека.

Невольник ищет хозяина и властителя приказов, наказаний, наград и платы, чтобы ему ее дали, дали из милости.

Человек свободный ищет приказа, а за его выполнение — платы, ищет сам в себе, сам себе дает и платит, сам награждает и назначает наказания, и благодарит Бога за чистую и свободную жизнь, радующийся чистой и свободной совести.

[ГЛАВНОМУ ДОМУ-УБЕЖИЩУ]

2 апреля 1942 года

Вельможной пани
доктору Наталии Зандовой

Пишу друзьям с улицы Дзельной...

Сегодня уже второй вечер седера. Я должен был прийти к вам на этот вечер, но не могу. Поэтому пишу, чтобы вы знали, что я вас помню и желаю всех благ. От всего сердца хочу, чтобы приближающееся лето стало для вас хорошим.

Но прийти не могу, потому что я стар, устал, слаб и болен.

Вчера днем я был у вас, было собрание, на котором мы советовались, что делать, чтобы вы были здоровы, чтобы у каждого была собственная кровать, чтобы вам было не хуже, чем в других интернатах.

Когда я возвращался домой, лил дождь. Я уже был простужен. Я устал, потому что шел долго; я хотел лечь в постель, но у нас были гости, приглашенные на седер, так что, хотя у меня болела голова, болели спина, и ноги, и руки, и кашель замучил, я не мог лечь и делал вид, что здоров и весел, чтобы детям и гостям не было неприятно. Я снова устал, а ночью не отдохнул.

Знаете, как плохо бывает, когда что-то болит, когда человек с трудом встает и ходит. Когда ему холодно, его знобит, когда мучает кашель.

Неприятно быть старым. Но что поделать? Так должно быть, и этому ничем не поможешь. И самое лучшее место для старика и его спасение — это полежать, почитать себе, подумать о хороших людях, о том, что на свете будет еще лучше, и люди станут лучше.

Никто не будет ничего отбирать у других, никто не будет никого бить и никто никому не будет докучать.

Может быть, будущий седер мы проведем вместе? Я очень этого хочу.

Может быть, через год мы будет жить поближе друг к другу? Это было бы удобно. Потому что сейчас с Дзельной на Сенну — это очень далеко.

Пока что все должно быть так, как есть. Но и в этом году я могу и сейчас передать вам мои самые добрые пожелания и вспоминать о совместно проведенном месяце еще темной и суровой зимы.

Передаю вам самый горячий привет, мои дорогие. Живите, будьте здоровы и веселы. Этого вам от всего сердца желает...

ОРГАНИЗАЦИИ САМОПОМОЩИ РАБОТНИКОВ АПТЕЧНОГО ОТДЕЛА ЕВРЕЙСКОГО СОВЕТА

9 апреля 1942 года

В Организацию самопомощи
Аптечного отдела Еврейского совета

Уважаемые господа!

Сердечным товарищем в не вполне легальной и не вполне безопасной работе последних студенческих лет был в нашей группе аптекарь. Во время его ночных дежурств на Медовой[194], в диспутах и планах, столь же прекрасных, сколь и невыполнимых, мы формировали людей нового мира.

Позже союзником и щедрым покровителем культурных начинаний серой журналистской братии тоже был аптекарь, кроткий, добрый, внимательный, умный, — старый Климпель на углу Пружной и Маршалковской[195].

Так было сорок лет назад.

Еще позже — бескорыстный работник родственной точки, Заменгоф, тихий сын великого отца[196].

Вот такие воспоминания.

А сколько мелких и драгоценных услуг, помощи всякий раз, когда я ее просил, уроков и пояснений, когда мне были непонятны состав, доза, действие каких-нибудь лекарств!

Скромность и осторожная рассудительность — ваши профессиональные достоинства, в то время как шумная самоуверенность и халатная рискованность столь часто бывают пороками профессионального врача.

Я бы от всей души хотел проводить долгие спокойные часы в душевной компании. Так нужен человеку этот покой, и так его не хватает.

К сожалению, этот остаток сил и энергии я должен бережливо расходовать на повседневные задачи и действия.

От всего сердца желаю успеха вашему мероприятию. Скромный дополнительный взнос в виде серебряной монеты в два злотых должен свидетельствовать, что я хотел бы кроме обычной платы за входной билет внести толику благородного металла.

С глубоким уважением...

[О ПРОЕКТЕ «РЕБЕНОК И ПОЛИЦИЯ»]

13 апреля 1942 года

10 апреля текущего года по просьбе Инспекции Главного управления службы порядка я представил проект решения вопроса «Дети улицы».

От скорейшего решения этого вопроса зависит санация Главного дома-убежища, который не может (а именно это и делает) ежедневно принимать значительное количество детей, направляемых туда полицией, Отделом опеки Еврейского совета, даже организацией CENTOS [197].

Ребенок и полиция

Суровая речь в годину грозной действительности.

Понятно и быстро — экономия энергии и средств.

Без грязных клише; болтовня — бесстыдство, мерзость и никчемность.

1. Главное управление должно потребовать, чтобы Отдел медицинских стационаров установил, какой больнице по дороге (угол Лешно и Желязной?) вменить в неукоснительную обязанность принимать все трупы детей и агонизирующих детей — в любое время дня и ночи.

2. Главное управление должно создать специальный детский отдел.

3. Нет правил и инструкций, где содержались бы существенные указания в отношении детей.

4. В программе курсов подготовки сотрудников должна быть тема «ребенок», причем не в последнюю очередь, не после других «существенно важных» вопросов.

5. В каждом случае преступления по отношению к ребенку Главное управление должно приложить все силы, чтобы найти виновного и виновных и без всякой жалости и ложного стыда передавать их судебным инстанциям.

(Не думаю, чтобы плакат с фамилиями расстрелянных преступников замарал традицию отношения еврейского общества к ребенку.)

Необходимость немедленных действий требует следующего:

1. Чтобы каждый дворник по дому был обязан незамедлительно доставлять ребенка по указанному адресу. Домовый комитет[198] имеет право требовать возмещения расходов на перевозку ребенка.

2. Чтобы дежурный, патруль, наконец, каждый милиционер располагали одним адресом, где направленного ребенка обязаны принять.

3. Чтобы для детей, направляемых в поздние вечерние часы, в каждом комиссариате существовал хотя бы угол (кроватка), хоть на лестничной клетке или в вестибюле, где прибывший ребенок может провести ночь, хоть бы и на полу.

4. Чтобы в аптечке или в ящике в коробке лежало снотворное с инструкцией к применению.

5. Чтобы жилец-сосед обязан был дать кружку горячей воды, а если ее нет — хотя бы холодной из-под крана для того, кто хочет пить.

Дети, которых Служба порядка встречает на улице или к кому ее вызывают во дворы и частные квартиры:

1. Младенцы и дети старше года, которые еще не умеют ходить.

2. Дети, которые в силу увечья, отсутствия сил или несчастного случая, болезни или глубокой умственной отсталости не могут сами ходить и должны быть отвезены в больницу или приют.

3. Дети, которые не хотят, чтобы их доставили к месту назначения, и при задержании своим криком или поведением собирают толпу.

4. Дети подброшенные, заблудившиеся или приведенные случайными взрослыми, к тому же в поздние вечерние или ночные часы, с той целью, чтобы вынудить предоставить детям первый ночлег без мытья и дезинсекции одежды.

5. Дети постарше и молодежь, задержанные в месте совершения незаконных или преступных действий.

6. Дети и молодежь, которых в Службу порядка передает польская полиция, жандармерия или жертвы нападения.

7. Дети, в отношении которых можно установить или существует подозрение, что они являются объектом эксплуатации, что их принуждают к попрошайничеству и к уголовным преступлениям.

8. Несовершеннолетние проститутки.

9. Несовершеннолетние сумасшедшие.

10. Трупы детей на улицах и в общественных местах.

ДВА ГРОБА (НА СМОЧЕЙ И НА СЛИСКОЙ)

[*зима 1941/42 гг.*]

Когда я хожу по улицам, я всегда смотрю под ноги, чтобы не упасть и не удариться. Потому что сломанные кости у стариков срастаются с трудом. Поэтому я его не увидел; может быть, я его и заметил и на секунду подумал: «Какой красивый мальчик!» Может быть, именно так я и подумал, а через минуту о нем забыл.

Ему пятнадцать лет, может, четырнадцать, может, шестнадцать. Люди говорят: «Пятнадцать весен прожил». Так говорят потому, что молодые годы — солнечные, когда цветут красочные цветы мечтаний, даже тогда, когда дома плохо и людям вообще плохо. Теплые весенние года, пятнадцать цветистых, солнечных, счастливых, молодых лет — и яркие, как весенние бабочки, мечты. Много таких мальчиков и девочек ходят по улицам, красивых и ярких, и чистых даже в грязных лохмотьях.

Если я даже и заметил этого мальчика, проходя мимо, я ничего о нем не знал; не знал, жива ли его мать, есть ли у него мать, да и отец, не знал, где его отец и мать, потому что людей сейчас раскидало, один здесь — другой там; даже малых детей, а что уж говорить о таком большом мальчике в пятнадцатой весне его жизни.

И вот, пожалуйста: недавно, очень морозным днем, на улице Смочей я увидел его, можно сказать, в первый раз.

Вы же знаете улицу Смочей. Она всегда была такой. Столько людей — толкаются, спешат, ссорятся и торгуются, кричат, расхваливают кто что продает: этот картошку, тот папиросы, третий — одежду, четвертый — конфеты.

А красивый мальчик тихо, очень тихо, тишайше лежал на снегу, лежал на белом, лежал на чистом белом снегу.

Рядом с ним стояла мать и раз за разом повторяла: «Люди, спасите». Это наверняка была его мать. Только эти два слова, и она не кричала — повторяла она громким шепотом, только это и ничего больше:

— Люди, спасите, люди, спасите.

А люди проходили мимо, никто его не спасал; люди не делали ничего плохого, потому что ему спасение уже не требовалось.

Лежит тихий и такой кроткий и спокойный, такой светлый на белом снегу.

Рот у него приоткрыт, словно он улыбается. Я не заметил, какого цвета у него губы, но, наверное, розовые. И зубы белые.

И глаза у него приоткрыты, а в одном глазу, в самой зенице, — маленькая искорка, наверное, звездочка, самая маленькая из наименьших, светится звездочка.

— Люди, спасите, люди, спасите.

А теперь второй гроб; кажется, дело было в субботу. Даже наверняка в субботу. Этот гроб должны были видеть все, кто шел к родным [...][199] по левому тротуару нашей улицы Сliской.

Ребенок — маленький ребенок, может быть, трехлетний! Я видел только его ступни, крошечные пальчики ног.

Ребенок лежал у стены, завернутый в бумагу. Тоже на снегу. Я не заметил, не помню, серая это была бумага или черная. Знаю только, что эта черная или серая бумага была очень старательно, очень заботливо, очень нежно, очень точно и ровно — снизу, сбоку и сверху — была перевязана веревкой.

Только эти пальчики маленькой ножки.

Кто-то, прежде чем вынести и положить на снег, старательно перевязал этот маленький узелок, этот детский сверточек.

Понятно, что это мать.

Понятно, что дома у нее не было ни бумаги, ни веревки. Она зашла в магазин и купила их.

Только это я знаю, больше ничего. Разве что расскажу, как мать этого ребенка рожала, как страдала, истекала красной кровью, потом кормила белым молоком — грудью кормила, белым, сладким, теплым молоком своей груди.

Вы, наверное, хотите знать, почему я пишу об этом маленьком ребенке, когда столько других умерших взрослых, мужчин и женщин, молодых и старых, я видел в подворотнях и около стен на стольких разных улицах квартала, где живые люди носят на правой руке повязку с голубым щитом Давида.

Так вот, мать этот свой сверток, эту свою посылку [...] ровно, старательно и заботливо перевязывала веревкой.

Бумага была грубая, именно такую называют упаковочной. Как же она позволила пяти крохотным пальчикам и маленькой ступне до щиколотки торчать из бумаги? Она ведь не могла этого не заметить.

Значит, это было сделано умышленно.

Ну да.

Но почему?

Нелегко было маленький клубочек так упаковать в бумагу, чтобы все было ровно и гладко, и только одно это...

Я вам скажу, если хотите.

Мать боялась, что прохожий может подумать, что кто-то бросил, потерял или положил что-то темное, или оставил на минутку в спешке, чтобы вернуться и снова взять под мышку и унести куда надо. Так могло быть. Людям сейчас трудно рассуждать разумно: они спешат, потому что благотворительная кухня выдает суп только до определенного часа, а в разных конторах нужно долго стоять в очереди.

Могло случиться именно это, так мог подумать прохожий. Да и он — он тоже мог в спешке не подумать, а проходя, бездумно, чтобы убедиться, что в бумаге нет ничего ценного, что может пригодиться, чтобы не наклоняться без нужды, мог этот бумажный сверток пнуть: твердый он или мягкий, может, там можно чем-нибудь поживиться.

Вот этого мать не хотела — поэтому оставила эту босую ножку, чтобы люди видели, что нет ни ботиночек, ни чулочков, что нечего взять.

Поэтому она так поступила со своим умершим ребенком, со своей крохоткой. Потому что больно, когда кто-то пинает то, что ты любишь. А люди сейчас и нетерпеливы, и рассеянны, и часто говорят совсем не то, что хотят сказать, и делают совсем не то, что хотят, а то, что просто подвернулось. Ведь даже сны — и те бывают бессмысленными, странными какими-то и перепутанными.

БЮРО СОВЕТОВ

[*апрель 1942 года*]

Пишет в своем дневнике Монюсь. Пишет так:

«Иногда я думаю и задаю себе вопрос, как так получилось, что у меня нет дежурства по поливу растений в горшках. Ведь у меня было такое дежурство, и я хорошо выполнял свои обязанности, но я не знаю, как потерял его».

Такой мелкий вопрос, такая маленькая несправедливость, может быть, всего лишь недоразумение.

Другой бы решил этот вопрос. Ходил бы туда и сюда, спрашивал одних и других, просил, скулил и поднял бы шум.

Но Монюсь Фрайбергер не любит надоедать. И целый месяц, то есть тридцать раз, он не мог делать то, что любит и умеет делать. А к тому же он сам не знает и терзается, и спрашивает себя самого:

— Это моя вина? Может, это моя вина? Почему так получилось?

И, глядя каждый день в календарь, считает, сколько дней осталось до мая, и мечтает отгадать, вернут ли ему его дежурство.

Монюсь пишет в дневнике:

«Я задаю себе вопрос».

Ну да: он спрашивает себя, потому что кто захочет разговаривать с ним о такой мелкой и неважной вещи.

А к воспитателям стыдится подойти, не хочет никому голову морочить, потому что знает, что воспитатели не всегда охотно отвечают на вопросы.

У воспитателей времени нет.

О-о-о, вот именно: у персонала нет времени на то, что не является проступком, потерей, нарушением правил, а всего лишь — тихое желание мальчика или девочки.

Я это сейчас пишу в среду. Я вернулся домой в пять и хочу пану Генеку дать статью в газету.

Я иду в свой изолятор, а там лежат Лоня, и Ханечка, и Фелюня. А на столе стоят три обеда.

Я вспомнил, как тихо и приятно дежурить возле клозета. На дежурстве — Леон. Я ему и говорю:

— Иди в сад, я тебя подменю.

Он обрадовался, сказал «Спасибо!» и побежал. А я взял доску подложить под тетрадь, стул и тетрадь, сижу пишу.

И думаю:

«Тут можно спокойно писать».

И вдруг, может, минут через десять, возвращается Леон. Спрашиваю почему, а он ничего не отвечает.

Я подумал, что, может, пани Саба[200] вмешалась и что-то ему сказала. Потому что сотрудники часто вмешиваются в то, чего не знают и не понимают. Им кажется, что они делают добро, а на самом деле только вносят путаницу и причиняют неприятности.

Но Леон говорит, что нет, не пани Саба.

— Может быть, ты в саду с кем-то поссорился?

— Нет.

— Тогда почему ты вернулся?

Тут Леон начинает плакать.

Он пошел было в сад, но вдруг ему стукнуло в голову, что он, может быть, плохо сделал, что согласился уйти, может, нужно было отказаться.

Стало быть, и тут, как у Монюся, горесть невеликая, но горесть в теплый и солнечный день.

Немного таких дней в году в польском климате.

Люди говорят:

— Хорошо вашим детям: у них всегда на лицах улыбка.

Это и правда, и неправда.

Даже до войны, много лет назад, я задал написать работу на тему:

«Десять моих горестей».

Были такие, которые написали мало, но были и такие, кто написал по двадцать и по пятьдесят горестей.

Были горести, о которых я и раньше знал, а именно:

«Первая моя горесть — это то, что у меня нет ни папы, ни мамы. Вторая — что мне плохо живется. Третья, что мне хотелось бы иметь братика или сестричку. Четвертая — это школа. Пятая — что моя кровать стоит тут, а за столом я сижу там. Кое-кто меня задирает. Кто-то из воспитателей ко мне придирается. Мне не дали пальто. Я плохо отдежурил. У меня отобрали то-то и то-то».

Именно поэтому возникли в Доме сирот суд, нотариат, смена столов, нулевой стол, карточки на дежурство, газета, календарь и опека[201].

И понемногу, помаленьку упорядочивалась наша жизнь.

Но не все можно было решить. Есть вопросы, но недостаточно закона для всех, нужен добрый совет для одного.

Вот именно.

Я ставил разные эксперименты.

Я ввел пари[202].

Какое-то время очень многие дети писали дневники.

Уже после войны я поставил другой эксперимент: я повесил книжечку, куда записывались те, кто хотел со мной поговорить.

Эти разговоры иногда проходили в моей комнате между спальнями, иногда — в магазинчике или в классе, иногда в субботу, прежде чем дети расходились по семьям, иногда вечером.

Но не получилось.

Одни докучали мне каждый день, другие стеснялись записаться. Иногда у меня не было времени. И что хуже всего: я не мог ничего с этим поделать.

Препятствия и помехи были разные, но самым большим препятствием было то, что мало кто просил совета, — просили только помощи.

А если можно было кому-то дать письмо или сделать что-то для одной семьи, то немедленно каждый из них попробовал бы получить хоть какую-то помощь, а некоторые просто выклянчили бы ее.

Хуже всего было то, что все думали: если сотрудники захотят, они могут все.

Среди проблем бывали и такие, что кто-то хотел исправиться, но не знал, как это сделать. Он пытался сам, но ничего не получалось. Иногда кто-то так запутается или досадит кому-то, что перестает нравиться прочим и не знает, что делать.

У поляков есть исповедь. Они идут к ксендзу, говорят, что натворили, ксендз наложит епитимью: читать такие-то молитвы, извиниться или вернуть что-то.

И это помогает.

Хасиды часто ездили к цадикам[203] с просьбой дать совет. У кого были проблемы, тот писал их на листке, и раввин советовал, что делать.

Я уже говорил на общем собрании, как пан Блайман[204] помогал нам не деньгами, а добрым советом.

Может быть, получится наш новый эксперимент, чтобы Адась основал такое бюро советов. Одному посоветовал бы подать на кого-то (или на себя самого) в суд, второму — подать заявление, третьему — писать дневник или заключить пари на что-нибудь, или сменить дежурство.

У мальчиков одни проблемы, у девочек — другие, у маленьких — третьи, у старших — четвертые. Разные проблемы у спокойных и озорников.

Адась один со всем не справится. Ему необходима помощь других. Как это сделать, в каких вопросах и в каких экспериментах, мы узнаем только позже.

Но если это и не получится, никакого позора в этом нет. Потому что это трудно, труднее всего, самое трудное.

Если у меня за тридцать лет не получилось, это не означает, что [...]

БЮРО СОВЕТОВ И НОВЕНЬКИЕ

[*апрель/ май 1942 года*]

Они пришли в изолятор со своими откровениями: Беня, Эли и свидетель Моисей. У них важные вопросы, и они хотят исправиться.

Я видел, что это какое-то запутанное старое дело, поэтому до обеда мы не успеем. И видел, что у Бени чудовищно грязная после стрижки голова. Поэтому я взял их бумаги, взял мыло и вымыл Бене голову, потом еще подровнял машинкой и еще раз вымыл и протер спиртом. И тут дали звонок на обед.

Съел я щи, кашу и мясо и хотел, чтобы меня взяли добровольным помощником резать медовик[205]. Но они не захотели. Не знаю почему. Они-то хотели, чтобы я чистил свеклу. Тут уж я не захотел, потому что это занятие не по мне.

Уже после обеда, на свежую голову и с новыми силами, я прочитал эти листочки. Трудно было понять, что к чему, потому что листочки были помяты и перекручены.

Дело номер 98 938. Пишет Беня:

«Один раз, где-то в середине февраля, я, Эли и Моисей Штокман пошли в синагогу, и там стали говорить о разных кухнях в приютах, о том, что большинство директоров тибрит (ворует), а потом [я] спросил Эли: “Ну, а у нас как? Пани Ружа[206] тоже что-нибудь тащит?”

Тогда Эли сказал: “Может быть”.

Тут я спрашиваю Моисея: “Ну, а ты как думаешь?”

Он сказал: “Не знаю, но мне так кажется”.

Я считаю, что Эли виноват, потому что он должен был мне сказать, как есть на самом деле, а не говорить всякие “может быть”. А откуда мне было знать, когда я прожил тут всего дней двенадцать или пятнадцать. Конечно, сегодня, когда я уже знаю организацию Дома сирот, я так совсем не думаю. Да я и не говорил ничего такого, я просто спросил».

Пишет Эли: то же самое дело номер 98 938.

Эли пишет:

«Раз в синагоге мы начали говорить о кухнях. И тут вдруг Беня говорит, что пани Ружа наверняка потаскивает со склада, потому что Ромця ест такие вкусные вещи. Я говорю: “Наверняка нет, она просто меняет тот хлеб, что по карточкам, на белый, потому что Ромця маленькая, она же не может есть тот хлеб, который по карточкам”. Беня: “Но она и тибрит, наверное, тоже, а?” Эли: “Может, но наверняка нет, потому что я один раз слышал, как пани Ружа, чуть не плача, говорила пану Ромеку из магазинчика, что она работает за кусок хлеба и отвечает за хозяйство”. Беня мне сказал, чтобы я никому об этом не говорил, потому что ему тогда влетит. Я и говорю: “Хорошо”. Моисей, который все это слышал, может быть свидетелем».

Моисей сбидетельствует:

«Это правда, что Эли говорит, потому что пани Ружа меняет хлеб по карточкам на белый для Ромци. Эли говорит правду, а Беня клевещет, что пани Ружа ворует. И сказал, что если про него это расскажут, то ему придется уйти из Дома сирот и он умрет с голоду».

Дальше в показаниях новая ссора о том, что один хотел откупиться, а второй не хотел, что это было не в феврале, а позже, что этот требовал, а тот грозил и что Моисей пишет под диктовку Эли, что очень выгодно знать чужие тайны, потому что их можно разбалтывать или ими шантажировать.

Последний абзац был таким:

«Я подумал, что мне это уже надоело: пусть уж раз и навсегда все закончится, ну, накажут меня один раз, и я уже не буду день и ночь бояться, что он все про меня разболтает. А когда я попросил его про это дело забыть, он мне сказал: "Да удавись ты!"»

Это дело и смешное, и грустное.

Смешно, потому что впервые такая длительная ссора без драки. Ссоры без драки у мальчиков редко бывают. А уж писать они совершенно не любят. Предпочитают драться, потому что с этим меньше возни и все быстрее заканчивается.

Смешно, потому что все началось в синагоге, где люди молятся, а не говорят о кухнях и о еде. У нас только Фишель засранец — вместо того чтобы приходить на молитву, приходит искать ссоры.

Смешон и страх Бени, потому что каждый новичок имеет право смотреть, что происходит и как ведется хозяйство, он может сравнить, как хозяйничают здесь, а как — в других местах. Мы никого не боимся и никому не запрещаем смотреть или говорить громко и прямо, а не по секрету. Настоящим ворам только того и надо, чтобы все было шито-крыто, по секрету и на ушко.

Но эта история еще и грустная. Грустно, что директора и работники кухонь часто нечестные и непорядочные люди, причем не только кухонь, но и приютов, и бурс. Грустно, что об этом знают и говорят и взрослые, и молодые, и маленькие, и ничего не делается, чтобы этой пакости не было.

А самое печальное то, что честные и порядочные люди часто не могут получить работу, а если наконец устраиваются работать, то им не платят.

— А что нам делать, если дома голод, а мы ничего не можем купить, потому что у нас нет ни гроша, потому что нам должны за полгода, а то и за год!

— Я не был попрошайкой, — говорит один.

— Я не был грязным и вшивым.

— Я не был вором.

И льются жалобы и воспоминания из давних лет, когда тоже были бедные и богатые, честные и нечестные, работящие и ленивые, но тот, кто хотел честно заработать на семью и детей, — тот мог это делать.

Много зла принесла война и человеческой плоти, и совести.

И много зла видят юные глаза.

И много горечи в их сердцах и речах.

Если бы мальчики пришли со своей тайной в Бюро советов, им сразу бы все объяснили. Не нужно было бы ни ссориться, ни бояться, ни сердиться, ни думать столько недель подряд о скверных и грустных вещах.

Если у кого-то есть тайна, пусть смело придет с ней в Бюро советов, потому что и так все откроется, но будет слишком поздно. Именно так получилось с матерью Салюни. Так было с историей Амуся, который живет в нищете из-за глупой бабки и сумасшедшей матери.

А мошенничества матери Михала лишили жизни и ее, и его.

Даже во время войны лучше идти прямой дорогой. Лучше, потому что она безопасная и трудна только в самом начале.

КАК Я БУДУ ЖИТЬ ПОСЛЕ ВОЙНЫ

[*1940–1942?*]

Дневники пишут человек пятнадцать. Я знаю, что писать хотят и другие. И знаю, что им это принесло бы облегчение и пользу. И знаю, что они стыдятся и не знают, как начать.

Впрочем, почти все, кто начинал писать, не знали и искали свой путь.

Один начинал с описания, что он делал в течение дня. Потом спрашивал, может ли он писать, о чем ему думалось.

Другой начинал с воспоминаний своих довоенных лет или с месяца осады Варшавы. Третий писал о детях, товарищах, обо всем доме, но о себе очень мало или вообще ничего.

Один только написал, что он будет делать после войны.

Мне кажется, что не все верят, что война закончится. Те, кто помладше, даже плохо помнят, как проходила жизнь.

И не очень верят, что они вырастут, что на самом деле будут такими, как панна Ружа или пан Фелек. Странно: пан Фелек был мальчиком, играл в игры, ходил в третий класс, был в харцерском отряде, его стригли и мыли ему голову.

А ведь хорошо было бы иногда подумать не только о том, что было, но и о том, что будет.

В разговорах часто слышится, что этот будет зарабатывать, тот хочет быть слесарем или электротехником.

Наверняка они думают еще больше, только стесняются сказать.

Раньше я задавал вопрос: ты доволен, что родился на свет? Сколько ты хочешь иметь детей, когда женишься; как ты их назовешь; ты предпочтешь быть богатым или ученым и прославленным?

И мне кажется, что было приятно именно на эту тему начать писать дневник.

Что я буду делать после войны. Хочу ли я жить в Польше или уехать, и куда уехать: в деревню или в город, в большой город или маленький городишко? Сколько я хочу зарабатывать в день, какой будет моя квартира, мой домик, двор, садик?

Буду ли я работать на заводе или на себя, в магазине или в мастерской, в конторе или только дома?

Какой будет моя будущая семья? Хочу ли я жить один, или с женой, или, может, с сестрой, с братом, с другом?

Женюсь ли я? Долго ли буду ждать, прежде чем выберу жену? И какой она должна быть: моей ровесницей, старше или моложе меня?

Хочу ли я быть богатым и насколько богатым? Сразу ли я разбогатею или буду собирать злотый за злотым? Что я куплю сначала, а что потом, или, может, все сразу?

Что я буду есть, как буду одеваться? Сколько у меня будет костюмов, какие они будут? Что я буду читать и как проводить часы отдыха после работы?

Каким тогда будет мой пятничный вечер и день субботний?

Какой я хотел бы видеть судьбу моих братьев и сестер, если они у меня есть, матери или тетки, которые еще будут живы?

Хочу ли я, чтобы все это случилось как можно скорее, сразу, или же я предпочту терпеливо ждать год за годом, лето за летом и зиму за зимой?

Как будет проводить лето моя семья, буду ли я приходить в гости в Дом сирот, стану ли писать письма друзьям, которые будут жить вдали от меня?

Когда мне будет лучше всего: когда мне будет двадцать, или тридцать, или сорок лет?

С какими трудностями придется мне бороться в жизни? Хочу ли я приключений, или лучше жить спокойно, не меняя ни квартиру, ни соседей, ни образа жизни?

Такие мысли о жизни один строит как план, другой — как мечту.

Мечта интереснее, но план — это то, что наверняка воплотится в жизнь.

Потому что я вырасту, потому что я же должен стать, наконец, взрослым; я же буду работать и зарабатывать. Я же должен буду что-то покупать, где-то жить, во что-то одеваться.

В детском саду в Киеве[207] учительница задала написать маленькое сочинение: «Кем я хочу стать, когда вырасту».

Один мальчик написал:

«Я хочу быть волшебником».

Над ним начали смеяться, но он рассудительно ответил:

— Я знаю, что мне не стать волшебником, но ведь пани учительница велела написать, кем я хочу быть.

ПОЧЕМУ ОНИ МОЛЯТСЯ?

[*1940–1942?*]

Когда собрались все мальчики, которые записались на ежедневную молитву, я их спросил, почему они молятся, почему приходят на молитву. Это было давно, поэтому я не помню точно, а тетрадь, куда я записывал ответы, пропала.

Ответы были примерно такие:

Первый сказал:

— Почему бы мне не молиться? Я же еврей.

Второй сказал:

— До завтрака мне нечего делать в спальне, а в классе тепло и светло.

Третий ответил:

— А я хочу получить открытку на память о двухстах восьмидесяти совместных молитвах[208]. Мне не хватает только сорока.

Четвертый сказал так:

— Приятель во дворе мне говорил, что если кто не молится, то к нему придет ночью дух, посадит его в мешок, завяжет и задушит. Вот я и боюсь: а вдруг это правда...

— Меня мамуля просила, — сказал пятый.

А шестой сказал так:

— Когда я в субботу прихожу домой, дедушка меня всегда спрашивает, набожные ли дети в Доме сирот и молятся ли они. Если бы я сказал ему, что нет, ему было бы неприятно, а я же не буду ему врать.

Седьмой ответил так:

— Когда отец зимой умер, мне не хотелось утром вставать и идти в синагогу. Но один раз мне приснился отец и начал меня стыдить: «Когда я был жив и работал для тебя, я не выбирал погоду. В дождь и мороз, часто в ночи, даже когда я уже был болен, я вставал с постели, если знал, что можно заработать. А тебе лень прочитать по мне кадиш». Я проснулся и обещал, что буду молиться.

— Пан Хоина[209] много лет ежедневно приходил на молитву. У него был набожный опекун, который велел ему приходить молиться, а потом пан Хоина уже привык. Я помню, как стояли рядом маленький Хоина и его большой опекун, и они вместе молились по одному молитвеннику.

Девятый рассуждал так:

— Я каждый день утром одеваюсь, моюсь, завтракаю, учусь в школе и играю с товарищами. Почему бы еще и не помолиться? Есть люди, которые говорят, что Бога нет; но откуда им знать, они что, такие умные? Кто-то же должен был все это создать. Значит, это и был Бог.

Десятый коротко ответил:

— Поляки молятся и ходят в свои костелы, стало быть, и евреи должны быть не хуже.

Одиннадцатый высказался:

— Если еврей не молится, то за этот его грех наказывают всех евреев. Поэтому мы болеем заразными болезнями, поэтому есть бедные и разные несчастья, потому что много евреев не молится. А я не хочу, чтобы еще и из-за меня страдали.

Двенадцатый рассказал о своем воспоминании о хедере.

— Ребе учил нас в хедере[210], что евреи сильно страдали за то, что молились. Их убивали, жгли синагоги, отбирали сидуры и бросали в грязь или в огонь, приказывали им в праздники ходить в костелы, не позволяли работать или ходить по городу. Каждый еврей спешил на пятничный вечер, иногда ему приходилось идти через лес, где были бандиты и волки. Ребе говорил, что молились все мои дедушки и бабушки, поэтому стыдно, когда лентяй не хочет идти даже в класс, который рядышком и где ему ничего не угрожает и не мешает.

Тринадцатый объяснял так:

— Когда у меня неприятности или когда я поссорился с товарищем, я молюсь, потому что мне приятно, что я могу рассказать Богу, как было, что товарищ неправ. Когда я так думаю во время молитвы, то мне не так больно от несправедливости или наказания.

Четырнадцатый заявил:

— Я заметил, что, когда я прихожу на молитву, мне легче исправляться, легче стараться. Тогда у меня мало замечаний, на меня мало сердятся. И я не делаю ничего плохого ни дома, ни в школе. Молитва очень помогает.

Пятнадцатый сказал:

— Когда я болен, или что-то у меня болит, или дома случится что-то плохое — мама или брат заболеют, или заработков нет, или хозяин надоедает претензиями, или другой квартирант, — мне неприятно. А так я помолюсь и попрошу, и уже не тревожусь, и потом мне хорошо.

Шестнадцатый поделился:

— Я и сам не знаю, почему прихожу на молитву. Я молюсь, потому что молюсь. Я вообще не задумывался почему. Когда вспомню, я вам напишу и положу в почтовый ящик.

Семнадцатый сказал:

— Когда я молюсь, то вспоминаю дом, как раньше бывало. Я всегда в субботу ходил с отцом в синагогу. Тут, в Доме сирот, тоже есть пятничный ужин, но все по-другому. Мне тут неплохо, но, когда я был дома, я сам больше любил и меня больше любили. Никто меня не называл подлизой или неженкой. В Доме сирот мне тоже дают конфеты, но тогда их приносил папа и дразнил меня, что мне их не даст, а даст маме и сам съест. Это было смешно, ведь я знал, что это шутка. Дома в субботу был чолнт. Дома все по-другому.

Когда он так говорил, предыдущий мальчик и перебил:

— О, я понял. Именно так! И я точно так же, как он. Молитва — это как если бы в будний день зашел домой, к семье. Я молюсь и вспоминаю это, и это, и это — все, как было дома.

Тогда на молитву приходило много девочек. Одну даже прозвали «ребицин»[211].

Ее любили, поэтому особенно не дразнили, а она не сердилась.

Она была постарше и ходила на работу — училась то ли делать зонтики, то ли шить перчатки, то ли еще что-то. Она не могла прийти в другой день, поэтому вошла в класс вместе с мальчиками.

(А я говорил, что, когда все вместе, это слишком много народу, поэтому сегодня мальчики, а девочки — завтра.)

И она сказала так:

— В нашем коридоре живет польская семья. Они хорошо относятся к евреям, всегда одалживают денег мамуле, когда ей нужно.

И она сказала, что у евреев плохо, что девочки могут не молиться, а ведь именно им молитва нужнее, потому что они больше времени проводят дома и с детьми.

Регинка подытожила так:

— Это не Господь Бог так сделал, что молитва мальчиков важнее. Это раввины выдумали, потому что они сами мальчики. У поляков все молятся вместе, а у евреев это так выглядит, словно мы у Бога чем-то хуже.

Когда Регинка закончила свою речь, мальчики ничего не сказали.

И девочки и дальше приходили на молитву.

Кажется, именно Регинка сказала:

— Если нет отца, приятно знать, что Бог — отец всем, значит, и мне тоже.

Молитву не нужно понимать, ведь ее можно только чувствовать.

Я хотел еще спросить других, почему они не молятся, но тут начались школьные занятия, политика — и все изменилось.

ДВА МОИХ СТРАННЫХ СНА

[*апрель 1942 года*]

Я заснул. — Сплю, сплю... Сначала мне ничего не снилось. Я только чувствовал, что я еду, или лечу, или плыву, или бегу. Что я не в кровати, не в доме на Сliской, не в Варшаве, не в Гоцлавеке. Я в деревне, но в далекой, неведомой стране, где я никогда прежде не был.

Я понимаю, что страна эта далекая и чужая, потому что деревья другие, высокие и зеленые, у нас таких нет, и трава, которой у нас нет, и хаты по-другому сложены, и люди иначе одеты.

Я как раз вхожу во двор, и меня гостеприимно приветствует хозяин.

А я не знаю ни как я сюда попал, ни зачем я тут. Я смутился. А он себя так ведет, словно меня знает. И говорит:

— Я как раз собирался коров доить, но, раз у нас гость, моя дочка коров подоит. Она уже взрослая.

И продолжает:

— Да-да. Я уже не так молод. Правда, я рано женился, но мне уже шестьдесят лет. У меня внуки есть, которые ходят в школу. Даже один правнук есть. Я прадедушка.

И говорит:

— Я всегда жил спокойно. Не работал через силу. Голодным не ходил. Ни разу ни один врач меня не обследовал. Никаких лекарств я не принимал. Ни с кем не ссорился и никогда еще не был в суде. Хата у меня светлая, луг мой пахнет цветами, а коровы дают хорошее жирное молоко. Сад приносит сладкие плоды, из которых я варю варенье. Я вовремя плачу налоги и каждый день благодарю Бога, что он дал мне этот счастливый край, добрых соотечественников, плодородную землю, веселое солнце и здоровых детей.

Он замолчал, посмотрел на меня и спросил:

— Вы родились в Польше, вы католик?

— Нет, я польский еврей.

— И у нас тоже живут польские евреи. Я знаю пару человек, а один — мой друг. Вместе мы ходили в школу, за одной партой сидели, вместе летом купались в реке, а зимой катали друг друга на санках и катались на коньках. У него в Польше остались брат и сестра. Они живут в Варшаве. Правда, что Варшава в Польше? Правда, что у вас война?

Бедняга волнуется, давно уже не получал писем. А там, говорят, война и голод. Я бы хотел послать вашим детям джем, сыр и колбасу. Но, говорят, нельзя. Почта, говорят, наши посылки отбирает. Почта — это мудрое изобретение. Например, у вас чего-то нет, а у нас есть — мы можем вам прислать за небольшую плату. Или [...] могу посоветовать или помочь.

— Почта — это умная штука, — повторил он. — Почта — хорошая вещь. Почта — прекрасное изобретение. Только злые люди мешают — вам и нам — понять друг друга, любить и поддерживать.

Он вздохнул... А потом пригласил:

— Входи в мою хату, съедим-выпьем, что Бог послал.

Мы уже собирались сесть за стол, я уже видел белый хлеб на столе, масло, сыр, колбасу и кувшин молока, когда проснулся.

Я был очень сердит. Даже во сне не судьба съесть вкусный довоенный ужин. Ну, ничего не поделаешь. Я немного полежал и снова заснул. И снова я еду, плыву, или бегу, или лечу на крыльях...

На сей раз дорога длится дольше. Я в очень далекой стране, неведомо где, совершенно не похожей на те страны, которые я знал.

Я на какой-то широкой дороге. Вижу море. Очень жарко. Странно одетые люди идут и едут на телегах, запряженных парой лошадей, и на слонах. Да-да, на слонах.

Я спрашиваю:

— Что это за страна?

— Индия.

Да, Индия. Край очень далекий, жаркий, старый, древний край. Одни говорят, что дикая страна, другие — что вовсе не дикая, только совершенно иная, и поэтому кажется нам странной.

И вот ко мне приближается красивый старец с большой седой бородой, добрыми глазами и челом мудреца.

Мне показалось, что я его знаю, что я его раньше видел.

Ну, конечно: это Рабиндранат Тагор. Его фотографию я много раз видел в книгах великого индийского поэта и мыслителя и в разных журналах.

И случилось странное, как часто случается в снах.

Рабиндранат Тагор пригласил меня в школу[212].

— У вас тоже есть школа, — сказал он. — В вашей школе работает учительницей и моя ученица — панна Эстерка. Правда?

— Так и есть.

— Это хорошо. Если это вас не слишком затруднит, я передам для нее небольшую книжечку. Как раз в нашем городе строили почту. Это было новое и красивое здание. Поэтому я написал пьесу про почту для своих мальчиков, а если панна Эстерка захочет, пусть и ваши мальчики ее поставят. А я к вам приеду на представление.

— Это невозможно, — сказал я.

А он кротко улыбнулся и сказал:

— Вы меня не увидите, но я буду с вами. Да спросите хотя бы йогов.

Я снова проснулся.

Через несколько дней пришла посылка из Копенгагена с сыром, колбасой и вареньем, а панна Эстерка поставила на праздник спектакль *Почта*.

Какими странными были эти два моих сна...

ОДНО И ТО ЖЕ МОЖЕТ БЫТЬ И ХОРОШИМ, И ПЛОХИМ

[*1940–1942?*]

Нечто может быть приятным, хорошим и полезным, если это делает кто-то, но становится очень неприятным, вредным и плохим, если это делает кто-то другой.

Игра как таковая может быть приятной и полезной для здоровья, но есть и мерзкие, и вредные игры.

Прогулка может быть приятной, а можно сделать из нее непосильную и мучительную обязанность.

Много лет назад один идиот, воспитатель с Вольской, 18[213], устраивал марш-броски, построив детей парами, по раскаленному песку в летнем лагере в Гоцлавеке. Мальчики натирали ноги, задыхались от пыли, их жгли солнце и жажда, а он бил и драл за уши, если пары шли, не соблюдая дистанцию, если кто-то шел не так, как он хотел, потому что он видел нечто подобное в армии. Он не понимал, кретин, что задача армии — война, что в армии служат взрослые и здоровые люди, что армия — это обязанность нести суровую службу, а не приятная прогулка.

Точно так же с чистотой и порядком. Принудительное мытье до пояса в холодной умывальной, в толчее, где дети вытираются одним для всех полотенцем, потому что именно так там и было, провоцирует болезнь, а не защищает от нее, изничтожает кожу, а не закаляет, вызывает чесотку на раздраженной коже, а все это вместе вызывает страх и отвращение, желание избежать чистоты, которая на самом деле очень желательна и нужна.

Тот же хам, желая принудить дежурных тщательно мыть полы, выливал несколько ведер ледяной воды и при открытых окнах зимой приказывал собирать воду с пола гнилой тряпкой, в которую вода не впитывалась. Ответом на эти пытки были потрескавшаяся кожа на руках и отмороженные пальцы.

Школа может быть приятным местом, но дурак или садист может сделать ее мерзейшей. В такой школе скука и мучение, леность и отупение даже тех, которые школу любили, хотели учиться, пробовали думать и долго защищали и себя, и школу.

Я помню шестилетнюю Эрну, веселую, милую, любящую порядок, умную и покладистую. Все лето она даже во сне видела школу и мечтала, что станет ученицей, как старшая сестра Фрида и брат Вальтер.

Я с грустью наблюдал на протяжении всего учебного года, как Эрна глупела со дня на день, перестала играть в куклы даже по воскресеньям, сказки уже не хотела слушать и стала непослушной, сварливой и злобной.

Учителем ее класса был какой-то старый маньяк, злобный и хамский, который собирал крышки от бутылок — бумажные от лекарств, металлические от пива, маленькие и [...]. Он бил детей, если они не приносили ему подарки в его придурочную коллекцию. Каким-то образом он прознал, что квартирантом у родителей Эрны был я, и требовал от малышки крышек с надписями на русском и татарском языках, от сибирских бутылок, [и,] не знаю почему, даже от турецких и китайских. Я писал даже знакомым в Варшаве, но польские крышки у него, к сожалению, уже были.

Пение так прекрасно! Но разве не существует неприличных песен, разве не мучительно драть глотку, фальшивить и резать ухо, особенно людям музыкальным, которые пение любят. Что сделали из рисунка бесстыжие мерзавцы, бездумные барчуки и хулиганы из школы графики?[214]

Брак должен быть прекрасным и счастливым, но как же часто он становится адом, если муж — пьяница, картежник, лентяй, садист, или жена — «шлох»[215] и спускает деньги на тряпки, делает долги, деньги тратит не на еду для детей и мужа, а на дорогие шмотки, парикмахера и духи, на угощение для своих гостей, которые приходят ее объедать.

Ребенок может быть радостью и благословением, а может стать болью, стыдом и проклятием.

Деньги дают одному свободу, здоровье, разум, и те же самые деньги другому несут рабство, глупость, приносят болезнь. Богатый жмот и эгоист, которого все ненавидят, или трус, который всю жизнь трепещет от страха, что его ограбят, убьют, чтобы ограбить, хитростью выманят то, что дает ему его выгодное дело.

Даже молитва может стать плохой и противной, если кто-то желает людям зла и молится, чтобы Бог навлек на них несчастье; если кто-то просит о прощении, но даже не думает исправиться. Есть люди, что молятся о деньгах или о пирожном, из страха перед кнутом, или чтобы подлизаться. Вот так святая молитва становится грешной.

Вкусно и полезно масло, но не жирное пятно в тетради или книге. Суп — в тарелке, но не на одежде;

чернила — в чернильнице, но не на полу и не на пальцах. Расческа — в сумочке, а не под подушкой.

Прошу совета, что делать. Не знаю. Поэтому прошу совета. Есть одна вещь в Доме сирот, она могла бы стать интересной, приятной, полезной, но, увы, все обстоит иначе.

Это меня огорчает, это неприятно всем нашим порядочным, разумным и тактичным людям.

У нас есть своя газета. Иногда она приносит неприятности, но справедливые, только некоторым и только тогда, когда это нужно. Не всем может быть приятно то, что должно быть полезно. [...]

МАТЬ ДУМАЕТ, ДУМАЕТ — И НЕ ЗНАЕТ

[*1940–1942?*]

В четверг я был в трех местах, чтобы проверить прошения о приеме детей. Я разговаривал с семьями, выпытывал, почему они хотят отдать детей, внимательно смотрел, в каком состоянии квартиры и какая в них мебель.

И именно так сложилось, что мне было очень жаль детей, а вот взрослые меня очень рассердили.

Почему они лгут? Почему они так глупо лгут?

Почему они так бесстыдно лгут и учат лгать маленьких детей?

Разве они не знают, что их ложь не поможет, а навредит ребенку?

Если они и могли бы нас обмануть, а мы бы им простили это дурацкое вранье, то ребенок им не простит и будет о них думать: «Лгуны, мошенники, обманщики».

Разные есть дети, разные есть семьи. Одни дети мечтают выбраться из дому, хотят больше не видеть этих теть, дедушек, папочек своих, хотят не слышать больше их ссор и их болтовни, их мошенничеств.

Другие дети с обидой и только потому, что должны и не могут иначе, приходят сюда, но тоскуют по дому.

На улице Марианской встретил мать с девочкой, они шли медленно и печально, не разговаривая друг с другом.

Я еще два года назад и год назад советовал, чтобы девочка приходила к нам в полуинтернат или даже совсем поселилась бы у нас.

Мать — за.

— У тебя будут подружки, школа, игры и книжки. Будет своя кровать, голодать не будешь.

Девочка не хочет, потому что:

— Что ты будешь дома одна делать?

И был я у семьи действительно богатой. Богатые родственники добрые, они помогают. У них ничего не украли, ничего у них не сгорело. Они как раз варили суп, а на столе лежали готовые котлеты.

— Это не моя квартира, — врет мать.

— Тут ничего моего нет, — врет мать.

— Я ничего не зарабатываю, — и тут врет.

— Я больна.

Здорова, как бык.

Она спрашивает, когда ребенка примут. Говорю, что не знаю, что ей придется подождать. А сам думаю, что грех отбирать это место у ребенка, которому оно на самом деле нужно.

Хитрюга догадалась, что я написал правду, а не то вранье, которым она меня потчевала. Поэтому в прихожей загородила от меня дверь, чтобы я не мог выйти, и говорит:

— Ну куда вы так спешите, отдохните немножко. У меня был магазин, я уж знаю, как дела делаются.

— А какие такие дела вы со мной собираетесь делать?

— Я же вижу, что вы мне будете палки в колеса вставлять. Я же понимаю, что все хотят заработать.

Сколько это будет стоить? Вы не бойтесь, все останется между нами.

Для нее отдать ребенка — это сделка: словно свинью или курицу продает.

Но есть и другие матери.

Есть много хороших матерей. Они не знают, что делать: думают, думают — и не знают.

Они думают:

«Вот я отдам ребенка в интернат. А вдруг там к нему будут приставать, наказывать или угрожать, что с ним сделают то-то и то-то. Столько детей. Среди них есть хорошие, но есть и вредные. А ребенок не захочет меня огорчать, не пожалуется, ничего не скажет, скроет. А если заболеет? А вдруг какой-нибудь несчастный случай?»

И сразу же думает по-другому:

«Но что будет, если я заболею, если потеряю жилье, работу, если мне уже нечего будет продать. Сейчас место, может, и есть, а потом не найдется».

Мать думает:

«Они умные. Они умные, хотят забрать моего ребенка, он ведь уже подрощенный. Теперь с ним легко и приятно, возни с ним немного, он даже и помочь уже может. Они умные. Если бы мой ребенок был маленьким, или больным, или глупым, или нечестным, они бы за него не держались. Берут на пробу и только добротный товар. Им-то, поди, выгодная сделка, а они притворяются, что меня облагодетельствовали. Почему? Кабы они взяли у меня десять злотых или кило мяса, выдали бы мне расписку и поблагодарили. А им человека отдаю, дитя мое, которое мне стоило столько труда и бессонных ночей, и мыслей, и тревог».

А потом мать думает по-другому:

«Мой ребенок займет место какого-нибудь другого ребенка. А ведь моему ребенку все-таки есть где спать и что кушать. А другой ребенок ждет, а у того ребенка никого нет, и ему никто не подаст даже капли воды из-под крана, даже кусочка хлеба».

В другой раз думает:

«Может, не стоит, может, война скоро кончится?»

И бедная мать или молится, чтобы Бог дал ей добрый совет, или советуется с кем-нибудь из родных, или с нянькой, или с соседкой, или с ребенком.

— Что делать? Ты сам чего хочешь? Что ты об этом думаешь? Ты уже большой (или большая) и все понимаешь. А что говорит твоя подружка, которая там живет?

И мать, которая хочет добра своему ребенку, думает, думает, думает — и не знает, как быть.

А мы говорим:

— Капризничает. Сама не знает, чего хочет. Видимо, не все у нее так плохо. Может, не так ей все это и нужно. Потому что мы тоже думаем сейчас так, потом этак. Хотим, чтобы все было хорошо, но не знаем, как и не можем знать.

ПАНИ ВОСЯ

[*1940–1942?*]

Пани Воланьская[216] умерла.

Пани Восю помнят старшие воспитанники. Она была прачкой на Крохмальной, скромной прачкой еврейского интерната.

Сапожное ремесло всегда было самым презренным среди ремесел. «Пойдешь к сапожнику!» — грозили мальчикам, не хотевшим учиться. Сапожник — пьяница. Говорят: «Зол, как сапожник», «сапожницкий понедельник» — когда с похмелья прогуливают работу.

Это все должно значить, что каждый сапожник — неуч, пьяница, скандалист, лентяй, который не работает в понедельник, потому что воскресная водка у него еще не выветрилась из башки. Пьяница, лентяй, бракодел.

Пока не нашелся юноша, который закончил университет и мог стать адвокатом. Но нет: молодой, богатый, образованный — он стал сапожником.

Он не захотел стать работником умственного труда, а из физического труда выбрал самую презренную профессию.

У женщин такой презренной профессией была работа прачки. Прачек-евреек не было вообще.

Самая бедная семья, даже нищие и попрошайки, отдавали стирать белье гойкам[217].

Посудомойка, картофелечистка, публичная девка — любое занятие считалось лучше, благороднее, интеллигентнее.

«Жидовская прачка» — худшая кличка, самое страшное оскорбление, и стыд, и унижение. Позор: жидовскую грязь стирать, вшивые загаженные тряпки.

Пани Вося рано осиротела, выросла в интернате. Молодая, красивая, сильная, умная, работящая, она стала прачкой в Доме сирот. Тяжелая работа. Ответственная работа.

Прачечная механизированная, поэтому машина, центрифуга, электрический каток для белья, кожаные ремни передач. Мотор.

Опасная работа. Можно было с легкостью лишиться руки. Одно неосторожное движение, секундная невнимательность — и смерть или увечье.

Пани Воланьская знала свою машину. Не только знала, но и любила ее. Она полюбила холодный полуподвал и все орудия своего труда. И детей еврейских полюбила.

У нее было двое своих детей: слабенькая Иренка и медвежонок Владек. Были война и голод. Она не делила детей на своих и чужих. А когда пришла зараза, она сама носила больных сыпным тифом в больницу[218]. Не боялась вшей и болезней.

В Доме сирот разное бывало — чаще плохое, чем хорошее. Дети всегда были и плохие, и хорошие. Работа всегда была тяжелой, а зарплата — маленькой.

Мы жили в беспокойном квартале. Уличные хулиганы задирали девочек за то, что они девочки, мальчиков за то, что они мальчики, старших ребят за то, что они постарше, маленьких — за то, что они маленькие.

Пани Вося всегда выходила за ворота, ругалась и защищала, хотя могла получить по голове кирпичом или булыжником, хотя и знала, что ей будут кричать: жидовская прачка, шабесгойка.

Шли год за годом. Дети росли, а она старела и все больше уставала.

Я говорил ей:

— Пани Вося, поляки принимаются за торговлю. Мы одолжим вам деньги. Возьмите себе какой-нибудь продуктовый магазинчик, кафе, хоть буфет на вокзале. Мы вам поможем.

Она не хотела.

Почему не хотела?

А почему береза не хочет, чтобы ее пересаживали куда-нибудь, где и земля получше и поспокойнее?

Она знала, что она нужна, знала, что она полезна; знала, что никто другой не справится со старой машиной, испорченным бельевым катком и растянутым ремнем передачи, который нужно было латать, укорачивать, переставлять защелки, подталкивать.

Я помню: небрежная девочка оставила иголку в халатике. Пани Вося уколола палец. Рука распухла — а она ремень чинит.

— Да вызовите вы шорника!

— Э-э-э, шорнику-то сразу платить нужно. Да мне и помогут... я лучше сама.

Я слишком уважаю память верного друга, чтобы утаить что-то, что было в ее характере, что-то, чем была она сама. Словно я ее прощаю или не хочу говорить про нее плохо.

Да, пани Вося время от времени что-то брала: то свитер, то полотенце, то простыню.

Пани Вося не была нечестной. Она имела право взять то, что было точно так же и ее собственностью.

Ведь одна только небрежность, одна минута невнимания или желание облегчить себе работу — и белье могло сгореть, испортиться или бесповоротно сгнить.

Поэтому она не брала втихаря, а одалживала, не спрашивая, можно ли взять. Потому что знала, что отказать ей никто не осмелится.

Для вытирания пола в туалете были две красные фланелевые тряпки. Как-то раз я спрашиваю на собрании воспитателей[219], почему пол не вытирают насухо.

— Я дам тряпки, — говорит пани Вося.— У меня есть, я дам, я поищу, я одолжу.

Тот, кто обвинил бы ее в нечестности, оклеветал бы ее.

Я не смогу написать обо всем. Потому что нужно было бы написать толстую книгу о работящей, героической женщине, о жертвенной матери и верной жене — о самом надежном и близком друге.

Под конец я только кратко упомяну об отношении пани Вoси к старшим девочкам.

В ее холодной и мокрой прачечной долгие годы процветало бюро педагогических советов.

Пани Вося лучше всех воспитателей знала тайны девочек и многих мальчиков, она давала советы, успокаивала бунтующих, утешала опечаленных и вставала на защиту обиженных.

Она была доброй и справедливой, милосердной и мужественной, всегда готовой идти в бой в первых рядах.

Не знаю, что написали на твоей могиле. Но там должно быть написано так:

«С почтением целуют твои руки те многие, чью благодарность ты заслужила жизнью трудовой и достойной».

Да будет тебе земля пухом, почтенная Пани Вося.

ПАНИ НОВАЦКАЯ

[*1940–1942?*]

В детском саду на Белянах[220] была пани Новацкая. Никаких школ она не кончала, ремесел не знала, ни на фортепиано играть, ни петь, ни рисовать, ни из глины лепить не умела.

Дети про нее говорили, что она ко всем добрая, даже к Янушу, даже к Зигмунту (это были два детсадовских бандита).

Когда пани Новацкая ушла, дети ее долго вспоминали. Новая воспитательница, говорили дети, тоже хорошая, она больше сказок знает, разучила с нами песенки. Какое-то недолгое время воспитательницы работали вместе. Новая воспитательница жаловалась, что, стоит детям чего-нибудь испугаться (какой-нибудь лягушки или автомобиля), они сразу бегут к пани Новацкой.

Она ушла, как она сама рассказывала, потому что перестала быть такой счастливой, как в самом начале, что она предпочитает работать в частных домах.

Вот какие были у нее рекомендации:

«Я вдовец. В течение пяти лет она заменяла моим детям мать. Уходит по собственному желанию, говоря, что дети выросли и им нужен кто-то более образованный, что она слишком мало знает».

Вторая рекомендация:

«Она была мне подругой. Будучи больной — раздражительной, нетерпеливой, нервной, — часто ее обижала. Единственное, что мне удалось у нее вымолить, что она, если окажется в нужде, приедет к нам и останется жить столько, сколько ей захочется».

Третья рекомендация:

«Не помогли моему бедному ребенку ни врачи, ни профессора, ни на родине, ни за границей. Гувернантки сменялись каждый месяц. Она одна пять лет кротко и терпеливо подменяла меня и выдержала на своем посту до самой смерти моего бедного мальчика».

Таких мест она сменила очень много.

Один раз мы разговаривали с ней на эту тему. Я ее спрашивал:

— Вы не устали от такой цыганской жизни?

Она ответила:

— Я абсолютно счастлива: я всегда была кому-то нужна. Когда я добровольно пришла на Беляны, мне казалось, что моя работа принесет больше пользы сиротам и беднякам. Я убедилась, что эти дети не беспомощны и не печальны, они нуждаются в помощи не больше, чем богатые дети, у которых есть родители, что двоим-троим детям я могу принести больше пользы, чем здесь моим тридцати.

Пани Новацкая не умела говорить по-ученому, да и разговор такой был для нее внове. Занятая делами других людей, она не располагала временем, чтобы подумать о себе. Даже в собственном сердце она не искала счастья — оно само пришло: без поисков, без зова, без стараний.

Мне подумалось, что она чего-то недоговаривает.

— Может, это пани Марина виновата, что вы уходите?[221]

— Что вы, нет. Напротив: если бы не она, я бы давно уже ушла. Мне жалко было оставлять ее одну. Ей трудно жить. Она была моей тридцать первой дошкольницей.

СЧАСТЬЕ

[*1940–1942?*]

— Хочу быть счастливым, — говорит мальчик.

— Хочу быть счастливой, — говорит девушка.

— Хочу быть счастливым, — говорит юноша.

— Хочу быть счастливым, — говорит старик.

— Хочу быть счастливым, — говорит каждый.

Нет на свете человека, который сказал бы: хочу быть несчастным.

Но ответьте мне на вопрос, что такое счастье, что значит — быть счастливым.

Каждый говорит одно и то же: хочу быть счастливым.

Но каждый отвечает по-своему, потому что по-своему понимает, что такое счастье.

— Я бы хотел всегда делать, что хочу. Чтобы никто мной не командовал. Чтобы все меня слушались.

Так говорит один.

А другой отвечает:

— Я хотел бы быть богатым. Вот был бы я богат, купил бы себе самые красивые наряды, самую вкусную еду, была бы у меня своя красивая комната, письменный стол и шкаф, я бы покупал, что хочу: много дорогих и красивых вещей, все, что на глаза попадется. Вот это было бы счастье.

Третий говорит:

— Хороший друг — вот самое большое счастье. Чтобы он мне помогал, советовал, чтобы со мной разговаривал. Чтобы я мог с ним вместе гулять, сидеть за столом — всегда вместе. Он и я. Так скучно, так грустно, так неприятно, когда нет никого. Каждый чем-нибудь занят, все спешат — столько людей крутится вокруг меня, а я одинок. Мне ни до кого нет дела, и никому нет дела до меня. Никто мне денег не одолжит — никто не хочет слушать, когда я говорю, никто не придет на помощь, когда позову. Я один со своими мыслями. Не стоит даже пытаться, потому что для кого я буду стараться?

Четвертый говорит:

— А я хочу быть сильным, самым сильным человеком на свете. Хочу быть ловким — самым ловким из людей. Чтобы у меня всегда получалось то, что я задумаю. И чтобы всегда у меня было все, что мне хочется, чтобы я умел и знал все, что хочу знать и уметь.

Пятый говорит:

— Я был счастлив, когда был маленьким и у меня были родители. Нам было так хорошо — приятно и весело.

Шестой говорит:

— Я несчастен, потому что нет у меня сильной воли. Начну что-нибудь делать — и брошу. Хочу читать, но читать мне не хочется. Говорю, что больше так не буду, — а все равно так делаю. Знаю, что нужно по-другому, а поступаю по-старому. Я себе не доверяю, не верю, а ведь страшно противно самому себе не верить.

Седьмой говорит:

— Я был бы самым счастливым человеком, если бы не нужно было делать столько неприятных вещей.

Все время нужно делать что-то неприятное: не успеешь закончить одно дело, так сразу что-нибудь новое тут как тут, трудное и противное. Даже на минутку не дадут передохнуть.

— Хочу быть счастливым, — говорит мальчик.

— Хочу быть счастливой, — говорит девушка.

— Хочу быть счастливым, — говорит юноша.

— Хочу быть счастливым, — говорит старик.

Каждый по-своему понимает свое счастье; даже один и тот же человек сначала думает этак, а потом по-другому.

Человек думает:

— Было мне хорошо. Я был счастлив, но не понимал своего счастья. Был у меня мячик — мне хотелось иметь настоящий футбольный мяч; когда был у меня такой мяч, я хотел бы велосипед; потом мне наверняка бы захотелось иметь свой собственный автомобиль, может быть, самолет, собственное кино и радио, и даже не знаю, что еще. Когда мне что-нибудь покупали и давали, я только сначала радовался, краткий миг. И сразу же мне нравилось что-нибудь другое. И приходили мне в голову мысли.

Почему так получается? Почему человек сам толком не знает, чего хочет, и ничто не может нравиться ему вечно?

Польский поэт пишет так:

На людей глядя с ветки,
Удивляется птица:
Даже мудрый не знает,
Где же счастье таится. <...>
Только в собственном сердце
Его вовсе не ищут[222].

Задача сердца — любить.

Желудок голоден, если ему не дать еды, если он пуст и в нем нет пищи. А сердце голодно и печально, и полно тоски, если в нем нет любви.

СКАЗКА ЖИЗНИ

[1940–1942?]

Есть сказки, которые рассказывают люди, и сказки, которые рассказывает жизнь. Иногда сказка бывает странной, но правдивой. Я расскажу две сказки, вторая будет смешной.

Первая сказка такая, что в одном и том же дворе жили две вдовы, и у каждой был маленький сыночек. У одного были светлые волосы и темные глаза, а у второго — светлые глаза и темные волосы. Одного звали Олек, а второго — Болек. Когда их звали, так и кричали: светлый Болек, темный Олек!

Потом они вместе ходили в школу. И все уже начали говорить и писать в газетах, что вот этот — еврей, а этот — ариец. Но ребята не понимали, что это значит.

А потом мальчики узнали, что им нельзя дружить, потому что у одного бабушка — еврейка, а у другого — немка. И так поняли, что эти две бабушки, которые уже умерли, поссорились и не хотят, чтобы ребята вместе ходили в школу и вместе играли. Один написал в дневнике: «Я потерял друга», а второй написал в своем дневнике: «Мне очень грустно».

А потом была война, и мальчики уже были не маленькие, потому что выросли и закончили школу. И оба пошли в армию.

Один думал, что он поляк, но ему велели быть евреем. Другой думал, что он поляк, а ему велели быть немцем. Не знали они, почему так должно быть, но знали, что их бабушки не виноваты, что вовсе даже они не ссорились. Тут дело в чем-то другом, но в чем, они по-прежнему не понимали, хотя уже были на войне и уже не были детьми.

Я забыл сказать, что в доме, где жили эти ребята, когда были детьми, был магазинчик, а у хозяйки магазинчика была дочка, светловолосая и светлоглазая, а может быть, наоборот: темноволосая и темноглазая. Не помню, а писать неправду не хочется. Ведь это так давно было.

Может, и не так давно, но больше, чем десять лет назад.

Мальчики очень любили эту девочку. Они знали, что она еврейка, но не думали об этом. Им не было вообще никакого дела до этого. Она была милая, веселая и играла с ними, а ее мама продавала им недорогие конфеты — даже иногда просто угощала их конфетами, вишнями или пряниками.

Мальчикам сказали, что уже нельзя ни покупать, ни играть, ни брать, ни давать — ничего совсем. Потому что и девочкин папа, и мама, и ее брат, и она — все они евреи. Они и сами понимали, что одна бабушка — это еще ничего, но когда все евреи — это ведь ужасно.

Были и еще другие истории и дела, другие магазины и другие дети во дворе и в школе. Я еще когда-нибудь вам про них расскажу, но сейчас я спешу к другой сказке, поэтому расскажу только про самое важное.

А самое важное — оба они во время войны стали летчиками и встретились на войне высоко в небе и стреляли друг в друга. Они не знали, в кого стреляют, потому что они ведь стреляли по вражеским самолетам.

И оба попали в цель, потому что метко стреляли. Самолеты, объятые пламенем, упали как раз тогда, когда девочка вместе с отцом шла за город, чтобы купить что-то в деревне. Понятное дело, это уже была большая девочка.

Самолеты упали на эту еврейку и ее отца-еврея.

И плакали три вдовы: одна, которой велели быть еврейкой, вторая, которой велели быть немкой, и еще та, третья, которая и сама была еврейкой, и матерью еврейки, и женой еврея.

Вот и конец моей сказки. Но не конец их сказки. Я больше ничего не знаю, но они-то знают, потому что души их остались, хотя сами они сгорели. Потому что души — огнеупорные, и, когда человек умирает, душа его без аэроплана, бензина и железных пуль высоко взмывает, выше самолетов, — на небо.

Их души уже сейчас знают, почему так все сложилось и почему сейчас все так, как есть. Они больше не горюют и счастливы. И не нужны им наши слезы, потому что им ведомо, что будет.

А будет так, что мы все снова встретимся, и будет нам хорошо.

А теперь вторая сказка про изолятор, про Ирку и мед, о сломанной мушиной ноге и о молодой блошке, которой я подарил жизнь.

Так вот, Ирка, или панна Ирка[223], если хотите, подсластила себе медом чай и перемазала медом ключик от буфета, ложку в стаканчике и даже немножко потолок. Насчет потолка точно не знаю, это ведь сказка.

Не знаю, как получилось, что муха со мной договорилась, что ночью [...] и не видно.

Я ей говорю: «Подожди, я принесу воды и отлеплю тебя». А она нетерпеливо задергалась и оторвала себе лапку.

Я ей дал снотворное, и больше мы не разговаривали.

Она куда-то ушла, а я — в постель. Но уже было светло, потому что я снял затемнение в изоляторе. Лежу, закрыл глаза. Чувствую — под одеялом кто-то скачет. Я тут же догадался, что это блоха.

Сейчас начнется охота.

Поднимаю одеяло. Сидит на простыне маленькая блошка. И стало мне ее жалко. Ну что такого, если выпьет она у тебя совсем чуть-чуть крови? Старая, плечистая блоха и та, может, десятую часть капли в неделю высосет. А тут — такая маленькая.

А еще я подумал:

«Может, эта блошка — знакомая или родственница той мухи, у которой сейчас пять ног, может, эта блошка что-то знает о тех двух мальчиках и еврейке, об их бабушках.

Может, она знает больше меня. Потому что если не знает, то и я не знаю. И мы равны, а ведь меня никто за это не убивает».

Я помиловал маленькую блошку. Не нужно меня за это хвалить. Может, я это сделал потому, что маленькая блошка ловко скачет, а я был сонный.

И конец.

ПРИМЕЧАНИЯ

ПРИМЕЧАНИЯ

1 В переводе Вацлава Берента 1905 г. Одна из книг, прочитанных Корчаком в юности, ссылку на которую он впервые дает уже в 1901 г.

2 Цитата из «Утренней песни» Франтишека Карпинского (4 октября 1741 г. — 16 сентября 1825 г.), польского поэта, драматурга, представителя сентиментализма, автора многих религиозных гимнов и стихов.

3 Обстоятельства первого ареста Корчака неизвестны (второй раз его задержали на две недели в 1909 г.); возможно, впервые он подвергся аресту в феврале-марте 1899 г. (тогда он был студентом 1-го курса медицинского факультета), в связи со студенческими волнениями в Варшавском университете и других учебных заведениях. Далее Корчак вспоминает свое участие в Русско-японской войне на Дальнем Востоке; мобилизованный в июне 1905 г., он вернулся домой в марте 1906 г.

4 Стефания Вильчинская (1886–1942), главная воспитательница Дома сирот; руководила детским домом совместно с Корчаком с самого начала его существования (с октября 1912 г.).

5 Дом сирот на Сенной, 16 / Слиской, 9 (здание Общества работников торговли и промышлен-

ности), с конца октября 1941 г. был также изолятором для больных.

6 Феликс Гжиб (1917–1943?), выделявшийся успехами воспитанник, позже вместе с женой Бальбиной («пани Блимка»), бурсисткой Дома сирот, — его сотрудник.

7 Письмо к девочке с таким именем (она не была воспитанницей Дома сирот) см. на с. 331 [НЕИЗВЕСТНОЙ ДЕВОЧКЕ]

8 Юзеф Гольдшмидт (1844–1896), адвокат, общественный деятель, автор публикаций. (О семье Корчака см.: Maria Falkowska. *Rodowód Janusza Korczaka* // Biuletyn Żydowskiego Instytutu Historycznego. — 1997. — № 1.)

9 Единственная бабка Корчака со стороны матери — Эмилия (Мина) Гембицкая, урожденная Дайтхер (1832–1892); бабушка и дедушки по мужской линии умерли до рождения Корчака (1878 или 1879 г.).

10 См. далее. Например, о Монюсе Фрайбергере на с. 346.

11 Халуцами называли членов палестинской еврейской организации «Хехалуц Хацаир» (*Hechaluc Hacair*) (с ивр. «Юные пионеры»), которая готовила еврейскую молодежь к переселению в Палестину; созданная в России во время Первой мировой войны, она действовала в Польше с 1919 г.; пропагандировала идеи еврейского национального возрождения (и иврита), обучала молодежь различным профессиям, главным образом в области сельского хозяйства. Окрестности горы Гильбоа и источник Харод (которые неоднократно упоминаются в Библии) Корчак знал по своим палестинским путешествиям (1934, 1936), когда он жил в кибуце «Эин Харод» (с ивр. «Источник Харод») неподалеку.

12 *Упрямый мальчик. Жизнь Луи Пастера*, 1938; эту книгу о французском ученом Корчак посвятил сестре, Анне Луи.

13 Иоганн Генрих Песталоцци (1746–1827), швейцарский педагог, которого Корчак особенно ценил; во время своей первой заграничной поездки в Швейцарию (1899) Корчак посещал места, связанные с ним.

К работам Петра Кропоткина (1842–1921), русского ученого и политического деятеля, Корчак обращался в первом десятилетии XX века.

В Доме сирот висел портрет Пилсудского с такой подписью: «До войны в Польше правили немцы и русские. Пилсудский подбил рабочих на восстание. За это он долго сидел в тюрьме. Он создал польскую армию, победил как предводитель и стал Командиром Страны».

14 Большинство перечисленных лиц — знаковые фигуры в биографии Корчака (хотя бы как авторы книг, которые он читал). Уже на пороге XX века он писал: «Населить воображение детей и молодежи фигурами героев, которые не мечом, а открытиями и изобретениями боролись, торили мысли человечества новые пути <...> — вот что важно» («Педагогический обзор», 1901).

Жан Анри Фабр (1823–1915), французский энтомолог. Корчак, поклонник его работ, ссылался на него в заключительных словах книги *Как любить ребенка. Летний лагерь*, 1920: «...Фабр гордится, что проделал эпохальные наблюдения над насекомыми, не уничтожив ни одного из них <...> мудрым оком наблюдал он мощные законы природы <...>. Воспитатель, будь же Фабром в мире детей».

Мультатули (с лат. «я много вынес»), псевдоним Эдуарда Доувеса-Деккера (1820–1887), голландского писателя.

Джон Раскин (1819–1900), английский теоретик и историк искусства.

Грегор Иоганн Мендель (1822–1884), чешский естествоиспытатель, монах. «...Из зеленого горошка выбил он грозный закон наследственности» (*Наедине с Богом*, 1922).

Вацлав Налковский (1851–1911), географ, общественный деятель, публицист; как и упомянутый далее Ян Владислав Давид (1859–1914), педагог, психолог, принадлежал к числу особых «учителей» Корчака, в первом десятилетии XX века дружившего с дочерью Налковского Зофьей и женой Давида Ядвигой Щавинской-Давидовой.

Станислав Щепановский (1846–1890), общественный деятель, публицист, промышленник.

Адольф Дыгасинский (1839–1902), писатель. Собственные переживания во время чтения одного из его рассказов Корчак описывает словами рассказчика своей автобиографической повести: «...Я плакал. Дыгасинский, поэт-педагог, зачем ты заставил ребенка плакать?» (*Дитя салона,* см. примечание 87).

15 *Король Матиуш Первый* и *Король Матиуш на необитаемом острове*, 1923.

16 Не ясно, имеет ли это какую-либо связь с царем Давидом (ок. 1040 — ок. 970 до н. э., второй царь Израиля, ок. 1010 до н. э.). К библейским персонажам Корчак обращался за несколько лет до этого, когда писал, примерно в 1936 г., первую книгу из запланированного цикла *Дети Библии — Моисей*.

17 В Доме сирот (и «Нашем доме») детей каждую неделю взвешивали и измеряли (эта и другая документация, которую систематически вели долгие годы, не уцелела в годы Второй мировой войны).

[18] Организация, основавшая и курировавшая Дом сирот, — основанное еще в 1908 г. общество «Помощь сиротам», которое, уже с ограничениями, но все же продолжало работать и в гетто.

[19] Речь идет о Еврейской службе порядка, учрежденной по приказу немцев Еврейским советом осенью 1940 г. (о Совете см. примечание 136).

[20] Стефания Семполовская (1870–1944), общественно-политическая деятельница, просветительница, публицистка; Корчака связывало с ней многолетнее сотрудничество (в том числе он публиковался в журналах для детей, которые редактировали Семполовская и Янина Мортковичова). Далее Корчак пишет о тридцатилетнем знакомстве с ней, но это знакомство датируется еще началом века.

[21] Станислав Войцеховский (1869–1953), политик, социалистический и общественный деятель, второй президент Речи Посполитой; после майского переворота отошел от политики. Юзеф Зайончек (1752–1826), польский и французский генерал, царский наместник в Королевстве Польском. Лукасевич (майор Валериан Лукасинский) (1786–1868), подчиненный генерала Зайончека, позднее — репрессированный деятель движения независимости.

[22] Людвик Страшевич (1857–1913), публицист, политический деятель, с социалистических позиций перешел на соглашательско-консервативные.

[23] Торговцы (идиш).

[24] Скорее всего, Стефан Годлевский (1853–1929), юрист, консервативный политик, публицист, пишущий, в том числе в «Слове», редактором которого в 1887–1899 гг. был его брат Мстислав.

[25] Изабела (Иза) Мощеньская-Жепецкая (1864–1941), общественная деятельница, автор много-

численных публикаций, переводчик (в частности, перевела известную работу шведского педагога под именем Эллен Кей «Век ребенка»). Будучи молодым врачом, Корчак был домашним врачом Мощеньской-Жепецкой.

26 Корчак посетил Афины проездом, во время поездки в Палестину (сушей и морем; в Пирее под Афинами останавливались суда, плывущие из румынской Констанцы в Хайфу).

27 Характеры трудных детей (из приюта на Огродовой, 27) Корчак описал в статье *Дети дошкольного возраста с преступными наклонностями*; статья была опубликована в ежеквартальном издании «Специальная школа» (*Szkoła Specjalna*), где Корчак много публиковался. Журнал выходил с 1924 г. под редакцией Марии Гжегожевской (1888–1967, педагог, психолог). Как преподаватель Корчак также был связан с Государственным институтом специальной педагогики, который в 1922 г. основала Гжегожевская и где она была директором, а также Государственным институтом учителей (с 1930).

28 Альфред Адлер (1870–1937), австрийский психиатр.

29 Под этим адресом, в бывшем приюте Св. Станислава Костки, в гетто размещался Главный дом-убежище, организованный в начале войны слиянием прежнего Главного дома-убежища (для детей школьного возраста; Вольска, 18) и Дома опеки для покинутых детей иудейского вероисповедания (для детей младшего возраста; Лешно, 127).

30 Корчак болел тифом в начале 1920 г., мобилизованный в армию во время польско-советской войны.

31 Регина Шавельсон (в браке Грос), одна из первых воспитанниц Дома сирот; после эмиграции в США

поддерживала контакт с Домом; сохранилось письмо Корчака к ней (он писал ей: «Дщерь моя») от 1932 г.

[32] Есть некоторые данные о судьбе Бронислава Гельблата — участник польско-советской войны, эмигрировал с братом в Аргентину; Майера (Марио, Макса) Кулявского — сотрудник «Малого обзора» (*Mały Przegląd*), газеты Корчака для детей, эмигрировал в Чили; Шейвача/Сейвача — он женился на воспитаннице Дома сирот Цесе Наимской; а прежде всего — о Берле-Леоне Глузмане. О его судьбе (он эмигрировал в Канаду) и сохранившейся коллекции памятных вещей из Дома сирот см.: Ольга Медведева-Нату «"Пусть жизнь их будет легче..." О Януше Корчаке и его воспитаннике» (Olga Medvedeva-Nathoo, *"Oby im życie łatwiejsze było..." O Januszu Korczaku i jego wychowanku.* — Poznań, 2012.)

[33] Кфар Гелади/Гилади — основанный в 1916 г. кибуц в Верхней Галилее, на границе с Ливаном, известный Корчаку по его поездке туда.

[34] Некоторые из упомянутых территорий должны были стать или стали местами переселения евреев. Биробиджан, город на Дальнем Востоке в Советской России, куда с 1928 г. переселяли евреев; в 1930 г. там был создан Национальный район, позже получивший статус Автономной Еврейской национальной области; ранее подобные планы касались Крыма. Лозунг «Евреи — на Мадагаскар», который выдвигался также и в Польше, касался более ранней французской инициативы. В XIX веке, в начале сионистского движения, в расчет принимали Уганду, но в конце концов, после так называемой Декларации Бальфура от 1917 г., реальным местом создания Еврейского

государства стала Палестина, с 1922 г. — официальная подмандатная территория Великобритании.

[35] «Городу и миру» (*лат.*) — всем вокруг.

[36] Традиционная субботняя запеканка в еврейской кухне.

[37] Казимеж Пшерва-Тетмайер, «Верую» (*Credo*); Корчак, в частности, цитировал это стихотворение в крупном очерке под названием «Аснык и Тетмайер» («Странник» (*Wędrowiec*), 1901). В январе 1940 г. он участвовал в похоронах Тетмайера на кладбище Повонзки в Варшаве.

[38] Морис Метерлинк (1862–1949), бельгийский писатель; в числе его произведений — *Жизнь пчел*, 1903, *Разум цветов*, 1922, *Жизнь термитов*, 1927.

[39] Профессор Людвик Станислав Пашкевич (1878–1967), патоморфолог; выпускник, а с 1924 г. — профессор Варшавского университета; товарищ Корчака по студенческим годам (они учились в одно и то же время, в 1899–1904 гг.; в 1907–1908 гг. Пашкевич, как и Корчак, был на стажировке в Берлине).

[40] С 1923 г. в Доме сирот (с 1928 г. — в «Нашем доме») действовала так называемая Бурса для бывших воспитанников, а позднее — для всех заинтересованных лиц. Ежедневная работа в пользу Дома сирот в течение нескольких часов и участие в еженедельных педагогических семинарах предполагали проживание «бурсистов». Бурса продолжала свою работу и в гетто.

[41] Устройство для записи и воспроизведения речи.

[42] Иван Петрович Павлов (1849–1936), русский физиолог; провел знаменитые исследования рефлексов в 1904 г.

[43] Непонятная запись, возможно, речь шла о взвешивании детей (но 15 мая — это пятница,

а дальше речь идет о субботнем взвешивании, см. с. 221).

44 На Жолибоже Корчак бывал, навещая знакомых и друзей в домах Варшавского жилищного кооператива. За Жолибожем — на Белянских Полях (позднее площадь Конфедерации) — с 1928 г. размещался «Наш дом».

45 Город, откуда происходит семья Гольдшмидтов, дедов Корчака, и их детей.

46 В Доме сирот организовывали открытые представления для детей, в том числе кукольные.

47 Медова, 15 и 19 — адреса проживания семьи Гольдшмидт в детстве Корчака, в 1882–1887 гг. Представления (вертеп), скорее всего, разыгрывали в приюте при монастыре монахов-доминиканцев, улица Фрета, 10.

48 Изделия известной варшавской посудной фирмы, основанной в 1824 г. Иосифом Фраже.

49 Бартоломе Эстебан Мурильо (ок. 1617–1682), *Юный св. Иоанн Креститель с ягненком*, галерея живописи в Музее истории искусств (*Kunsthistorisches Museum*) в Вене. Теодор Ригер (Рыгер) (1841–1913), скульптор, автор аллегорических композиций; дядя Леона, школьного друга Корчака.

50 Цецилия Гольдшмидт, урожденная Гембицкая (1854?–1920), в браке с 1874 г.; когда болезнь мужа существенно ухудшила материальное положение семьи, она оказалась весьма предприимчивой — открыла пансион для учеников. До конца жизни жила с сыном и вела его хозяйство; см. также примечание 59.

51 Анна Луи, урожденная Гольдшмидт (1875–1942), замужем за Жозефом Луи (1870–1909), какое-то время жила во Франции; переводчица с английского, французского, немецкого и русского языков.

[52] Начальная школа для подготовки в гимназию под руководством Аугустина Шмурлы (1821–1888), в которой Корчак начал обучение.

[53] Эритема — кожная болезнь. Салицил, упомянутый далее (от лат. *salicis cortex* — кора ивы), — противовоспалительное, анальгезирующее и жаропонижающее средство.

[54] Профессора педиатрии, французские: Виктор Анри Ютинель (1849–1933), Антуан-Бернар Жан Марфан (1858–1942), и немецкий: Адольф Арон Багинский (1843–1918). Корчак познакомился не только с их работами, но и с ними лично во время своего пребывания в Берлине (1907–1908) и Париже (1910).

[55] «Разговорчики» — оригинальные авторские радиопередачи Корчака («Старого доктора») для детей младшего возраста, которые он вел в эфире с конца 1934 г. до февраля 1936 г. Уволенный на волне антисемитских настроений, Корчак вернулся (о чем просили сотрудники радио) в 1938–1939 гг. Последняя книга Корчака — *Шутливая педагогика* (май 1939 г.) — содержит «разговорчики», прочитанные в эфире летом 1938 г.

[56] Корчак приводит русское слово «родина».

[57] Уголино делла Герардеска (1220–1289), итальянский дворянин, заморенный голодом вместе с сыновьями и племянниками, на смерть которых он вынужден был взирать. В *Божественной комедии* Данте он появляется в *Песнях XXXII* и *XXXXIII Ада*.

[58] Хлорид ртути, очень ядовитое дезинфицирующее средство.

[59] Мать Корчака (она умерла, заразившись тифом от больного сына, которого выхаживала) похоронили на еврейском кладбище на улице Окоповой (ранее

Генсей), могила не найдена; о годовщине смерти см. с. 300.

60 Корчака арестовали в ноябре 1940 г., когда он обратился к оккупационным властям по вопросу реквизированных во время переезда Дома сирот в гетто (из собственного дома на Крохмальной, 92, на Хлодну, 33, в помещение торговой школы имени Реслсров) вещей.

61 Еврейская детская больница имени супругов Берсонов и Бауманов, ул. Слиска, 51 / Сенна, 60, открытая в 1878 г. В поликлинике при больнице принимали детей «без учета вероисповедания». Корчак работал в ней как постоянный дежурный врач в 1905–1912 гг. (с перерывами на различные поездки).

62 Доктор Анна Брауде-Хеллерова (1888–1943), педиатр, общественная деятельница, член Еврейского общества друзей детей. Инициатор расширения клиники Берсонов и Бауманов в 1924–1930 гг. и ее директор (после возобновления работы клиники в 1930 г.). Работала также и в гетто. С Корчаком они были знакомы много лет, в начале 1920-х годов он преподавал в школе медицинских сестер, которой она заведовала. Причина их конфликта в гетто неизвестна. Критичному мнению Корчака о Брауде-Хеллеровой противоречат свидетельства и воспоминания других людей.

63 Доктор Ян (Йонас Самуэль) Пшедборский (1885–1942/43), терапевт, в гетто работал в приюте на ул. Зегармистшовска (Вольность), 14 (открыт в 1942 г.). Корчак безуспешно старался получить этот же объект; что, возможно, и стало причиной плохих отношений между ними.

64 Кроме Берлина и Парижа, Корчак посетил еще Лондон; см. примечание 138.

65 О сестрах Эрне и Фриде и их брате Вальтере Корчак писал в одном из писем из Берлина (*Społeczeństwo*, 1907).

66 В *Исповеди мотылька* (1914), основанной на школьном дневнике, даются ссылки на многие прочитанные в юности книги. Корчак писал: «...я уважаю <...> Достоевского вопреки патриотическим рецептам и формулам».

67 Речь идет о посещении американцами Дома сирот в начале периода независимости Польской республики, когда США организовали большую послевоенную кампанию по спасению детей. Как представитель еврейских учреждений Корчак вошел в польско-американский комитет помощи детям.

68 Мобилизованный в царскую армию в августе 1914 г., Корчак принимал участие (но не в качестве военного врача, а в санитарной службе) в кампании на территории Польши и Украины; см. также примечание 129.

69 Корью болели дети Дома сирот летом 1940 г., во время последнего летнего отдыха в лагере «Розочка»; см. примечание 105.

70 Эстерка Виногронувна (1915–1942), студентка биологического факультета Варшавского университета; наделенная большим художественным талантом, она была режиссером спектаклей в Доме сирот.

71 Высказывание политика генерала Славоя Фелициана Складковского (1885–1962), по специальности врача. В 1926–1929 и 1930–1932 гг. — министр внутренних дел, с 1936 г. совмещал этот пост с портфелем премьер-министра.

72 В Доме сирот организовывались занятия для воспитанников, которые велись по специальным дидактическим материалам, разработанным

сотрудниками Дома; вступительные лекции читали приглашенные гости.

73 Здесь: закуска (от франц. *fourchette* — вилка).

74 Газета — «Еженедельник Дома сирот»; с 1913 г. служила для подведения итогов дня; материалы (в том числе информационные сводки, например о делах, которые рассматривал товарищеский суд, и о суммах штрафов по судебным решениям) подготавливались в письменном виде и зачитывались на общем собрании-встрече всех обитателей Дома в субботние утра.

75 В ночь на 24 мая немцы застрелили сотрудников коллаборационистского Управления по борьбе с ростовщичеством и спекуляцией; неофициальное название Управления — «Тринадцать» (от занимаемого на улице Лешно здания под номером 13).

76 Блюдо еврейской кухни, разновидность пудинга, известное в различных вариантах, в том числе в сладком виде.

77 Часть 1917–1918 гг. Корчак провел в Киеве среди тамошней польской диаспоры (раньше, в конце 1915 г., он приезжал туда на несколько дней в отпуск); его киевских впечатлений касаются *Воспитательные моменты*, 1919.

78 Магдалена (Миндла) Рейнерова, урожденная Гольдшмидт, подробных сведений нет; по воспоминаниям внучки, она помогала Корчаку материально во время его заграничных путешествий.

79 Иван Андреевич Крылов (1769–1844), русский писатель, автор известных басен.

80 Эдвард Кобринер, юрист, экономический и общественный деятель, активный член общества «Помощь сиротам»; в гетто — вице-председатель Отдела снабжения Еврейского совета. Гершафт —

возможно, Адам Абрахам Гершафт (1886–1942), художник-скульптор, сотрудник Отдела снабжения; или Казимеж Гершафт, памятная записка которого «По вопросу реорганизации социальной опеки» от июня 1941 г. сохранилась в конспиративном Архиве Варшавского гетто. Ежи Крамштык (1888–1942/43), экономист, промышленник; работал в Отделе топлива Еврейского совета. С известной и заслуженной семьей Крамштыков у Корчака были многочисленные связи; см., например, примечание 86.

81 Ротшильды — происходящий от предка, жившего в XVI веке, род еврейских финансистов и филантропов.

82 Ксендз Марцелий Годлевский (1865–1945), с 1915 г. настоятель костела Всех Святых на пл. Гжибовской; до Второй мировой войны он был известен своими антисемитскими взглядами, во время оккупации осуществлял помощь евреям. По рассказу одного из ксендзов, воспитанники Дома сирот пользовались садом при костеле.

83 Отец Ружи и Хенрика: см. примечания 91 и 206. *Angina pectoris* — см. примечание 116.

84 Подразделением Еврейского совета был Отдел здравоохранения, которому подчинялись и Санитарные колонны. С сентября 1941 г. при Отделе действовал возглавляемый профессором Людвиком Гиршфельдом Центральный совет здравоохранения (ранее Комиссия здравоохранения при Врачебной палате, улица Лешно, 3), созданный по причине эпидемиологической угрозы, в числе его членов была и доктор Брауде-Хеллерова.

85 Злобная (*идиш*).

86 Варшавские педиатры, также организаторы врачебных союзов, общественники: Людвик Андерс

(1845–1920), основатель журнала «Обзор педиатрии» (*Przegląd Pediatryczny*); Ян Виталис Бончкевич (1862–1932); Юлиан Крамштык (1851–1926), с 1878 г. связанный с клиникой Берсонов и Бауманов — сначала как городской врач, позже — ординатор и руководитель поликлиники.

87 Повесть печаталась выпусками с продолжением в журнале *Głos* (1904–1905), в книжном издании вышла в 1906 г.

88 Построенный в шестидесятых годах XIX века небольшой замок в Аллеях Уяздовских, 6а, на углу улицы Пенкной, в 1900 г. купила семья лодзинского промышленника Израэля Познанского.

89 Подробности неизвестны; на площади Гжибовской и в ее окрестностях еще в ноябре 1904 г. проходили крупные демонстрации, которые были кроваво подавлены.

90 В то время полковник доктор Мечислав Кон (1894–?), после войны — бригадный генерал М. Ковальский. Один из руководителей Отдела здравоохранения Еврейского совета (его воспоминания о контактах с Корчаком: *Niepokorny / Wspomnienia o Januszu Korczaku*; *oprac. Bolesław Milewicz i Ludmiła Barszczewska. — Warszawa,* 1981; там же приведены и другие воспоминания военного времени о Корчаке).

91 Хенрик Азрилевич, работал в канцелярии Дома сирот.

92 Первую часть тетралогии *Как любить ребенка — Ребенок в семье* Корчак писал во время Первой мировой войны.

93 Абрахам Гепнер (1872–1943), купец, экономический и общественный деятель, филантроп; активный член общества «Помощь сиротам» с самого начала его существования.

[94] На каникулах в Наленчове маленький Хенрик Гольдшмидт познакомился с Болеславом Прусом.

[95] Николай Михайлович Карамзин (1766–1826), русский историк, писатель. О русской школе Корчака см. примечание 137.

[96] Непонятно, почему в этом месте *Дневника* появляются записи от февраля о Главном доме-убежище. Сохранились — но только в послевоенной копии — и другие краткие записки Корчака с Дзельной, тоже озаглавленные *Краткие записки* (перепечатаны в *Myśl pedagogiczna Janusza Korczaka. Nowe źródła*, 1983).

[97] Доцент доктор Хенрик Брокман (1886–1976), педиатр, после Второй мировой войны — профессор Лодзинского университета. Майор доктор Тадеуш Ганц (Радваньский) (1879–1972), с января 1942 г. — комиссар по делам борьбы с эпидемиями. Исаак/Изидор Лифшиц (1881–1944), врач-педиатр. Доктор Мариан (Моисей) Майзнер (1895–1942), педиатр, директор Главного дома-убежища, ранее приюта на улице Лешно, 127. Доктор Наталия Зильберласт-Зандова (1883–1942), невролог, общественная деятельница (в том числе в Ассоциации польских женщин-врачей); как член общества «Помощь сиротам» лечила и воспитанников Дома сирот.

[98] «...семья Хмеляж жила на улице Дзельной, они тактично заманивали Доктора и заставляли съесть сытный обед (они все погибли, убитые немцами)». См.: *Stella Eliasbergowa. Czas zagłady / Wspomnienia o Januszu Korczaku*.

[99] См. примечание 170.

[100] Дальние родственники Гольдшмидтов.

[101] Доктор Людвик (Лейзор/Лазарь) Заменгоф (1859–1917), врач, создатель языка эсперанто. Корчак

знал его и других членов его семьи (см. примечание 196) и ценил; Заменгоф был членом общества «Помощь сиротам»; он также входил в число врачей, которые бесплатно лечили воспитанников Дома.

102 Анри-Фредерик Амиэль (1821–1881), швейцарский писатель, избравший жанр дневников; из его крупной работы *Journal intime* по-польски были напечатаны только избранные фрагменты в 1901 г. Корчак ссылается на Амиэля в разные периоды своего творчества (название *Исповедь мотылька* — прямая аллюзия к Амиэлю), уже в книге *Дитя салона*, опубликованной в 1906 г., но и в *Шутливой педагогике,* 1939.

103 *Mały Przegląd* — приложение для детей и молодежи к еврейской ежедневной газете *Nasz Przegląd.* Издавалась в 1926–1939 гг. на основе материалов, присланных читателями и с участием молодых сотрудников; до 1930 г.— под редакцией Корчака, с осени того же года — Ежи Абрамова (Игоря Неверлы) (1903–1987), бурсиста Дома сирот и «Нашего дома», секретаря Корчака.

104 От *sidur* (ивр.) — молитвенник.

105 Гоцлавек — разговорное название филиала Дома сирот «Розочка». Филиал с подсобным хозяйством (так называемой фермой) был создан в 1921 г. недалеко от Варшавы (в районе современного Марысина Ваверского). Летом туда вывозили детей (в том числе из других учреждений), периодически работали зимние лагеря, там были небольшая школа-интернат, детский сад. В последний раз летний лагерь работал летом 1940 г.; кроме детей из Дома сирот в «Розочке» отдыхали воспитанники интерната с улиц Гранична, 10, Мыльна, 18, и Лешно, 127.

106 В иудейской традиции — одна из групп жрецов (берущая начало от Левия, сына Иакова); здесь: избранные стражи.

107 Кому выгодно (*лат.*).

108 К сравнению: «...в детстве, когда я был экзальтированно набожным, я молился Богу часто и горячо, чтобы Он дал мне самую нищую жизнь, чтобы весь свой век я был презираем, но только чтобы за это Он дал мне бессмертную славу после смерти» (из письма Словацкого к матери, 24 января 1832). Эпиграфом из поэмы *Ангелли* Корчак предварил книгу *Как любить ребенка. Ребенок в семье.*

109 Томас Алва Эдисон (1847–1931), американский предприниматель, самоучка-изобретатель. Корчак охотно ссылался на него в своем творчестве, например: «Это тебе не нравится, так быть не должно. <...> А что делать? — Тяни, кавалер. Или выдумай, как Эдисон электричество» (*Pedagogika specjalna*, 1939).

110 Амалия Виттлин из персонала Главного дома-убежища.

111 Неизвестное имя, учительница этого же приюта. Застрелена в 1941/42, что записал Корчак в *Кратких записках.*

112 Цитата из сборника Адама Мицкевича *Zdania i uwagi. Z dzieł Jakuba Bema, Anioła Ślązaka (Angelus Silesius) i Sę-Martena, 1834–1835.* Герой-рассказчик *Исповеди мотылька* пишет: «Возвращение тяти было первым стихотворением, которое я выучил наизусть <...> Адам, пусть тебя утешит мысль, что польская молодежь любит отчизну и твое великое имя».

113 Известное из воспоминаний и рассказов представление. Рабиндранат Тагор (1861–1941), индийский писатель, философ, педагог, лауреат Нобелев-

ской премии по литературе (1913), был запрещен нацистами. Его пьеса «Дакгхор» (1911) в Европе известна под названием «Почта». Спектакль, о котором пишет Корчак, состоялся 18 июля 1942 г., но премьера в Доме сирот была еще весной.

114 Возможно, речь идет о Фелиции Черняковой, урожденной Звайер (1887–1950), докторе философских наук, просветительнице, жене Адама Чернякова (см. примечание 154). В гетто принимала активное участие в различных мероприятиях, связанных с уходом за детьми. Сохранилось письмо Корчака к Черняковой (без даты, 1941–1942?), эхо каких-то недоразумений и попытках их смягчить: «...ухабы <...> на нашем общем пути к одной цели».

115 Мария Мостицкая, урожденная Добжанская (1896–1979), с осени 1933 г. — вторая жена президента Польши Игнатия Мостицкого.

116 Ацетонемия (лат. *acetonaemia*) — избыток в крови кетоновых тел, особенно ацетона, что грозит впадением в диабетическую кому; правильно *pylorospastmus*, у младенцев — сужение и утолщение мышцы привратника, затрудняющее переход пищи из желудка в кишечник, что приводит к истощению организма; *angina pectoris* — стенокардия, симптом ишемической болезни сердца.

117 Сифилис (килу) в начале XX века лечили соединением ртути: препаратом 606, иначе — сальварсаном. Далее, вероятно, ссылка на туберкулиновую пробу или противотуберкулезную вакцину.

118 Дисфония — проблемы с речью.

119 Доктор Герш Гольдшмидт (1804/5–1872), хирург (учился во Львове), общественный деятель.

120 Мария Пистоль, урожденная Гольдшмидт, подробных данных нет; Магдалена — см. примечание 78; Людвик (Лейзор) (1831–?), известно только,

что в возрасте восемнадцати лет он перешел в аугсбургское евангелическое вероисповедание; Якуб (1848–1909?), юрист, общественный деятель, автор многочисленных публикаций, в том числе календарей; сохранилась его переписка с Юзефом Игнатием Крашевским и Элизой Ожешко. Ошибочно упомянутый здесь Кароль — это дядя Корчака со стороны матери — Кароль Гембицкий, о котором известно только, что он родился в Калише в 1854 г.

121 День начала так называемой большой Акции ликвидации Варшавского гетто, которую немцы проводили под лозунгом «переселения на восток»; в течение 46 дней этой акции в лагере смерти в Треблинке были убиты около 260 тысяч человек.

122 На Желязной, 86/88, угол улицы Лешно, 80/82, функционировало одно из отделений Больницы для лиц иудейского вероисповедания (так называемая Больница на Чистом — см. примечание 161). С октября 1941 г. на Желязной работало также детское отделение, филиал Клиники имени Берсонов и Бауманов. 22–24 июля немцы приказали разместить на Желязной отделение, ранее находившееся на улице Ставки, 6/8.

123 Хенрик Крошчор (1895–1979), историк, общественный деятель, автор публикаций, администратор Клиники имени Берсонов и Бауманов.

124 Стелла Элиасбергова, урожденная Бернстейн (1879–1963), общественная деятельница, член общества «Помощь сиротам» с момента его организации, председатель одной из ключевых комиссий общества — комиссии по опеке, которая принимала детей в Дом сирот; ок. 1946 г. эмигрировала в Канаду. О ее муже см. примечание 141; они с Корчаком были близкими друзьями.

125 В силу действовавших в Третьем рейхе с сентября 1935 г. так называемых Нюрнбергских законов евреями считались лица, у которых были три предка-еврея в поколении дедов.

126 В ранних перепечатках *Дневника* (с первого издания в 1958 г.) далее шел текст *Почему я собираю посуду?*, но сюда он не включен, поскольку, вероятнее всего, эта двухстраничная статья в «Еженедельник Дома сирот» (без окончания, которое сохранилось в других материалах, найденных в 1988 г.) была добавлена после войны, чтобы заменить утерянные (изъятые?) страницы. (См. письмо Игоря Неверлы в Главное управление Союза польских писателей от 12 марта 1952 г., в котором идет речь о судьбах *Дневника* и сомнениях, связанных с его публикацией сразу после войны: *Jan Zieliński. Szkatułki Newerlego. — Warszawa,* 2012, с. 136–138.)

127 *Размышления. Дневник в двенадцати книгах.*

128 Юзеф Гитлер (Барский) (1898–1990), юрист, политический и общественный деятель, член совета директоров CENTOS (см. примечание 197).

129 Воспоминание времен начала Первой мировой войны, которое Корчак опубликовал (приводя и другие эпизоды) уже в июне 1918 г. (*Głos Żydowski*); другие воспоминания военного времени — из-под Тарнополя, где он квартировал в 1917 г.

130 Корчак — человек верующий, но не связанный с конкретным вероисповеданием, — черпал из разных традиций и духовных практик: христианских, иудейских, теософических, дальневосточных.

131 Ружа Абрамович, воспитанница и бурсистка Дома сирот, в 1928 г. окончила школу экономики и с этого или следующего года работала сестрой-хозяйкой в филиале Дома сирот «Розочка».

132 Репрессии касались главным образом идейных изданий, радикальных (левых) или постепенно радикализирующихся, с которыми Корчак сотрудничал как публицист в 1905–1912 гг. (*Głos* и его варианты *Przegląd Społeczny* и *Społeczeństwo*), или социалистических журналов (*Wiedza*, *Światło*). Отсутствие финансирования привело к закрытию новаторских журналов для детей, которые редактировали Семполовская и Мортковичова — *Promyk* в 1911 г. или *W słońcu* в двадцатые годы.

133 Якуб Морткович, издатель большей части книг Корчака, а также многих других выдающихся польских писателей, известный своей заботой об эстетическом качестве книги, покончил самоубийством в возрасте 58 лет (в 1931 г.).

134 Юнаки — здесь: одно из вспомогательных образований, используемых для так называемых блокад во время Акции ликвидации гетто, когда людей собирали на *Umschlagplatz* (перевалочный пункт) с определенного участка гетто. «Три раза полиция или немецкие солдаты хватали Доктора на улице и грузили в "машину смерти", и три раза жандармы освобождали его без всяких просьб с его стороны» (С. Элиасбергова).

135 Открытка членам коммуны / кибуца с улицы Дзельной, 34, к которой принадлежали, в числе прочих, Цивья Любеткин и Ицхак (Антек) Цукерман из социалистической организации халуцей «Дрор» (с ивр. «Свобода»), будущие лидеры Еврейской Боевой организации (1943). Корчак и Вильчинская, будучи в гетто, поддерживали с ними контакты.

136 Варшавский Еврейский совет (*Judenrat*), созданный немецкими оккупационными властями 6 октября 1939 г. как орган, представляющий еврейскую

общину, изначально состоял из комиссий, а затем отделов (около 30) и подведомственных учреждений, занимающихся юридической, финансовой, экономической, социальной и медицинской помощью и т. д.; штаб-квартира — в бывшей Общине, ул. Гжибовска, 26/28. На самом деле Еврейский совет действовал до января 1943 г. Кадровыми вопросами занималось Управление кадров Общего отдела, который впоследствии оформился в самостоятельный Отдел людских ресурсов, возглавляемый Натаном Гродзеньским (см. примечание 170).

137 Корчак ходил в Пражскую филологическую гимназию на ул. Бруковой, 16, угол Наместниковской; после сдачи экзаменов на аттестат зрелости в 1898 г. он начал учебу на медицинском факультете Варшавского Императорского университета, диплом которого получил в марте 1905 г. (1-й курс ему пришлось повторить).

138 Скорее всего, в 1910 г., когда он был во Франции.

139 Эдвард Пшевоский (Пшевуский) (1849–1925), с 1872 г. работал в университете, с 1897 г. — его профессор и заведующий кафедрой патологической анатомии. Русские профессора: Николай Насонов (1855–1939), заведующий кафедрой зоологии в 1889–1906 гг.; Александр Щербак (1863–1934), заведующий кафедрой нервных и психических болезней в 1893–1910 гг.

Профессор Генрих Финкельштейн (1865–1942), немецкий врач-педиатр, в 1901 г. основал в Берлине образцовое учреждение по уходу за младенцами (и руководил им в течение 18 лет).

140 Профессор Теодор Георг Циен (1862–1950), немецкий невропатолог и психиатр, в 1904–1912 гг. директор неврологической клиники Шарите в Берлине.

141 Адольф Кораль (1857–1939), врач-педиатр, общественный деятель, член врачебных обществ, в 1884–1894 гг. городской врач клиники Берсонов и Бауманов, автор ее истории (1916).

Мечислав Ганц (1876–1939), отоларинголог и фтизиатр; лечил детей в Доме сирот.

Исаак Элиасберг (1860–1929), дерматолог, социальный работник; принимал активное участие в организации Дома сирот, член общества «Помощь сиротам», с 1913 г. — его президент. Посмертные воспоминания о нем Корчак назвал «Энтузиаст долга» и закончил словами: «...в самом благороднейшем смысле оставил нас сиротами. Прощай, друг» (*Nasz Przegląd*, 1929).

142 Речь идет о летних лагерях для еврейских детей в Михалувке варшавского Общества летних лагерей, где Корчак, член этого общества, был первым воспитателем в 1904 г., потом — в 1907 г., а в 1908 г. — в летних лагерях для польских мальчиков в Вильгельмувце; он писал об этом в книгах *Мойши, Йоськи и Сpули* (1910) и *Юзьки, Яськи и Франки* (1911).

Упомянутый доктор Станислав Маркевич (1839–1911) — инициатор и первый президент Общества летних лагерей (с 1898 г.). Общество получило свое название только во Второй республике в 1922 г.

143 Будучи студентом, Корчак много работал в народных читальнях Варшавского благотворительного общества.

144 В воспоминаниях о Болеславе Прусе Корчак упоминал писателей, сыгравших в его юности важную роль: «Крашевский, Сенкевич, Дыгасинский, Асные, Бродзинский, Конопницкая. Ранее, позже и всегда — Прус» (*Wiadomości Literackie*, 1932).

145 *Этика пыльцы. Десять лекций о принципах кристаллизации.*

146 Зеев (Владимир) Жаботинский (1880–1940), деятель сионизма, родом из России, писатель; начиная с середины 1920-х годов — руководитель правого движения так называемых ревизионистов (по отношению к Всемирной Сионистской организации).

147 Мошав (с ивр. — обитель) — кооперативное сельскохозяйственное поселение. Названы члены кибуца Эйн Харод, с которыми Корчак познакомился во время своего пребывания в Палестине, с первыми двумя он подружился: Давид Симхони (1893–1980), Иегуда Гурари.

148 Непонятно, почему не названа точная цифра — 30 лет.

149 В ноябре 1919 г. Корчак помогал организовывать по образцу Дома сирот воспитательное учреждение «Наш дом» в Прушкове (при поддержке Отдела опеки над детьми рабочих в рамках профсоюзов, затем, с 1921 г., — одноименного общества). С 1928 г. «Наш дом» размещался на варшавских Белянах. Учреждением до 1944 г. руководила Мария Фальская (1877–1944), член Польской социалистической партии, общественная деятельница, педагог. Примерно в 1935 г. возник конфликт между Фальской и Корчаком, причину которого через много лет объяснить трудно, скорее всего, он был и личным, и идейным (Фальская «открыла» «Наш дом» для близкого окружения, искала новые контакты с общественным движением), однако определенные отношения поддерживались до конца, в том числе во время войны.

150 В 1930-х годах Корчак как судебный эксперт обследовал детей, главным образом по делам, связанным

со злоупотреблениями и насилием в отношении детей.

151 Пункты 1 и 2 относятся к участию Корчака в Русско-японской войне, 3 — к Первой мировой войне, 4 и 5 — к польско-советской войне. Военную службу в царской армии Корчак закончил в звании капитана, в польской армии повышен до звания майора.

152 Александра Пилсудская (1882–1963), деятельница движения независимости, общественная деятельница, вторая жена Юзефа Пилсудского, с середины 1920-х годов активно работала в обществе «Наш дом»; с момента ее участия в ранее сильно левом обществе стали преобладать «пилсудско-санационные» влияния, и материальное положение существенно улучшилось (в том числе стало возможным строительство собственного здания).

153 То есть с 11 или 12 февраля 1942 г.

154 Адам Черняков (1880–1942), химик, общественный деятель, участник самоуправления. В сентябре 1939 г. назначен президентом Старжинским на должность председателя Варшавской Еврейской общины, утвержден оккупационными властями как председатель Еврейского совета. Совершил самоубийство в начале Акции по ликвидации варшавского гетто. Корчак произнес речь на его похоронах 24 июля. В дневнике Чернякова описываются довольно многочисленные контакты с Корчаком; уцелело также одно личное письмо Корчака к нему от 30 июля 1942 г.

Густав Великовский (1889–1943), адвокат, общественный деятель, член Еврейского совета, с мая 1941 г. — руководитель Отдела социального обеспечения Еврейского совета.

Хенрика Майзель, сотрудница Еврейского совета, занималась в 1941 г. переселенцами. Она и ее муж

Мауриций Майзель были активистами общества «Помощь сиротам».

Мауриций Майзель (1872–1942), торговец, общественный деятель, председатель Еврейской общины в Варшаве с января 1937 г., председатель общества «Помощь сиротам» в 1929–1939 гг. Покинул столицу 6 сентября 1939 г.

Инженер Хенрик Глюксберг (?–1943), доктор химических наук, член Еврейского совета, связанный с Отделом контроля.

Мечислав Люстберг, начальник отдела социального обеспечения Еврейского совета.

155 Мариан Гендель, перед войной уволенный из полиции, в гетто — инспектор Службы порядка, заместитель Шеринского; по-видимому, ему удалось выжить после побега из гетто летом 1942 г.

Полковник Юзеф Шеринский (1892–1943), профессиональный полицейский, командир Службы порядка, покончил с собой.

156 Доктор Эммануэль Рингельблюм (1900–1944), историк, общественный деятель, инициатор создания и соучредитель Архива Варшавского гетто (Архив Рингельблюма, внесен в список Память мира ЮНЕСКО); сотрудник отдела снабжения Еврейского совета. В свою книгу *Kronika getta warszawskiego, wrzesień 1939 — styczeń 1943* он включил очерк о Корчаке.

157 Неустановленное лицо. Действующие с апреля 1940 г. патронаты поддержки организаций социальной опеки создавались в рамках Еврейской Общественной самопомощи и ее Координационной комиссии (позже Еврейское общество по вопросам социального обеспечения).

158 Пословица приведена по-русски.

159 Письмо не сохранилось; упомянутая далее очередная копия — скорее всего, заявление Корчака в Отдел кадров Еврейского совета.

160 Доктор Александр Киршбраун, см. далее с. 305; на территории отвоцкого гетто находился санаторий Еврейского противотуберкулезного общества «Бриюс-Здрове».

161 На Дворской, 17, до переезда в гетто размещались Больница для лиц иудейского вероисповедания (с 1902 г.), прозванная Больницей на Чистом (район Воля). По рассказам профессора Ежи Шапиро (1920–2011), работавшего на Дворской в то время, Корчаку в 1940 г. провели там хирургическую операцию: вскрыли большой нарыв на спине (по другим воспоминаниям, подобная процедура была выполнена в 1942 г.).

162 Роман Виктора Гюго *Отверженные*, очередная книга, очень важная для Корчака в годы его юности.

163 Место размещения (*лат.*).

164 Дальше речь идет об «администраторе», возможно, это один и тот же человек.

165 Поспешай медленно (*лат.*).

166 В непосредственной близости от Главного дома-убежища был запертый в гетто костел Святого Августина в Новолипках (один из входов со стороны улицы Дзельной); в 1934–1942 гг. его настоятелем был ксендз Францишек Гарнцарек (1883–1943), который вместе с отцом Леоном Венцковичем (погиб в Гросс-Розене, 1944) остался в приходе и поддерживал нуждающихся; был расстрелян немцами в костеле.

167 Нитрат висмута, вяжущее и противовоспалительное лекарственное средство.

168 В краю неверных (*лат.*).

169 Максимилиан Мосин (Моссин) (?–1942), адвокат, общественный деятель, работал в юридическом отделе Еврейского совета.

170 Натан Гродзинский, адвокат, член Еврейского совета; с 1 сентября 1941 г. — председатель Отдела людских ресурсов / Отдела кадров Еврейского совета, а с начала 1942 г. также и Департамента почты. Используемые для его восхваления слова — проникшие в идиш из иврита *elohim* — Бог; *echad* — единый.

171 Цитата (неточная) из романа *Макс Хавелар* (1903) Эдуарда Доувеса Деккера, писавшего под псевдонимом Мультатули.

172 Подробных сведений нет; в списке персонала Главного дома-убежища фигурирует Ружа Фридман, но в списке штатного персонала ее нет (*Janusz Korczak w getcie. Nowe źródła*).

173 Здесь: двухколесная повозка без рессор (*турецк.*).

174 На улице Генсей, 8 (8/10), размещался приют для мальчиков; его директором был Элиезер Номберг (1895–1943), возможно, сын писателя Герша Давида Номберга (1876–1927).

175 На Ставках, 19, — переведенные с улицы Дзикой, 15, интернат для детей-инвалидов и дом престарелых.

176 Матильда Темкин (1903–1970), педагог, деятель Корчаковского комитета; практикантка «Нашего дома», затем, в 1927–1930 гг., директор интерната в филиале Дома сирот «Розочка»; с 1938 г. — снова на Крохмальной, в 1940–1956 гг. — в Советской России (см.: *W sowieckim łagrze, wspomnienia komunistki. — Warszawa*, 1989). В Польшу вернулась после 1956 г. Неприязненное отношение к ней Корчака, судя по всему, несправедливо.

177 Сиротский приют Еврейской общины для обучения детей обоего пола, основанный в 1918 г., на ул. Ягеллонска, 28.

178 Тюрьма Павиак (с 1863 г. — тюрьма для политических узников; с марта 1940 г. — следственная тюрьма полиции и гестапо), находилась на улице Дзельной, 24–28.

179 Намек на *American Jewish Joint Distribution Committee* (Американский комитет совместного распределения), основанную в 1914 г. организацию помощи, активно работающую в Польше, в том числе и в гетто.

180 Правильнее — фабрикантки ангелочков. Выражение конца XIX — начала XX в., означавшее женщин, которые морили голодом отданных им под опеку младенцев и маленьких детей из бедных семей.

181 «...в моем репертуаре не больше десяти сказок», — записал Корчак; сказка про Кота в сапогах была одной из тех, что он рассказывал чаще других (*Przedszkole*, 1935).

182 Одна из вступительных статей Корчака к «Еженедельнику Дома сирот», из военных лет сохранились 22.

183 Станислав Седлецкий (1877–1939), инженер химик, деятель движения независимости, общественный деятель, сенатор Речи Посполитой в 1922–1927 и 1935–1938 гг.; член общества «Наш дом», в 1930-е годы — его председатель. Покончил самоубийством после вторжения русских 17 сентября.

184 Юзеф Штокман, воспитанник и сотрудник Дома сирот; умер в 1939/40 г., заболев после дежурства на крыше Дома сирот во время воздушных налетов в сентябре 1939 г.; на его могиле на еврейском

кладбище состоялась в 1940 г. «первая присяга» знамени Дома сирот. *О его жене см. примечание 206.*

185 Шевель Эпштейн, Корчак отнес его к сотрудникам-вредителям.

186 Альфред Носсиг (1864–1943), писатель, публицист, скульптор, музыкант; в гетто с 1940 г., агент гестапо (он уже ранее был связан с немецкой разведкой); застрелен Еврейской Боевой организацией.

187 Повесть Френсис Элизы Бёрнетт *Маленький лорд Фаунтлерой*, 1889.

188 Туристическое агентство, основанное в Советской России в 1929 г.; организуя пребывание в России иностранных туристов, выполняло пропагандистские задачи.

189 Герш Калишер (1912–1943), воспитанник Дома сирот в 1920–1927 гг.; первый репортер газеты *Mały Przegląd*. В течение многих лет, несмотря на многочисленные путешествия, поддерживал близкий контакт с Домом сирот. В гетто в 1941/42 гг. работал в Скорой помощи опеки, на улице Вольность, 16, заместителем директора Марка Гольдкорна. В письме есть упоминание и о его жене Розе.

190 Пить! (*идиш*).

191 *Jednostka i ogół. Szkice i krytyki społeczne. — Kraków,* 1904. — S. 2.

192 *Песах* (ивр. «миновать») — весенний иудейский праздник, отмечаемый в месяце нисан (март / апрель), в память исхода иудеев под предводительством Моисея из египетского плена (название связано с последней из казней египетских). Начинается торжественным ужином седер (на ивр. — «порядок»), в диаспоре отмечаемый также на второй из восьми праздничных дней.

193 Ковчег Завета; ковчег, в который были сложены скрижали Моисея; в синагогах Арон ха-кодеш (*ивр.* Святой ковчег) — алтарный ящик, в котором хранятся свитки Торы.

194 Скорее всего, речь идет о совладельце аптеки на улице Медовой, 9, Мечиславе Арндте (?— 1940).

195 Леопольд Август Климпель (1865–1942), провизор, магистр фармации, совладелец аптеки на улице Маршалковской, 147.

196 Скорее всего, речь идет не о сыне Людвика Заменгофа — Адаме (1888–1940), который работал врачом, а о его брате Феликсе (1863–1933), провизоре-фармацевте; его жена Хелена Заменгоф, урожденная Ритенберг (1874–1940), входила в общество «Помощь сиротам».

197 CENTOS — Центр Союза обществ опеки над сиротами и брошенными детьми. Всепольская (с региональными отделениями) еврейская организация, созданная в 1924 г. организовывала и содержала дома опеки, школы, летние лагеря, оплачивала медицинские консультации. В 1920-е годы Корчак, лично зная многих деятелей этой организации, принимал участие в ее общественных акциях, например в кампаниях под лозунгом «Неделя сироты» (он ставил свою подпись под открытыми письмами, публиковал тексты в издаваемых сборниках). В 1930-е годы Вильчинская (с 1937 г. — готовясь уехать в Палестину) уволилась из Дома сирот, полгода она проработала в качестве инспектора педагогической консультации CENTOS. В гетто она поддерживала хорошие контакты, Корчак конфликтовал из-за высказываемых им крайне резких личных взглядов (как и в других случаях, конечно, не продуманных до конца).

198 Домовые комитеты — формы самопомощи и самоорганизации населения гетто; они сыграли большую роль в системе социальной опеки. (О сотрудничестве домового комитета и Дома сирот см.: *Michał Zylberberg. Na Chłodnej 33 / Wspomnienia o Januszu Korczaku*.)

199 В Доме сирот и в гетто поддерживали принцип посещения детьми своих семей (родных) в субботу после обеда; когда эту систему ввели (в 1912 г.), она была новаторской для своего времени.

200 Сабина Лейзерович, руководительница пошивочной в Доме сирот.

201 Внутренние формы работы в Доме сирот; в том числе *нотариус* — регистрация сделок, обменов и продаж между учениками, *календарь* — записи коротких сообщений и свободных высказываний, *опека* — система опеки детей над детьми; опекуны несут ответственность за вновь принятых детей или за тех, кто хочет исправиться.

202 Техника мотивирования детей к самоконтролю. Желая избавиться от какого-либо неприемлемого поведения (драки, ругань), дети заключали пари в личном разговоре с Корчаком (в так называемом «магазинчике», комнатке возле главного зала, где выдавали канцелярские товары). При этом они называли постепенно уменьшающееся допустимое количество случаев дурного поведения в неделю. Выигравшего пари награждали двумя конфетами, проигравший же две конфеты отдавал.

203 Представители религиозного движения (на польских землях с XVIII века), оппозиционного ортодоксальному иудаизму; хасиды (от ивр. *chasid* — набожный) составляли общины, сосредоточенные вокруг духовных лидеров, цадиков (от ивр. *cadik* — справедливый).

[204] Даниэль Блайман, состоятельный пекарь (председатель Союза пекарей), известный своей благотворительной деятельностью, расстрелян немцами 18 апреля 1942 г.

[205] Дополнительная работа в пользу Дома сирот, не включенная в систему дежурств.

[206] Ружа Штокман, урожденная Азрилевич, воспитанница и многолетняя сестра-хозяйка Дома сирот; о ее муже см. примечание 184. В Доме сирот росла и их дочь Ромця.

[207] Непонятно, почему Корчак пишет о детском садике; наблюдениями из киевской городской школы он начинал *Воспитательные моменты*.

[208] В коллекции открыток Глузмана есть одна «в память 280 совместных молитв», датированная 21 декабря 1924 г.; возможно, эта цифра связана с количеством дней (280) между праздниками Песах и Ханука (в декабре воспитанники получали также открытки на память «первой Хануки», проведенной в Доме сирот).

[209] Шмуль (Зыгмунт) Хоина, воспитанник и с 1929 г. бурсист Дома сирот, связанный с движением Сопротивления, был застрелен на улицах гетто.

[210] Начальная школа (на иврите *cheder* — комната); ребе (*идиш*) — господин, учитель.

[211] Жена раввина (*ивр.*); по еврейской традиции мужчины и женщины молятся отдельно.

[212] В 1901 г. Тагор основал в семейной усадьбе, в северо-западном Бенгале, экспериментальный образовательный центр (для мальчиков), см.: *Моя школа*.

[213] «Пан Монек был воспитателем на Вольской, но, собственно говоря, он должен был бы стать надзирателем тюрьмы. <...> Дети его ужасно боялись, потому что он их страшно бил и пытал», — записал Арье Бухнер, бурсист Дома сирот, работавший

в «Розочке» с мальчиками Главного дома-убежища (записки от 1926 г.).

Возможно, Корчак пробовал в отношении Главного дома-убежища, который был поблизости, за Домом сирот, провести какие-то «санационные» действия — в тридцатые годы там работала Дора Браунер [Тереса Осинская], воспитанница и бурсистка Дома сирот.

214 На Сенной, 16, с конца 1940 до осени 1941 г. действовала художественная школа, официально — Курсы прикладной графики и машинно-технического рисунка; в сентябре 1941 г. была устроена выставка работ участников курсов.

215 Непорядочная женщина (*идиш*).

216 Как работница Дома сирот, она жила с мужем и детьми в так называемой «сторожке» на территории Дома.

217 Название для нееврейки (от ивр. *гой* — простонародье); шабесгойка (ниже) — женщина-нееврейка, нанятая для совершения действий, запрещенных правоверным евреям в праздничный день — субботу; с антисемитским оттенком — еврейская прислужница.

218 Клиника имени Карла и Марии, улица Лешно, 136, открытая в 1913 г. под руководством доктора Юзефа Брудзинского. В память оказанной тогда помощи дети Дома сирот делали игрушки для больничной елки.

219 В собраниях по вопросам воспитания принимали участие и прачка, и дворник, Петр Залевский (расстрелян в 1944 г.).

220 Собственный детский сад «Нашего дома» действовал в 1928–1934 гг., позже был открыт детский сад для детей всего квартала.

221 Так и персонал, и дети обращались к Марии Фальской.

222 Начало и конец стихотворения Адама Асныка *Сидит птица на ветке*, которое Корчак цитировал еще в 1900 г. (*Czytelnia dla Wszystkich*).

223 В тексте *Зачем я собираю посуду?* Корчак пишет, что она была санитаркой в Доме сирот.

НАЕДИНЕ С БОГОМ.
МОЛИТВЫ ТЕХ, КТО НЕ МОЛИТСЯ

ПОВЕРЕННЫЕ
САМОМУ СЕБЕ ШЕПОТОМ
ТАЙНЫ ДУШИ
Я СВЯЗАЛ СКРЕПОЙ МОЛИТВЫ.
Я ЗНАЮ, ЧТО КАЖДОЕ СОЗДАНИЕ
ДОЛЖНО СВЯЗАТЬ ОГРОМНЫЙ МИР
С СОБОЙ ЧЕРЕЗ БОГА
И С БОГОМ — ЧЕРЕЗ СЕБЯ.
ЗНАЮ, УВЕРЕН — И ПОМОГИ МНЕ В ЭТОМ,
БОЖЕ!

МОЛИТВА МАТЕРИ

Склонившись над тобой, дитятко мое дорогое: почему ты так дорога мне, моя капелька? Я знаю, ты похож на многих, но я верую-верую-верую, что вслепую, среди тысяч, узнаю тебя по голосу; не слыша — узнаю ротик твой, сосущий грудь мою; ты — мой единственный на свете. Я понимаю тебя без слов; из глубочайшего сна ты пробудишь меня — взглядом, просьбой.

Деточка моя, искренняя и единственная правда жизни, ты для меня умиленная память, нежная тоска, надежда и утешение.

Дитятко мое, будь счастливым.

Боже, прости мне, что не с Тобой разговариваю, а если молюсь — то в страхе, что Ты от ревности и зависти можешь его обидеть. Даже Тебе, Господи, боюсь доверять: ибо Ты отбираешь детей у матерей, ибо Ты отбираешь матерей у детей. Скажи, зачем Ты так делаешь? Господи, это не упрек, я только спросить хочу.

Прости мне, Боже, что я люблю его больше, чем Тебя. Потому что это я призвала его в жизнь, но ведь и Ты тоже, Господи: мы несем общую ответственность, мы оба виноваты, что вот он живет — и уже страдает. Мы должны быть начеку.

Дитятко страдает — плачет.

Без памяти любя этого малыша, может быть, в нем я люблю Тебя, Боже, потому что Ты есть-есть-есть в этом Малейшем — Величайшая Тайна, Боже.

Не верю я в грех, потому что тогда и любовь моя была бы грешной, а разве любовь матери к дитяти может быть грехом?

Не трогают меня страдания, которых — знаю — много на свете, не трогают меня слезы, которых — знаю — много на свете. Не могу — кому мне лгать? Только твои слезы, дитятко, только твои улыбки, тревога ты моя сердечная.

Дитятко — сладостные мои оковы из жасмина и звезд, дитятко — цветок прощения, сон мой радостный об искуплении, вера моя солнечная, надежда кроткая, облако розовое, песня жаворонка.

Дай ему, Господи, счастья, чтобы не пожалел он, что мы ему жизнь дали. Я не знаю, в чем счастье, но Ты знаешь, ТЫ же обязан знать. Так дай же!

Склонившись над тобой, дитятко мое дорогое: смотри, так истово я ищу, так горячо прошу, — ты понимаешь? поймешь ли? — скажи. Скажи легким трепетанием век, движением крохотной ручки, скажи знаком, который никто не поймет, только мы двое: Бог и я, твоя мать.

Скажи, что не будешь гневаться на жизнь и на меня, скажи, моя деточка, молитва моя сердечная.

МОЛИТВА МАЛЬЧИКА

Знаю, просить некрасиво. Но я не Тебя прошу, добрый Боже. Ты мне ничего не давай, не надо, только вот дядюшка обещал мне часы, если я буду хорошо учиться. А Ты мне только помоги, напомни дядюшке про его обещание. Я-то постараюсь, но ведь на самом деле все равно, сейчас он мне часы подарит или потом. А я ребятам сказал, что у меня часы будут, а они не верят, будут надо мной смеяться, подумают, что я все наврал, что я просто выпендриваюсь. Помоги мне, Господи, Тебе же это так легко, Ты же все-все можешь сделать, что захочешь. Помоги мне, мой добрый, золотой мой Боже.

Прости мне мои грехи. Я много нагрешил. Варенье из банки съел, над горбуном смеялся, соврал, что мне мама разрешает ложиться спать, когда захочу; я уже два раза курил и плохие слова говорил. Но Ты же добрый, Ты же мне простишь, ведь я раскаиваюсь и хочу исправиться.

Я хочу быть хорошим, но не могу. Как кто меня разозлит или подговорит, а я не хочу, чтобы он подумал, что мне слабо; или если мне скучно, или если очень-очень хочется, а нельзя... я не могу удержаться, а потом жалею. Я же не плохой!

Не, я не хвастаюсь, но Ты же сам знаешь, потому что Ты все знаешь, добрый Боже, что есть ведь и похуже меня. Я вот иногда, бывает, совру, но у них-то что ни слово — то вранье. И воруют тоже. Два раза у меня завтрак своровали, хрестоматию у меня украли, из пенала карандаш стащили. Это они меня плохим словам научили. Ты же знаешь, Господи... Я не люблю ябедничать, но Ты же сам знаешь, что я не плохой, хотя столько плохого делаю.

Помоги мне, Господи милосердный, чтобы я не грешил, дай долгих лет и здоровья маме и папочке, а дядюшке напомни, пожалуйста, про часы.

Ведь если обещал, то слово надо держать.

МОЛИТВА ЛЕГКОМЫСЛЕННОЙ ЖЕНЩИНЫ

Дорогой Боже, как же давно я с Тобой не разговаривала. Может быть, я потому редко и молюсь, что мне не нравится стоять на коленях. Да, сигаретку отложу, но буду сидеть на диване, а смотреть буду на цветы. Ты же не обидишься, Ты же добрый и любящий Бог. Ты меня никогда не обижал. А я столько раз была плохой и непослушной. У меня столько грехов.

Ну Ты посмотри... Хочу молиться, а уже грешная мысль тут как тут. Потому что я хотела сказать:

— Садись, дедуля, рядышком, поближе. Ты не бойся, я тебе ничего не сделаю — разве что Ты сам захочешь.

Такой грех, такие нечистые мысли.

Странная я: никогда никому сознательно ничего плохого не сделала, разве что по незнанию. И я сразу прошу прощения, а если не могу попросить прощения, то плачу, хотя и знаю, что потом у меня глаза будут красные. Ладно, пусть глаза будут красные, буду уродиной, раз я такая плохая... плохая... плохая...

Я красивая, правда? Наверное, нет ничего плохого в том, что я искренне говорю? Ты же меня сам сотворил, а воля Твоя свята. Иногда я даже немножко жалею, что я не уродина; нет, ну не так, чтобы совсем уродина, а самую капельку. Я бы наверняка была умнее, послушнее и лучше. Хотя лучше, может быть, и не была бы. Скажи, я хорошая? Как жалко, что я не могу Тебя увидеть: я бы к Тебе прильнула, заглянула умильно в глаза, а Ты улыбнулся бы и ответил: «Глупышка!» Ну правда, Ты бы ведь так и сказал?

Ты ничего не отвечаешь, а я так хотела бы знать, зачем Ты создаешь некрасивых людей. Я бы всех создавала красивыми, и женщин, и мужчин, — даже их. Но про мужчин я не буду с Тобой говорить — сам знаешь почему. Смотри: я совсем не ревнивая. Если бы все женщины были красивыми, наверное, любили бы умных. А я совсем не умная. А жаль.

Читаю я только романы, да и те невнимательно. Стихи и вовсе не люблю. Хотя я не верю, что из книжек можно ума набраться. Умным родиться надо.

Добрый, любимый Боже, я Тебя так люблю. Иногда мне хочется принести тебе какую-нибудь жертву. Милостыню я подаю, но ведь это не то. Помнишь, как я навещала больную тифом, чтобы убедить Тебя, что я Тебе доверяю; я так страшно боялась. Не смерти, нет, — но ведь после тифа волосы выпадают, а в бреду можно столько ненужных вещей наболтать.

Как же Тебе страшно люди надоедают: каждый о чем-нибудь просит, каждому что-нибудь от Тебя нужно. Как Ты со всем этим справляешься? Я иногда думаю, что Ты их просто не слушаешь, но как же тогда получается? Ничего удивительного, что я не знаю, откуда же мне знать? А еще мне кажется, что и ксендзы этого толком не знают. Я решила никогда ничего не просить. Некрасиво как-то получается: вроде как Тебя любят, а тут же с просьбами, со сделками. Ну вот я и опять: не прошу, но как-то так думаю, что Ты именно потому и исполнишь мое желание.

Правда же, Тебе было бы неприятно, будь я некрасивой? Правда же, я Тебе нравлюсь? Понятное дело —

иначе, чем людям; но ведь Ты доволен, когда у Тебя получается создать что-то прекрасное? Глупая я: разве у Бога может что-нибудь не получиться? Ведь все вокруг такое потому, что Ты так хочешь.

Ты столько выдумал разных цветов. А есть цветы грешные. Красная, такая душистая роза — это грешный цветок. Может, розы не Ты создал, а сатана? Нет, такого не может быть: неужели у Тебя не хватит сил, чтобы увяли все грешные цветы? Бедный Ты мой дедуленька.

Иногда мне так хочется кому-нибудь помочь, облегчить жизнь, немножко Тебя развеселить. Потому что правда, вот как это: все время думать только о нищете, о добродетели, о сиротах. Ненавижу пломбировать зубы, а ведь я пошла к дантисту, чтобы он мне здоровый зуб запломбировал: это я так плоть умерщвлять решила; а этот осёл как расхохочется. Правда, и я потом засмеялась, но сначала я так рассердилась. Наверняка раззвонил об этом всем знакомым. Ух, какие сплетники эти мужчины. Ненавижу их.

Я знаю: Ты велишь всем прощать. Я им прощаю, а это еще хуже выходит. Вруны они неблагодарные — в сто, в тыщу раз хуже нас.

О-о-о, звонок в дверь... Это он... Ты уж меня извини... Не гневайся, Боже... Это же ТЫ всем управляешь... Чао, Боженька, спасибо; нам так хорошо было вдвоем.

МОЛИТВА ГОРЯ

Такое горе, Боже... Боже, горе такое.

Серое горе, Боже, Боже, горе серое.

Ни звуков, ни красок, Боже, ни красок, ни звуков.

Горе, Господи, горе.

Я вынул сердце из груди, Боже, бьется сердце тихо-тихо, Боже, тихо-тихо сердце бьется, Боже, Боже, из груди я сердце вынул.

Заплаканное горестное сердце, сердце горестное заплаканное.

У черной птицы белые крыла, Боже, белые крыла у птицы черной.

Мгла густая, птица черная, крыла белые, Боже, белые крыла, черная птица, мгла густая, Боже.

Горе, Господи, горе.

Было солнце, было и нет, Господи, нет, нет, было солнце, было солнце, Господи.

Тихо, горько, горько, тихо.

Тихо, горько, на черной волне колышется гроб. Черную росу с черных цветов черные пьют бабочки. Уже никогда человек не запоет, ребенок уже не улыбнется, последний колокол треснул, все часы на свете остановились, последняя башня распалась и рухнула, вчера последняя погасла звезда — кому ей светить?

Нет, нет, Господи, ничего нет.

Я широко распахнул глаза, смотрю-смотрю-смотрю... ничего нет, Боже, ничего не вижу. Слушаю — не слышу ничего, ни шепота, ни вздоха.

Серый Властитель немого мира, Боже, чую вокруг себя черных птиц с белыми крылами, черные бабочки из черных цветов черную пьют росу.

Такое горе, Господи, горе такое.

Ни красок, ни звуков, Боже, Боже, ни звуков, ни красок, ни слез.

МОЛИТВА БЕССИЛИЯ

Ясновельможный Господи Боже. Смешно. Наивно, смешно, наивно, убого, смешно, смешно.

Ясновельможный Господи Боже. Смешно. Невежество в этом, пошлость невежд, не бессилие, нет.. Нет, не бессилие, нет.

Как назвать тебя, Ясновельможный, как?

Как назвать Тебя, как?

Я говорю: наивно, убого, по-детски. Я и ребенок, я и Ты. Ребенок, который мной будет, который только не ходит, еще не говорит.

Я говорю: Ты. Как же мне назвать Тебя? Господом? Бога назвал Господом, напишу с большой буквы или найду другую большую букву Б, только для Бога, для Бога.. Я обращаюсь к Тебе: Ты, Боже. А недоросль не прочел молитву, потому что человек происходит от обезьяны. Не прочтет молитву, потому что он уже сигареты курит, а человек происходит от обезьяны. Так легко, так по-детски.. Боже, мне даже не хватает слов, чтобы назвать даже немощь мою, мне не хватает слов даже назвать бессилие мое. Потому что только немощь моя велика, равна Твоему величию, Ясновельможный. Беспомощное бессилие, немощь, ничтожество. Даже не червяк, даже не муравьишка. Даже не ничто, не ничто. Ничто — велико, а я даже не бесконечно малое нечто, потому что бесконечность велика. Я — обычное что-то там.

Боже, Боже, Боже — и ничего больше. Ни покаяния, ни смирения, только Ты, Ясновельможный Господь Бог. Что-то съежившееся, что-то смиренное, кающееся, корчащееся перед Твоим Величием. Смешное, смешное.

Я не называю Тебя Могущественным, Великим, Бессмертным, потому что это может оскорбить могущественных людей, великих людей, бессмертных людей. Не забывай, Боже, что люди велики и бессмертны. Всмотрись в Землю внимательно, ты же должен ее знать, как же Ты можешь не знать нашу Землю? Она вертится вокруг Солнца. Мудро звучит молитва на неведомом языке. Оле тел солт мин каюсо вит дарту, вак рубо, вак ристе. Кин бра — оле: Оле тел солт, оле дарту мин вак. Ал вит дарту, ал ма васте, оле вит кин.

Я бы выбрал из всех наречий самые странные слова, рассыпал бы их, раскрошил и перемешал, создал бы непонятную молитву для людей и для себя. Оле тел солт, оле вит, э дарту мин вак.

Это ничего не означает, но я не могу иначе, не могу, Ясновельможный Господи Боже. Не могу иначе, не прошу прощения. Не могу иначе, не прошу прощения. Не могу, не раскаиваюсь. Я не могу, а Ты не гневаешься. Я не могу, а Ты не обижаешься. Я не могу — а Ты не покараешь.

Прощают, гневаются и карают люди. А Ты — не человек, Ясновельможный Боже, хотя люди тебя назвали Богом, и каждый для Тебя придумывал свои приношения и воскурения благовоний.. Оле дарту, вит тель дарту, оле солт вак сирте бра оль. Почему даже я и тоже уже не ребенок.

Даже, тоже, уже.

Не могу иначе, Боже, не могу.

Аба, адда, аббб...

МОЛИТВА МАЛЕНЬКОГО РЕБЕНКА

Боженька, Зося описалась. Плохая Зося, Зося пи-пи, Зося пи-пи, мама на Зосю сердитая. Плохая, плохая девочка. Мамуля бьет. Плохая мамуля. Не бей, не бей, мамуля. Не бей Зосю. Ручка болит. Боюсь. Боюсь. Ручка болит, Боженька. Зося боится. Плохая мамуля, такая плохая девочка. Зося любит маму и папу. Где пи-пи? Я больше не буду, мамуля. Ты что наделала? Ножкам тепло... Ой, смотри, что это? Фу! Трусики — бяка, чулочки — бяка, ботиночки — бяка. Мамуля сердится на Зосю. Плохая мамуля, плохая куколка, плохой песик... плохой такой красивый песик. Песик, слушай, вот тебе горшочек, вот сюда давай пи-пи. Зося хорошая. Мамуля, не бей. У Зоси животик болит. Зося боится доктора... Не бойся, Зося, мамуля не сердится, мамуля не будет бить, мамуля купит куклу, потому что Зося хорошая, хорошая, хорошая. Зося любит Боженьку.

МОЛИТВА ЖАЛОБЩИКА

Господи, оставил Ты меня, чем согрешил я пред Тобою? Одинок я ныне и не ведаю пути. Заблудился в мрачных сумерках, заблудился в унылой чаще жизни. Покинул Ты меня, Боже, чем же провинился я пред Тобою? Одинокий блуждаю я и скорбный.. Огонек маячит впереди; откуда знать мне, домик ли это или блуждающий огонек, что заманивает и топит в болоте? Вот вижу я источник, но разве могу я знать, не обман ли это чувств. Иссохли губы мои, хотя мрак кругом, который жжет, как солнце... а может быть, леденит, может, огонь изнутри меня ему противостоит. Не знаю.

Чем же, Господи, провинился я пред Тобою, что именно теперь Ты меня оставил, когда стопы мои в терниях запутались, а руки и сердце кровью истекают? Взываю «Люди!» — нет ответа. Кричу: «Мама!» — и ничего. Из последних сил взываю: «Боже!» И что же? Ничего. Один я. Дай мне Ангела Скорби. Не радости прошу я, не зеленых вершин, не снов лазурных, не крылатых лучей. Пусть скорбь хотя бы, ибо как снова в одиночку блуждать, продираться и кровью истекать во мраке?

Себе я жалуюсь, душе собственной исповедуюсь в своей на Тебя, Господи, обиде. Не прошу, Боже, своего лишь требую, С Тобой я вышел в путь, так неужели мне одному теперь идти дальше, заблудшему, усталому, в чащобе дороги не ведающему?

Боже, помнишь ли Ты, как я Тебе доверял, как наивно мы с Тобой шептались, как поверял я Тебе свои тайны и горючие слезы? Не обида, а изумление, не сомнение, а тревога, не гнев, а просьба, когда я видел, как Ты меня покидаешь, что отдаляешься от меня и исчезаешь. Без единого слова. Своей вины я доискиваюсь, но не может быть такой огромной вины, чтобы не пригрозить, не наказать, а вот так сразу взять и уйти.

Как же Ты теперь вернешься, что я скажу Тебе, что Ты мне ответишь?. Заблудился я в мрачных сумерках, а Бог пошел себе куда-то далеко и меня одного оставил. Жалобу свою я на четках слез себе на грудь повесил. Ты виноват, Боже.

МОЛИТВА БУНТА

Не станешь Ты насмехаться надо мною, Боже Всемогущий, ибо я сам над собой насмехаюсь, ибо смерть лишь доспехи мои поразит, а я и над смертью своей насмехаюсь.

Я — пара ведер грязной воды, отбросы, обтянутые кожей. Таким Ты меня сотворил, Всемогущий, себе на потеху.

Мысль мою Ты окрылил, только жизни пасть крылья эти пообгрызла, кровавые раны грязью замарала. Эх, достал бы я крыльями до неба, но оно дано лишь подлизам, что Тебя покорно восхваляют.

А во мне — ни смирения, ни поклонения, только бунт. Не дерзкое честолюбие, а гордость, щит мой.

Гордо выпрямившись, я не жду милости и кары не боюсь.

Я — сам себе мир, я сам Господь и Бог в этом своем мире. Я сам себе единственное повеление, единственный клич, единая воля творить из самого себя и разрушать. У меня собственные солнца и свои в самом себе молнии.

Что пожелаю, то и творю.

Хочу кровь добела раскалить, хочу колокола всех похотей раскачать, в одну молнию соберу все грешные страсти и даже только страстишки, отравою напою мысли и распалю великий пожар на алтаре бунта моего против Тебя и сам сгорю в пламени. Ибо вот так мне захотелось.

Не хочу я старости, снисходительным жестом брошенную милостыню, врастания по частям в могилу, милостыню медленной агонии.

Я — восставший раб, у которого единственная и последняя есть свобода, одно слово сопротивления: нет!

Не хочу, не буду, не послушаюсь, не сдамся.

Душа моя — часть Тебя, значит, Ты сам против себя восстал. Я, Бог, вызываю Тебя, Боже, на бой, как равный Тебе. Всемогущему Богу насмехающемуся я противопоставляю Бога мстителя: низвергну, разорву в клочья, разрушу вдребезги Тебя в себе.

Чтобы Ты отрекся от меня и покарал. И — и все же напомню — и в бездну ада низвергнул.

Ты всемогущ, а торжествующая подлость глумливо травит бездомное Добро.

Ты всемогущ, а правда беспомощная сражается с бескрайним океаном лжи.

Справедливость закрыла глаза.

Все в человеке двуличном ложь, все, кроме клыков и когтей.

Вот и рычу я на Тебя, как пес хищный, готовый к прыжку, готовый вцепиться, кровавым глазом нацеливаюсь — и в пустоту впиваюсь.

Поэтому верую, что Ты сотворил и направляешь, чтобы я мог Тебе богохульствовать.

МОЛИТВА РАЗМЫШЛЕНИЙ

Отче наш, сколь же дивный этот Твой мир, сколь дивную песнь играет он на арфе души моей. Сколь дивно все, что на земле, в недрах ее и вокруг. Столько чудес... если бы их меньше было, было бы легче, беднее. И вода, и огонь, и камень... птицы, цветы и гады. И звезды. Столько созданий великих и малых. И человек, столь похожий на все то, что Ты сотворил.

Удивительно, что можно так долго всматриваться в лес, в одно дерево леса, в одну ветвь дерева, в один лист ветви, в одну жилку листа — и такие дивные текут в душе часы. Можно так долго-долго всматриваться в море или в крохотную каплю росы — и такие дивные текут в душе столетия. Говорят, что знание знает — ищет, подсматривает, отгадывает, знает некие Твои тайны. Пусть его. Я знаю, что в цвете, жесте, запахе, в писке птенца и молитве звезд Ты сам рассказываешь сердечную, всем понятную сказку, которую каждый чувствует иначе, по-своему. Ты не таишься, не скрываешься. Смотрю я на неприглядную крапиву: странное растение. Зачем вооружила она зелень свою отравленными кинжалами? На что она надеется, на какую справедливость, чем оправдает она бытие свое передо мной, перед землей и солнцем?

Почему крапива, ландыш, малина, яблоня и дуб? Нет, не в том суть, что одна жжется, а другой — красив, это вот — сладкое, а это — долговечное, вредное или полезное. Нет, почему мы, братья, в жизни не можем понять друг друга?

Почему же мы из той же самой земли: крапива, жасмин, малина, дуб, и птицы, и гады — и я? Почему лебедь и его белоснежный пух? Почему пар, вода, лед, и снега кристалл, и соли кристалл? Соловей в ночи и жаворонок, на лету застывший, как капля солнца? Это странное нечто на длинных ногах свое бронированное тулово несет и усищами пошевеливает — почему мне нужно знать, как это смешное маленькое существо называется? Он живой — и я живой. Братья. Он живет сейчас — и я живу сейчас. Современники. И если он одну из этих своих шести ног потеряет — по-своему заплачет. Братья мы в боли. Он умрет. Братья мы в смерти. И самец ищет самку. Братья мы в пламени чувств, в вихре, в дыму страсти. А вот несется что-то совсем маленькое и зеленое: для него и муравей — великан; скользит оно поспешно, убегает от опасности. Братья мы в страхе перед угрозой тайны. А этот старый орех, возможно, влюбился в березу и там, под землей, ищет ее девственного прикосновения, а береза вьющимися ветвями искушает и соблазняет, а в глубине земли отдергивает свои корни и с другим деревом их сплетает и изменяет. Многое ведомо нашему знанию. Пусть его. Пусть его. Для меня же истина, что все дива дивные сказки Твоей, Отче, не только вокруг меня, но и во мне. Я сам себе свою сказку рассказываю, совсем не такую, как Твоя. Совсем наоборот. Ничего без меня не будет. Есть у меня свободная воля вовсе не смотреть, смотря — не видеть, видя — не заметить, видеть так, как мне хочется. Твою каплю я делаю океаном. Ты закрыл солнце тучей, а для меня оно как раз сейчас яснее ясного. Я человеку крылья приделал. Я выпил бесконечность — и нет ее. Под травинкой разбил я шатер и в ее тени отдыхаю. Из песчинки малой я выцедил кубок столетнего вина. Греюсь на айсбергах.

Ты себе, Отче, а я себе из Твоей сказки собственную сказку для себя сплетаю. Даже странно, что эти дива вокруг такие дивные. И что за минуту можно прожить эпохи. Слава Тебе, Отче наш, что Ты вечно жив, а я всюду и все заполняю своим дыханием. Благодарю тебя, Боже, за чародейскую тайну Твоей сказки.

МОЛИТВА ПРИМИРЕНИЯ

Я отыскал Тебя, Господь мой, и радуюсь, как заблудившийся ребенок, когда издали увидит вдруг старшего брата. Я отыскал Тебя, мой Боже, и радуюсь, как ребенок, пробужденный от страшного сна, приветствует светлой улыбкой веселое лицо близкого человека. Я нашел Тебя, мой Боже, как ребенок, отданный в недобрые и чужие руки опекуна, убежавший и после стольких невзгод и приключений прижавшийся, наконец, к дорогой ему груди, вслушивающийся в песнь ее сердца. Кто виноват, что, заглядевшись на радостные забавы, отдалился я от Тебя, мой Боже? Что лавка с побрякушками, громкая музыка, мартышка на цепи, красочная толпа ярмарки завлекли меня, недостойного?

Кто виноват, что в погоне за лесной ягодой, в надежде, что вот сейчас, за теми деревьями, я их столько, столько найду: сладких, потому что внезапных, сладких, потому что своей рукой и своей смекалкой собранных, — кто виноват, что слишком углубился в лес самонадеянный мальчишка? Кто виноват, что наивным взором я вглядывался не в утомительные огни, а в изменчивые картины, вслушивался не в шепот отдаленных тайн, а в шумный танец, и к обманчивой радости тянулся устами и сердцем? Одна слезинка тревоги, что я один в толпе, — и мы уже вместе.

Ты со мной, мой Боже. Ночь темна. А под веками спящего столько творится. Рой страшных комет, искаженные лица, пожары, кровь, буря, утопленники — то плыву я по бурным волнам, то на странно тяжелых крыльях гонюсь за молнией из тучи, то кусает меня рыжая девица, то огонек с лицом друга манит меня на болото; хочу крикнуть — за горло хватает меня ледяная рука, раз за разом то ли часы бьют, то ли колокол звонит. Один лишь стон, что погибаю, — и мы уже вместе, Ты рядом со мной. Кто виноват, что в мозг безумный миг бросит упырей бреда?..

А вот и горчайшее: светлый Твой облик заслонили мне тени Твоих, Боже, лживых толкователей. Пришлось мне продираться через черную их стаю. Их лживое: «Вперед — ложись — дрожи — встать! — направо!» Тошнотворные их кадила — воскурения — фимиамы и свечи — чудеса — угрозы и грехи — стены — пепел — обещания и посулы — каменные скрижали — наука и отравляющие газы. Продирался через их: «Ко мне, сюда, мой Бог — не дешевка!» Через толпу Твоих помощников, управляющих, заместителей и палачей, что отталкивали, леденили, заслоняли, тащили и не пускали, — к Тебе, Господь мой, стремился я. Вот почему так поздно пришел. Только сейчас. Через искушения жизни, безумные бури и ураганы, через лжепророков — к Тебе.

И радуюсь, как ребенок. И не называю Тебя ни Великим, ни Справедливым, ни Добрым. Говорю просто: «Мой Боже».

Говорю «мой» — и верую.

МОЛИТВА СТАРИКА

Господи Боже, Судия праведный, жалко мне жизни, а пора умирать. Мало осталось ровесников моих на земле, заселились ими кладбища. Сначала уходили наставники и почтенные, потом старшие по жизни братья, потом друзья. Одних громом поразило, другим сон навеки смыкал усталые веки. Про одних говорят: «Божья воля!», о других: «Ну, пора уже, он же ста-а-арый...» Я знаю: нужно уступить место тем, кто рождается и подрастает, кто созрел и жаждет действий. Нам, старым, тишина. А где она тише, чем в могиле? Часто я с ними веду долгие беседы — живой мертвым о давних временах рассуждает. Хорошие ли были те времена? Хотел бы я начать свой путь снова? Разве что из страха, недостойного мужчины?

Господи Боже, Судия праведный, жаль мне жизни, догорающего ее остатка: тепла и радости. Мелкие шажки делаю, долго жую пищу свою, говорю тихо, медленно кровь течет в жилах: вдруг хватит на подольше? А так приятно смотреть на зелень и солнце; такое все кругом глубокое и полное, важное и мудрое.

Солнце и зелень... разве понимают это молодые? Им кажется, что так должно быть, что нельзя иначе. Не понимают они, что это значит: «смерть косит», не знают смирения, не знают, что значит «конец». Пустые амбиции и обиды, суета и сведение счетов — не ведают они, каково это, когда смерть косит, что значит конец.

Мы ближе к тебе, Боже справедливый, — они все спешат, у них нет времени. Но и мы не знаем, пока Ты не откроешь последнюю тайну жизни в первый момент смерти; мы — дети теперь крохотным гробиком ребенка. Я не спешу ее узнать. Оно само придет. Недолго осталось.

Я не боюсь, мне только жалко: так хотелось бы еще посмотреть, почитать, увидеть, дождаться, такое все интересное и новое, потому что, может быть, последнее.

Спасибо Тебе, Судия праведный, за мой преклонный возраст. Познал я прощальные лучи солнца, щебет птах, познал любовь и надежду старика. И снова все прежнее становится иным, потому что по-другому внове. И Ты, Боже, другой, другие радостные новости возвещаешь.

Господи Боже, Судия праведный, пора, я знаю... хотелось бы лишь продлить сердечные объятия на прощание... пред этим новым, неведомым путем пилигрима.

МОЛИТВА ДЕВОЧКИ

Всемогущий Боже, обещала я маме, что больше не буду капризничать, обещала маме, что буду послушной. Обещать легко, но как сдержать слово? Я боюсь. Я буду стараться — очень хочу. Но разве всегда бывает так, как хочешь? Я уже столько раз говорила: «С завтрашнего дня я буду хорошей!» Может, сейчас и вправду это в последний раз! Я сдержу слово — очень хочу. А Ты мне помоги, Боже Всемогущий.

Ты сотворил мир, что вращается вокруг своей оси и вокруг Солнца. Ты создал параллели, меридианы, полюса. Создал полуострова, мысы, заливы, проливы. Горы, плоскогорья и низины. Ты создал столько млекопитающих, столько растений, гранитов и кварцей. По Твоему велению появились леса, полные зверя. По мановению Твоему разливаются реки, цари завоевывают трофеи или слагают оружие. Ничто не творится без Твоей мудрости и Твоего соизволения.

Знаю, умом человеческим Бога не объять, мал он, капля в море. Ты один — Всемогущий, нет такого, что Ты не умел бы или не мог. Все у Тебя спрашивают позволения, а Ты разрешаешь или запрещаешь.

Верую всем сердцем в Твой ум и доброту, а если я не все понимаю, так это потому, что я еще мала и глупа. Прости мне, Господи, мои богохульства, но я же должна говорить Тебе правду. Ведь не может быть тайн от Бога, Ты все равно знаешь мои мысли. Так вот. Боже Всемогущий, если Ты хочешь, чтобы люди были добрыми и справедливыми, почему Ты не делаешь всех добрыми и справедливыми? Почему позволяешь им грешить? Дал бы Ты людям сильную волю, чтобы как человек решил — вот так бы и сделал. Я так стараюсь, очень стараюсь, но не помогает. И мама огорчается, и я тоже. Иногда дело-то пустяковое, а я не уступаю. Может быть, потому, что дома и в школе не все добры и справедливы. Много со мной было плохого, но не по моей вине, а из-за вранья и грязи, которыми весь свет полон. Правда, я только за себя отвечаю, но все это вранье, сплетни и неискренность так портят жизнь человеку. Боже Всемогущий, не хочу я капризничать, хочу делать то, что велят, но дай же мне силу, поделись хоть капелькой Твоего всемогущества.

Ты же весь мир за один день сотворил! Так теперь вели только: пусть дети будут послушными. Тогда так и будет.

РАДОСТНАЯ МОЛИТВА

Боже лучезарный!

Я воздел руки горе, глаза широко распахнул, грудь вперед, рот раскрыт в улыбке, в небо смотрю. Смотрю, жду, слушаю. В жилах — не кровь. А что? Радость! Что Ты хочешь, Боже лучезарный, за Свои щедрые дары?

Не надо крыльев: не гнетет меня земля. Пусть распушатся облака вокруг тысячи зеленых творений, наивных, и искренних, и гордых. Ручей лепечет. Я пью воздух; за Твое здоровье, Боже. Вот стою я перед Тобой, в праздничном уборе, в шелке солнечных нитей, радугой препоясал я чресла, жаждой песни дышу. Петь не буду — не знаю достойной Тебя песни. Чудесное сознание, что я знаю, достойное спокойствие, что я владею, ласковое ощущение, что я чувствую. Я силен без колебаний и добрый без сомнений. Таким я пребуду... А ты еще не счастлив? Ты еще молод, ныряльщик, не умеешь из глубины выловить свое солнце, свое солнце Божьему напротив? Не слышишь, маленький рыцарь, криков и шума битвы Бога — в тебе, за тебя? Все еще будет!.. Брат Ты мне, Боже, а не Отец.

Я всматриваюсь, вслушиваюсь в радостную сказку Твоей жизни. Много дорог, каждая из них чем-то иным манит. Верую! Рождается во мне столько новых истин.

Истина: я вижу. Истина: у меня есть сердце. Истина: моя мысль и цветок вишни. Истина, что я могу запеть, а могу — крикнуть. Влюбленным шепотом зениц рой радостных истин целую. За твое здоровье, истина! Что хочешь Ты, Боже, за свои щедрые дары? За кристаллы снега и мыльные пузыри, за бездну вечности и неба? Так-так-так — сердце стучит, а в незаштукатуренной мыслью глубине души раз-раз-раз: новое рождается чувство. В радость мне зачатие и смерть, тихая сестра сна, белая смерть, девственница, царевна. Ступень за ступенью восхожу я к Тебе в радостном усилии, в руки Твои. Рой колибри, цветов и бабочек упал на меня. Я стряхиваю их в озорном веселье, в ладони хлопаю, чтобы спугнуть, хватаю и подбрасываю в воздух, не мну крылышек, не гну перышек, не сжимаю лепестки, не стряхиваю цветную пыльцу. Колокольчики и венчики порхают, падают, снова срастаются с землей, новым пламенем полета веют вокруг. Воздеты руки, уста в улыбке. Чего хочешь ты от нас, Господи, за щедрые Твои дары?

МОЛИТВА ОЗОРСТВА

Поверь мне, Боже, я хочу быть серьезной, солидной и сосредоточенной. Может, со временем это и придет, но пока — не могу. Все солидное и серьезное меня смешит, не верю я в него, не доверяю. Торжественные речи, клятвы, проповеди, даже похороны — Господи, ты только посмотри на их мины, на эти надутые, лживые и глупые рожи (прости, Господи, что я так при Тебе выражаюсь). Если так редко молюсь, то, честное слово, это они виноваты. Их молитва — или бессмысленное щелканье четками, или хитрое желание провести Тебя, обмануть, выклянчить, выманить что-нибудь ценой лицемерных вздохов и покрасневшего носа.

Я не могу быть неискренней. Поэтому признаюсь: Боже, я Тебя не ведаю. И сдается мне, что, прежде чем Тебя, человек сам себя должен как следует познать и найти. А я блуждаю, не понимаю себя, пытаюсь разгадать себя, как загадку, решить, как трудный пример по алгебре. Ерунда, что я не такая, какой меня считают и взрослые, и сверстники, но я ведь и не такая, какой сама себя считаю. Я веселая, но все же... Капризная, но ведь... Неопытная, угу, наивная — а все ж таки. Знаю одну вещь, а о сотне догадываюсь. И этих притворщиков я ох как знаю! Если бы они хоть на малую толику так нас знали, было бы нам лучше, а может, и хуже?

Хорошая я или плохая? И да, и нет. В чем-то хорошая, а в чем-то плохая. Но и плохая, и хорошая по-другому, но по-своему, не так, как они думают. Наверное, даже не так, как я сама думаю. Мне кажется, что всю эту родительскую любовь, любовь к родине, к ближним и к Тебе — все эти почести и уважение взрослые выдумали для самих себя, а мы имеем право на собственные чувства и на свою любовь. В молитве молодых должны быть смех, танец, шутка, каприз, неожиданность, что-то от языческих камланий и диких культов. Ведь Ты, Боже, не только в слезе человечьей, но и в аромате сирени, не только в небесах, но и в поцелуе. Но после каждого пустого озорства приходят грусть и тоска. А в тоске — как во мгле — и лицо матери, и шепот родины, и горе ближних, и Величие Твоей Тайны.

Ну вот смотри: я хочу быть с Тобой искренней, но ведь, ясное дело, что не смогу, не сумею сказать всего. Смотрю на звезды и говорю себе: миллиарды звезд, миллиарды миль. Ну и что, когда этого не чувствую. Я знаю, что Ты — Великий, Всемогущий, Бессмертный и так далее, но ведь только знаю, а больше-то ничего. А я, случается, так люблю звезды, как эти ханжи не могут, хоть бы не знаю как надувались, пыжились, выпендривались и шмыгали носами. А почему я звезды люблю, не скажу; вот просто не могу, не умею сказать, почему.

Вот моя молитва... Разве она умная? Нет. А можно ли назвать ее глупой? Сумбурная она, потому что и я сумбурная. Беда Тебе со мной, Боже; а подумай только, как мне с самой собой беда.

Я вот что хочу Тебе предложить.

Ты меня пока оставь, какая я есть. Подожди. Ты сам по себе, и я сама по себе, будто мы с Тобой не знакомы. Я постараюсь никого не огорчать, не смеяться, не шутить, даже молитвы буду читать, только вот без закатывания глаз, поклонов, без вздохов и постных мин. Не знаю, сколько это будет длиться: пока не «остепенюсь». Я даже не могу обещать, что постараюсь приблизить этот момент. Потому — зачем? Он сам придет.

Совсем неожиданно, внезапно мы встретимся. Не знаю, где, как, но вдруг я Тебя увижу, покраснею, сердце застучит сильнее, и я уверую. Уверую, что Ты другой, что им Ты не брат и не сват, что Тебе скучно с ними, что Ты их презираешь, что понимаешь меня, что хочешь со мной искренне и серьезно поговорить. Ты скажешь мне: «Я знаю, что они тебя от Меня отвратили, что ты не хотела верить в то, во что верят они». Ты скажешь: «Я знаю, что они Меня обманывают и лгут». Скажешь, что Ты одинок, покинут, обижен и, как и я, полон тоски и свободен, свободен, как сокол.

И станем мы соратниками: Ты и я, прыснем им смехом в глаза, возьмемся за руки и помчимся что есть духу. А они начнут нас звать, возмущенно вопить, что так не годится. А мы тогда на секундочку остановимся, один раз обернемся и покажем им язык: и Ты. И, хохоча до упаду, исчезнем у них из виду. И будем есть снег горстями.

Любимый, любимейший Боже, Ты ведь можешь себе это позволить, один-единственный только раз. Ух-х-х, какие же они скучные, фальшивые, за их грешки ждет их наказание.

МОЛИТВА ПРОСТАКА

О Господи Боже наш, делаю, что могу. Немногое могу, потому и делаю мало. Но Ты же, Боже, знаешь, что все делаю на совесть. Не могут все быть самыми мудрыми. Каждый, как может, по силам своим, вот и я тоже, Господи Боже наш. Думается мне, что самое важное — это делать на совесть, честно. Чтобы пользу приносить, чтобы никого не обидеть. Мне думается, что, если мы свои обязательства выполняем, то и Ты доволен, Господи Боже наш. Я знаю, что не так уж много и отдаю, потому много и не прошу.

Иногда я капельку завидую, но недолго; сразу думаю: а хотел бы ты с этим человеком поменяться местами? Разве ты знаешь, что творится у другого в душе? И думается мне, что нет, наверное, на свете человека, который хотел бы с другим поменяться. Каждый уже к себе привык. Временами я сержусь, если что-то у меня не получается или не везет. Ну и что? Боже, Ты же великим грешникам прощаешь, стало быть, и мне тоже простишь.

Невелики мои грехи, невелики и добродетели. Подумаю что-нибудь иногда не так, как надо. Но главное: чтобы ни обиды, ни вреда никому не нанести. Кабы у человека было больше радостей в жизни, да поменьше огорчений и забот, может, он был бы лучше.

Хотя, кто знает? Если уж такова святая Твоя воля, значит, наверное, так лучше для людей.

Не знаю, хорошо ли я молюсь, но ведь это все равно что человек говорит, лишь бы говорил, как думает, искренне, правдиво.

Что правда, не так уж много я могу сказать. Потому что чего там... Не годится рассказывать Тебе о разных своих огорчениях и хлопотах. Ты подумаешь, что я жалуюсь. Просить? Тебе покажется, что я выклянчиваю. А что Тебе может рассказать человек, чего Ты сам не знаешь, Господи Боже наш?

Вот, плету я себе под нос, чтобы хоть с кем-то поговорить. Говорят, что гора с горой не сходится, а человек с человеком всегда сойдутся. Но с каким человеком? Потому что не с каждым стоит разговаривать. Нужно стеречься, чтобы не сказать что-нибудь ненужное, а и так случается, что переврут потом твои слова. Люди и не такое умеют. А с Тобой, Господи Боже наш, можно попросту говорить. Я вот даже иногда думаю... Но, может, хватит уже? Что я Тебе над ухом все бубню и бубню. Тебе уж, наверное, надоела моя болтовня? К тому же у тебя наверняка времени нет...

Но как же приятно, Господи, все Тебе рассказать, поделиться...

МОЛИТВА УЧЕНОГО

Мы идем тропою истории, несем пылающие светочи и своих законов свитки. Только вперед; наш лозунг: «Почему?» Жажда понять, мыслью тайну постичь. Боже, Тайна Тайн.

Мы все — добровольцы!

Впереди задорные юноши-хоругвеносцы, имя им — песнопевцы, прекрасные наши жрецы. Своенравные, своевольные, можно сказать, — обуза на марше. Жертвенные наши первопроходцы. Это их чаще всего косит смерть в битве, ибо нет в юношах закалки. Смеются они, кровью исходя, песней смерть целуют, присягают — до гроба.

Мы любим эту безрассудную юную поросль, замираем, когда они вспугнутыми птицами срываются и улетают куда-то вперед. «И чего они там высмотрели...» — «Да кто ж знает: солнце в глаза бьет, не видно!» Каждый свое лепечет, каждый свои дива дивные расписывает, по-своему искушает. «Да тихо вы там! Дойдем — увидим!» — «Скорее, за нами!»

К Тебе, Господи.

Идут властители чисел. Миры числами сковали, человека опутали. У них есть одно солнце, одно зернышко песка, одна любовь и один хлеб. Они перемерили бесконечность пространства и времени, взвесили и землю, и атом. Астроном, рыщущий в небе, не видит звезду, так они ее числом выцепили из туманностей: «Вот тебе — читай!» И читает он никогда не виденную звезду в каббале чисел и точкой обозначает ее на карте.

Вот химик, вынюхивающий дыхание созвездий Вселенной, миры запаха роз и разложения; вот физик, что слушает трепет звезд и молнию мысли с молнией неба сопряг в смертельной борьбе за Тебя, Боже.

Идут с кирками наперевес саперы гор и морей. В дымящейся утробе вулканов, в холодных скелетах гранитов роются они, терзают плоть стылой планеты, в тысячах ее сердец ищут источники прожитых жизней. В скованном янтарем насекомом, в искрящейся алмазом угольной пыли, в коралловом кургане островов, в соленой крови земного гиганта, угадывая прошлое, прорицают грядущих лет миллионы, по слогам читая, как из жизни прорастала смерть, а из смерти жизнь расцветала. По пещерам и болотам, по черепам и костям, по затопленным кладбищам изучают они санскрит исчезнувших жизней.

А за ними — отряд за отрядом, вооружась с головы до ног сталью мысли, — идут другие, и несть им числа, и каждый совершенно особенный, а все они вместе — братья.

Вот тихий аббат Грегор, что вымолотил из зеленого гороха суровый закон наследственности. А этот бродяга воплем: «Земля!» первым приветствовал новые земли. Вот царственный победитель бытия со своим гордым и мужественным заклятием «Я мыслю, следовательно, я существую!» А этот из-под камней и праха извлек древнейший кодекс Хаммурапи. А этот, учитель в глухом селе, отнял у завистливой феи многоцветное царство насекомых. Тот, изломанный сотней попыток взлететь, отобрал у птиц мощь крыльев и подчинил себе воздух. А тот — хозяин дна морского. Этот, пивовар, из охваченных мором градов вывел женщин и детей и одолел врага — заразу. А вон и тот, кто обрушился на хаос разноязыких наречий и сковал их в плену единства. Вот этот покорил мир растений, установил их иерархию. Вон тот сорвал венец с Творца всего сущего и стал сотворенным тварям законополагателем. Этот — кто солнце покачнул на небе. А этот в геометрической формуле взял в плен божество. Вот тот, кто вырвал ядовитое жало у ведьмы нищеты. Этот торжествующе возопил: «Omnis e cellula cellula!»*

Все — во славу Твою, Господи.

А за войском тянутся обозы маркитантов и мародеров: крючкотворы, лекаришки, инженеры, агрономы, трепачи-политики, сброд и шваль, мошенники и торгаши. Из лоскутьев наших побед ткут они для людского муравейника богатство, роскошь и силу. Продают за гроши, потешными шутихами развлекают чернь, девок приманивают.

Нам, Рыцарям Красоты и Истины, нет до них дела. Иногда самый печальный, лоцман души человеческой, бросит на них беглый взгляд и снисходительно усмехнется.

А когда мы так шагаем, засмотревшись в Тебя, святая тайна тайн, вздохнет наивная грудь: «Бедные солдатики...» Они видят бронзовые лица и согбенные плечи: они всей душой рады угостить одиноких, в светлую горницу пригласить: пусть отдохнут.

Это мы-то — «бедные»?! Это нам — «отдохнуть»?! Мы — счастливейшие в урагане борьбы, в стремлении к неведомой цели свободного полета, лицом к лицу с тайной. Один на один с Богом. Ты для нас

* Каждая клетка из клетки (Рудольф Вирхов). — *Прим. перев.*

родина, горница, отчизна, Ты радость и награда, Ты — соратник посвященных. На наших глазах восходят и мужают зори истин, и все новые и новые тайны этих истин: для нас и сокровищ наших наследников, сынов нашего Завтра.

МОЛИТВА МАТЕРИ

Прости мне, Господи, что я жаловалась.

Я говорила: убили моего сына, Отчизна забрала у меня сына, он свою жизнь в жертву принес.

Я не понимала. Спасибо, Господи, что просветил меня.

Я говорю: Ты призвал моего сына к Себе, Отчизна усыновила мое ненаглядное дитятко, дала ему — а не отобрала, — дала ему прекрасную смерть.

И плачу я слезами радости и гордости при мысли о том, что предстал пред Тобою любимейший солдат и отрапортовал:

— Слушаюсь, Господь мой.

Прекрасную смерть дала ему Отчизна.

Спасибо, Господи, что просветил меня.

МОЛИТВА ХУДОЖНИКА

Благодарю Тебя, Творец, что Ты задумал сотворить такое странное создание, как я. Покореженное вопреки всем законам логики, а ведь при этом такое, как надо; ведь я Тебе, должно быть, нужен, коль скоро есмь. Чем меньше смысла, тем я Тебе благодарнее, Я — протест, наглость, нахальный сам себе хозяин среди смиренного стада, я — пакостник, дурак первоапрельский и священное древо Ашваттха.

Молитва моя, Творец, не та, что у всех и когда-то, это молюсь я — сейчас, в этот самый момент, который никогда больше не повторится. Пойми: твой святотатственный пророк — и Брат! — я.

Разве я знаю, кто я такой? Я же не знаю себя: я то по-дурацки величественный, то величественно дурацкий; гордый, смиренный, нежный, грозный; презирая, могу ластиться, как кот; скрытный — и выболтаю все; продаю слезы, теряю трости и ножики; чуткий даже к тянущейся тени неволи, не срываю, а жгу оковы, — и только в тишайшем шепоте вижу Тебя, о Творец, и за это безгранично благодарен Тебе.

Ты не веришь, что мне хочется молиться? Брось! Ты же, наперекор церковникам, все-таки Бог, я знаю, что это значит.

Спасибо Тебе, Творец, что Ты создал свинью, слона с длинным носом, что изрезал края листьев и наши души, что дал черные морды неграм, а свекле — сладость. Спасибо за соловья и клопа, за то, что у девушки есть грудь, что рыба задыхается на воздухе, что есть молнии и вишни; что так по-дурацки велел нам родиться; за то, что таким тупицей человека создал: он теперь считает, что иначе и нельзя; за то, что ты дал Мысль камням, морю, людям. Мысль, которая ближним плетет что-то с пятого на десятое, а себе гордые сказки выдумывает. Не рай — у нее наибагрянейшие восходы и закаты, она орлица, мерзавка и лгунья. Как же я ее люблю! Вот ускользнет она — угадай, где шляется, пока не вернется, паршивка чумазая, на человека не похожая, а так хитро кается и такая довольная, клянется, что в последний раз (дурак, кто ей поверит!), — знает, мошенница, что все ей простится.

Я все предчувствую, но ничего не знаю. Что мне вычитанные истины, что в них ценного, если я их в дырочку подглядел, подглядывал невнимательно, вот всегда и ошибаюсь — тем лучше. Я существую!

Я ничего не знаю, но все угадываю. Тебе ведомо, Творец, что это значит: всё!

С головы до ног я существо негодящее, а ведь, зараза, я же должен быть везде первым; надежду теряю лишь на пять минут, все мудрое и хорошее начинаю с завтрашнего дня; развалюсь брюхом вверх на песке и загораю; рыдаю над грушей, которой так одиноко в поле, старика в плечо целую. Я кувыркаюсь через голову, мне всегда будет шестнадцать лет, я буду играть в догонялки, свистеть в два пальца и проиграю все пуговицы с порток. С ног до головы я существо негодящее — о, насколько же человечество было бы беднее без меня. Я учу его любить грех и пожары — и полной, полной, полной грудью дышать.

Над одним моим вопросом сто тупых профессоров страдают всю свою жизнь. В розовые ушки шепчу нежное «спокойной ночи» тысячам девочек и мальчиков. Мажу мазью всех паршивых собак. Извивающееся прошлое выволакиваю за шкирку на свет Божий. Из пистолета стреляю в будущее, как в бубновый туз. И солнце впиваю, не жмурясь. И что-то мне все кажется, что Ты сотворил нас и шкодливо наклонил земную ось, когда был изрядно под мухой: художники не творят на трезвую голову. А их всякие там архикрасочные единственные в своем роде сны — так это же наш хлеб насущный, на каждый день.

Потому что, если я кого и не люблю, так это трезвых; если кого я и боюсь, так это тех, кто стремится к цели и знает, чего хочет.

Мои мгновения — все они подкидыши и внебрачные дети, без призора и порядка, пляшут на канате, глотают горящие факелы.

Я ворую груши из чужого сада — проступок не страшный; я не убегаю, а отлетаю чуть в сторону; пьяный — всегда вовремя проснусь, из лужи белым выскочу, и Бог на меня не гневается — снисходит.

Я все люблю озорно, ухарски, радостно и беззаботно.

Я хитер, как лис, но наивен, как девушка, когда верит кому-то. Я смотрю на себя с улыбкой или задаю себе порку, да еще какую. Собираю мелкие бирюльки, широко распахну глаза и скажу уличному фонарю: «Ты один мудр и прекрасен». Каждый день замечаю что-нибудь новое в том, на что годами смотрю, — и вдруг изумляюсь, что у собаки есть хвост, что трамвай сам едет, а у березы — белая кора.

Бедна ты, бедная божья коровка, когда болит у тебя глазик, бедное ты, каждое земное создание, каждое, каждое.

Творец, я опоздал родиться на пять веков и родился на пять веков раньше, чем нужно. Потому такой веселый и скорбный: что я живу, что жизнь моя закончилась, что она еще не началась.

Ты и я, Творец, больше никто. А Я — это Мы. Мы все. Мы — Твоего Совета левацкое богохульство, Твоего Престола псы Господни, Domine canes. Мы радуги серого осеннего ливня, среди сынов Твоих блаженные создания, мы — июльский снег, алые маки ледяных гор, мы — надутые паруса. Ничего, что клубком бабушкиной шерсти я играл с котенком — мы обрушиваем троны деспотов, мы гордые башни возводим. Мы из безумной души высекаем деяния стократ трезвые, мы, послушные валикам шарманки, гимном будущего пронзаем настоящее, умираем и восстаем по собственному приказу, мы на кладбищах всего несбывшегося — памятники собственному бессилию.

За это, о Творец, благословляю Тебя и с трепетом бросаю на карту Роскошную Сладость Жизни. Ва-банк: Жизнь за Творение.

ПОСВЯЩЕНИЕ

Мамуля. Папочка. Это вы мне эти молитвы поспешно диктовали, это я должен был их старательно, по памяти, слово за словом, буква за буквой, складывать и записывать. Иногда я чего-то не слышал, часто не понимал, делал ошибки, память подводила, я многое пропустил. Изредка вы меня поправляли, немного, только чтобы понятней было мне и людям.

Не знаю, могу ли я назвать ваши речи для меня моим памятником вам. Благодарю вас за жизнь и за смерть вашу, за мою жизнь и смерть. Мы на минутку разошлись, чтобы потом снова встретиться всем вместе.

Мамуля. Папочка. Из всех закаменевших мук и боли ваших и моих предков я жажду возвести высокую, стройную, одинокую башню для людей. Тех под землей скелетов, чьим голосом я под вашу диктовку говорю, только за последние триста лет — аж тысяча, и двадцать, и четыре. Какие разные носили они имена...

Поэтому на этом памятнике я не высеку имен.

Спасибо вам, что научили меня слышать шепот умерших и живых, спасибо, что я познаю тайну Жизни в прекрасную годину смерти.

Ваш сын.